coForward는
서로가 소통(通)을 하여 함께 발전해 나가는(進) 웹 저작팀입니다.
웹 사이트 http://coforward.com

 나인환
coForward 내 역할 :
기획/설계/PM
E-mail : na93008@msn.com
Blog : 여전히 아무것도 없는 Na!의 Blog
ETC : PMP(Project Management Professional)

 김은영
coForward 내 역할 :
HTML CSS 구성/시각 디자인
E-mail : dms7139@naver.com

 김진아
coForward 내 역할 :
HTML CSS 구성/시각 디자인
E-mail : child_a@naver.com

『올인원 웹 실무 가이드 HTML 5 & CSS 3』에 관한 예제 파일 다운로드 및 묻고 답하기는 http://book.coforward.com에서 제공합니다.

올인원 웹 실무 가이드 HTML 5& CSS 3
— SVG, CANVAS, API, 모바일 웹 사이트 구축까지 한번에

초판 1쇄 │ 2011년 4월 28일
초판 2쇄 │ 2012년 1월 20일

글쓴이 │ 나인환 · 김은영 · 김진아
펴낸이 │ 서인석
펴낸곳 │ (주)제우미디어
출판등록 │ 제 3-429호
등록일자 │ 1992년 8월 17일
주소 │ 서울시 마포구 상수동 324-1 한주빌딩 5층
전화 │ 02-3142-6843
팩스 │ 02-3142-0075
홈페이지 │ www.jeumedia.com

ISBN : 978-89-5952-226-2 13000
값은 뒤표지에 있습니다.

Copyright ⓒ 2011 by jeumedia Co.,LTD. ALL right reserved.
First edition Printed 2011. Print in Korea.
이 책은 (주)제우미디어와 저작권자와의 계약에 따라 발행한 것이므로
이 책을 무단 복사, 복제, 전재하는 것은 저작권법에 저촉됩니다.
파본 및 잘못된 책은 바꾸어 드립니다.

만든 사람들
출판사업부총괄 │ 손대현
기획 │ 한혜영, 신소연, 이은숙
영업 │ 김한호, 김소영, 이창배, 설종원
제작 │ 김금남
표지 · 내지디자인 │ 디박스
인쇄 · 제본 │ 신우 D.P.K, 정민제본

ALL IN ONE
올인원
웹실무
가이드

HTML5 &CSS3

나인환·김은영·김진아 지음

SVG, CANVAS, API, 모바일 웹 사이트 구축까지 한번에

제우미디어

| 머리말 |

이 책의 배경

웹은 1990년대에 최초로 세상에 공개된 이후 빠른 속도로 확산되면서 어느덧 우리 생활 전반에 영향을 미치는 필수적인 도구가 되었습니다. 이렇듯 웹이 사용되는 분야는 급속도로 확장되었지만 웹을 구성하는 기술 자체는 XHTML 1.0이 발표된 2000년 이후로는 이렇다 할 발전을 하지 못한 것이 사실입니다. 사용자 환경 또한 넷스케이프와 인터넷 익스플로러의 웹 브라우저 전쟁에서 인터넷 익스플로러가 승리하고, 인터넷 익스플로러 6이 시장을 장악한 이후 정체된 상태로 머물러 있었습니다. 그러나 2000년 중반부터는 파이어 폭스를 비롯한 다양한 웹 브라우저가 등장하기 시작하면서 웹 환경이 조금씩 변화하기 시작했습니다. 우리나라에서 또한 웹 표준과 웹 접근성이 중요한 개념으로 대두되기 시작하였으며, 사용자 환경 또한 컴퓨터뿐만 아니라 스마트 폰, 태블릿 컴퓨터 등으로 확장되고 있습니다. 이런 변화 속에서 웹을 구성하는 웹 표준 기술 역시 HTML 5를 비롯한 커다란 변화가 진행 중입니다.

이 책의 특징

이 책은 저희 coForward 팀이 이러한 변화에 대응할 목적으로 함께 학습하거나 실제 업무를 진행한 내용들로 구성되어 있습니다. 이 책에는 현행 웹 표준은 물론 차세대 웹 표준인 HTML5, CSS3, SVG까지 포함하고 있으며, 단순히 코드 자체의 설명에 그치지 않고 배경 지식, 기획, 적용 단계의 내용도 서술되어 있기 때문에 직접 코드를 작성하는 웹 저작자뿐만 아니라 차세대 웹 기술에 관심이 많은 기획자, 디자이너, 개발자 모두에게 도움이 될 수 있으리라 생각합니다.

이 책이 나오기까지

저희 팀의 학습내용과 경험이 책의 형태를 갖추기까지는 많은 분들이 도움이 있었습니다. 특히 저희에게 색다른 경험을 제공해 주시고, 작업을 진행하는 데에 많은 도움을 주신 김데레사 님과 원고를 집필한 저희 팀의 노력이 무색할 정도로 이 책에 많은 애정을 쏟아 주신 제우미디어 한혜영 팀장님께 깊은 감사를 드립니다. 아울러 책의 완성도를 높여 주신 베타테스터 여러분들께도 지면을 빌어 감사의 말씀드립니다. 아무쪼록 저희 경험이 여러분들이 새로운 웹 기술을 준비하고 적용하는 데에 있어 작으나마 도움이 되길 바랍니다.

2011. 4. **coFORWARD**

이 책의 구성

다양한 환경에 대응하기 위한 기획, 정보 구조 설계, 제작까지

오늘날 웹 사이트는 여러 가지 기술과 여러 분야의 전문가의 협업을 통해 제작되고 있습니다. 또한 웹 사용 환경의 변화로 인해 컴퓨터뿐만 아니라 모바일 기기, 태블릿 PC 등 다양한 기기에 대응해야만 하는 시대가 도래하였습니다. 이러한 변화에 대응하기 위해서는 지식을 쌓는 것도 중요하지만 각 분야의 커뮤니케이션 또한 매우 중요합니다. 이 책이 기술뿐만 아니라 기술 적용 이전의 기획과 설계, 그리고 배경지식을 중요하게 다루고 있는 이유는 바로 이 때문입니다.

이 책은 도입부를 제외하고 크게 세 부분으로 구성되어 있습니다.

Chapter01 : 웹 표준 | Web Standard   첫 번째 부분에는 XHTML 1.0과 CSS 2 기반, 그리고 자바스크립트의 현행 표준 기술에 대한 내용을 수록하였습니다. 현재 가장 많이 사용되는 현행 표준과 차세대 기술을 잘 이해하기 위해서는 시중에 많이 나와 있는 XHTML 1.0과 CSS 2에 관련된 서적들과 자료를 참고하는 것이 좋습니다.

이 책에서는 이 부분을 비교적 간략하게 다루고 있습니다. 이 부분에 대한 자세한 정보가 필요하신 분은 ≪웹 표준 핵심가이드북≫(김데레사·방미희 저, 제우미디어)을 참고하시기 바랍니다.

Chapter02 : 차세대 웹 표준 | Next Web Standard   두 번째 부분에는 HTML 5와 CSS 3로 대표되는 차세대 웹 기술에 관련된 내용이 수록되어 있습니다. HTML 5로 대변되는 차세대 웹 기술은 HTML 4에는 없었던 새로운 개념과 기능을 많이 포함하고 있습니다. 이에는 HTML 5라 불리기도 하지만 실제로는 독자성을 띤 것도 있습니다. 이 부분에서는 HTML 5, CSS 3에 관련된 내용을 비롯하여, 독자적인 규격이기는 하지만 HTML 5와 함께 다시 주목받는 SVG, 그리고 기존 HTML에는 없었던 개념인 HTML 5 API에 대하여 설명합니다.

Chapter03 : 실전 예제 | Web & Mobile Web Project   세 번째 부분에는 실무 적용 사례가 수록되어 있습니다. 이 부분에 수록된 예제는 앞의 두 부분에서 알아본 차세대 웹 기술을 바탕으로 하고 있습니다. 이 책의 예제의 특징은 예제를 위해 사이트를 구성한 것이 아니라 현재 실제로 사용되는 사이트의 일부를 예제로 재구성한 것이라 할 수 있습니다. 즉 이 책에서는 실제 웹 사이트를 작성할 당시의 기획 단계부터 웹 사이트 제작, 모바일 적용에 이르기까지 적용되고 있는 기술과 사례를 설명합니다.

예제에 대하여 | HTML 5와 CSS 3는 아직 개발 중인 표준이지만 웹 브라우저 간의 치열한 지원 경쟁이 벌어지고 있습니다. 심지어 실제 이 책을 준비하는 기간 동안에도 주요 브라우저들이 모두 버전 업되었습니다. 이 책의 예제는 가급적 다양한 웹 브라우저에서 실행될 수 있도록 구성하였지만, 웹 브라우저마다 새로운 기술의 지원 정도가 다르기 때문에 웹 브라우저에 따라 달리 표시될 수도 있습니다. 이 책의 예제는 2011년 2월 현재 HTML 5와 CSS 3의 지원 정도가 뛰어난 크롬 9 버전을 기준으로 테스트하였으며, 〈form〉에 관련된 기능은 오페라 10을 사용하였습니다.

이 책의 예제코드는 제우미디어 홈페이지의 자료실 http://www.jeumedia.com/user/download/list.html 또는 이 책의 지원 사이트 http://book.coforward.com 에서 다운로드할 수 있습니다.

지원 사이트에 대하여 | HTML 5는 현재 개발 중인 웹 표준이며, 웹 브라우저의 지원 정도도 빠르게 변화하고 있기 때문에 책의 내용을 추가하거나 보완해야 할 수도 있습니다. 이 책은 이에 대비하기 위하여 지원 사이트(http://book.coforward.com)를 운영하고 있습니다. 이 지원 사이트에서는 이 책의 모든 예제를 직접 확인할 수 있으며, 독자 여러분과 의견을 교환할 수 있는 게시판을 운영하고 있습니다.

| 베타테스터 감상평 |

| 성미진 | 웹 퍼블리셔 |
| majinidf3@naver.com |

이 책을 읽고 난 후 평소 HTML 5은 어려울 것이라는 저의 생각이 기우에 지나지 않았음을 느낄 수 있었습니다. 개인적으로는 HTML 5를 실전에서 사용할 수 있는 방법을 예제와 설명을 통해 쉽게 배울 수 있던 점이 가장 좋았습니다. 그리고 HTML 5 문서 작성 시 협업이 얼마나 중요한지도 새삼 느낄 수 있었습니다. 소중한 기회를 제공해 주신 제우미디어에 감사드립니다.

| 김민지 | 웹 프로그래머 |
| peerziya@gmail.com |

먼저 좋은 기회를 주셔서 감사합니다. 먼저 책을 읽고 난 소감을 말씀드리면 시간이 가는 줄 모를 정도로 책의 내용이 알차고 재미있다는 것입니다. 무엇보다 실무를 하면서도 알지 못했던 정보들이 많이 담겨 있다는 점이 가장 좋았던 것 같습니다. 또한 모든 내용이 자세하게 설명되어 있기 때문에 HTML 5는 물론 웹, 모바일을 처음 접하는 사람들도 쉽게 배울 수 있을 것이라 생각합니다.

| 장혜진 | 웹 디자이너 |
| hjinc33@naver.com |

웹 표준과 접근성을 지켜야 한다는 것 자체가 웹 디자이너에게 한계를 부여하는 것 같아 약간 거부감을 가지고 있었는데, 이 책의 사이트 기획 단계부터 마크업과 CSS까지 하나하나 따라하다 보니 제 생각이 일정한 틀에 갇혀 있었다는 사실을 깨닫게 되었습니다. 모바일 웹과 HTML 5, 그리고 CSS 3를 활용한 글로벌 웹 표준에 관심 있는 분들에게 강력하게 추천합니다.

| 조민선 | 웹 에이전시 운영 |
| designardor@gmail.com |

최근 들어 모바일 웹 사이트가 부각되고 있는 것은 스마트폰 열풍과 밀접한 관련이 있습니다. 웹 에이전시를 운영하는 저도 이 부분에 주목하여 새로운 트렌드를 익히기 위해 많은 노력을 기울이고 있었습니다. 제우미디어의 ≪모바일 웹 표준≫은 최근의 웹 시장에서 요구하는 지식들을 적절한 시기에 충족시켜 주는 좋은 도서라고 생각합니다. 특히 실제 웹 사이트를 만드는 과정을 통해 웹 표준을 이해할 수 있도록 구성한 부분은 다른 도서와 구별되는 이 도서만의 장점이라 생각합니다. 앞으로도 더 많은 책들이 나왔으면 좋겠습니다.

안영미 | 프리랜서 강사 |
huk00@paran.com

평소 모바일 웹과 HTML 5에 대해 많은 관심을 가지고 있었는데, 우연히 베타테스터 모집 소식을 듣고 망설임 없이 지원하게 되었습니다. 이 책을 통해 HTML 5와 CSS 3의 더 풍부해진 기능들을 알고 나니 가슴이 뿌듯했습니다. 특히 책 중간에 수록된 다양하고 풍부한 관련 지식들이 많은 도움이 되었습니다.

윤성우 | UI Designer |
bluesmaker@nate.com

새로운 환경과 기술은 실무자의 입장에서 많은 기대감을 갖게 하지만 한편으로는 부담이 되는 것도 사실입니다. 이 책은 이러한 상황에 좀 더 적극적으로 대처하고, 쉽게 활용할 수 있는 방법들에 대해 알려 주고 있습니다. 이 책은 독자들로 하여금 어떠한 개발 환경에서도 쉽게 적응할 수 있는 능력을 길러 줄 것이라 확신합니다.

김준극 | 웹 퍼블리셔 |
wise7034@gmail.com

비록 완성된 표준은 아니지만 HTML 5, CSS 3에 대한 사람들의 관심은 정말 대단한 것 같습니다. 저 또한 HTML 5, CSS 3에 대해 많은 궁금증을 갖고 있었는데, 이 책을 읽고 나니 머릿속이 맑아지는 느낌을 받았습니다. 이 책의 가장 큰 장점은 HTML 5과 CSS 3를 예제와 함께 이해하기 쉽게 설명하고 있다는 점이라 할 수 있을 것입니다. 또한 이 책은 스크립트 초보자들도 쉽게 이해할 수 있도록 자세하게 설명되어 있고, API 중 cache manifest, localStorage, geolocation에 대한 개념도 잘 설명되어 있습니다.

| 목 차 |

Chapter 01 — 웹 표준 (Web Standard)

1 | 인터넷 환경의 변화와 변하지 않는 웹의 목적 ... 16

- 1 : 웹 환경의 변화 ... 17
- 2 : 웹(Web)과 앱(Apps)의 차이점 ... 20
  - 1 | 앱 ... 21
  - 2 | 웹 ... 22
  - 3 | 모바일 환경에서 웹과 앱의 특징 비교 ... 23
- 3 : 변하지 않는 웹의 목적 ... 24

2 | 다양한 환경에 대응하기 위한 설계와 기술 ... 26

- 1 : 정보를 설계하는 방법 – HTML ... 26
  - 1 | XHTML 1.0 ... 30
  - 2 | XHTML 1.0 기본 사항 ... 31
  - 3 | 〈head〉 영역의 요소 ... 34
  - 4 | 〈body〉 영역의 요소 ... 37
  - 5 | 웹 표준은 〈div〉+CSS 디자인? ... 49
- 2 : 환경별 UI의 구성 – CSS : 사용자 환경별로 다른 표현 방식 ... 55
  - 1 | CSS의 기본적 특징 ... 56
  - 2 | CSS 선택자 ... 58
  - 3 | CSS Combinator – CSS 결합자 ... 62
  - 4 | Group of Selector – 선택자 그룹 ... 68
  - 5 | CSS의 값과 단위 ... 69
  - 6 | CSS 속성 – Box Model과 관련된 속성 ... 71
  - 7 | CSS 속성 – Inline Box와 관련된 속성 ... 75

8 | CSS 속성 - 보이는 위치와 형태에 관련된 속성　　　　76
　9 | CSS 속성 - 색상과 배경에 관련된 속성　　　　86
　10 | CSS 속성 - Font와 관련된 속성　　　　90
　11 | CSS 속성 - Text와 관련된 속성　　　　93
　12 | CSS 속성 - 사용자 인터페이스와 관련된 속성　　　　98
　13 | CSS 속성 - 테이블 요소 전용 속성　　　　99
　14 | CSS 속성 - 리스트 요소 전용 속성　　　　102
　15 | CSS 속성 - 프린트에 관련된 속성　　　　104

3 | 웹의 애플리케이션화 - 자바스크립트 : 사용자 측의 동적 요소 구현　　　　107

　1 | 자바스크립트의 역할　　　　108
　2 | Document Object Model(DOM)　　　　108
　3 | 자바스크립트의 기본 사용 방법　　　　112
　4 | 자바스크립트로 요소 선택하기　　　　114
　5 | 선택된 요소에 자바스크립트로 스타일 지정하기　　　　120
　6 | 자바스크립트를 이용한 요소의 추가 삭제　　　　124

Chapter 02
차세대 웹 표준
Next Web Standard

3 | 웹의 진화 - HTML 5/CSS3　　　　128

1 | HTML 5 - 더 명확한 정보 구조를 위한 진화　　　　129

　1 | HTML 5의 요소 성격의 구분 Content Model　　　　129
　2 | HTML 5의 DOCTYPE　　　　132
　3 | HTML 5의 공통 속성　　　　133
　4 | HTML 5의 요소　　　　143
　5 | 섹션 요소들과 아웃라인 알고리즘 - 명확해진 정보의 구조화　　　　149
　6 | 텍스트 의미 요소의 강화 - 텍스트 시멘틱 요소　　　　166
　7 | 사용자의 입력을 검증하고 도와주는 서식 요소 - Form　　　　174
　8 | 새로운 정보 형태 - 〈video〉, 〈audio〉, 〈canvas〉, 〈svg〉　　　　195
　9 | SVG - HTML 5로 다시 주목받는 벡터 방식 그래픽 요소　　　　210

2 | HTML 5 API - 문서에서 응용 프로그램으로의 진화　　　　245

　1 | canvas API　　　　245
　2 | Cache Manifest　　　　303

3 ｜ Web Storage	307
4 ｜ geolocation	312

3 ： CSS 3 – 정보 구조를 돋보이게 하는 표현 요소　　316

1 ｜ 〈style〉의 자체 속성과 확장 접두사	316
2 ｜ 색상 관련 속성	327
3 ｜ border 관련 속성	335
4 ｜ background 관련 속성	341
5 ｜ font와 text 관련 속성	349
6 ｜ 사용자 환경에 관련된 속성	359
7 ｜ 콘텐츠 배치에 관한 속성	365
8 ｜ 요소의 형태 변화와 애니메이션 관련 속성	376

Chapter 03
실전 예제
Web&Mobile Web Project

4 ｜ HTML 5와 CSS 3를 이용한 웹 사이트 제작　　390

1 ： 웹 사이트 구축 준비　　391

1 ｜ 팀 웹 사이트를 위한 초기 기획회의	391
2 ｜ 공통 부분의 작성	392

2 ： 페이지별 구성　　402

1 ｜ 메인 페이지	402
2 ｜ 인사말 페이지	408
3 ｜ 구성원 소개 페이지	414
4 ｜ 제작 방식 페이지	418
5 ｜ 뉴스 리스트 페이지	424
6 ｜ Color 페이지	428
7 ｜ Contact 페이지	431

5 | 모바일 웹 사이트 제작　　　　　　　　　　　　　　434

1 : 모바일 웹 사이트 작성 시 고려할 점　　　　　　　434
　1 | W3C Mobile Web Best Practice　　　　　　　434
　2 | Mobile Web 2.0 Forum의 mobile ok　　　　　437
　3 | 모바일 웹의 현실적인 고려　　　　　　　　　438

2 : 모바일 대응 방안의 선정　　　　　　　　　　　440
　1 | 대응하지 않기　　　　　　　　　　　　　　441
　2 | 데이터 레벨에서의 분리　　　　　　　　　　441
　3 | 구조 레벨에서의 분리　　　　　　　　　　　442
　4 | 표현 레벨에서의 분리　　　　　　　　　　　443

3 : coForward 웹 사이트 모바일 대응 기획　　　　　443
　1 | 대응 방안의 선정　　　　　　　　　　　　　444
　2 | 콘텐츠의 점검　　　　　　　　　　　　　　444
　3 | 디자인 방안　　　　　　　　　　　　　　　445

4 : 모바일 대응 웹 사이트 구성　　　　　　　　　445
　1 | 환경의 구성　　　　　　　　　　　　　　　445
　2 | 모바일 환경의 특징과 구성　　　　　　　　　449
　3 | 모바일용 CSS의 적용과 추가적인 작업　　　　459

HTML 4/HTML 5 태그 비교표　　　　　　　　　　　472

찾아보기　　　　　　　　　　　　　　　　　　　475

| 목 차 | 여기서 잠깐 |

CERN(Conseil Europeen pour la Recherche Nucleaire)	17
무어의 법칙	18
소요되는 비용을 생각해 볼 때	19
"웹은 죽었다"	21
개발 방법과 언어를 사용하여 제작	21
아직 어렵습니다	23
공공 서비스	23
광역 접근성(Universal Access)	25
클라우드 폰	25
웹을 구성하는 기술적 요소는 HTML, CSS, Javascript입니다	26
점진적 향상(Progressive enhancement)	28
웹 페이지가 문서의 성격을 가지고 있다면	30
문자 참조 형식	32
우선적으로 선언	34
CSS를 사용하여 변경할 수 있습니다	34
반드시 지정	35
정보 계층을 기계적으로 구조화	38
웹 접근성이 공공 기관을 시작으로 연차적으로 강제되면서	49
HTML 4.01 기반의 마크업 언어에서는	49
검색 엔진 최적화(SEO : Search Engine Optimization)	53
스토리보드	54
리버스 엔지니어링	54
하나의 HTML에 다양한 디자인을 구현할 수 있다	56
스펙의 단계보다는 웹 브라우저의 구현 수준이 더 높아 보입니다	57
속성값의 입력 개수에 따라 적용되는 방향이 달라집니다	74
전문적인 자바스크립트 서적	107
DOM은 HTML, CSS와 같은 W3C의 표준 기술입니다	108
빈 textNode와 주석	111
사용에 유의해야 합니다	119
for 구문/if 구문	122

카멜 표기법	122
HTML을 완전한 XML 형태로 전환하려는 계획의 실패를 공식적으로 선언	129
WHATWG	129
기존 HTML에는 없었던 콘텐츠 모델	130
이미지는 복사되고 링크 요소는 바로가기를 만들어 줍니다	135
마이크로 포맷	142
코딩 수준의 객관적 지표	149
각 단계의 콘텐츠 제목은 모두 〈h1〉 요소로 마크업	157
〈strong〉, 〈em〉, 〈mark〉	173
지원 정도는 웹 브라우저별로 차이가 있습니다	175
웹 브라우저나 운영 체제마다 다르게 구현될 수 있습니다	178
비교적 정적인 수치를 나타냅니다	181
포커스가 위치하는 것을 볼 수 있습니다	189
경고 알림의 작동 예	194
엄밀히 말해 웹 기술이 아니었습니다	196
동영상의 첫 번째 프레임 화면을 표시	198
제어기를 〈video〉 요소에 표시합니다	198
ogg	199
webM	199
H.264	199
웹 기술 자체로 동영상을 컨트롤할 수 있게 되었습니다	202
별도로 분리된 표준 스펙	207
비트맵 이미지/벡터 그래픽	211
데이터 아일랜드	211
SVG를 HTML 5의 일반 태그처럼 HTML 본문에 직접 사용	211
크기 단위	213
기본 요소처럼 사용	213
문자로써의 특징	229
원본이 될 요소를 나중에 작성	239

canvas API에 대한 표준안	246	가능하다면 HTML의 어떤 요소로 마크업될 것인지도 포함합니다	394
선 그리기 예제	253	페이지 구성 요소 표	394
호 그리기를 이용하여 원을 그립니다	255	HTML 5에서 새로 추가된 태그들의 기본 CSS의 display 속성을	
동일 도메인 규칙	293	지정해 주는 CSS 파일을 지정해야 합니다	399
manifest 파일	304	html5test.com	440
Web Storage, Web SQL Database, Indexed DB	308	접속 웹 브라우저 정보	446
기기가 사용할 수 있는 다양한 방법을 통해	315	디자인이 없는 상태	449
아직 실험적이기는 하지만	316	CSS 작업은 기본 웹 사이트보다 단순해집니다	451
데스크톱용 웹 브라우저에서도 똑같이 작동합니다	323	모바일 웹 사이트 서브 페이지의 메인 메뉴	453
확장 접두사를 붙여서 사용하는 CSS 속성	326	두 개의 건너뛰기 링크(Skip Navigation)	453
CSS 3에 추가된 선택자	326	더 높은 해상도를 가지고 있는 것처럼 작동	460
각각 다른 방법으로 지정해야 합니다	335	사용자에 의한 확대, 축소를 기본값(허용)으로 하였습니다	462
키 프레임	383	apple-touch-icon	465
예제를 진행합니다	390		

Chapter

01

1 | 인터넷 환경의 변화와 변하지 않는 웹의 목적
Web On Everything

2 | 다양한 환경에 대응하기 위한 설계와 기술
Web Standard

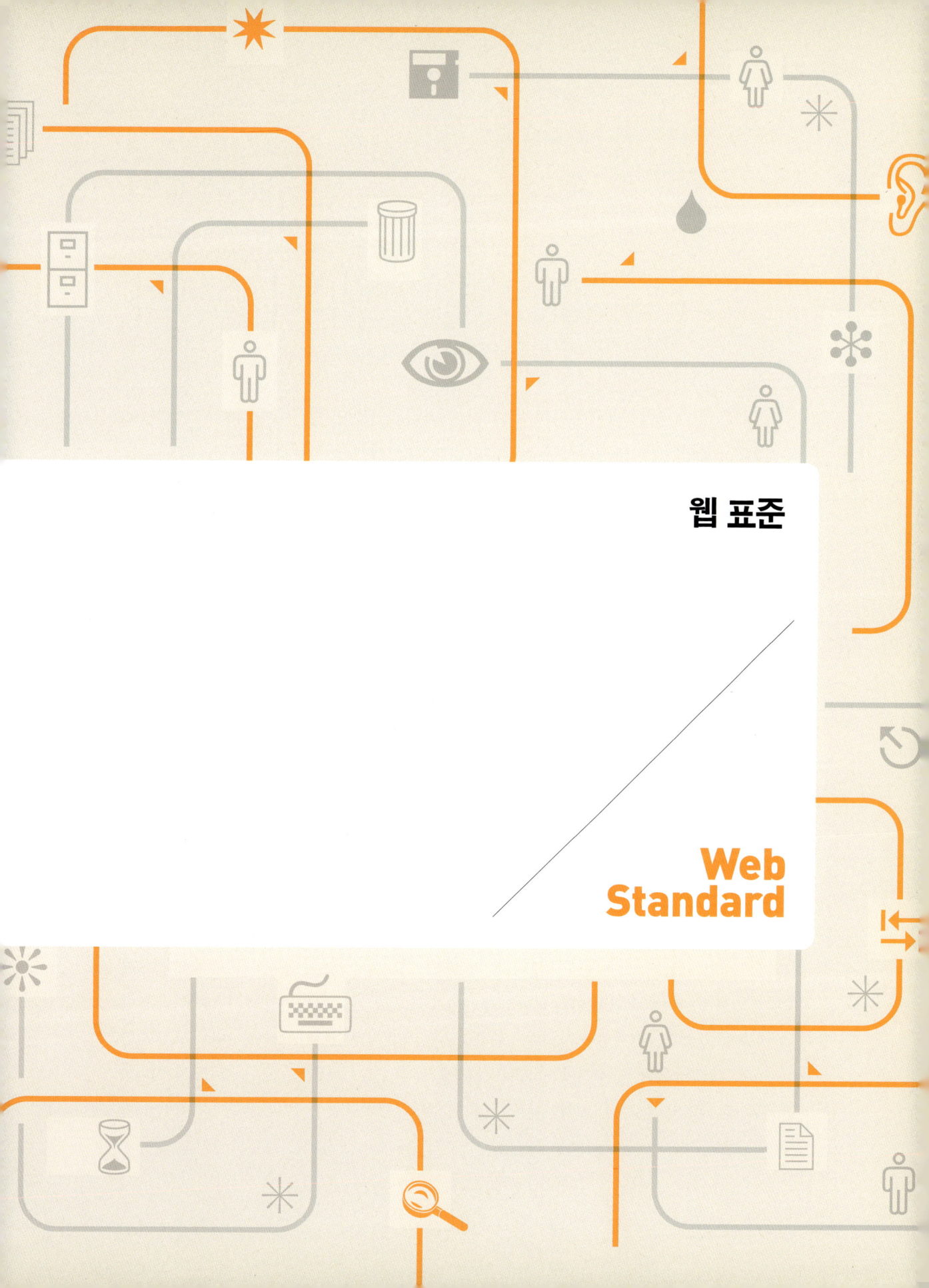

웹 표준

Web Standard

Web On Everything

인터넷 환경의 변화와 변하지 않는 웹의 목적

*CERN의 팀 버너스 리가 NeXT 컴퓨터로, 최초의 웹 서버인 월드 와이드 웹(World Wide Web)을 구동하여 'http://nxoc01.cern.ch/hypertext/WWW/TheProject.html'에 'The WorldWideWeb(W3) is a wide-area hypermedia information retrieval initiative aiming to give universal access to a large universe of documents.'라는 최초의 웹 문서를 작성한 지 20여 년이 흘렀습니다.

 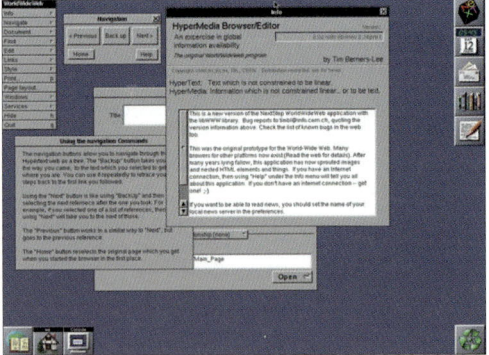

최초의 웹 서버와 웹 브라우저

단순히 연구자의 문서를 공유할 목적으로 출발했던 웹 서비스는 역사상 어떠한 발명품보다 빠르게 사람들의 생활을 바꾸어 놓았으며, 앞으로도 이러한 변화는 더욱 빠르게 진행될 것입니다. 기술의 발전으로 인한 인터넷 환경의 변화로 웹 환경 역시 빠르게 변화하고 있지만 웹에는 최초에 만들어진 순간부터 지금까지 변하지 않는 목적이 있습니다. 그것은 바로 '모든 사람들에게 그들이 사용하는 기기나 환경과는 관계없이 정보를 전달하는 것'입니다. 웹의 이러한 목적은 웹 환경이 급속도로 변화하고, 기기가 점차 다양해질수록 더욱 빛을 발할 것입니다.

> **여기서 잠깐**
>
> *** CERN(Conseil Europeen pour la Recherche Nucleaire)**
> CERN(Conseil Europeen pour la Recherche Nucleaire)이란, 유럽 입자 물리학 연구소를 말하며, 월드 와이드 웹은 1991년 이 연구소에서 근무하던 팀 버너스 리(Tim Berners-Lee)라는 사람에 의해 처음으로 개발되었습니다. 최초의 웹 문서는 'http://nxoc01.cern.ch/hypertext/WWW/TheProject.html'에 탑재되었지만 이후 주소가 변경되어 현재는 'http://www.w3.org/History/19921103-hypertext/hypertext/WWW/TheProject.html'에 탑재되어 있습니다.

1 : 웹 환경의 변화

오늘날에는 인터넷과 웹이 거의 같은 의미로 사용되고 있지만, 엄밀히 이야기하면 웹과 인터넷은 다른 단어입니다. 즉, 인터넷이 일종의 통신 기술이라면 웹은 그 통신 기술을 이용한 하나의 응용 기술입니다. 인터넷을 이용한 응용 서비스에는 인터넷 이전부터 존재하던 E-mail(1971), FTP(1971), 그리고 웹이 등장하기 이전부터 많은 인기를 끌었던 usenet(1979), Gopher(1991) 등이 있지만, 지금은 대부분 HTTP를 기반으로 하는 웹에 통합되거나 흡수되었습니다. 또한 초기의 웹은 학술적 목적에서 출발하였지만 이후 상업적 목적과 결합하면서 놀라운 속도로 성장하여 현대의 거의 모든 분야에 사용되고 있습니다. 어떤 측면에서는 웹과 인터넷이 전기, 수도, 도로, 철도 등과 같이 사람이 살아가는 데 없어서는 안 될 사회간접자본이라고 해도 결코 지나친 말이 아닐 것입니다. 이처럼 웹은 여러 분야에서 널리 사용되고 있기 때문에 '웹'과 '인터넷'이 일반 사용자들에게 같은 단어로 사용되는 것은 이상한 일이 아니라고 할 수도 있습니다. 웹이 인터넷과 동일한 의미로 사용되는 것과 같이 원래의 뜻이나 의미와 다르게 사용되는 것 중의 하나는, '웹은 컴퓨터(PC)를 위한 기술이며, 컴퓨터를 이용해야만 사용

인터넷의 역사

할 수 있는 것'이라는 생각입니다. 물론 웹이 컴퓨터를 이용하여 최초로 개발되었고, 지난 20년 동안 웹 사이트들은 특정 장소에 설치된 컴퓨터를 통해서만 접할 수 있었던 것이 사실입니다. 다시 말해서 웹이 노트북 컴퓨터나 무선 근거리 통신망인 와이파이(WiFi)를 통해 어느 정도 이동성을 얻게 되었다고 하더라도, 기본적으로 컴퓨터라는 하드웨어적 기반과 데이터 통신 설비가 갖추어진 장소를 통해 접해야 한다는 위치적 한계를 극복하기가 쉽지 않았던 것이 사실입니다.

그러나 *무어의 법칙에서 언급한 바와 같이 오늘날 급속도로 발전하고 있는 IT 기술은 손에 들고 다닐 수 있을 정도로 작은 기기가 컴퓨터에 버금가는 기능을 수행할 수 있도록 하는 데 결정적인 영향을 끼쳤으며, 무선 통신 기술의 발전 또한 더 이상 자신의 주변에 통신 설비가 있는지를 확인할 필요가 없는 환경, 즉 언제 어디서든 인터넷에 접속할 수 있는 환경으로 바꾸어 놓았습니다. 우리나라에서도 최근 아이폰(iPhone)으로 시작된 스마트폰 열풍으로 인해 웹의 정보는 컴퓨터가 아닌 다른 기기로 옮겨지기 시작했으며, 심지어 대표적인 미디어 기기라고 할 수 있는 텔레비전으로까지 확장되는 등 사용자가 사용하는 기기와 무관하게 정보를 전달하는 시대가 도래하였습니다.

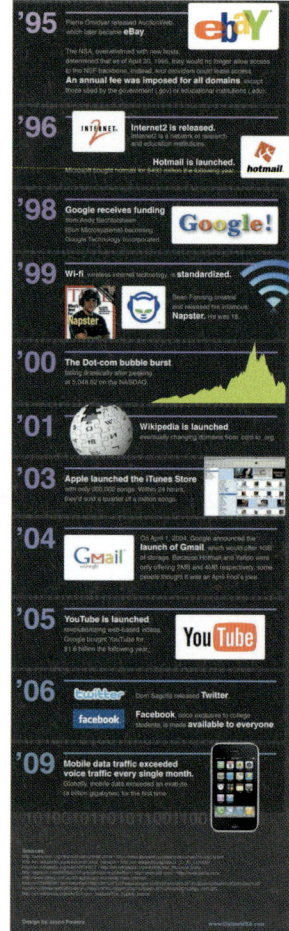

인터넷의 역사

웹을 사용할 수 있는 인터넷 텔레비전

3 Screen의 개념

여기서 잠깐

* **무어의 법칙**
무어의 법칙이란 인텔의 공동 창업자인 고든 무어가 1965년에 발표한 논문에 수록된 이야기로, 무어는 이 논문에서 컴퓨터의 성능이 18개월마다 2배로 증가할 것이라고 주장하였습니다.

이렇듯 인터넷에 접속할 수 있는 기기의 수가 늘어나면서 최근 어느 IT 기업들은 앞다투어 3 Screen(PC, mobile, 텔레비전) 전략을 발표하기에 이르렀습니다. 하지만 얼마 지나지 않아서 특정 기기(컴퓨터)와 공간적 제약을 벗어나기 시작한 정보의 확산은 3개의 스크린에만 그치지 않을 것이라는 것을 깨닫게 되었으며, 이 기업이 발표한 '3 Screen 전략'은 1년을 넘기지 못하고 폐기되고 말았습니다. 그 이유 중의 하나는 아이패드로 대표되는 새로운 형태의 웹 접속 도구인 태블릿 디바이스로 인해 '3'이라는 숫자가 무의미해졌기 때문입니다.

이전에는 없었던 새로운 방법으로 웹에 접근할 수 있는 디바이스

앞으로 인터넷에 접속할 수 있는 디바이스들은 계속 개발될 것이고, 따라서 웹에 담긴 정보를 다양한 디바이스에 전달해야 하는 시대적 요청에 직면하게 되었습니다. 하지만 향후 새로 개발될 각종 디바이스 환경에 맞게 일일이 정보 구조와 디자인을 별도로 구성하여 대응하는 일은 사실상 불가능합니다. 설사 그것이 가능하다고 하더라도 *소요되는 비용을 생각해 볼 때 매우 비합리적이라고 할 수 있습니다.

> **여기서 잠깐**
>
> * **소요되는 비용을 생각해 볼 때**
> 구글의 엔지니어링 부문 부사장 빅 건도트라(Vic Gundotra)는 2009에 열린 한 컨퍼런스에서 다양한 디바이스에 대하여 각각 별도로 대응하는 것은 불합리하다는 취지의 발언을 한 바 있습니다. 이 연설의 원문은 http://blogs.ft.com/fttechhub/2009/07/app-stores-are-not-the-future-says-google/에 수록되어 있습니다.
>
> "Even Google was not rich enough to support all of the different mobile platforms from Apple's AppStore to those of the BlackBerry, Windows Mobile, Android and the many variations of the Nokia platform" (Vic Gundotra, Google Engineering VP)

위와 같은 문제의 해결 방안으로 웹 기술이 다시 주목받고 있습니다. 웹은 장치 운영 체제 독립적인 정보 구성 방법이기 때문에 다양한 디바이스에 정보를 전달할 수 있습니다. 어떤 이들은 가까운 미래에는 디스플레이 장치를 가진 모든 디바이스가 웹을 보여 줄 것이라고 이야기하기도 하고, 더 나아가서는 디스플레이 장치가 없는 장치, 심지어 건물까지도 웹상의 정보를 요구할 것이라고 말합니다. 어떻게 보면 이러한 변화가 갑작스럽게 느껴질 수도 있지만, 웹은 '거대한 정보 체계에의 보편적인 접근(universal access to a large universe of documents)'이라는 목적을 지니고 등장했으며, 기술의 발전에 힘입어 그 목적을 달성할 수 있는 시대가 되고 있습니다. 결론적으로 말하면 바야흐로 3, 4, 5 Screen이 아니라 n Screen에서의 웹이 열리고 있는 것입니다.

2 : 웹(Web)과 앱(Apps)의 차이점

앞에서 이야기한 대로 웹은 n Screen이라고 일컬어지는 수많은 사용자 환경으로 확장될 것입니다. 이 중에서 어떤 것은 우리가 아직 접해 보지 못한 장치일 수도 있고, 어떤 것은 텔레비전과 같이 친숙한 장치일 수도 있습니다. 실제로 국내 가전사에서도 이미 2000년도에 인터넷에 연결하여 정보를 주고받을 수 있는 냉장고를 개발한 사례가 있으며, 최근에는 모바일 운영 체제인 안드로이드(Android)를 탑재, 인터넷에 연결할 수 있는 세탁기와 전자레인지도 등장했습니다. 물론 아직까지는 이런 것들이 보편적이라고 할 수는 없겠지만 이렇게 인터넷에 연결되는 장치들은 우리가 미처 생각지도 않은 범위로 조용히 확대되고 있으며, 이러한 기기들은 결국 웹을 통해 정보를 유통하게 될 것입니다.

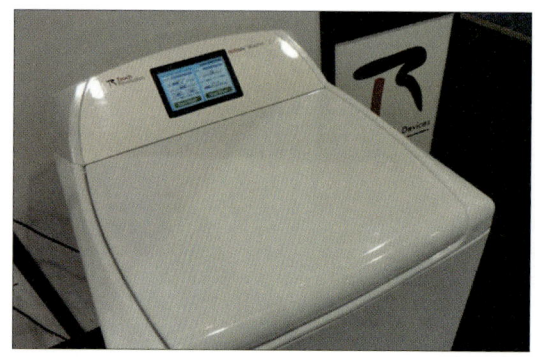

안드로이드가 탑재된 세탁기

그러나 아직까지는 이런 사례가 우리 주변에서 직접적으로 실제 사용되는 일이 흔하지 않기 때문에 웹의 확산을 피부로 느끼기는 어려울 수 있습니다. 생각해 보면 지금은 당연한 듯한 모바일 인터넷 환경도 불과 몇 년 전만 해도 오늘날과 같이 변하리라고 생각하지 못하였지만 어느덧 우리에게 현실이 되었고, 우리 생활의 많은 부분을 변화시키고 있습니다.

그러나 정작 모바일 인터넷 환경에서 주목을 받고 있는 것은 웹이 아니라 App store와 앱(Apps)라고 불리는 작은 프로그램입니다. 심지어는 앱으로 인해 * "웹은 죽었다."라는 내용이 유명 IT 웹진에 기고된 바도 있습니다. 이 말처럼 웹이 앱에 자리를 내어 주고 사라져 버린 것일까요? 그럼, 여기서 모바일 환경에서의 웹과 앱의 차이점에 대해 알아보겠습니다.

> **여기서 잠깐**
>
> * **"웹은 죽었다."**
> 크리스 앤더슨(Chris Anderson)은 와이어드(WIRED) 지에 'The Web is Dead. Long Live the Internet'이라는 제목으로 인터넷 개발이 '웹'에서 '앱'으로 넘어가고 있다는 내용의 글을 기고하여 인터넷 공간에서 많은 논란을 불러일으켰습니다(http://www.wired.com/magazine/2010/08/ff_webrip/all/1).

1 | 앱

모바일 기기에서 이야기하는 앱(app)은 응용 프로그램을 뜻하는 애플리케이션(application)의 줄임말입니다. 다시 말해 우리가 컴퓨터에서 사용하는 포토샵이나 엑셀과 같은 컴퓨터 프로그램과 근본적으로 같은 것이라 할 수 있습니다. 하지만 모바일 기기와 컴퓨터의 하드웨어적 격차, 사용성의 차이로 인해 컴퓨터에서 사용되는 전통적인 응용 프로그램보다 간단한 기능과 직관적 인터페이스를 가진 소규모의 소프트웨어 프로그램을 지칭하는 것이 일반적입니다. 앱은 근본적으로 컴퓨터용 프로그램과 같은 것이기 때문에 앱의 기술적 특징은 일반적인 소프트웨어를 생각해 본다면 쉽게 알 수 있습니다. 앱이 웹과 다른 가장 큰 특징은 '플랫폼에 종속적이다.'라는 것입니다. 플랫폼에 종속적이기 때문에 해당 플랫폼의 기기에서만 작동하며, 플랫폼에서 지정한 * 개발 방법과 언어를 사용하여 제작해야 합니다. 이와 같은 제약 사항

> **여기서 잠깐**
>
> * **개발 방법과 언어를 사용하여 제작**
> 각 플랫폼별 앱의 제작 방식은 iPhone 계열은 object C, Android 계열은 Java를 이용하여 개발되며, Windows Phone 7은 .net과 Silverlight를 이용할 것이라고 합니다.

이 있기는 하지만 해당 기기가 보유한 카메라를 비롯한 각종 센서 등과 같은 하드웨어적 기능을 충분히 활용할 수 있으며, 해당 기기를 사용하는 사용자에게 지원할 수 있는 최상의 사용자 경험을 제공할 수 있습니다.

플랫폼에 특화된 앱 스토어, 마켓 플레이스

2 | 웹

웹은 기본적으로 HTML 태그(tag)로 이루어진 정보 체계입니다. 최초에는 문서 구조를 작성하기 위한 규칙이었지만 기술의 발전과 상업적 요구가 맞물려 여러 가지 형태의 미디어가 추가되었으며, Web 2.0 시대를 지나면서 프로그램적 기능도 대폭 수용하게 되었습니다. 웹의 최대 특징은 '장치와 운영 체제에 독립적이다.' 라는 것입니다. 앱의 모든 특징이 "플랫폼에 종속적이다."라는 문장에서 나왔듯이 웹의 모든 특징 역시 "장치와 플랫폼에 독립적이다."라는 것으로부터 출발할 수 있습니다. 장치나 플랫폼에 독립적이기 때문에 다양한 환경에서 동일한 정보를 제공할 수 있습니다. 이 특징은 모바일 환경에서도 동일하게 적용될 수 있습니다. 하지만 앱과 비교해 보면 플랫폼이나 기기에서 특별히 제공하는 기능을 자유롭게 사용하기는 *아직 어렵습니다.

웹 브라우저만 있다면 어디서에서든 접근할 수 있는 웹

> **여기서 잠깐**
>
> * **아직 어렵습니다**
>
> 웹이 기기에서 제공하는 기능을 자유롭게 사용하는 것이 "아직 어렵다."라고 말한 것은 미래에는 가능해질 것이라 생각되기 때문입니다. 그 이유는 W3C에서 웹이 기기가 가진 센서나 카메라와 같은 하드웨어나 주소록 파일 시스템과 같은 기기에 저장된 정보에 접근하기 위한 표준 규칙인 Device API를 제정하고 있기 때문입니다(Device APIs and Policy Working Group, http://www.w3.org/2009/dap).
>
> 최근 아이폰의 운영 체제가 4.2로 업그레이드되면서 아이폰의 센서 기능 일부를 모바일 사파리를 통해 접근할 수 있게 되었으며, 2011년 2월 구글의 크롬 웹 브라우저도 버전 업을 하면서 일부 디바이스 정보에 접근할 수 있게 되었습니다. 아직 각 웹 브라우저들은 독자적이고 실험적인 성격이 강하기 때문에 웹 전반적으로 보면 단기간에 실용화되기는 어렵겠지만 웹이 할 수 있는 범위가 점차 증가되고 있는 것은 사실입니다.

3 | 모바일 환경에서 웹과 앱의 특징 비교

위에서 보는 바와 같이 웹과 앱은 서로 다른 특징을 가지고 있습니다. 그런데 서로 다른 특징을 가지고 있는 이 두 가지가 왜 공통된 분야에서 비교되며, 와이어드(WIRED)에 기고된 글처럼 '○○이 우세하며, ○○으로 대체될 것이다.'라는 식의 관측이 나오고 있는 것일까요?

그 이유는 현재 상당수의 모바일 앱들은 웹에 있는 정보를 가져와 특정 기기의 스펙과 사용자 환경(UI)에 맞도록 재구성하여 보여 주는 형태이기 때문입니다. 다시 말해 현재 대다수의 앱은 웹과 마찬가지로 인터넷에 있는 정보를 사용자에게 보여 주는 기능을 하고 있다는 것입니다. 어떠한 서비스나 기능을 제공하는 데 있어 앱을 사용해야 할 것인지, 웹을 사용해야 할 것인지에 대한 판단은 비즈니스적 판단이나 제공 서비스의 기술적 요구 사항에 따라 달라질 수 있을 것입니다. 하지만 특정 기기가 제공하는 특별한 하드웨어적 기능을 지원할 필요 없이 단순히 인터넷상의 정보를 제공한다는 목적으로만 보았을 때는 모바일 기기에서 반드시 앱을 사용할 필요가 없을 수도 있으며, *공공 서비스와 같은 것들은 특정 기기에 종속된 앱보다는 사용하는 기기와 상관없이 정보에 접근할 수 있는 웹으로 제작되는 것이 더 바람직할 것입니다.

> **여기서 잠깐**
>
> * **공공 서비스**
>
> 행정안전부 고시 제2010-40(2010년 6월 24일) '전자 정부 서비스 호환성 준수 지침' 개정 고시에는 "국민들이 다양한 모바일 기기를 사용할 수 있도록 '모바일 앱(App)' 방식보다 '모바일 웹(Web)' 방식을 표준으로 권고한다."는 내용이 담겨 있습니다. 이 역시 웹이 장치와 운영 체제에 독립적으로 정보에 접근할 수 있기 때문일 것입니다.

3 : 변하지 않는 웹의 목적

모바일 환경에서 웹을 통해 인터넷의 정보를 제공하려면 어떻게 해야 할까요? 앞에서 이야기한 바와 같이 특별한 하드웨어적 지원 없이 인터넷상의 정보를 제공하는 것이 목적이라면 반드시 앱을 제작할 필요는 없으며, 웹으로도 충분히 정보를 제공할 수 있습니다.

그렇다면 웹이 모바일 환경에 대응하기 위해서는 어떠한 기술이 필요할까요? 결론부터 말하자면 웹 기술 자체 이외에는 크게 필요한, 또는 반드시 새로 알아야 하는 기술적 개념은 없습니다. 그 이유는 이미 여러 차례 이야기한 바와 같이 웹은 원래부터 '장치 플랫폼 독립적'이기 때문입니다. 웹 표준을 제정하는 World Wide Web Consortium(W3C)에서는 웹 표준 기술의 목적을 다음과 같이 규정하고 있습니다.

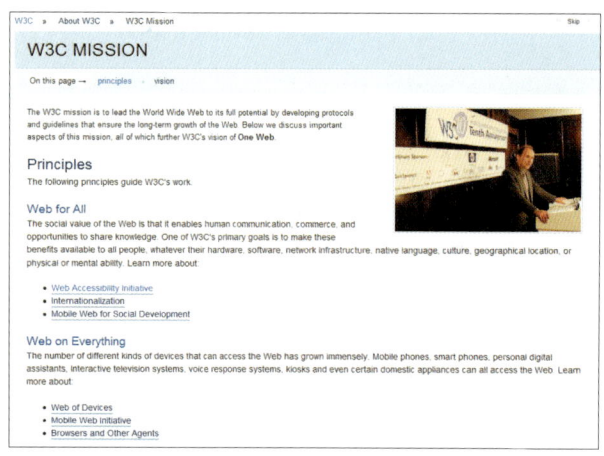

W3C의 목표와 원칙을 담고 있는 페이지(http://www.w3.org/Consortium/mission.html)

"The W3C mission is to lead the World Wide Web to its full potential", 즉 웹 표준을 제정하는 목적은 웹의 모든 가능성과 잠재력을 이끌어 내는 데 있습니다. 그리고 이러한 목적을 추구하기 위한 원리 및 원칙은 '모두를 위한 웹(Web for All)'과 '모든 것 위에서의 웹(Web on Everything)'이라고 명시되어 있습니다.

웹 표준 기술은 *광역 접근성(Universal Access)을 고려하여 작성되므로, 모바일 환경이라고 해서 전혀 새로운 기술과 방법을 도입해야 하는 것은 아닙니다. 이러한 웹의 목적과 방향을 바르게 인지한다면 인터넷에 접속하는 도구들이 다양해지는 n Screen의 시대가 도래할수록 웹이 가진 가능성은 현실이 됨을 느끼게 될 것입니다.

이 밖에도 "다양한 디바이스에서의 웹의 접속은 무엇을 위한 것인지?"를 생각할 필요가 있을 것입니다. 모바일 기기에서 웹에 표시하고자 하는 것은 '모든 것 위에서의 웹'을 위한 하나의 방법이고, '모든 것 위에서의 웹'은 결국 '모두를 위한 웹'을 위해서라고 생각합니다. '모두를 위한 웹'이란 광역 접근성의 정의에서 이야기하고 있듯이 '모든 사람에게 그들이 어떠한 하드웨어, 소프트웨어, 네트워크 구조, 모국어, 문화, 지역적인 위치, 또는 육체적·정신적 능력을 가지고 있든 간에 웹의 혜택을 제공'하는 것입니다.

우리는 보통 모바일 기기라고 하면 컴퓨터보다 진보된 사용자 환경과 멋진 터치감을 가진 디바이스를 생각하지만, 모바일 기기에 필요한 웹이 반드시 높은 사용 환경과 인프라를 가진 사회에서만 요구되는 것은 아닙니다. 최근 아프리카 빈곤층을 위한 **클라우드 폰과 같은 저사양 모바일 기기에서도 웹이 요구될 수 있습니다. 실제로 기술의 발전으로 인해 무선 인프라의 구축 및 모바일 기기 비용이 유선 인프라의 구축 및 컴퓨터 비용에 비해 낮아졌기 때문에 아프리카 등 저개발 국가에서 모바일 인터넷 사용 비율이 높아지고 있다고 합니다. 그렇다고 해서 낮은 사양과 조건에 웹을 맞추어야 한다는 것은 아닙니다. 웹 기술을 올바르게 사용한다면 사용자 조건에 따라 화려하게도, 단순하게도 제공될 수 있습니다. 웹 표준 기술은 이러한 방안을 추구하고 있으며, 그 방법 또한 계속 발전하고 있기 때문입니다. 중요한 것은 외향적인 형태가 아니라 웹이 담고 있는 정보입니다. 정보는 여러 형태로 가공되고 표현될 수 있지만 전달하고자 하는 핵심은 사용자의 환경과 조건에 관계없이 전달되어야 합니다. 이것이 바로 웹 표준 기술의 의의이며, 목표이기 때문입니다.

이렇듯 웹은 사용자의 환경이나 조건에 관계없이 정보를 전달하고자 하는 것이 목적이며, 이 목적은 웹이 탄생한 순간부터 지금까지 단 한 번도 변한 적이 없습니다. 이러한 목적을 이해하고, 공감한다면 웹을 접속하기 위한 디바이스가 아무리 다양해지고 형태가 달라지더라도 웹을 구성하는 기본 방향은 달라지지 않으리라는 사실을 알 수 있을 것입니다.

> **여기서 잠깐**
>
> * **광역 접근성(Universal Access)**
> W3C는 웹을 (컴퓨터, 전화기, 텔레비전, 또는 냉장고 등을 통한 접근 가능한) 광역 네트워크 접근 정보로 정의한다. 현재, 이러한 새로운 형태의 의사소통과 지식 공유의 기회를 가능하게 함으로써 인류에 이득을 주고 있다. W3C의 주요 목표 중의 하나는 모든 사람에게 그들이 어떠한 하드웨어, 소프트웨어, 네트워크 구조, 모국어, 문화, 지역적인 위치, 또는 육체적·정신적 능력을 가지고 있든 간에 웹의 혜택을 제공하는 것이다. W3C의 국제화 활동, 기기 독립 활동, 보이스 웹 브라우저 활동, 그리고 WAI는 광역 접근에 대한 W3C의 의무이다(http://www.w3c.or.kr/Translation/7points.html.kr).
>
> ** **클라우드 폰**
> 하나의 전화를 여러 명이 공유하는 개념의 휴대폰으로, 아프리카의 저개발 국가 사용자들을 위해 제작된 것입니다.

Web Standard

다양한 환경에 대응하기 위한
설계와 기술

웹은 다양한 환경에서 정보를 제공하고자 하는 목적을 가지고 탄생했습니다. 그러나 아무런 규칙도, 방법도 모른 채 이 웹의 근본 목적을 지키는 것은 쉽지 않을 것입니다. 웹을 구현하는 기준을 만든 것은 바로 이 때문입니다. 웹이 다양한 환경을 제공하기 위해서는 저작자의 기준과 판단도 중요하지만 웹을 구성하는 기술 표준과 각 요소의 역할에 대한 이해가 필요합니다.

*웹을 구성하는 기술적 요소는 HTML, CSS, Javascript입니다. 그리고 이 기술들은 각각 구조, 표현, 동작을 담당하고 있습니다. 이 각 요소가 목적에 맞도록 적절하게 사용되었을 때, 웹은 비로소 본래의 목적을 달성할 수 있습니다.

> **여기서 잠깐**
>
> *** 웹을 구성하는 기술적 요소는 HTML, CSS, Javascript입니다**
> 웹 사이트를 제작하는 데에는 위의 3가지 요소 외에도 JSP, PHP, ASP와 같은 서버 측 개발 언어와 Oracle, MS-Sql, MySql과 같은 데이터베이스가 사용됩니다. 하지만 이러한 서버 측 기술들은 모두 HTML, CSS, Javascript를 동적으로 만들어 내고, 사용자에게서 얻어진 정보들을 저장하기 위한 것입니다. 서버 측에서 어떤 언어를 사용하느냐와는 상관없이 사용자가 실제로 보게 되는 것은 HTML, CSS, Javascript를 웹 브라우저가 해석하여 구성한 화면입니다.

1 : 정보를 설계하는 방법 – HTML

CERN 연구실에서 탄생한 고전적인(또는 원칙적인) 웹은 구조화된 텍스트 문서를 위한 것이었으며, 웹이 널리 사용된 후에도 그 기본적인 성격은 크게 변하지 않고, 문서의 구조를 작성하기 위한 기능에 이미지를 표시하는 기능과 서버와 동기적으로 정보를 주고받는 폼 기능을 이용한 간단한 프로그램적 기능만이 추가되었습니다. 그러나 상업적 웹 사이트는 이러한 고전적 웹의 표현 범위에 만족하지 못하고, 여러 가지 다양한 시도를 하였으며, 결국 원래 웹에는 없었던 동영상 등의 멀티미디어적 요소와 HTML의 서식 요소에 의존하지 않는 더 빠르고 새로운 프로그램 요소 등을 포함하게 되었습니다.

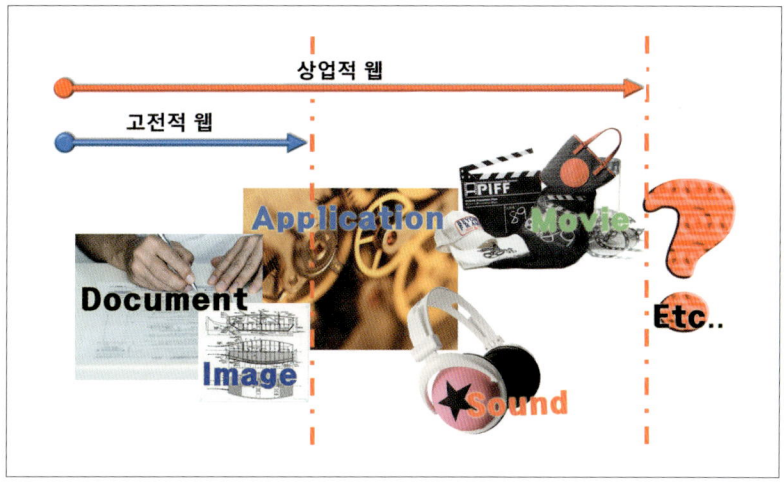

고전적 웹과 상업적 웹의 구성 요소

웹에 자신만의 새로운 기능을 포함하는 것이 반드시 문제가 되는 것은 아니라고 생각합니다. 그러나 새로운 기능을 사용할 수 없는 환경에서 웹이 전달하고자 하는 정보를 전혀 전달받지 못한다면 결코 바람직한 일은 아닐 것입니다. 모든 웹 사이트의 공통적인 목적은 사이트 내의 정보를 여러 사용자에게 잘 전달하는 것입니다. 그렇다면 정보를 원활하게 전달하고, 좀 더 미려한 형태를 제공하기 위해서는 어떤 방법을 사용해야 할까요? 이러한 질문의 답은 *점진적 향상(Progressive enhancement)입니다. 그리고 점진적 향상을 구현하기 위한 방안으로는 분리된 구조를 들 수 있습니다.

이와 진행 방향은 반대이지만 비슷한 의미를 가진 적절한 낮춤(Graceful degradation)이라는 개념도 있습니다. 우리나라의 웹 사이트 제작 관행은 비주얼을 매우 중요시합니다. 물론 디자인은 웹 사이트의 아이덴티티를 구현하며, 사용자에게 좋은 인상을 주는 매우 중요한 요소입니다. 하지만 디자인 요소를 강조하기 위해 웹 사이트의 콘텐츠가 특정 환경에서만 사용될 수 있도록 구성하는 것이 사용자와 운영자 모두에게 바람직한 것인지는 의문의 여지가 있습니다. 물론 웹 사이트의 형태나 색상과 같은 장식 요소 역시 웹 사이트의 콘텐츠라고 할 수

※ 점진적 향상(Progressive enhancement)

점진적 향상이란, 어떠한 서비스를 제공할 때 사용 환경이 낮은 수준이라 하더라도 제공하고자 하는 서비스의 목적을 달성할 수 있는지를 확인하고, 이것이 확인된 후에 좀 더 나은 방안을 제시하는 것을 의미합니다. 쉽게 예를 든다면 우선적으로 모든 메뉴 링크를 제공한 후에 자바스크립트를 이용하여 메뉴의 형태를 변경하는 것을 말합니다.

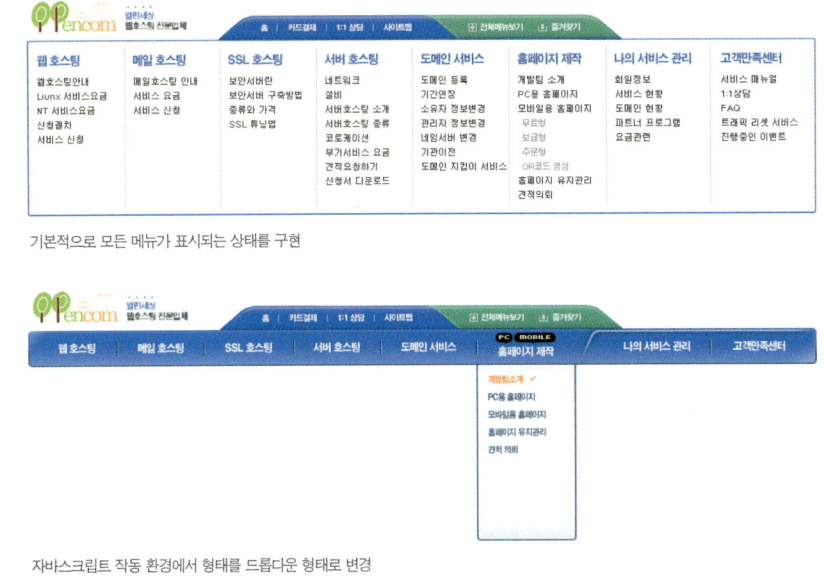

기본적으로 모든 메뉴가 표시되는 상태를 구현

자바스크립트 작동 환경에서 형태를 드롭다운 형태로 변경

있지만 많은 경우 그러한 것들은 웹 사이트가 가진 정보를 전달하는 데 있어 필수적인 요소라기보다는 부가적인 요소인 경우가 더 많습니다. 디자인과 기능도 중요하지만 웹 사이트가 제공하고자 했던 필수적인 정보는 반드시 포함하는 것이 사용자나 제공자 모두에게 유리할 것입니다.

웹에 접근하는 데 필요한 웹 브라우저나 검색 엔진 또는 그 밖의 장치들은 웹을 구성하는 여러 요소 중 하나인 HTML에 기본적으로 접근할 수 있습니다. 따라서 웹 사이트가 전달하고자 하는 필수적인 콘텐츠, 즉 주요한 정보는 HTML로 구성되어야 합니다. ※웹 페이지가 문서의 성격을 가지고 있다면, CSS나 자바스크립트가 없이도 온전한 정보를 가질 수 있도록 구성하여 보편적인 정보를 먼저 전달한 후에 분리된 구조의 CSS와 자바스크립트를 추가함으로써 사용자 환경에 최적화된 화면과 동작을 구현해야만 합니다.

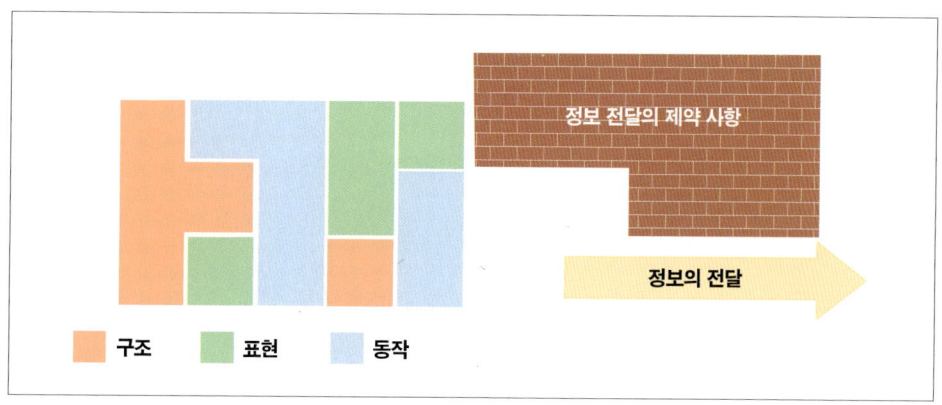

정보 전달에 제약이 있는 상황에서 대응하기가 어려운 구조

과거에는 이러한 기본적 원칙을 준수하지 않고 만들어진 웹 사이트는 HTML 안에 전달하고자 하는 정보와 표현 방법에 대한 설정, 그리고 동작에 관한 요소들이 하나로 묶여 있는 경우가 많았습니다. 이러한 방법을 이용하여 구성한 페이지는 웹 저작자가 예상치 못한 환경이나 제약 사항이 있을 경우, 예상했던 대로 동작하지 않거나 심지어 웹 사이트 전체를 사용할 수 없는 경우도 있었습니다.

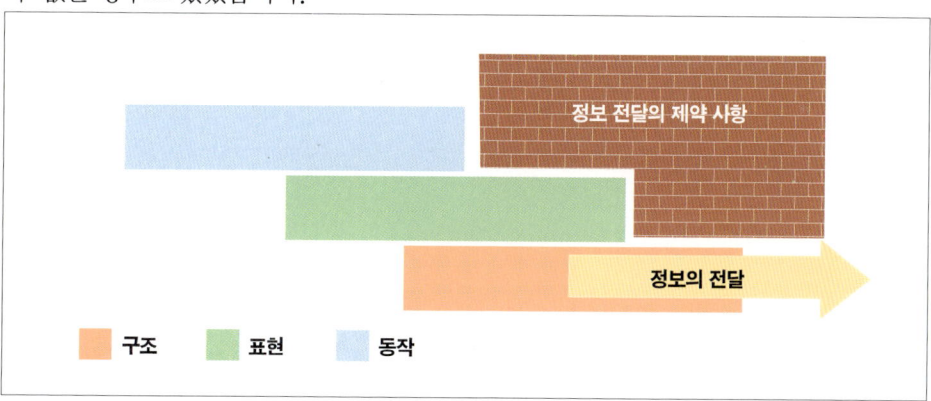

정보 전달에 제약이 있는 상황에서도 대응하기가 비교적 쉬운 분리된 구조

그러나 웹 사이트를 구조와 표현, 동작이 분리된 형태로 구성하면 정보 전달에 제약이 있는 상황이라도 가장 기본적인 정보는 제공할 수 있습니다. 또한 분리된 구조의 표현 요소나 동작 요소를 어렵지 않게 교체할 수 있기 때문에 유지 및 보수가 쉬우며, 접근성 또한 높일 수 있습니다.

> **여기서 잠깐**
>
> * **웹 페이지가 문서의 성격을 가지고 있다면**
>
>   HTML은 원래 논리적 문서를 위한 규격이었습니다. 하지만 Web 2.0으로 불렸던 시대를 거쳐 HTML 5 시대로 전환되면서 HTML은 문서에만 머무르지 않고 애플리케이션화되었습니다. 이렇게 HTML이 애플리케이션화되는 데는 자바스크립트가 중요한 역할을 하였으며, 앞으로도 그 중요성은 더욱 커질 것입니다. 웹이 애플리케이션화되어 갈수록 자바스크립트가 사용되는 범위가 늘어나고, 중요도 역시 높아지겠지만 자바스크립트 없이도 정보를 원활히 전달할 수 있는 웹을 구성하고자 하는 노력은 반드시 필요합니다.

1 | XHTML 1.0

1993년 HTML 1.0이 발표된 이후 1999년까지 HTML은 총 네 번의 버전 업을 하였습니다. 그러나 1999년에 XML이 등장하면서 HTML은 XML에 비해 규칙이 느슨하여 기계적 처리가 어렵고, 사용에 제약이 많은 마크업 언어로 전락해 버리는 듯 했습니다. 하지만 2000년에 들어서면서 HTML은 웹의 정보를 규격화된 구조로 작성하여 시멘틱 웹을 구현하기 위해 XML로의 전환을 시도하게 됩니다.

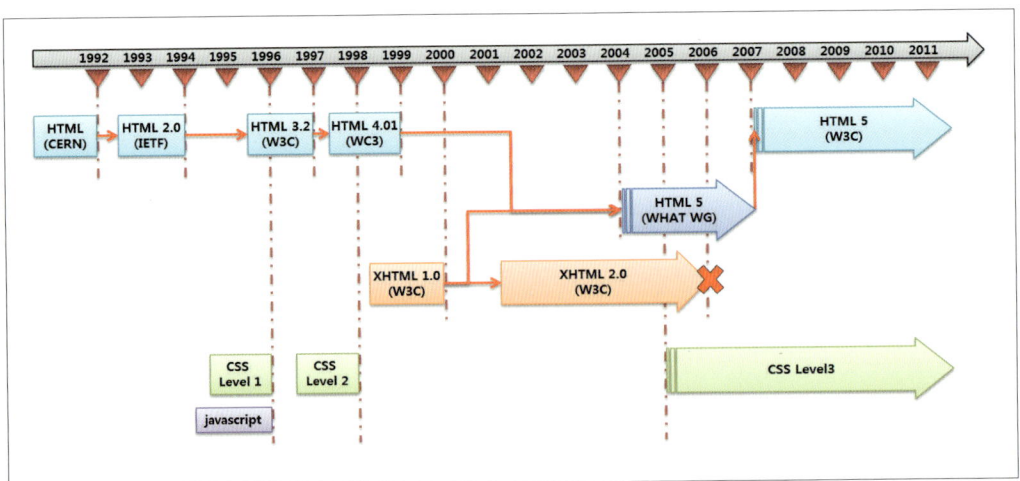

HTML의 발전 과정

이러한 배경 속에서 등장한 것이 XHTML 1.0과 XHTML의 다음 규격인 XHTML 2.0입니다. 물론 HTML 5의 등장으로 XHTML 2.0의 개발이 중단되기는 했지만, XHTML이 이루고자 했던 목표, 즉 '더욱 구조화된 정보 체계로의 진화'는 HTML 5로 계승되었습니다.

2 | XHTML 1.0 기본 사항

XHTML 1.0이 발표된 지 10년이 지났지만 XHTML 1.0은 2011년 현재까지도 웹을 구현하는 최신의 기술 권고 표준입니다. 이번에는 XHML 1.0 규격에 대하여 간단하게 알아보겠습니다.

■ XHTML 1.0의 기본적인 규칙

XHTML 1.0은 HTML의 최신 권고안인 HTML 4.01을 XML의 형식으로 재구성한 것입니다. 그렇기 때문에 몇몇 규칙을 제외하면 HTML 4.01의 코딩 규칙과 동일합니다. XHTML의 전체적인 구조는 DOCTYPE, ⟨head⟩, ⟨body⟩로 이루어져 있습니다.

DOCTYPE은 XHTML 문서의 문서형을 선언하는 부분이며, ⟨head⟩는 본문에는 표시되지 않지만 주로 기계나 프로그램을 위한 메타 정보나 CSS, 그리고 자바스크립트와 같은 외부 자원을 지정하는 부분입니다. 또한 ⟨body⟩는 XHTML 문서의 본문 내용이 작성되는 부분입니다. 본문에 사용되는 기본적인 코딩 규칙은 다음과 같습니다.

```
<[openTag] {[attribute]="[value]"}>
    [content]
</[closeTag]>
```

XHTML의 기본적인 코딩 규칙

```
<a href="coforward.com" title="coforward의 홈페이지" target="_blank">
    함께 나아갑니다. - <em class="coforward">co<span>Forward</span></em>
</a>
```

XHTML의 전형적인 코딩 예

XHTML의 태그는 기본적으로 '여는 태그'와 '닫는 태그'로 구성되어 있으며, 두 가지 태그 사이에는 콘텐츠 요소가 삽입됩니다. 콘텐츠 요소는 다른 태그를 포함할 수도 있기 때문에 중첩된 구조가 생성됩니다. 여는 태그 안에는 '속성'과 '속성값'을 사용할 수 있으며, 모든 태그와 속성은 소문자로 작성되어야 합니다. 속성값은 대문자, 소문자의 제약이 없지만 반드시 겹따옴표(" ")를 사용해야 합니다. 이미지나 서식 요소를 표시하는 ⟨img⟩나 ⟨input⟩ 등은 콘텐츠 요소와 종료 태그를 갖지 않으므로, 시작 태그 마지막에 "/"로 닫아야 합니다.

```
<img src="/img/common/logo_textType.gif" alt="COFORWARD" />
```
콘텐츠 요소와 종료 태그를 갖지 않는 요소의 코딩 예

콘텐츠 요소를 작성할 때는 XHTML에 예약된 〈 , 〉, " , "과 같은 예약 문자를 *문자 참조 형식으로 변환하여야 합니다.

> **여기서 잠깐**
>
> *** 문자 참조 형식**
> 문자 참조 형식이란, XHTML 콘텐츠 요소에 직접 들어갈 수 없는 요소들을 표시하기 위한 방법을 의미합니다. 예약 문자를 콘텐츠 요소에 직접 사용할 경우, 빈칸을 제외하고는 밸리데이션(Validation) 에러가 발생합니다. 특히 "〈", "〉"은 상황에 따라 웹 브라우저가 태그로 인식하게 되어 정보 구조 자체가 달라지므로 특별히 주의해야 합니다. 실제 웹 사이트 운영에서도 외부에서 입력되는 "〈", "〉"는 악용될 소지가 있기 때문에 사용자로부터 문자열을 입력받을 때도 반드시 체크를 해야만 합니다.
>
> | 구 분 | 예약 문자 | 변환 문자 참조 |
> |---|---|---|
> | 작은 부등호 | 〈 | < |
> | 큰 부등호 | 〉 | > |
> | 인용 부호 | " | " |
> | 앰퍼센드 | & | & |
> | 저작권 표시 | © | © |
> | 등록상표 표시 | ® | ® |
> | 상표 표시 | TM | ™ |
> | 빈칸 | | |
>
> 대표적인 예약 문자의 문자 참조

■ **주석문**

XHTML의 주석문은 다음과 같이 작성합니다.

```
<!--이것은 주석문으로 웹 브라우저에는 표시되지 않습니다.-->
```
주석문의 예

HTML에서 태그가 웹 브라우저를 위한 것이고, 콘텐츠 요소가 사용자를 위한 것이라면 주석문은 웹 저작자들을 위한 것입니다. 잘 작성된 주석문은 웹 사이트의 유지 및 보수에 많은 도움을 줍니다.

■ DOCTYPE

XHTML의 DOCTYPE은 strict, transitional, frameset의 세 종류로 이루어져 있으며, HTML 문서 최상단에 어떠한 요소보다 *우선적으로 선언되어야만 웹 브라우저가 정상적으로 DOCTYPE을 구분할 수 있습니다.

```
<!DOCTYPE html PUBLIC "-//W3C//DTD XHTML 1.0 Strict//EN"
 "http://www.w3.org/TR/xhtml1/DTD/xhtml1-strict.dtd">
```

XHTML 1.0 Strict dtd

strict dtd는 XHTML을 엄격하게 적용하는 규칙입니다. 경우에 따라서는 HTML 4.01 기반에서 사용되던 태그를 사용할 수 없는 것도 있습니다.

```
<!DOCTYPE html PUBLIC "-//W3C//DTD XHTML 1.0 Transitional//EN"
 "http://www.w3.org/TR/xhtml1/DTD/xhtml1-transitional.dtd">
```

XHTML 1.0 Transitional dtd

transitional dtd는 HTML 4.01과 완벽하게 호환되는 규칙입니다. 따라서 HTML에서 XHTML로 전환할 때 추천되는 DOCTYPE이기도 합니다. 이 책의 XHTML에 대한 내용은 본문 역시 transitional dtd를 기준으로 설명하고 있습니다.

```
<!DOCTYPE html PUBLIC "-//W3C//DTD XHTML 1.0 Frameset//EN"
 "http://www.w3.org/TR/xhtml1/DTD/xhtml1-frameset.dtd">
```

XHTML 1.0 Frameset dtd

frameset dtd는 오래된 구조인 frameset을 위한 DOCTYPE으로, 현재의 환경에서는 잘 사용되지 않습니다.

■ XHTML의 Element Level

HTML 4.01 기반의 태그들은 Block Level Element와 Inline Level Elemet로 구분됩니다. 두 요소를 쉽게 설명하자면 Block Level Element는 〈p〉, 〈ul〉, 〈table〉과 같이 요소가 여는 태그로 시작되거나 닫는 태그로 종결될 때 줄 바꿈이 일어나는 요소들이며, Inline Level

Element는 〈a〉, 〈span〉, 〈img〉와 같이 요소가 여는 태그로 시작되거나 닫는 태그로 종결될 때 줄 바꿈이 일어나지 않는 요소들입니다. 하지만 이러한 화면 표시 방법은 절대적인 것은 아니며, **CSS를 사용하여 변경할 수 있습니다. Block Level Element에는 다른 Block Level Element나 Inline Level Element를 포함할 수 있지만, Inline Level Element는 Block Level Element를 포함할 수 없습니다.

> **여기서 잠깐**
>
> * **우선적으로 선언**
> DOCTYPE은 웹 브라우저가 HTML을 렌더링하는 방식을 결정합니다. 따라서 DOCTYPE이 정상적으로 인식되지 않을 경우에는 화면의 구성이 예상과 달라지는 경우가 발생합니다. 특히 HTML+CSS상에서는 문제가 없었지만 서버 측 개발 코드가 적용되면서 HTML 상태와 달라지는 경우를 종종 볼 수 있습니다. 이는 DOCTYPE 이전에 서버 측 개발 코드가 프로그램을 위한 코드나 공란 또는 줄 바꿈을 출력하고 있는 경우가 대부분을 차지합니다. DOCTYPE 이전에는 어떠한 요소도 있어서는 안 됩니다.
>
> ** **CSS를 사용하여 변경할 수 있습니다**
> 정보를 구성하기 위한 HTML 요소의 구분이 화면에 표시되는 형태로 분류되는데 있어서, 보이는 모습과는 무관한 정보를 구성한다는 HTML의 목적에는 그다지 부합하는 분류 방법은 아니었다고 생각됩니다. 그래서인지 HTML 5에서는 Element Level의 기본 스타일이 되었으며, 태그를 분류하는 방법으로 콘텐츠 모델(Contents Model)이라는 개념이 새로 추가되었습니다.

3 | 〈head〉 영역의 요소

■ 〈title〉 - 페이지별 제목의 표시

〈title〉은 HTML의 〈head〉 영역 안에 *반드시 지정되어야 하며, 단 한 번만 지정되는 요소로 문서의 제목을 표시합니다.

```
<title>인사말 : COFORWARD</title>
```
〈title〉의 예

〈title〉의 콘텐츠 요소로는 텍스트 요소만 올 수 있으며, 이는 웹 브라우저의 타이틀 바, 탭 등 해당 HTML을 표시하는 사용자 도구의 창을 구분하는 이름으로 사용됩니다. 그러므로 HTML의 내용을 대표할 수 있는 내용으로 간결하거나 명확하게 작성되어야 합니다.

> *** 반드시 지정**
>
> 〈title〉은 콘텐츠 영역에 표시되는 요소가 아니기 때문에 그동안 중요성을 인식하지 못했던 요소 중 하나였지만 장애인 웹 접근성에 관한 지침으로 인해 현재는 많은 웹 사이트들이 〈title〉 요소를 작성하고 있습니다. 그러나 〈title〉 요소가 반드시 장애인 접근성만을 위한 것은 아닙니다.
>
>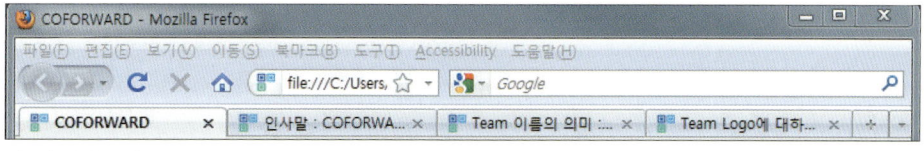
>
> 웹 브라우저 탭에 표시되는 〈title〉
>
> 위의 예에서 볼 수 있듯이 〈title〉 요소를 사용하면, 여러 페이지를 열어 놓았을 경우나 북마크를 해 놓았을 경우에 자신이 찾는 페이지를 쉽게 찾을 수 있으며, 이는 모바일 환경에서도 마찬가지입니다.
>
>
>
> 모바일 환경에서의 〈title〉 사용 예

■ 〈meta〉 - 페이지 정보의 제공

〈meta〉 요소는 HTML 자체의 정보를 작성하는 태그입니다. 일반적으로 사람인 사용자에게 제공되는 정보라기보다는 사람이 아닌 사용자, 즉 기계나 프로그램 등을 위한 정보입니다. 필수적인 〈meta〉 요소는 MIME Type과 코드 세트를 지정하는 〈meta〉 요소이며, 이 밖의 〈meta〉 요소는 웹 저작자의 필요에 따라 지정할 수 있습니다.

```
<meta http-equiv="Content-Type" content="text/html; charset=utf-8" />
```

XHTML의 MIME Type과 코드 세트를 지정하는 〈meta〉의 예

일반적인 〈meta〉 요소는 name과 content 속성을 지정하여 사용합니다. 다음은 많이 사용되는 〈meta〉 요소의 속성과 용도입니다.

용도	속성(name)	값(value)
요약 설명	description	페이지의 간략한 설명을 제공
키워드	keyword	페이지의 키워드를 기록
저작자	author	페이지의 작성자 기록
저작권 표시	copyright	저작권자를 기록
연락처	reply-to	연락할 수 있는 E-mail 주소
편집일	data	페이지가 최종 편집된 시간
검색 로봇 제어	ROBOT	검색 로봇의 크롤링 허용 여부

자주 사용되는 〈meta〉 요소들

검색 로봇에 의한 정보 수집을 거부하기 위해서는 다음과 〈meta〉 요소를 지정합니다.

```
<meta name="ROBOT" content="NONE" />
```

하지만 〈meta〉 요소의 설정은 절대적인 것이 아닙니다. 위와 같은 검색 로봇에 대한 설정도 직접적으로 검색 로봇을 제어하는 것이 아니라 검색 로봇에게 정보 수집을 거부한다는 사실을 통보하는 것이며, 정보 수집 여부는 해당 검색 로봇이 위와 같은 〈meta〉 요소의 속성을 인식하고 준수하는지의 여부에 따라 달라집니다. 다른 〈meta〉 요소 역시 웹 브라우저와 같은 사용자 도구가 지정된 〈meta〉 요소를 이해할 수 없다면 해당 〈meta〉 요소는 무시하게 됩니다. 이와 반대로 특정한 사용자 도구 전용의 〈meta〉 요소를 이용하여 사용자 도구의 환경 설정에 사용되기도 합니다.

■ 〈link〉 - 외부 요소의 연결

〈link〉는 HTML에 사용되는 외부 자원을 연결하는 요소로, 〈head〉 범위 내에 지정됩니다. 다음은 외부 자원으로써 StyleSheet와 Shortcut Icon을 연결하는 〈link〉 요소의 예입니다.

```
<link rel="stylesheet" href="/css/layout.css" type="text/css" media="all" />
<link rel="shortcut icon" href="/img/common/coforward.ico" />
```

stylesheet와 shortcut icon을 연결하는 〈link〉 요소의 예

⟨link⟩ 요소도 ⟨meta⟩ 요소와 같이 특정한 사용자 도구만 이해하고 적용되는 경우가 있습니다. 애플사의 아이폰 홈 화면 아이콘 설정이 그 대표적인 사례라고 할 수 있습니다. 홈 화면 아이콘을 위한 ⟨link⟩의 속성은 rel="apple-touch-icon"로 지정하여 사용하며, 아이폰 등의 기기에서 인식합니다.

```
<link rel="apple-touch-icon" href="/img/common/coforward.png" />
```

아이폰 등을 위한 홈 아이콘의 링크의 예

4 | ⟨body⟩ 영역의 요소

■ ⟨h1⟩, ⟨h2⟩, ⟨h3⟩, ⟨h4⟩, ⟨h5⟩, ⟨h6⟩ - 정보 구조의 생성

⟨h1⟩부터 ⟨h6⟩은 제목을 작성하는 요소이며, *정보 계층을 기계적으로 구조화하는 역할을 합니다. ⟨h1⟩부터 ⟨h6⟩까지 총 6단계가 있으며, 순서를 뛰어넘지 않고 계층 구조를 지키는 것이 바람직합니다.

```
<h1>헤딩 요소는 정보를 구조화하는 중요한 요소입니다.</h1>
```

⟨h○⟩ 요소의 예

⟨h1⟩~⟨h6⟩은 Element Level상 Block Level Element에 속하지만, 콘텐츠 요소로 다른 Block Level Element를 포함할 수는 없습니다.

여기서 잠깐

* **정보 계층을 기계적으로 구조화**

〈h1〉~〈h6〉의 헤딩 태그는 디자인적인 관점에서는 큰 의미가 없을지 모르지만 정보 구조의 관점에서 보면 매우 중요한 요소입니다. 그 이유는 정보 계층을 기계가 어떻게 이해할 것인지를 구조화하는 요소이기 때문입니다.

순차적으로 접근하기에는 너무 많은 정보를 담고 있는 웹 사이트

위와 같은 검색 결과를 시각 장애인이 순차적으로 본다는 것은 어려운 일입니다. 비장애인도 검색 결과의 내용을 모두 읽지는 않을 것입니다. 즉, 링크가 걸린 제목 부분만을 먼저 훑어보고 관심이 있는 내용만을 상세하게 읽게 될 것입니다. 검색 결과의 제목 부분은 헤딩 태그로 마크업되어 있기 때문에 기계적으로도 이를 추출할 수 있습니다. 또한 제목 부분의 내용은 해당 페이지의 〈title〉에 작성된 내용으로, 〈title〉의 작성이 중요하다는 것을 다시 한 번 알 수 있습니다. 이처럼 헤딩 태그로 마크업된 부분은 장애인이 사용하는 보조 기기인 스크린리더가 〈h1〉~〈h6〉의 헤딩 요소를 추출하여 알려 주고, 헤딩 요소를 통해 웹 사이트를 탐색할 수 있도록 해 줍니다. 다음은 스크린리더의 작동 방식을 애뮬레이트하는 파이어폭스(FireFox)의 플러그인 Fangs로 헤딩 리스트를 뽑은 것입니다.

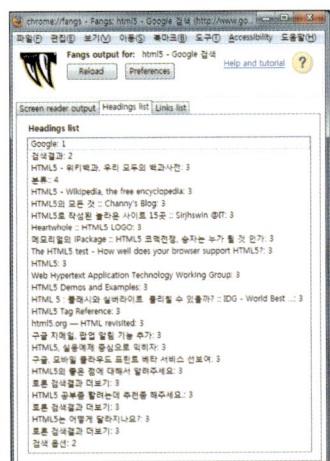

스크린리더를 모사해 주는 파이어폭스의 플러그인 Fangs(http://www.standards-schmandards.com/projects/fangs)

여기서 주목해야 할 점은 헤딩 요소를 사용하면 시각 장애인에게 도움이 되는 것이 아니라 사용하는 도구(스크린리더)인 기계나 소프트웨어가 HTML의 정보 구조를 파악할 수 있다는 것입니다. 그렇기 때문에 시각 장애인이 더 쉽게 웹을 사용하는 것은 헤딩 태그의 목적이 아니라 헤딩을 적절히 사용함으로써 얻을 수 있는 많은 이점 중의 하나인 것입니다.

■ ⟨p⟩ - 문단의 작성

⟨p⟩는 문단을 작성하는 요소로, 가장 일반적으로 사용되는 요소입니다.

```
<p>일반적으로 워드 프로세스에서 문장의 줄바꿈은 Shift+ Enter이며 문단의 구분이 Enter입니다. 이
는 HTML에서 &lt;br&gt;와 &lt;p&gt;의 관계와 같습니다.</p>
```

⟨p⟩ 요소의 예

⟨p⟩는 Element Level상 Block Level Element에 속하지만 콘텐츠 요소로 다른 Block Level Element를 포함할 수는 없습니다.

■ ⟨address⟩ - 연락처 정보

⟨address⟩는 일반적으로 웹 페이지 하단에 웹 사이트의 작성자 또는 담당자와 연락할 수 있는 정보를 표시하는 데 사용됩니다. ⟨address⟩ 요소는 Element Level상 Block Level Element에 속하지만 콘텐츠 요소로 다른 Block Level Element를 포함할 수는 없습니다.

■ ⟨hr⟩ - 구분선을 작성

⟨hr⟩은 페이지 내의 구분선을 작성하는 데 사용됩니다. ⟨hr⟩ 요소는 Element Level상 Block Level Element에 속하지만 콘텐츠 요소를 갖지 않는 빈 요소로, 종료 태그가 없습니다.

■ ⟨blockquote⟩ - 인용된 문단

⟨blockquote⟩는 인용된 문단을 표시하기 위한 요소로, 인용 출처를 표시하기 위한 전용 속성인 cite를 갖습니다. 만일 DTD가 strict로 사용되었을 경우에는 ⟨blockquote⟩에 텍스트 요소나 Inline Level Element를 직접 포함하지 못하고, 다른 Block Level Element를 포함하여 작성해야 합니다.

```
<blockquote cite="http://coforward.com/coforward/" title="coforward가 생각하는 웹이란">
    <p><em class="coforward">co<span>Forward</span></em>는 웹 사이트가 운영자와 사용자 사이의 소통을 돕고 모두의 목표를 달성하는 데 도움을 주는 도구이어야 한다고 생각합니다.</p>
</blockquote>
```

⟨blockquote⟩ 요소의 예

■ ⟨q⟩ - 인용된 짧은 문장

⟨q⟩는 ⟨blockquote⟩와 동일한 용도의 Inline Level Element입니다. ⟨blockquote⟩와 같이 인용 출처를 표시하기 위한 cite 속성을 사용합니다.

■ ⟨pre⟩ - 정형화된 텍스트

⟨pre⟩의 콘텐츠 요소는 공란과 줄 바꿈 등이 병합되지 않고, 소스에서 입력된 그대로 표시됩니다. ⟨pre⟩는 프로그램의 코드를 표시하는 용도로 자주 사용됩니다. ⟨pre⟩ 요소는 Element Level상 Block Level Element에 속하지만 Block Level Element, Form 관련 요소, script 관련 요소를 콘텐츠 요소로 포함할 수 없습니다.

■ ⟨ol⟩, ⟨ul⟩ - 목록 범위

⟨ol⟩과 ⟨ul⟩은 모두 목록 범위를 생성하는 요소입니다. ⟨ol⟩은 요리 순서와 같이 순서가 있는 목록 범위를 생성하며, ⟨ul⟩은 쇼핑 목록과 같이 순서가 없는 목록 범위를 생성합니다. ⟨ol⟩과 ⟨ul⟩은 Element Level상 Block Level Element에 속하지만 ⟨li⟩ 외의 요소를 직접 콘텐츠 요소로 포함할 수 없습니다.

■ ⟨li⟩ - 목록의 항목

⟨li⟩는 ⟨ol⟩이나 ⟨ul⟩로 생성된 목록 범위 안의 항목을 생성하는 요소입니다. ⟨li⟩는 Element Level상 Block Level Element로 콘텐츠 요소를 반드시 포함해야 한다는 제약 사항은 없지만, 부모 요소는 반드시 ⟨ol⟩ 또는 ⟨ul⟩이어야 합니다.

■ ⟨dl⟩ - 정의형 목록 범위

⟨dl⟩은 키워드와 설명으로 구성되는 정의형 목록의 범위를 생성합니다. ⟨dl⟩은 Element Level상 Block Level Element에 속하지만 ⟨dt⟩와 ⟨dd⟩ 외의 요소를 직접 콘텐츠 요소로 포함할 수 없습니다.

■ ⟨dt⟩ - 정의형 목록의 정의어

⟨dt⟩는 정의형 목록 범위 내에서 정의어를 생성하는 요소입니다. Element Level은 block Level Element이지만 block Level Element를 콘텐츠 요소로 포함할 수 없습니다. 또한 부모 요소는 반드시 ⟨dl⟩이어야 합니다.

■ ⟨dd⟩ - 정의어에 대한 설명

⟨dd⟩는 정의형 목록 범위 내에서 정의어에 대한 설명을 생성하는 요소입니다. ⟨dt⟩와 반드시 일대일로 대응되는 것은 아니며, 일대다, 다대일, 다대다 관계도 모두 허용됩니다. ⟨dd⟩는 Element Level상 Block Level Element로 콘텐츠 요소를 포함해야 한다는 제약 사항은 없지만 부모 요소는 반드시 ⟨dl⟩이어야 합니다.

■ ⟨table⟩ - 표 범위

⟨table⟩은 표가 작성되는 범위를 생성하는 요소이며, 작성되는 표 내용의 간략한 설명을 제공하는 summary를 전용 속성으로 갖습니다. ⟨table⟩은 Element Level상 Block Level Element이며, 콘텐츠 요소로는 ⟨table⟩을 구성하는 전용 태그들을 포함합니다.

■ ⟨caption⟩ - 표의 제목

⟨caption⟩은 표의 제목을 표시하기 위한 요소로, ⟨caption⟩을 사용할 때에는 ⟨table⟩ 태그에 바로 연이어 작성해야 합니다.

■ ⟨col⟩, ⟨colgroup⟩ - 표의 열 그룹

⟨col⟩과 ⟨colgroup⟩은 표의 열에 대한 그룹을 지정하는 요소입니다. 전용 속성으로 그룹에 포함되는 열의 개수를 지정하는 span을 사용할 수 있습니다.

■ ⟨thead⟩, ⟨tbody⟩, ⟨tfoot⟩ - 표의 행 그룹

⟨thead⟩, ⟨tbody⟩, ⟨tfoot⟩은 표의 행 그룹을 지정하는 요소입니다. 작성 순서는 ⟨thead⟩, ⟨tfoot⟩, ⟨tbody⟩의 순으로 작성되어야 하며, ⟨tbody⟩는 한 표 안에 여러 번 사용하는 것도 허용됩니다. 화면에는 ⟨thead⟩, ⟨tbody⟩, ⟨tfoot⟩의 순으로 표시됩니다. ⟨thead⟩, ⟨tbody⟩, ⟨tfoot⟩는 Element Level상 Block Level Element이지만 직접 포함할 수 있는 콘텐츠 요소는 ⟨tr⟩로 제한됩니다.

■ ⟨tr⟩ - 표의 행

⟨tr⟩은 표의 행을 생성하는 요소입니다. ⟨tr⟩은 Element Level상 Block Level Element에 속하지만 ⟨th⟩와 ⟨td⟩ 외의 요소를 직접 콘텐츠 요소로 포함할 수 없으며, 반드시 하나 이상

의 ⟨td⟩ 또는 ⟨th⟩ 요소를 포함해야 합니다. 또한 부모 요소는 ⟨table⟩ 또는 ⟨thead⟩, ⟨tfoot⟩, ⟨tbody⟩의 행 그룹 요소로 제한됩니다.

■ ⟨th⟩ - 표의 제목 셀

⟨th⟩는 표의 제목 셀을 생성하는 요소입니다. 전용 속성 scope을 이용하여 연관되는 내용 셀과의 행(⟨th scope="row"⟩)이나 열(⟨th scope="col"⟩)을 지정할 수 있습니다. 또한 rowspan과 colspan을 속성을 지정하여 행 또는 열 방향의 칸을 병합할 수 있습니다.

■ ⟨td⟩ - 표의 내용 셀

⟨td⟩는 표의 내용 셀을 생성하는 요소입니다. 전용 속성 header를 사용하여 연관되는 제목 셀을 지정할 수 있습니다. 이때 header의 속성값은 연관되는 제목 셀의 id를 지정합니다. ⟨th⟩와 동일하게 rowspan과 colspan의 속성을 지정하면 행 또는 열 방향의 칸을 병합할 수 있습니다.

■ ⟨a⟩ - 하이퍼링크

⟨a⟩는 웹의 하이퍼링크를 작성하는 요소입니다. href 속성으로 연결되는 자원의 URL을 지정하며, target 속성은 연결된 자원이 표시될 웹 브라우저의 창 이름을 지정할 수 있지만 strict DTD에서는 사용할 수 없습니다. ⟨a⟩는 Element Level상 Inline Level Element에 속하므로 block Level Element를 콘텐츠 요소로 포함할 수 없으며, 다른 ⟨a⟩ 요소도 콘텐츠 요소로 포함할 수 없습니다.

■ ⟨img⟩ - 이미지

⟨img⟩는 이미지를 삽입하는 요소입니다. 필수 속성으로 표시될 이미지의 URL을 지정하는 src와 이미지를 사용할 수 없는 환경에서 이미지에 대한 설명으로 표시되는 alt가 있습니다. 이미지의 설명이 복잡한 경우, 별도의 파일로 내용을 작성하고 이 URL을 longdesc의 속성값으로 지정하여 연결할 수 있습니다. 또한 이미지를 이미지맵으로 사용하기 위해서는 usemap 속성을 지정해야 합니다. ⟨img⟩는 Element Level상 Inline Level Element에 속하며, 콘텐츠 요소를 갖지 않습니다.

■ ⟨em⟩, ⟨strong⟩ - 강조하는 구문

⟨em⟩과 ⟨strong⟩은 내용 중 강조하고자 하는 구문을 지정하는 요소입니다. 일반적으로 ⟨em⟩보다 ⟨strong⟩이 더 강한 강조의 의미를 갖습니다. ⟨em⟩과 ⟨strong⟩은 Element Level상 Inline Level Element에 속하므로 block Level Element를 콘텐츠 요소로 포함할 수 없습니다.

■ ⟨abbr⟩, ⟨acronym⟩ - 축약어, 두문자어

⟨abbr⟩은 축약어로, ⟨acronym⟩은 두문자어로 사용된 단어를 지정하는 요소입니다. 두 요소를 사용할 때는 title 속성을 사용하여 전체 텍스트의 내용을 표시하는 것이 바람직합니다. ⟨abbr⟩과 ⟨acronym⟩은 Element Level상 Inline Level Element에 속하므로, block Level Element를 콘텐츠 요소로 포함할 수 없습니다.

■ ⟨div⟩, ⟨span⟩ - 요소의 그룹화

⟨div⟩와 ⟨span⟩은 특별한 의미를 갖지 않으며, 콘텐츠를 그룹화하는 요소입니다. ⟨div⟩는 Element Level상 block Level Element에 속하며, ⟨span⟩은 Inline Level Element에 속합니다.

■ ⟨form⟩ - 서식 영역

⟨form⟩은 사용자가 작성하여 서버로 제출할 수 있는 서식 영역을 생성하는 요소입니다. ⟨form⟩ 요소는 다음과 같은 속성을 갖습니다.

속성	속성값 형식	비고
action	서식 내용을 처리할 서버 측 프로그램의 URL	필수
method	get/post 또는 전송 방법	
enctype	송신 정보의 MIME 타입(예 파일 전송 시 "multipart/form-data")	
name	서식의 식별 이름	strict DTD 사용 불가
target	action 페이지가 열릴 웹 브라우저 창	strict DTD 사용 불가

⟨form⟩ 요소의 속성

⟨form⟩은 Element Level상 block Level Element에 속하며, strict DTD일 경우는 서식 요소들을 콘텐츠로 직접 포함할 수 없습니다.

■ ⟨input⟩ - 서식 요소

⟨input⟩은 서식 요소를 생성합니다. 다음은 서식 요소의 속성들입니다.

속성	속성값 형식	비고
type	생성되는 서식 요소의 형식을 지정	
name	요소의 식별 이름	
value	서식 요소의 값을 지정하여 직접 입력을 받는 서식 요소의 경우 기본값이 됨.	
readonly	서식 요소를 읽기 전용 상태로 함.	
disabled	서식 요소를 사용 불가 상태로 함.	
size	서식 요소의 입력받을 크기를 지정함.	

⟨input⟩ 요소의 속성

⟨input⟩은 type 속성에 따라 다양한 형식의 서식요소를 작성할 수 있으며, 서식 요소별로 전용 속성을 갖기도 합니다. 다음은 type 속성값과 그에 따라 생성되는 서식 요소의 특징입니다. ⟨input⟩은 Element Level상 Inline Level Element에 속하며, 직접 콘텐츠를 포함하지 않습니다.

type	생성되는 요소	전용 속성	속성 특성
text	문자열 입력 필드	maxlength="(숫자)"	입력 가능한 최대 문자 개수
password	암호 문자 입력 필드	maxlength="(숫자)"	입력 가능한 최대 문자 개수
checkbox	복수 선택 버튼	checked="checked"	선택된 상태로 표시
radio	단일 선택 버튼	checked="checked"	선택된 상태로 표시
submit	양식 전송 버튼		
reset	양식 초기화 버튼		
button	임의 기능 버튼		
image	이미지 버튼	src="(이미지 경로)"	버튼으로 사용될 이미지의 경로
		alt="(대체 텍스트)"	이미지의 대체 텍스트로 필수 속성이 됨.
file	전송 파일 입력 필드		
hidden	숨김 필드		

type값에 따라 생성되는 요소의 특성

■ ⟨textarea⟩ - 문단 입력 요소

⟨textarea⟩는 ⟨input type="text"⟩와 유사한 텍스트를 입력받는 요소를 생성합니다. ⟨input type="text"⟩와 차이점은 줄 바꿈을 포함한 여러 줄의 텍스트를 입력받을 수 있다는 것입니다. 다음은 ⟨textarea⟩에서 사용되는 속성들입니다.

속성	속성값 형식	비고
name	요소의 식별 이름	
rows	⟨textarea⟩의 높이를 표시 행수로 지정함.	
cols	⟨textarea⟩의 폭을 글자 수로 지정함.	
readonly	서식 요소를 읽기 전용 상태로 함.	
disabled	서식 요소를 사용 불가 상태로 함.	

⟨textarea⟩ 요소의 속성

⟨textarea⟩는 Element Level상 Inline Level Element에 속하며, 텍스트 요소 이외에 다른 요소를 콘텐츠 요소로 포함할 수 없습니다.

■ ⟨select⟩ - 선택 박스 영역

⟨select⟩는 선택 박스 영역을 생성하며, 다음과 같은 속성들이 올 수 있습니다.

속성	속성값 형식	비고
name	요소의 식별 이름	
size	⟨select⟩의 높이를 표시할 ⟨option⟩의 개수로 지정함. ⟨select⟩에 포함된 ⟨option⟩의 개수가 size값보다 클 경우에는 스크롤 바를 생성함.	
multiple	⟨option⟩을 복수로 선택할 수 있도록 함.	
disabled	서식 요소를 사용 불가 상태로 함.	

⟨select⟩ 요소의 속성

⟨select⟩는 Element Level상 Inline Level Element에 속하고, ⟨optgroup⟩과 ⟨option⟩ 외에 다른 요소를 콘텐츠 요소로 포함할 수 없으며, 최소한 1개 이상의 ⟨option⟩ 요소를 포함해야 합니다.

■ ⟨optgroup⟩ - 선택 항목의 그룹화

⟨optgroup⟩은 ⟨select⟩에 포함된 ⟨option⟩을 그룹화하는 요소입니다. 그룹의 이름은 label 속성을 이용하여 지정합니다. ⟨optgroup⟩은 Element Level상 Inline Level Element에 속하며, ⟨option⟩ 외의 다른 요소를 콘텐츠 요소로 포함할 수 없습니다.

■ ⟨option⟩ - 선택 항목

⟨option⟩은 ⟨select⟩의 선택 항목을 생성하는 요소입니다. ⟨option⟩은 value와 selected 속성을 가질 수 있습니다. value는 해당 ⟨option⟩ 요소가 선택되었을 경우 그 ⟨option⟩을 포함하는 ⟨select⟩ 요소의 값으로 서버에 전송됩니다. selected 속성은 지정된 ⟨option⟩을 선택 상태로 표시해 주는 속성입니다. ⟨option⟩은 Element Level상 Inline Level Element에 속하며, 텍스트 요소 외의 다른 요소를 콘텐츠 요소로 포함할 수 없습니다.

■ ⟨button⟩ - 기능 버튼

⟨button⟩은 기본적으로 ⟨input type="button"⟩과 동일한 범용 버튼을 생성합니다. type 속성을 이용하면 버튼의 용도를 지정할 수 있습니다. 다음은 ⟨button⟩ 요소의 type 속성에 대한 구분입니다.

속성	속성값 형식	비고
submit	⟨input type="submit"⟩과 동일 서식 요소를 전송함.	
reset	⟨input type="reset"⟩과 동일 서식 요소를 초기화	
button	⟨input type="button"⟩과 동일 자바스크립트 기능 등을 위한 범용 버튼 요소를 생성함.	

⟨button⟩ 요소의 type 속성

⟨button⟩은 Element Level상 Inline Level Element에 속하며, ⟨a⟩, ⟨button⟩과 다른 서식 요소를 제외한 다른 Inline Level Element를 콘텐츠 요소로 포함할 수 있으므로, ⟨input type="button"⟩보다 유연한 디자인을 적용할 수 있습니다.

■ 〈label〉 - 서식 요소의 설명

〈label〉은 서식 요소를 설명하는 요소를 생성합니다. 서식 요소와의 연관 관계는 〈label〉 요소의 for 속성으로 지정되며, for 속성값과 동일한 id 속성값을 갖는 서식 요소와 연관 관계가 생성됩니다. 〈label〉은 Element Level상 Inline Level Element에 속합니다.

■ 〈fieldset〉 - 서식 요소의 그룹화

〈fieldset〉은 서식 요소를 그룹화합니다. 〈fieldset〉은 Element Level상 block Level Element에 속합니다.

■ 〈legend〉 - 서식 요소 그룹의 이름

〈legend〉는 〈fieldset〉의 그룹명을 지정하는 요소입니다. 〈legend〉는 〈fieldset〉과 연이어 한 번만 사용될 수 있습니다. 〈legend〉는 Element Level상 Inline Level Element에 속합니다.

■ 〈iframe〉 - 다른 페이지를 포함

〈iframe〉은 현재 페이지에서 다른 URL의 페이지를 표시할 수 있는 영역을 생성하는 요소입니다.

〈iframe〉에서 사용되는 속성들은 다음과 같습니다.

속성	속성값 형식	비고
src	포함될 다른 페이지의 URL	
width	〈iframe〉의 폭	
height	〈iframe〉의 높이	

〈iframe〉 요소의 속성

〈iframe〉은 현재 페이지와는 다른 별개의 페이지가 포함되는 것으로, title 속성을 이용하여 페이지에 대한 간략한 설명을 작성하는 것이 좋습니다. 또한 이미지와 같이 longdesc 속성을 이용하여 〈iframe〉의 내용에 대한 상세한 설명을 제공할 수도 있습니다. 〈iframe〉은 Element Level상 Inline Level Element에 속하며, transitional DTD일 경우에만 사용할 수 있습니다.

■ 〈map〉 - 이미지맵 영역

〈map〉 요소는 이미지맵의 영역을 지정하는 요소입니다. 이미지맵을 사용하기 위해서는 맵으로 사용될 〈img〉 요소에 〈map〉 요소와의 연결 관계를 지정해야 합니다. 〈img〉 요소와 〈map〉 요소의 연결 예시는 다음과 같습니다. 〈map〉 요소는 Element Level상 block Level Element에 속합니다.

```
<img src="map.jpg" alt="대한민국전도" usemap="#korMap" />
<map id="korMap">
    <area href="seoul.html" alt="서울" shape="poly" coords="10,20 13,24..." />
</map>
```

이미지 맵으로 사용되는 이미지와 연결 지정

■ 〈area〉 - 이미지맵의 하위 영역

〈area〉 요소는 〈map〉의 하위 요소로, 〈map〉 요소가 생성한 이미지 맵의 하위 영역을 구분하고 href 속성으로 연결 링크를 생성합니다. 또한 alt 속성을 이용하여 이미지 맵의 세부적인 대체 텍스트를 지정할 수 있습니다. 〈area〉 요소의 하위 영역 형태는 shape 속성과 codes 속성을 이용하여 지정할 수 있습니다.

〈area〉 형태	shape 속성값	codes 속성 지정 방법
사각형	rect	사각형 좌측 상단 X 좌표, 사각형 좌측 상단 Y 좌표 사각형 우측 하단 X 좌표, 사각형 우측 상단 Y 좌표
원형	circle	원의 중심 X 좌표, 원의 중심 Y 좌표, 원의 반지름 크기
다각형	poly	다각형 첫 번째 X 좌표, 다각형 첫 번째 Y 좌표 …… 다각형 n번째 X 좌표, 다각형 n번째 Y 좌표

〈area〉 형태를 지정하는 shape와 codes 속성

codes 속성값의 원점은 이미지 맵으로 사용되는 〈img〉 요소의 좌측 상단을 (0, 0)으로 합니다.

〈area〉 요소는 콘텐츠 요소를 갖지 않습니다.

5 | 웹 표준은 ⟨div⟩+CSS 디자인?

예제 파일　http://book.coforward.com/sample/standard/standardSample01.html
　　　　　http://book.coforward.com/sample/standard/standardSample02.html

2007년부터 우리나라에서도 웹 표준의 바람이 불기 시작했습니다. 아울러 *웹 접근성이 공공 기관을 시작으로 연차적으로 강제되면서 관련 업계의 많은 사람들이 웹 표준에 관심을 갖게 된 것 또한 사실입니다. 그 영향으로 2~3년 사이에 우리나라도 대형 포털과 공공 기관을 중심으로 많은 웹 사이트들이 웹 표준으로 개편 또는 신규 오픈되었습니다. 웹 표준의 바람이 불면서 테이블 레이아웃의 사용이 줄고, 디자인 요소가 CSS로 분리되는 등 웹 저작 방식의 많은 변화가 일어났습니다. 물론 바람직한 방향으로 발전하고 있는 모습이지만 아직 아쉬운 면이 있는 것도 사실입니다. 그 하나의 예가 ⟨div⟩는 있지만 ⟨h1⟩, ⟨h2⟩, ⟨h3⟩와 같은 헤딩 태그가 없는 HTML입니다. HTML은 웹의 정보 체계를 구축하는 마크업 언어이며, **HTML 4.01 기반의 마크업 언어에서 정보 구조를 만들어 낼 수 있는 태그는 헤딩 태그밖에 없습니다. 그러므로 극단적으로 이야기하자면 ⟨div⟩는 있지만 헤딩 태그가 없는 HTML은 HTML 구조 자체가 CSS를 위해 구성된 것이라고 해도 무방할 것입니다. 이와 같은 구성의 웹 사이트는 HTML 유효성 검사는 통과할 수 있을지는 몰라도 진정한 의미의 웹 표준을 준수했다고 보기는 어렵습니다.

> **여기서 잠깐**
>
> * **웹 접근성이 공공 기관을 시작으로 연차적으로 강제되면서**
> 2008년 4월 11일부터 시행된 "장애인차별 금지 및 권리구제 등에 관한 법률" 제21조 및 동법 시행령 제14조에 의거하여 공공 및 민간 웹 사이트의 웹 접근성 준수가 의무화되었습니다.
>
> ** **HTML 4.01 기반의 마크업 언어에서는**
> HTML 4.01과 이를 기반으로 한 XHTML1.0에서 정보 구조를 만들어 낼 수 있는 태그는 ⟨h1⟩, ⟨h2⟩, ⟨h3⟩, ⟨h4⟩, ⟨h5⟩, ⟨h6⟩의 여섯 개 헤딩 태그뿐입니다. 하지만 HTML 5에서는 이전의 웹보다 좀 더 명확한 정보 구조를 작성하기 위해 이러한 정보 구조를 만들어 내는 태그가 큰 폭으로 강화되었습니다.

여기에 CSS로 디자인된, 완전히 똑같이 보이는 두 개의 웹 사이트가 있습니다.

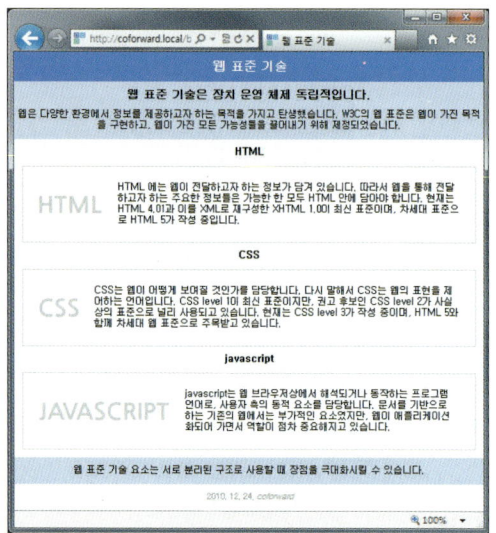 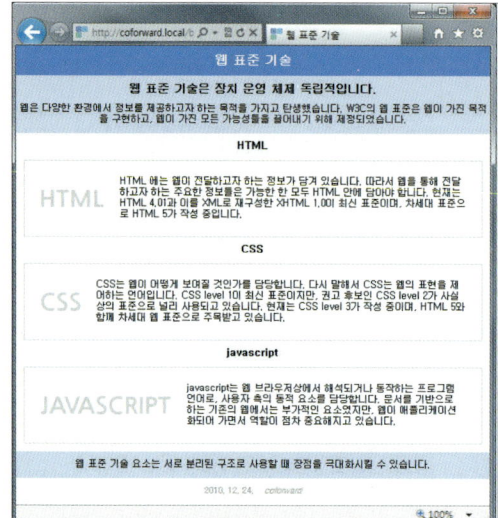

완전히 똑같이 보이는 두 개의 웹 사이트

이 두 개의 웹 사이트는 담고 있는 내용도 CSS로 디자인된 형태도 같습니다. 그리고 두 웹 사이트 모두 W3C의 코드 유효성 검사를 XHTML 1.0 Transitional을 기준으로 모두 통과하고 있습니다. 과연 이 두 개의 웹 사이트는 모두 웹 표준을 잘 준수한 웹 사이트라고 할 수 있을까요?

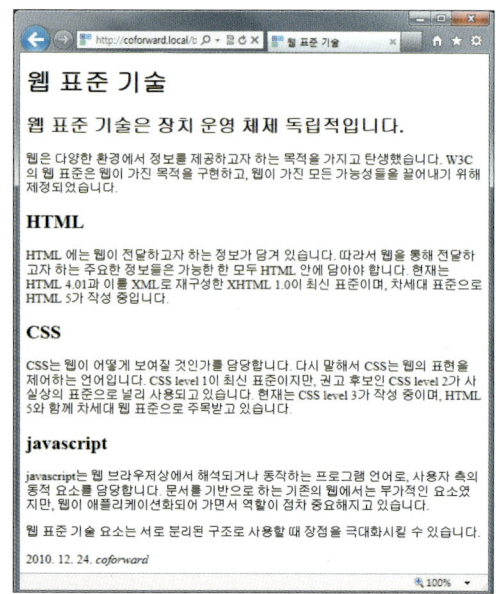 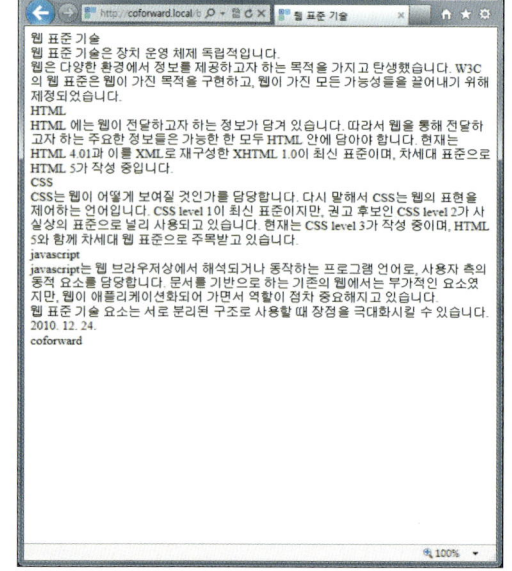

CSS를 제거한 후의 웹 사이트

두 웹 사이트에서 CSS를 제거해 보았습니다. 차이가 보이기 시작합니다. 왼쪽의 웹 사이트는 CSS가 없어도 정보의 구조가 눈에 들어오는 구성을 가지고 있습니다. 그러나 오른쪽의 웹 사이트는 그러한 정보의 구조가 전혀 보이지 않고 텍스트만이 나열되어 있습니다. 두 페이지의 소스 코드는 다음과 같습니다. 먼저 왼쪽 웹 사이트의 소스 코드를 살펴보겠습니다.

```
<!DOCTYPE html PUBLIC "-//W3C//DTD XHTML 1.0 Transitional//EN"
"http://www.w3.org/TR/xhtml1/DTD/xhtml1-transitional.dtd">
<html xmlns="http://www.w3.org/1999/xhtml">
<head>
<meta http-equiv="Content-Type" content="text/html; charset=utf-8" />
<title>웹 표준 기술</title>
<link href="css/sample01.css" type="text/css" rel="stylesheet" />
</head>
<body>
<h1>웹 표준 기술</h1>
<h2>웹 표준 기술은 장치 운영 체제 독립적입니다.</h2>
<p>웹은 다양한 환경에서 정보를 제공하고자 하는 목적을 가지고 탄생했습니다. W3C의 웹 표준은 웹이 가진 목적을 구현하고, 웹이 가진 모든 가능성들을 끌어내기 위해 제정되었습니다.</p>
<div id="html">
    <h2>HTML</h2>
    <p>HTML에는 웹이 전달하고자 하는 정보가 담겨 있습니다. 따라서 웹을 통해 전달하고자 하는 주요한 정보들은 가능한 모두 HTML 안에 담아야 합니다. 현재는 HTML 4.01과 이를 XML로 재구성한 XHTML1.0이 최신 표준이며, 차세대 표준으로 HTML 5가 작성 중입니다.</p>
</div><!--End of #html-->
<div id="css">
    <h2>CSS</h2>
    <p>CSS는 웹이 어떻게 보여질 것인지를 담당합니다. 다시 말해서 CSS는 웹의 표현을 제어하는 언어입니다. CSS level 1이 최신 표준이지만, 권고 후보인 CSS level 2가 사실상의 표준으로 널리 사용되고 있습니다. 현재는 CSS level 3가 작성 중이며, HTML 5와 함께 차세대 웹 표준으로 주목받고 있습니다.</p>
</div><!--End of #css-->
<div id="javascript">
    <h2>javascript</h2>
    <p>javascript는 웹 브라우저상에서 해석되거나 동작하는 프로그램 언어로, 사용자 측의 동적 요소를 담당합니다. 문서를 기반으로 하는 기존의 웹에서는 부가적인 요소였지만, 웹이 애플리케이션화되어 가면서 역할이 점차 중요해지고 있습니다.</p>
</div><!--End of #javascript-->
<p>웹 표준 기술 요소는 서로 분리된 구조로 사용할 때 장점을 극대화시킬 수 있습니다.</p>
<div id="dateName"><span>2010-12-24</span> <em>coforward</em></div>
```

```
        </body>
</html>
```
구조화된 HTML의 소스 코드(standardSample01.html)

다음은 오른쪽 웹 사이트의 소스 코드입니다.

```
<!DOCTYPE html PUBLIC "-//W3C//DTD XHTML 1.0 Transitional//EN"
"http://www.w3.org/TR/xhtml1/DTD/xhtml1-transitional.dtd">
<html xmlns="http://www.w3.org/1999/xhtml">
<head>
<meta http-equiv="Content-Type" content="text/html; charset=utf-8" />
<title>웹 표준 기술</title>
<link href="css/sample02.css" type="text/css" rel="stylesheet" />
</head>
<body>
<div class="t1">웹 표준 기술</div>
<div class="t2">웹 표준 기술은 장치 운영 체제 독립적입니다.</div>
<div class="p1">웹은 다양한 환경에서 정보를 제공하고자 하는 목적을 가지고 탄생했습니다. W3C의 웹 표준은 웹이 가진 목적을 구현하고, 웹이 가진 모든 가능성들을 끌어내기 위해 제정되었습니다.</div>
<div id="b1">
    <div class="bt2">HTML</div>
    <div class="bp1">HTML에는 웹이 전달하고자 하는 정보가 담겨 있습니다. 따라서 웹을 통해 전달하고자 하는 주요한 정보들은 가능한 한 모두 HTML 안에 담아야 합니다. 현재는 HTML 4.01과 이를 XML로 재구성한 XHTML1.0이 최신 표준이며, 차세대 표준으로 HTML 5가 작성 중입니다.</div>
</div>
<div id="b2">
    <div class="bt2">CSS</div>
    <div class="bp1">CSS는 웹이 어떻게 보여질 것인지를 담당합니다. 다시 말해서 CSS는 웹의 표현을 제어하는 언어입니다. CSS level 1이 최신 표준이지만, 권고 후보인 CSS level 2가 사실상의 표준으로 널리 사용되고 있습니다. 현재는 CSS level 3가 작성 중이며, HTML 5와 함께 차세대 웹 표준으로 주목받고 있습니다.</div>
</div>
<div id="b3">
    <div class="bt2">javascript</div>
    <div class="bp1">javascript는 웹 브라우저상에서 해석되거나 동작하는 프로그램 언어로, 사용자 측의 동적 요소를 담당합니다. 문서를 기반으로 하는 기존의 웹에서는 부가적인 요소였지만, 웹이 애플리케이션화되어 가면서 역할이 점차 중요해지고 있습니다.</div>
</div>
```

```
<div class="p2">웹 표준 기술 요소는 서로 분리된 구조로 사용할 때 장점을 극대화시킬 수 있습니다.</div>
<div id="f1"><div id="f1_d">2010-12-24</div> <div
id="f1_n">coforward</div></div>
</body>
</html>
```

구조화되지 않은 HTML의 소스 코드(standardSample02.html)

standardSample01.html은 정보의 중요도나 그룹에 따라 헤딩 태그와 〈p〉 태그를 이용하여 정보를 구조적으로 구성하고 있습니다. 이에 비해 standardSample02.html은 정보의 구조와는 상관없이 디자인을 적용하기 위한 수단으로 〈div〉가 사용되고 있습니다. 물론 standardSample01.html에서도 디자인을 위한 〈div〉가 사용되고 있기는 하지만, 그 역시 정보 구조를 강화하는 방향으로 사용되고 있다는 것을 알 수 있습니다. 위 두 가지의 예는 디자인이 적용되어도 외형적으로는 구분되지 않고, CSS를 제거하더라도 문자를 읽을 수 있는 능력이 있다면 정보의 내용을 전달하는 데 문제가 없다고 할 수 있습니다. 하지만 웹에 있는 정보는 사람이 직접 눈으로 보고 읽기 위한 것만은 아닙니다. 그 대표적인 예로 구글과 같은 검색 엔진을 들 수 있습니다. standardSample01.html과 같이 구조화된 HTML의 정보는 사람이 아닌 기계나 소프트웨어들도 정보의 우선순위나 중요도를 파악할 수 있습니다. 그러나 standardSample02.html과 같은 형태는 어떤 내용이 중요한지 알 수 없습니다. 구조적으로 잘 작성된 웹이 *검색 엔진 최적화(SEO : Search Engine Optimization)에 유리하다는 것은 바로 이 때문입니다.

> **여기서 잠깐**
>
> * **검색 엔진 최적화(SEO : Search Engine Optimization)**
> 웹 사이트를 검색 로봇이 잘 검색하고, 노출되는 순위 평가에 유리한 방식으로 구성하여 검색 결과를 상위에 노출될 수 있도록 하는 인터넷 마케팅 수단입니다. 국내의 포털들의 검색 결과는 해당 포털의 서비스와 광고가 주 영역을 차지하고 있기 때문에 현재 우리나라와 같은 상황에서는 크게 효과적이지는 않지만 구글과 같은 검색 엔진에는 유효합니다. 검색 엔진 최적화(SEO : Search Engine Optimization)에 대응되는 단어로는 검색 엔진 마케팅(SEM : Search Engine Marketing)이 있습니다. SEO가 검색 엔진의 검색율과 순위를 높여 웹 사이트를 상위에 랭크시키는 것이라면, SEM은 검색 포털에 주요 노출 위치를 구매하는 것으로, 포털 사이트의 키워드 광고 등록 등이 이에 해당한다고 할 수 있습니다. 정보 구조를 구현하는 웹 표준에 있어 〈table〉이나 〈div〉 태그 자체는 문제가 되지는 않지만 정보 구조를 구성해야 하는 HTML이 보이는 형태만을 위해 사용되는 것은 바람직하지 않습니다.

■ HTML이 정보 구조보다 보여지는 형태만을 위해 사용되는 원인의 사례

HTML이 정보 구조보다 보여지는 형태를 위해 사용되는 원인은 여러 가지가 있겠지만 그 중 하나는 우리나라의 시안 위주의 웹 저작 프로세스에 있다고 생각합니다. 많은 경우 우리나라의 웹 저작 프로세스는 다음과 같은 순서로 진행됩니다.

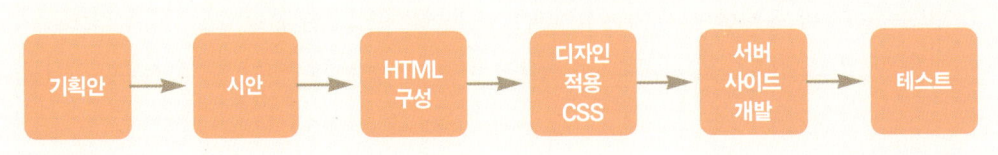

시안 위주의 작업 프로세스

기획 단계에서 작성되는 *스토리보드는 정보의 구조 설계라기보다는 많은 경우 UI의 배치나 디자인의 초기 단계 스케치의 형태로 작성됩니다. 그러므로 스토리보드를 바탕으로 시안을 작성하고, 이 시안을 기반으로 HTML과 CSS 코드를 작성하는 순입니다. 이와 같이 완성된 화면 구성과 배치를 보고 HTML을 설계하는 것은 일종의 **리버스 엔지니어링이라 할 수 있습니다.

이러한 작업 순서는 정보 구조보다는 화면에 표시되는 형태를 중요시하므로, HTML 자체가 화면 구성을 위한 형태를 갖게 되는 것입니다. 위의 예는 좀 극단적이라 할 수 있지만 현업에서 위와 같은 페이지가 전혀 없다고 말할 수 없는 것 또한 현실입니다.

> **여기서 잠깐**
>
> * **스토리보드**
> 웹의 설계 문서로 주로 사용되는 스토리보드는 영화나 텔레비전 등 장면 중심의 매체의 초기 설계를 위한 도구였습니다. UI의 배치나 디자인을 위한 가이드는 스토리보드라기보다는 와이어프레임(Wireframe)에 가깝습니다. 그리고 정보를 설계하기 위한 문서는 스토리보드 외에도 Persona, Content Inventory, Flow Chart 등이 있습니다.
>
> ** **리버스 엔지니어링**
> 역공학(逆工學)이라고도 하며, 완성된 최종 제품을 분석하여 제조나 설계 과정을 유추해 내는 과정을 말합니다.

■ HTML이 정보 구조체로 구성되기 위한 업무 프로세스의 제안

HTML은 정보의 구조를 구성하는 마크업 언어입니다. 그러나 앞의 예와 같이 정보 자체보다는 표현을 위한 구조를 갖는 경우도 아직 많이 있습니다. 이러한 이유는 우리나라의 웹 저작 환경이 열악하고, 정보 구조 설계가 빈약하기 때문이기도 하지만 업무 절차적으로도 정보 구조의 설계 부분과 HTML 마크업 부분이 분리되어 설계된 정보 구조가 마크업 실무에 반영되기 어렵기 때문이기도 합니다. HTML의 기본적인 정보 구조는 디자인이 나오기 전에도 구성될 수 있습니다. 어떻게 보면 웹 사이트의 뼈대가 되는 정보 구조는 웹 사이트 설계 단계에서 작성되는 것이 더 유리합니다. 기본적인 HTML은 웹 사이트 설계 단계에서 작성되므로 중요 프로그래밍은 디자인 없이도 진행될 수 있고, 디자인 역시 정보의 구성과 전달을 강화하는 쪽으로 진행될 수 있으므로 웹의 기본적 목적에 충실한 웹 사이트가 될 수 있습니다.

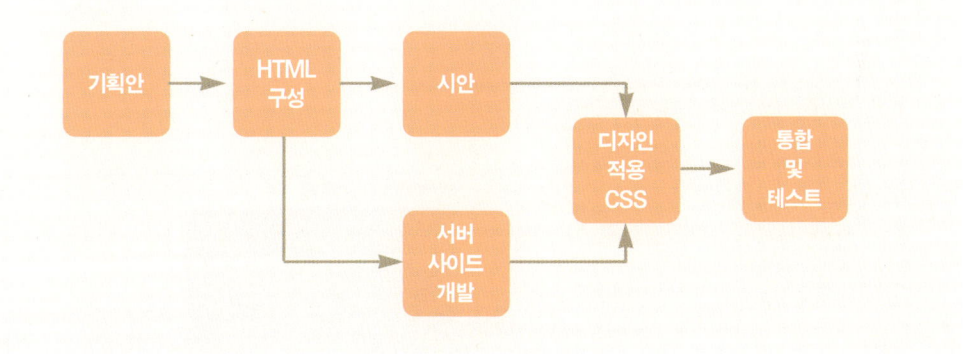

작업 프로세스 개선 제안

아울러 정보 구조, 표현, 동작이 분리된 구조의 업무 프로세스를 구축한다면 디자인이나 개발 어느 한 쪽의 업무 진척을 기다려야만 하는 순차적 방식에서 각 작업이 동시에 진행되는 병렬적 방식으로 전환할 수 있으므로, 업무 프로세스의 효율화를 기대할 수도 있습니다.

2 : 환경별 UI의 구성 – CSS : 사용자 환경별로 다른 표현 방식

CSS(Cascading Style Sheet)는 웹이 어떻게 보여질 것인지를 담당하는 언어로, 웹의 표현을 제어합니다. CSS를 도입함으로써 얻을 수 있는 장점으로는 웹 페이지의 경량화, 쉬운 유지 및 보수 등을 들 수 있습니다. CSS의 많은 장점 중 멀티디바이스 시대에 가장 주목받는 특징은 * '하나의 HTML에 다양한 디자인을 구현할 수 있다.' 는 것입니다. 이 아이디어를 조금 더 발전시킨다면 하나의 정보 구조 HTML을 다양한 기기에 최적화된 화면 구성으로 사용자에게 전달하는 것도 가능할 것입니다. 하지만 이러한 특징 역시 구조와 표현이 독립적으로 구성되어야만 가능합니다.

> **여기서 잠깐**
>
>
> * **하나의 HTML에 다양한 디자인을 구현할 수 있다**
>
> 하나의 HTML에 다양한 디자인을 구현한 구체적인 예로는 csszengarden(http://www.csszengarden.com)을 들 수 있습니다. 이 웹 사이트는 하나의 HTML에 세계 각국에서 투고된 디자이너들의 디자인을 적용하여 보여 주고 있습니다.
>
>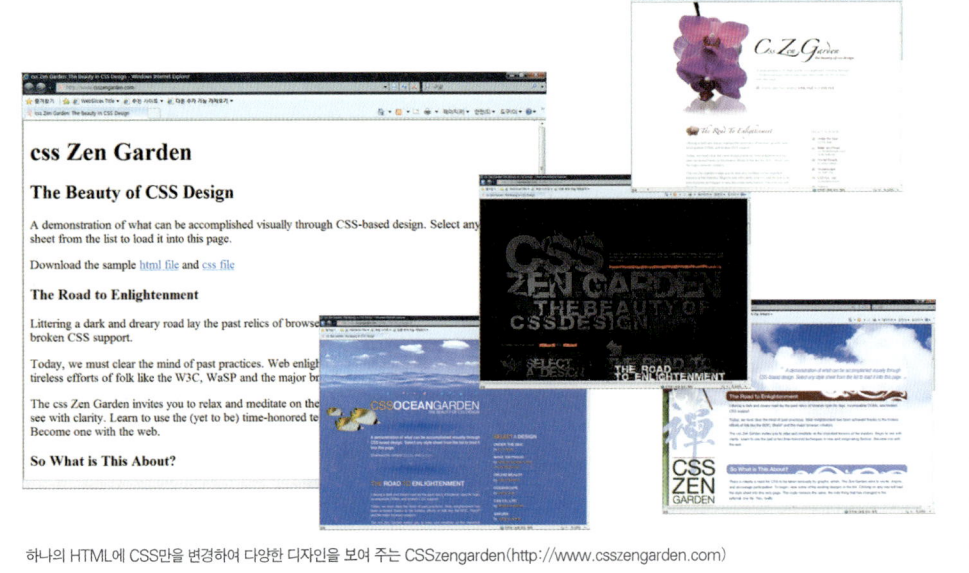
>
> 하나의 HTML에 CSS만을 변경하여 다양한 디자인을 보여 주는 CSSzengarden(http://www.csszengarden.com)

1 | CSS의 기본적 특징

■ CSS level

HTML에 버전이 있듯이 CSS에도 버전이 있습니다. CSS의 버전은 level로 표현합니다. 현재 표준은 CSS level 2.1로 2011년 6월에 권고안이 되었습니다. 하지만, 현업에서는 표준이 완성되기 전에 이미 널리 사용되었습니다. CSS level 3 역시 아직 완료되지 않은 규격입니다.

그러나 웹 브라우저 제조사들이 CSS 3의 새 기능을 경쟁적으로 도입하고 있기 때문에 지금은 *스펙의 단계보다는 웹 브라우저의 구현 수준이 더 높아 보입니다.

> **여기서 잠깐**
>
> * **스펙의 단계보다는 웹 브라우저의 구현 수준이 더 높아 보입니다**
> W3C의 표준으로 권고되기 위해서는 그 스펙이 2개 이상의 사용자 도구(웹 브라우저)에서 구현되어야 합니다.

■ 상속

CSS의 이름에서 알 수 있듯이 CSS의 가장 큰 특징은 상속(cascading)이라고 할 수 있습니다. 이는 상위 요소에 지정한 속성이 그 하위 요소까지 적용되는 것을 말합니다. CSS에는 '상속이 되는 속성'과 '상속이 되지 않는 속성'이 있습니다. 예를 들면 color와 같은 속성이 상위 요소에 지정되면 하위 자식 요소에도 모두 적용되지만 border와 같은 속성은 지정된 요소 자신에게만 적용됩니다.

■ CSS의 연결

CSS를 HTML에 연결하는 방법에는 외부 파일로 분리하는 Link type, HTML 파일 내에 Style sheet 부분을 포함하는 Embedded type, 그리고 HTML 요소 안에 직접 지정하는 Inline type이 있습니다.

```html
<link rel="stylesheet" type="text/css"
    href="file.css" title="Default" media="screen" />
```

외부 파일로 분리한 CSS를 링크하는 방법(Link type)

```html
<head>
    <style type="text/css">
        /*여기에 스타일시트 내용을 작성합니다.*/
    </style>
</head>
```

HTML 파일 내에 포함하는 방법(Embedded type)

```
<p style="font-size:12px;color:#f00">
    빨간색 12픽셀 문단
</p>
```

HTML 요소에 직접 지정하는 방법(Inline type)

만약 똑같은 HTML 요소에 서로 다른 방식으로 CSS가 적용되는 경우는 Embedded type과 Link type은 나중에 선언된 것이 먼저 선언된 CSS 속성값을 덮어쓰게 됩니다. 하지만 Inline type은 이 순서와 상관없이 항상 우선 적용됩니다. 위와 같이 여러 가지 방법으로 사용할 수 있지만 외부 파일로 분리하는 Link type 형태로 사용하기를 권장합니다. Embedded type이나 Inline type은 분리된 구조의 CSS 사용으로 얻을 수 있는 많은 장점을 사용할 수 없게 되기 때문입니다.

■ CSS 사용법

CSS는 기본적으로 선택자(selector)와 선언부로 구분되며, 선언부는 다시 속성(property)과 속성값(value)으로 구분됩니다.

```
[selector] {
    [property] : [value];
    [property] : [value];
}
```

기본적인 CSS의 작성 방법

2 | CSS 선택자

CSS 선택자는 속성을 적용하고자 하는 요소를 선택하는 구문입니다. 선택자는 CSS level별로 종류가 다르고, 웹 브라우저별로 지원 CSS 레벨이 다르기 때문에 사용할 수 있는 범위 또한 각기 다릅니다.

■ Type Selector - 요소 선택자

예제 파일 http://book.coforward.com/sample/css2/ruleOfCss_01_elementSelector.html

요소 선택자는 HTML 태그 이름으로 요소를 선택합니다. 선택자 부분에 선택하고자 하는 태그명을 입력하면 문서 내의 지정된 태그로 작성된 요소가 선택됩니다.

다음은 문서 내의 〈span〉 요소를 선택하는 선택자입니다.

```
span{
    [property] : [value];
    [property] : [value];
}
```

문서 내의 〈span〉 요소를 선택하는 요소 선택자

CSS level 2에서는 모든 요소를 선택할 수 있는 Universal selector인 " * "이 추가되었습니다.

■ **Class Selector - class 선택자**

예제 파일   http://book.coforward.com/sample/css2/ruleOfCss_02_classSelector.html

Class 선택자는 HTML 요소에 지정된 class를 조회하여 선택합니다. 이는 CSS 디자인을 위한 방법 중에서 가장 일반적으로 사용됩니다. class는 하나의 HTML 안에서 여러 번 사용할 수 있으므로, 적용되는 요소는 여러 개가 될 수 있습니다. 다음은 HTML에서 className이라는 class를 가진 요소를 선택하는 Class 선택자입니다.

```
.className{
    [property] : [value];
    [property] : [value];
}
```

className이라는 class명을 갖는 요소를 선택하는 Class 선택자

■ **Id Selector - id 선택자**

예제 파일   http://book.coforward.com/sample/css2/ruleOfCss_03_idSelector.html

Id 선택자는 HTML 요소에 지정된 id를 조회하여 선택합니다. 잘 작성된 HTML에서 ID는

하나의 HTML 안에서 한 번만 사용할 수 있으므로, 적용되는 요소는 단 한 개입니다. 다음은 HTML에서 idName이라는 id를 가진 요소를 선택하는 id 선택자입니다.

```
#idName{
    [property] : [value];
    [property] : [value];
}
```

idName이라는 id명을 갖는 요소를 선택하는 id Selector

■ Attribute Selector – 속성 선택자

속성 선택자는 HTML 요소의 속성을 조회하는 선택자로, CSS level 2에서 추가되었으며, CSS level 3에서도 새로운 선택자가 추가되었습니다. 속성 선택자는 HTML 안의 모든 속성을 지정하여 사용할 수 있으며, 일치 여부 역시 다양한 방법으로 지정할 수 있습니다. 다음은 HTML 안에서 title 속성이 지정된 〈a〉 요소를 선택하는 Attribute 선택자입니다.

```
a[title]{
    [property] : [value];
    [property] : [value];
}
```

[title] 속성이 지정된 〈a〉 요소를 선택하는 속성 선택자

CSS에서 지원하는 속성 선택자는 다음과 같습니다.

Selector	선택되는 요소	지원 level
E[attr]	[attr] 속성을 갖는 요소	level 2
E[attr=value]	[attr] 속성값이 value와 일치하는 요소	level 2
E[attr~=value]	[attr] 속성값이 value을 포함하는 요소	level 2
E[attr|=value]	[attr] 속성값이 value와 일치 또는 value로 시작되는 요소	level 2
E[attr^=value]	[attr] 속성값이 value로 시작하는 요소	level 3
E[attr$=value]	[attr] 속성값이 value로 끝나는 요소	level 3
E[attr*=value]	[attr] 속성값이 value를 포함하는 요소	level 3

CSS 지원하는 Pseudo 선택자

■ Pseudo Selector - 가상 요소 선택자

예제 파일 http://book.coforward.com/sample/css2/ruleOfCss_04_pseudoSelector.html

가상 요소 선택자는 요소의 상태를 조회하는 선택자입니다. 특정 요소에 마우스의 포인터를 올려놓았을 때 적용되는 hover가 대표적인 예입니다. 다음은 HTML 내의 〈a〉 요소에 마우스 포인터를 올려놓았을 때 선택하는 Pseudo 선택자입니다.

```
a:hover{
    [property] : [value];
    [property] : [value];
}
```

마우스 포인터를 올려놓았을 때 〈a〉 요소를 선택하는 가상 요소 선택자

CSS에서 지원하는 상태별 Pseudo 선택자는 다음과 같습니다.

Selector	선택되는 요소	지원 level
E:link	아직 방문하지 않는 링크 요소	level 1
E:visited	이미 방문한 링크 요소	level 1
E:hover	마우스 포인터를 올려놓았을 때 링크 요소	level 1
E:active	마우스 클릭 또는 Enter 로 활성화된 링크 요소	level 1
E:focus	포커스를 받은 링크 요소	level 1
E:target	내부 앵커의 목적지가 된 요소	level 3
E:enabled	사용 가능 상태의 폼 요소	level 3
E:disable	사용 불가 상태의 폼 요소	level 3
E:checked	체크 상태의 체크 박스나 라디오 버튼	level 3

CSS 지원하는 상태별 Pseudo 선택자

■ Structural Pseudo Selector - 구조적 선택자

Structural Pseudo Selector를 사용하는 방법은 Pseudo Selector와 같지만 요소의 상태가 아니라 HTML의 구조를 조회한다는 차이점이 있습니다. Structural Pseudo Selector는 CSS level 3에서 다수 추가되었습니다. 다음은 〈table〉에서 짝수 번째 요소 중 〈tr〉 요소를 선택하는 예입니다.

```
tr:nth-child(even){
    [property] : [value];
    [property] : [value];
}
```

짝수 번째 〈tr〉 요소를 선택하는 구조적 선택자

CSS에서 지원하는 구조적 선택자는 다음과 같습니다.

Selector	선택되는 요소	지원 level
E:root	페이지의 최상위 요소(〈html〉 요소)	level 3
E:nth-child(n)	n번째 요소가 E와 같을 때 선택	level 3
E:nth-last-child(n)	역순으로 n번째 요소가 E와 같을 때 선택	level 3
E:nth-of-type(n)	E와 타입의 요소 중 n번째 요소를 선택함.	level 3
E:nth-last-of-type(n)	E와 타입의 요소 중 역순으로 n번째 요소를 선택함.	level 3
E:first-child	첫 번째 요소가 E라면 선택함.	level 2
E:last-child	마지막 요소가 E라면 선택함.	level 3
E:first-of-type	E와 같은 타입 요소 중 첫 번째 요소를 선택함.	level 3
E:last-of-type	E와 같은 타입 요소 중 마지막 요소를 선택함.	level 3
E:only-child	E가 유일한 자식 요소인 경우 선택함.	level 3
E:only-of-type	E 타입의 자식 요소가 하나뿐일 때 선택함.	level 3
E:empty	자식 요소를 포함하지 않는 요소를 선택함.	level 3
E:not(S)	S가 아닌 E 요소를 선택함.	level 3

CSS 지원하는 Structural Pseudo 선택자

3 | CSS Combinator - CSS 결합자

예제 파일 http://book.coforward.com/sample/css2/ruleOfCss_07_combinator.html

CSS 결합자는 선택자를 결합함으로써 선택의 범위나 방법을 조절할 수 있는 기능입니다. CSS 결합자를 설명하기 위해 다음과 같은 HTML을 사용하겠습니다.

```html
<h2>Example</h2>
<div id="exampleSub">
    <h3>CSS 결합자 예제</h3>
    <p>CSS 결합자는 2개의 선택자를 결합해 줍니다.</p>
    <p>결합에 방법에 따라 각기 다른 효과를 갖습니다.</p>
    <div><!--기준div -->
        <h4>CSS 결합자의 종류</h4>
        <p>CSS 결합자의 종류에는 하위 요소 결합자, 자식 요소 결합자, 인접 형제 결합자, 형제 결합자가 있습니다.</p>
        <ul>
            <li><p>하위 요소 결합자는 앞의 선택자로 선택된 요소의 하위 요소 중 뒤의 선택자와 일치하는 요소가 선택됩니다.</p>
            </li>
            <li><p>자식 요소 결합자는 앞의 선택자로 선택된 요소의 직계 자손 요소 중에서 뒤의 선택자와 일치하는 요소가 선택됩니다.</p>
            </li>
            <li><p>인접 형제 결합자는 앞의 선택자와 동일한 레벨로, 뒤에 오는 요소 중 뒤의 선택자와 일치하는 첫 번째 요소를 선택합니다.</p>
            </li>
            <li><p>형제 결합자는 앞의 선택자와 동일한 레벨로, 뒤로 오는 요소 중 뒤의 선택자와 요소를 선택합니다.</p>
            </li>
        </ul>
    </div>
    <p>CSS 결합자는 CSS Level별로 각기 지원하는 범위가 다릅니다.</p>
    <h4>CSS level 현황</h4>
    <p>CSS level 1은 표준 권고입니다.</p>
    <p>CSS level 2.1은 권고 후보입니다.</p>
    <p>CSS level 3은 작업 초안입니다.</p>
</div>
```

결합자 예제 HTML 코드 부분

위 소스 코드는 결합자를 설명하기 위한 예제 파일의 일부입니다. 예제 파일의 다른 요소와 구분하기 위해 id가 exampleSub인 요소까지 범위를 구분하였으며, 이후 설명은 이 설명 범위 안을 기준으로 합니다.

예제 코드의 실행 결과는 다음과 같습니다.

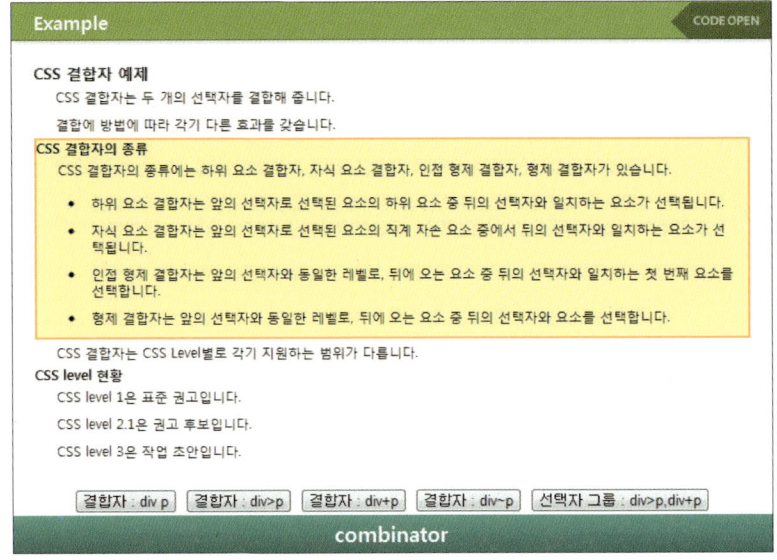

결합자 예제

■ **Descendant combinator - 하위 요소 결합자**

하위 요소 결합자는 앞의 선택자로 선택된 요소의 하위 요소 중 뒤의 선택자와 일치하는 요소가 선택됩니다. 하위 요소 결합자는 앞의 선택자와 뒤의 선택자를 공란으로 연결하며, CSS level 1부터 지원됩니다. 다음은 기준 〈div〉 요소 하위의 〈p〉를 선택하는 예입니다.

```
#exampleSub div p{
    color:#00F;
    font-weight:bold;
    border:#00F dashed 2px;
    background:#7ff;
}
```

하위 요소 결합자(descendant.css)

기준 〈div〉의 하위 요소인 〈p〉를 선택하는 것이므로, 기준 〈div〉 하위 요소인 〈li〉 안에 있는 〈p〉 요소까지 모두 선택됩니다. descendant.css가 적용된 결합자 예제는 다음과 같습니다.

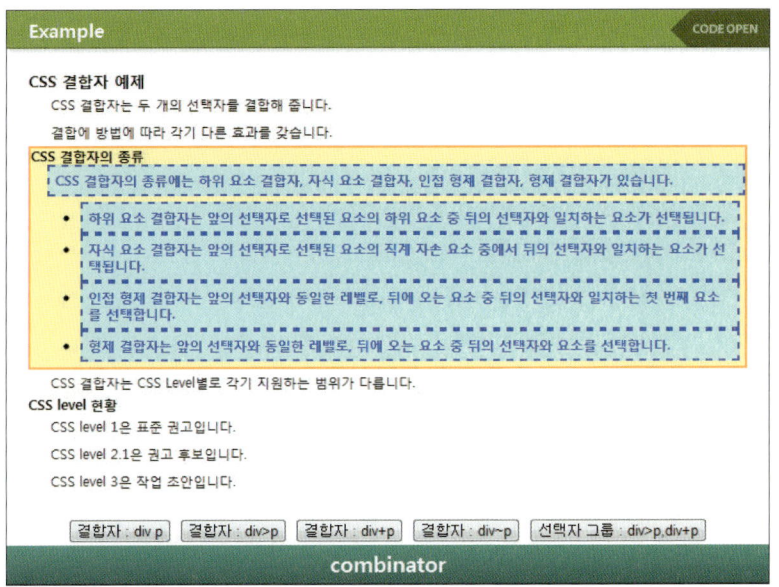

descendant.css의 적용 결과

■ Child combinator - 자식 요소 결합자

자식 요소 결합자는 앞의 선택자로, 선택된 요소의 직계 자손 요소 중에 뒤의 선택자와 일치하는 요소가 선택됩니다. 하위 요소 결합자는 하위에 속하는 모든 요소를 참조하는 것과는 달리 자식 요소 결합자는 바로 아랫단계의 자식 요소만을 참조한다는 차이점이 있습니다. 자식 요소 결합자는 앞의 선택자와 뒤의 선택자를 '〉'로 연결하며, CSS level 2부터 지원됩니다. 다음은 기준 〈div〉 요소의 바로 아랫단계의 〈p〉 요소를 선택하는 예입니다.

```
#exampleSub div>p{
    color:#00F;
    font-weight:bold;
    border:#00F dashed 2px;
    background:#7ff;
}
```

자식 요소 결합자(child.css)

기준 〈div〉의 바로 아랫단계의 하위 요소인 〈p〉을 선택하는 것이므로, 기준 〈div〉 하위 요소인 〈li〉 안에 있는 〈p〉 요소는 선택되지 않습니다. child.css가 적용된 결합자 예제는 다음과 같습니다.

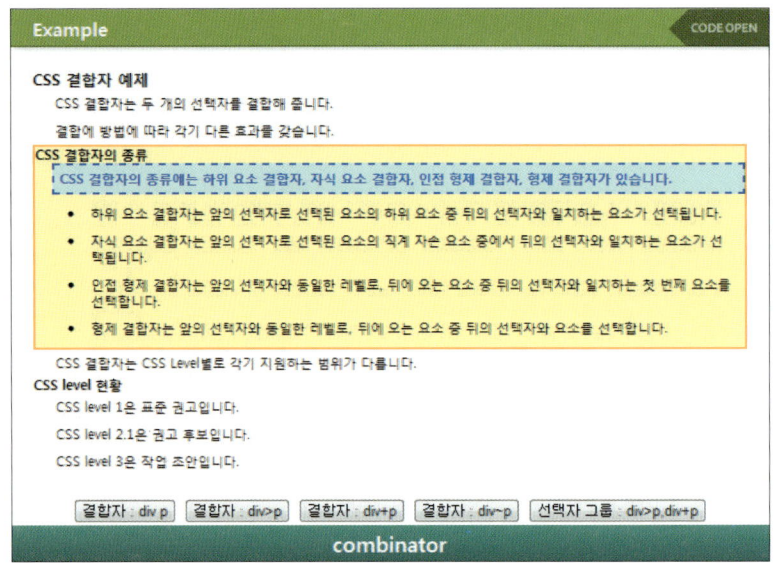

child.css의 적용 결과

■ Adjacent sibling combinator - 인접 형제 요소 결합자

인접 형제 요소 결합자는 앞의 선택자와 동일한 레벨로, 뒤에 오는 요소 중 뒤의 선택자와 일치하는 첫 번째 요소를 선택합니다. 인접 형제 요소 결합자는 앞의 선택자와 뒤의 선택자를 "+"로 연결하며, CSS level 2부터 지원됩니다.

```
#exampleSub div+p{
    color:#00F;
    font-weight:bold;
    border:#00F dashed 2px;
    background:#7ff;
}
```

인접 형제 요소 결합자(adjacentSibling.css)

기준 〈div〉에 인접한 형제 요소를 선택하는 것이므로, 〈div〉의 형제 요소인 〈p〉 중 〈div〉 다음에 오는 첫 번째 것만 선택됩니다. adjacentSibling.css가 적용된 결합자 예제는 다음과 같습니다.

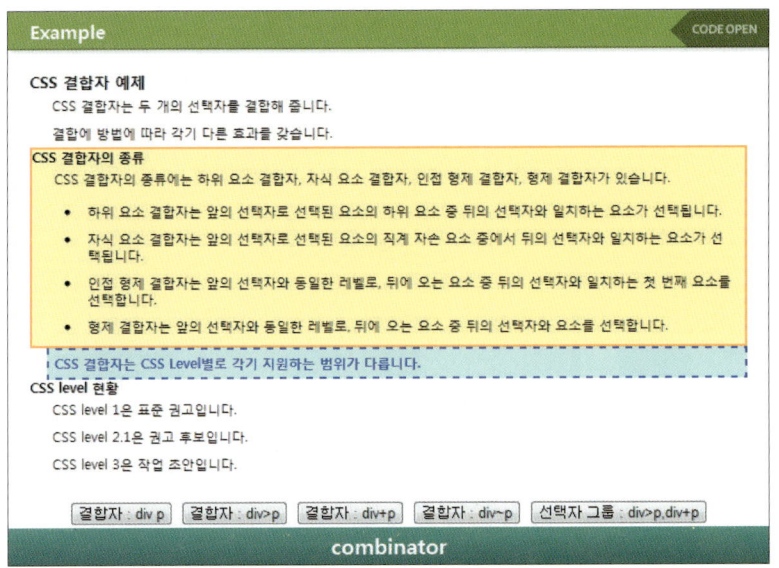

adjacentSibling.css의 적용 결과

■ **General sibling combinator - 형제 요소 결합자**

형제 요소 결합자는 앞의 선택자와 동일한 레벨로, 뒤로 오는 요소 중 뒤의 선택자와 요소를 선택합니다. 인접 형제 요소 결합자가 뒤에 오는 첫 번째 요소만을 선택하는 것과는 달리 형제 결합자는 뒤의 선택자와 일치하는 뒤에 오는 모든 형제 요소를 선택한다는 점에서 차이가 있습니다. 형제 요소 결합자는 앞의 선택자와 뒤의 선택자를 "~"로 연결하며, CSS level 3부터 지원됩니다.

```
#exampleSub div~p{
    color:#00F;
    font-weight:bold;
    border:#00F dashed 2px;
    background:#7ff;
}
```

형제 결합자(generalSibling.css)

기준 〈div〉의 형제 요소인 〈p〉를 선택하는 것이므로, 기준 〈div〉의 형제 요소인 〈p〉 중 기준 〈div〉 다음에 오는 모든 〈p〉 요소가 선택됩니다. generalSibling.css가 적용된 결합자 예제는 다음과 같습니다.

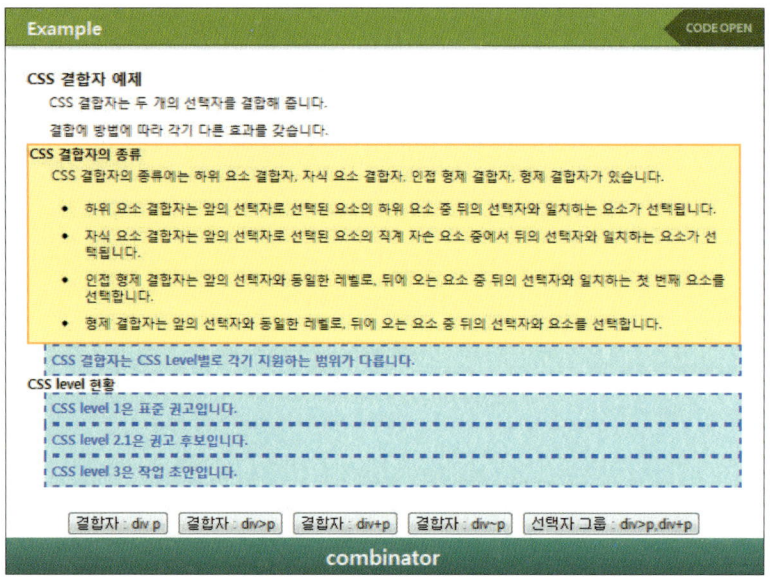

generalSibling.css의 적용 결과

4 | Group of Selector - 선택자 그룹

선택자 그룹은 동일한 속성을 지정할 다른 선택자들을 그룹으로 묶어 주는 것입니다. 선택자 그룹은 각 선택자들을 ", "로 연결함으로써 지정할 수 있습니다. 다음은 선택자 그룹을 이용한 예입니다.

```css
#exampleSub div>p,#exampleSub div+p{
    color:#00F;
    font-weight:bold;
    border:#00F dashed 2px;
    background:#7ff;
}
```

결합자 그룹(groupSelector.css)

앞의 결합자에서 보았던 자식 요소 선택자와 인접 형제 요소 선택자를 그룹으로 묶어 적용하였으므로 groupSelector.css가 적용된 결합자 예제는 다음과 같습니다.

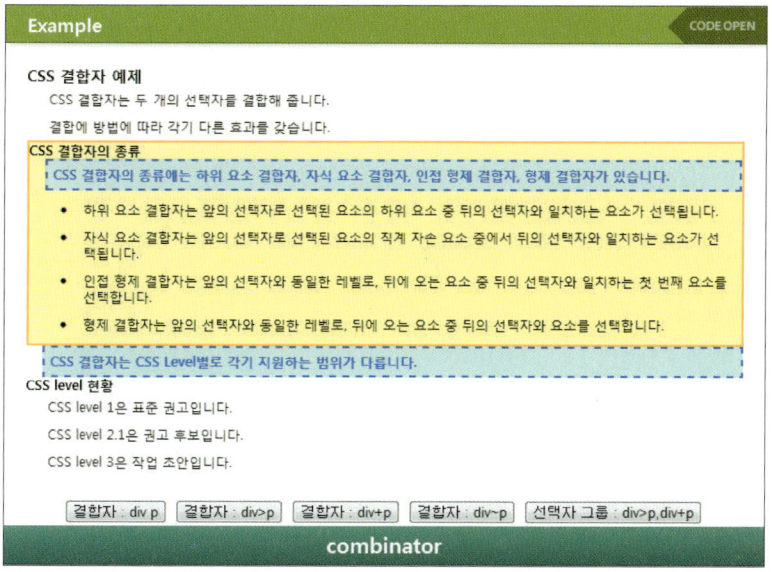

groupSelector.css의 적용 결과

지금까지 CSS의 선택자를 이용하여 HTML 내의 특정 요소를 선택하는 방법에 대하여 알아보았습니다. CSS가 사용되는 흐름은 선택자를 이용하여 대상을 지정한 후, 속성에 따른 값을 지정하여 선택된 요소의 표현 요소를 변경하는 것입니다. 다음에는 CSS로 조절할 수 있는 속성에 대하여 알아보겠습니다.

5 | CSS의 값과 단위

CSS 코드는 앞서 CSS의 기본적 특징에서 알아본 것과 같이 선택자(selector), 속성(attribute), 속성값(value)으로 이루어져 있습니다. CSS의 속성별로 속성값의 형태도 다를 수 있으므로 속성을 다루기 전에 CSS 속성값의 형태와 단위에 대하여 알아보겠습니다.

■ 수치값

가장 기본적인 값의 형태는 숫자로 입력되는 수치값입니다. 폭이나 높이, 간격, 두께 등을 지정하는 속성에 사용하고, 절대 단위 또는 상대 단위와 함께 사용하며, 경우에 따라 숫자만을 입력하는 경우도 있습니다.

수치값의 대표적인 절대 단위는 "px"이며, 이는 모니터의 화소 단위를 말합니다. 또한 대표적인 상대 단위는 "%"를 들 수 있습니다. 이 밖에도 절대 단위로는 "cm", "mm", "pt" 등을 사용할 수 있으며, 상대 단위에는 "em", "ex"이 있습니다. 그러나 일부 단위는 웹 브라우저별로 지원 정도의 차이가 있을 수 있습니다.

■ 색상값

색상값은 단어 뜻 그대로 CSS에서 색상을 지정하는 속성값 형태입니다. 색상값을 지정하는 방법으로는 16진수, RGB, 색 이름이 있습니다. 다음 표는 CSS에서 빛의 삼원색을 나타내는 각 방법별 색상값입니다.

색상	16진수	RGB	색 이름
적색	#FF0000 또는 #F00	rgb(255, 0, 0) 또는 rgb(100%, 0%, 0%)	red
녹색	#00FF00 또는 #0F0	rgb(0, 255, 0) 또는 rgb(0%, 100%, 0%)	green
청색	#0000FF 또는 #00F	rgb(0, 0, 255) 또는 rgb(0%, 0%, 100%)	blue

색상값 표기 방법

위의 표에 나타난 바와 같이 16진수와 RGB 방법은 기본적으로 빛의 삼원색인 적, 녹, 청의 비율을 조합하여 색상을 구성하는 것이며, 색 이름은 특정 조합을 키워드 형태로 하여 CSS 규격에서 미리 정해 놓은 단어로, CSS Level 2.1에서는 총 17개의 색 이름이 지정되어 있습니다.

■ 키워드

키워드는 속성에 따라 미리 정의된 단어로, 속성값을 지정하는 것을 말합니다. 앞에서 색상을 색 이름으로 한 경우가 이에 속한다고 할 수 있습니다. 키워드는 상위 요소 속성을 상속을 위한 inherit를 제외하면 각 속성에 따라 예약되어 있습니다. 대부분 키워드 자체로 속성을 지정할 수 있지만 외부 자원을 연결하는 URL과 같은 키워드는 키워드의 값을 지정해야 하는 경우도 있습니다.

다음은 여러 형식의 속성값을 사용하여 CSS 속성을 지정한 예입니다.

```
#coForward{
        background : url("/img/bg_coForward.png")  /*값이 필요한 키워드*/
                     no-repeat  /*키워드*/
                     15px    /*절대 단위 수치값*/
                     20%;    /*상대 단위 수치값*/
}
```

다양한 속성값 형식을 사용한 CSS 코드

이후의 속성 설명 부분의 속성값은 여기에서 소개한 대로 수치값, 색상값, 키워드로 구분하여 서술하겠습니다.

6 | CSS 속성 - Box Model과 관련된 속성

예제 파일 http://book.coforward.com/sample/css2/useCss_01_boxModel.html

CSS는 선택자로 요소를 선택하고 속성과 속성값을 지정함으로써 HTML의 외향을 변경합니다. HTML 4.01까지는 HTML 요소들을 Block Level Element와 Inline Level Element로 구분하였으며, 이런 요소를 어떻게 표현할 것인지에 대한 기본 규칙으로는 CSS Box Model이 있으며, Box Model은 content, padding, border, margin으로 이루어져 있습니다.

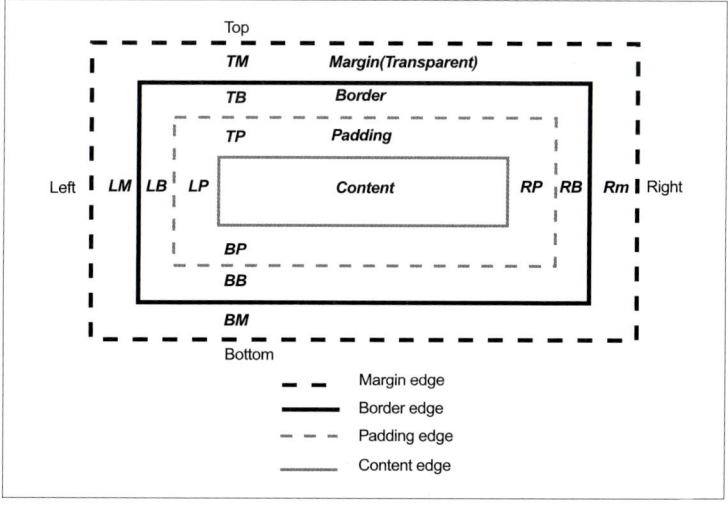

CSS Box model

▪ content

요소의 내용이 표시되는 부분입니다. content의 형태는 내부에 포함된 다른 요소들의 설정값에 따라 표시됩니다.

▪ padding

예제 파일   http://book.coforward.com/sample/css2/useCss_02_padding.html

```
padding : [수치값];   /*방향별로 속성값 복수 지정 가능*/
```

padding의 속성값 형식

content와 border의 간격을 지정합니다. 속성값의 개수에 따라 적용되는 방향이 달라지며, padding-top, padding-right, padding-bottom, padding-left 등과 같이 방향별로 각각 지정할 수도 있습니다. content 부분에 지정된 background 속성값에 영향을 받습니다.

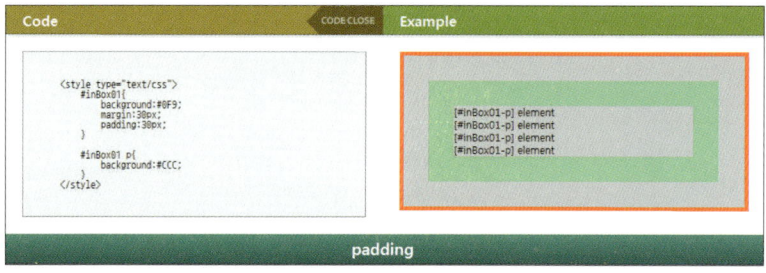

border와 content의 간격을 지정하는 padding

▪ border

예제 파일   http://book.coforward.com/sample/css2/useCss_03_border.html

외곽선의 속성을 일괄적으로 지정하는 속성입니다. 상하 좌우 모든 방향의 외곽선 표현 방식이 설정됩니다. padding과 마찬가지로 border-top, border-right, border-bottom, border-left를 이용하여 padding과 마찬가지로 각 방향별로 지정할 수 있으며, 속성의 종류 또한 border-width, border-style, border-color를 이용하여 각각 지정할 수 있습니다. border-top-width와 같이 두 가지 개별 속성을 조합하거나 특정 방향의 속성만을 지정할 수도 있습니다.

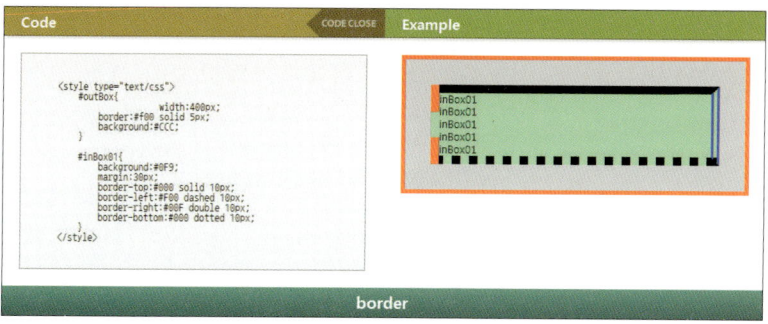

외곽선의 모양을 지정하는 border 속성

■ border-width

외곽선의 폭을 지정합니다. 폭은 수치값이나 키워드로 지정할 수 있습니다. 키워드로 두께를 지정할 경우, 사용자 환경에 따라 선 두께가 다르게 표시될 수 있습니다.

```
border-width :[수치값] or [키워드];  /*방향별로 속성값 복수 지정 가능*/
```

border-width의 속성값 형식

키워드 : thin (가는 선), medium (기본 선), thick (두꺼운 선)

■ border-style

외곽선의 스타일을 지정합니다.

```
border-style : [키워드];  /*방향별로 속성값 복수 지정 가능*/
```

border-style의 속성값 형식

키워드 : solid (실선), dashed (파선), double(이중선), dotted(점선)

■ border-color

외곽선의 색상을 지정합니다.

```
border-color : [색상값];  /*방향별로 속성값 복수 지정 가능*/
```

border-color의 속성값 형식

■ margin

| 예제 파일 | http://book.coforward.com/sample/css2/useCss_04_margin.html |

인접 요소와의 거리를 말하며, padding과 같이 *속성값의 입력 개수에 따라 적용되는 방향이 달라집니다. margin-top, margin-right, margin-bottom, margin-left와 같이 방향을 각각 지정할 수 있으며, 음수(-)값도 가능합니다.

```
margin : [수치값]; /*방향별로 속성값 복수 지정 가능*/
```

margin의 속성값 형식

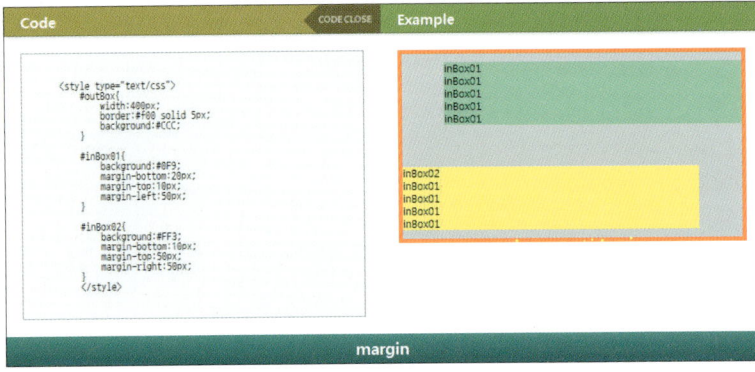

인접 요소 간의 거리를 지정하는 margin

여기서 잠깐

* 속성값의 입력 개수에 따라 적용되는 방향이 달라집니다

padding, margin, border는 값의 개수에 따라 지정되는 방향이 다음과 같이 지정됩니다.

1. padding : 10px; - 상하좌우 모두 10px padding이 적용됨.
2. padding : 10px 20px; - 상하는 10px, 좌우는 20px padding이 적용됨.
3. padding : 10px 20px 30px; - 상 10px, 좌우 20px, 하 30px padding이 적용됨.
4. padding : 10px 20px 30px 40px - 상 10px, 우 20px, 하 30px, 좌 40px padding이 적용됨(위쪽으로부터 시계 방향)

7 | CSS 속성 - Inline Box와 관련된 속성

Inline Box는 Inline Element에 적용되는 Box Model입니다.

Inline Box Model

■ line-height

예제 파일 http://book.coforward.com/sample/css2/useCss_05_line-height.html

line-height는 line box의 높이를 지정하는 속성으로, 문장의 줄 간격 역할을 합니다.

```
line-height : [수치 값];
```

line-height의 속성값 형식

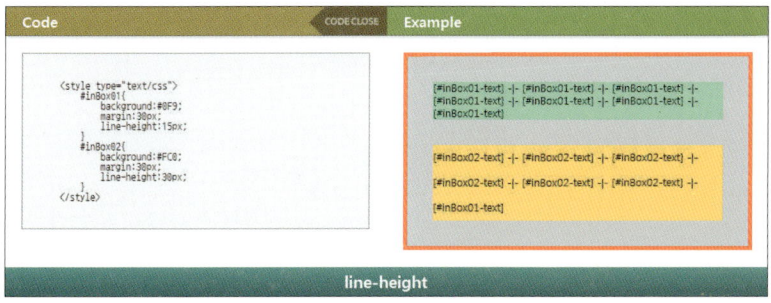

줄 높이를 지정하는 line-height

■ vertical-align

예제 파일   http://book.coforward.com/sample/css2/useCss_06_vertical-align.html

vertical-align은 문자의 세로 방향 위치를 지정하는 속성입니다. 이 속성은 inline 요소에서 적용되는 속성으로, 세로 방향의 위치란 영문자의 base line을 기준으로 한 문자의 위치를 말합니다.

```
vertical-align : [키워드] of [수치값];
```

vertical-align의 속성값 형식

키워드 : baseline(기준선), middle(중간), sub(아랫첨자), super(윗첨자), text-top(문자 라인 상단), text-bottom(문자 라인 하단)

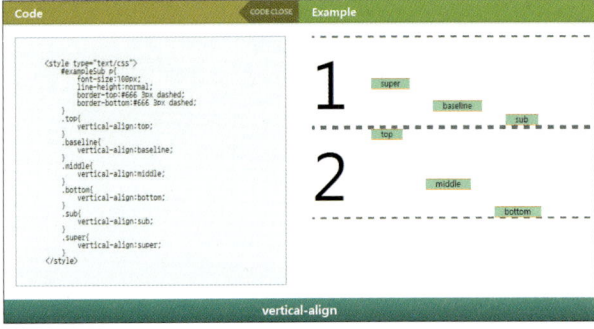

InlineBox 내에서 문자의 세로 정렬을 지정하는 vertical-align

8 | CSS 속성 - 보이는 위치와 형태에 관련된 속성

■ display

예제 파일   http://book.coforward.com/sample/css2/useCss_07_display.html
          http://book.coforward.com/sample/css2/useCss_07_display02.html

display 속성은 지정된 요소의 표시 형태를 지정합니다. 일반적으로 display 속성은 화면에 표시하지 않는 none이나 블록 형태로 표시하는 block, 인라인 형태로 표시하는 inline 등이 많이 사용됩니다.

```
display : [키워드];
```
display의 속성값 형식

키워드 : none(표시하지 않음), block(블록 형태로 표시), inline-block(인라인 블록 형태로 표시), inline(인라인 형태 표시) 등

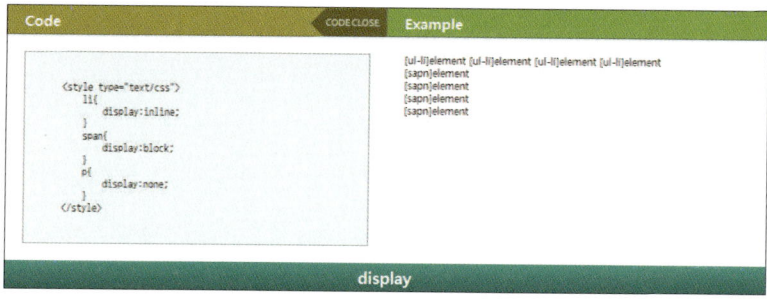

요소의 화면 표시 형태를 지정하는 display

이 밖에도 display 속성은 특정 형태로 표시되는 태그로, 작성된 요소도 display 속성을 이용하여 다른 요소처럼 표시할 수 있습니다. 예를 들면 〈ul〉로 작성된 요소들을 마치 〈table〉로 작성된 것처럼 표시할 수 있습니다.

```
<h2>Example</h2>
<div id="exampleSub">
  <h3>리스트를 table처럼 보이기</h3>
  <ul>
    <li>1</li>
    <li>2</li>
    <li>3</li>
    <li>4</li>
  </ul>
  <ul>
    <li>5</li>
    <li>6</li>
    <li>7</li>
    <li>8</li>
  </ul>
```

```
        <h3>table을 리스트처럼 보이기</h3>
        <table>
            <tr>
                <td>이것은 테이블 tag  부분입니다.</td>
                <td>이것은 테이블의 두 번째 셀입니다.</td>
                <td>이처럼 dispaly를 이용하여 보이는</td>
                <td>형태를 변경할 수 있습니다.</td>
            </tr>
        </table>
    </div>
```

표시 형태 변경 예제 HTML 부분

위와 같은 HTML에 아래와 같은 CSS를 적용하면 〈ul〉은 〈table〉처럼, 〈table〉은 〈ul〉처럼 표시됩니다.

```
        <style type="text/css">
            #exampleSub ul{
                display:table-row;
            }
            #exampleSub li{
                display:table-cell;
                width:80px;
                padding:3px;
                border:#666 solid 2px;
                text-align:center;
            }
            #exampleSub td{
                display:list-item;
                list-style-type:disc;
                list-style-position:inside;
                margin-left:15px;
            }
        </style>
```

표시 형태를 변경하는 CSS 부분

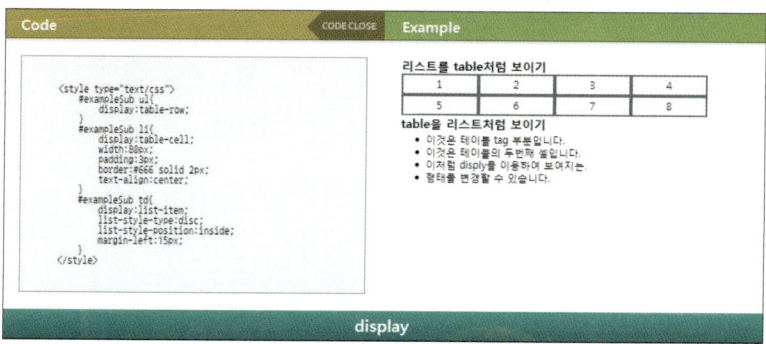

display 속성을 이용하여 다른 요소처럼 보이기

HTML 자체의 보이는 형태는 중요하지 않으며, 정보를 구성하는 것이 목적임을 나타내는 하나의 예일 것입니다. 하지만 특별한 경우가 아니라면 원래의 요소가 가진 특성대로 표시하는 것이 바람직합니다.

■ **visibility**

예제 파일 http://book.coforward.com/sample/css2/useCss_08_visibility.html

visibility는 선택된 요소의 가시성을 지정합니다. visible은 화면에 표시하고, hidden은 화면에서 숨깁니다.

```
visibility : [키워드];
```

visibility의 속성값 형식

키워드 : visible(표시함), hidden(숨김)

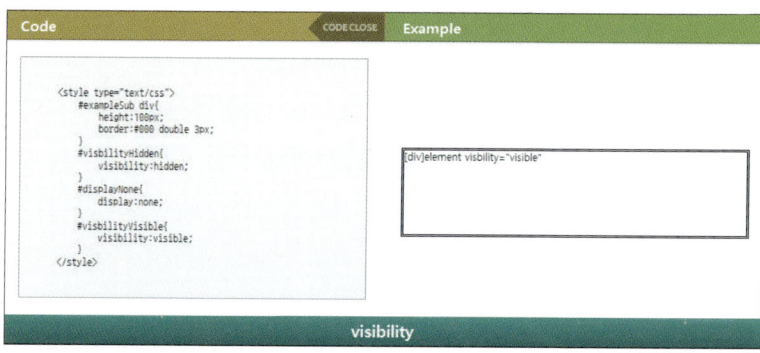

요소의 가시성을 설정하는 visibility

display:none과 visibility:hidden 모두 화면상에서 선택된 요소를 숨기지만 visibility는 요소가 있던 자리를 그대로 차지합니다. 단지 화면상에 표시만 되지 않는 것일 뿐입니다. 하지만 display는 해당 요소가 차지하고 있던 화면 영역까지 모두 사라집니다.

■ position

예제 파일 http://book.coforward.com/sample/css2/useCss_09_position.html

position 속성은 선택된 요소의 위치를 결정하는 방법을 지정합니다.

```
position : [키워드];
```

position의 속성값 형식

키워드 : static(기본 위치), relative(상대 위치), absolute(절대 위치), fixed(고정 위치)

static은 HTML 구성에 따른 기본적 위치이며, relative는 원래 위치에서 상대적으로 이동 거리를 지정할 수 있습니다. absolute는 position 속성이 명시적으로 지정된 요소를 기준으로 절대 위치이며, fixed는 화면에 표시되는 영역에 대하여 고정적인 위치를 지정합니다.

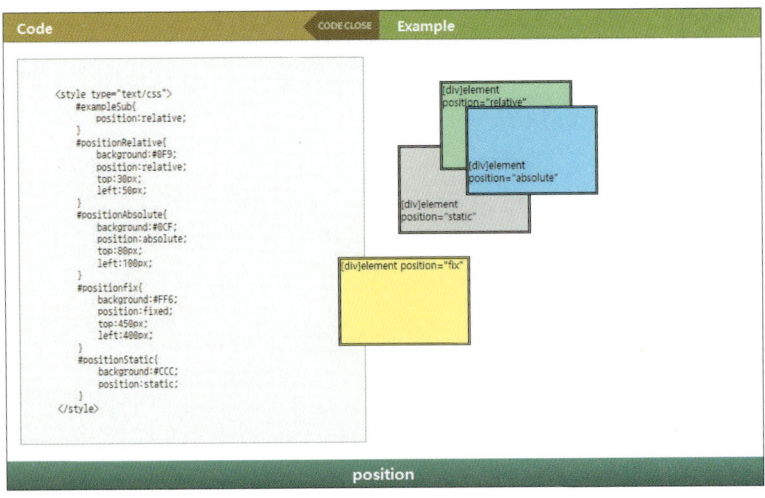

요소의 배치를 결정하는 position

■ top/right/bottom/left

선택된 요소의 상하좌우의 위치를 지정합니다.

```
top : [수치 값];
right : [수치 값];
bottom : [수치 값];
left : [수치 값];
```

top/right/bottom/left의 속성값 형식

위치의 기준점은 선택된 요소의 position 속성값에 따라 달라집니다. 해당 요소의 속성값이 absolute인 경우는 그 요소의 상위 요소 중 position 속성이 명시적으로 지정된 요소의 좌측 상단이 기준점이 되며, 속성값이 relative일 경우는 해당 요소가 static 상태인 원래 위치의 기준점을 원점으로 합니다. fixed는 화면에 표시되는 영역의 좌측 상단을 원점으로 하기 때문에 화면이 스크롤되어도 일정한 영역에 표시됩니다.

■ float

예제 파일 http://book.coforward.com/sample/css2/useCss_10_float.html

float은 워드 프로세스에서 그림의 배치 형식을 지정하는 것과 유사한 기능으로, 선택된 요소와 그 다음에 오는 요소 간의 문서 흐름을 지정합니다.

```
float : [키워드];
```

float의 속성값 형식

키워드 : left(왼쪽으로 흐름), right(오른쪽 흐름), none(흐름 지정 없음. 또는 해지)

속성값의 키워드 형식과 같이 float이 지정된 요소의 다음에 오는 요소는 선택된 요소의 왼쪽(left)이나 오른쪽(right)으로 흐르게 됩니다.

■ **clear**

float 속성이 지정되면 float이 지정된 요소 다음에 오는 모든 요소들은 float의 설정에 영향을 받게 됩니다. float의 영향을 특정 요소로부터 해제하고자 할 때, 그 요소에 clear 속성을 지정해 주면, 이후로는 float의 영향을 받지 않도록 할 수 있습니다.

```
clear : [키워드];
```

clear의 속성값 형식

키워드 : none(해제 없음), left(왼쪽 흐름 해제), right(오른쪽 흐름 해제), both(양쪽 흐름 모두 해제)

속성값에 따라 float이 설정된 방향에 따라 각각(left, right) float을 해지할 수 있으며, 모두(both)를 해지할 수도 있습니다.

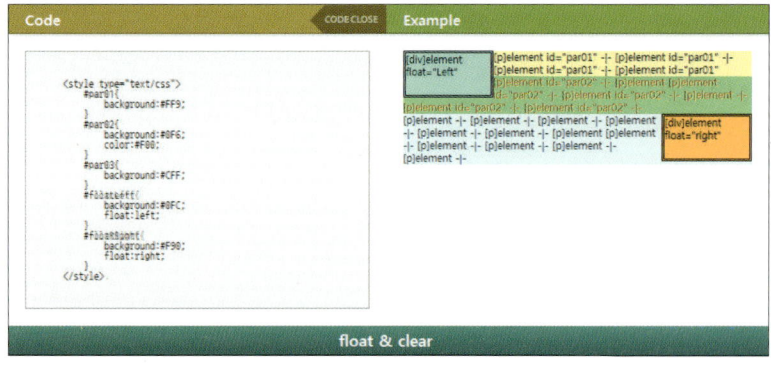

콘텐츠 내용의 흐름을 지정하는 float과 clear

■ **z-index**

예제 파일 http://book.coforward.com/sample/css2/useCss_11_zIndex.html

z-index는 선택된 요소의 겹침 순서를 지정하는 속성입니다. HTML에서는 기본적으로 나중에 작성된 요소가 겹침 순서가 높지만 z-index 속성을 사용하면 겹침 순서를 임의로 지정할 수 있습니다.

```
z-index : [수치값];
```

z-index의 속성값 형식

만일 해당 요소의 상위 요소에도 z-index가 지정될 경우, 해당 요소에 지정된 z-index는 상위 요소의 겹침 순서 안에서 하위 요소들끼리의 겹침 순서에만 영향을 미치게 됩니다.

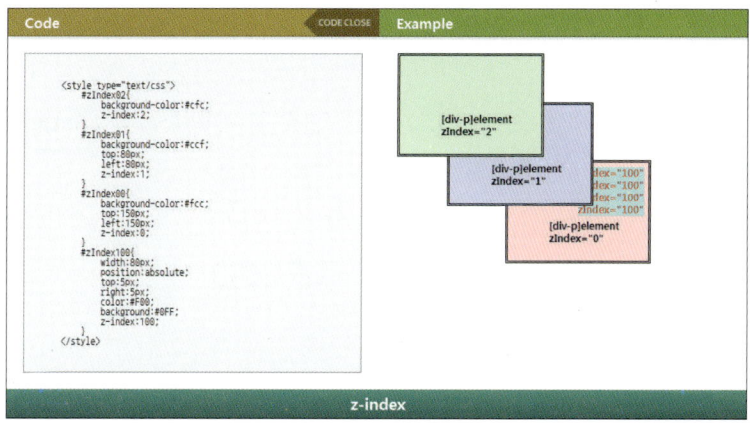

요소의 겹침 순서를 지정하는 z-index

예제에서 z-index가 가장 높은 요소는 id가 zIndex100인 요소이지만, 이 요소는 z-index가 0인 요소의 자식 요소이기 때문에 z-index가 1인 요소 위로 올라오지 않습니다.

■ **width / height**

예제 파일 http://book.coforward.com/sample/css2/useCss_12_width&height.html

width와 height는 선택된 요소의 콘텐츠 부분의 가로 폭과 세로 높이를 지정하는 속성입니다.

```
width : [수치값];
height : [수치값];
```

width/height의 속성값 형식

콘텐츠의 내용이 지정된 값보다 더 클 경우, width는 일반적으로 자동으로 조절되지만, 높이의 처리는 overflow 속성에 따르게 됩니다.

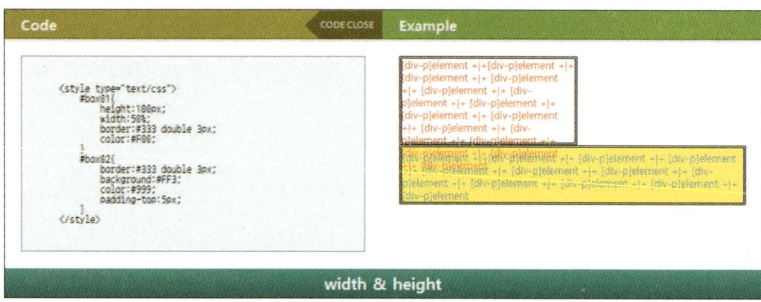

요소의 폭과 높이를 지정하는 width와 height 속성

■ min-width/min-height

예제 파일 http://book.coforward.com/sample/css2/useCss_13_minWidth&minHeight.html

min-width와 min-height는 콘텐츠의 최소 폭과 높이를 지정합니다.

```
min-width : [수치값];
min-height : [수치값];
```

min-width/min-height의 속성값 형식

콘텐츠의 내용이 지정된 크기보다 작더라도 지정된 크기를 유지합니다. 웹 브라우저에서 계산된 콘텐츠 내용의 크기가 지정된 크기보다 크면, 해당 요소의 크기를 자동적으로 확장합니다.

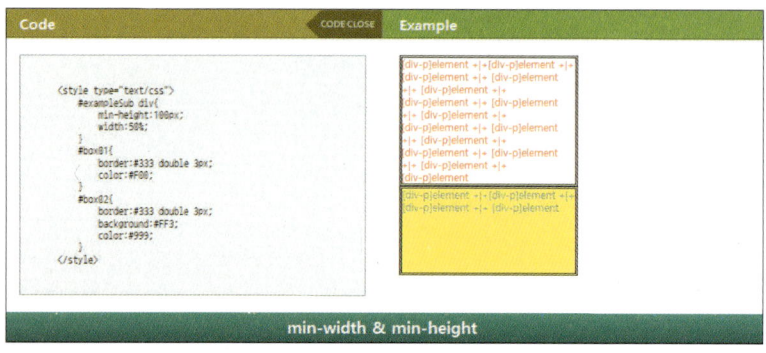

요소의 최소 폭과 최소 높이를 지정하는 min-width와 min-height

■ max-width/max-height

예제 파일   http://book.coforward.com/sample/css2/useCss_14_maxWidth&maxHeight.html

max-width와 max-height는 콘텐츠의 최대 폭과 높이를 지정합니다.

```
max-width : [수치값];
max-height : [수치값];
```

max-width / max-height의 속성값 형식

콘텐츠 요소의 크기가 지정된 값보다 작을 경우에는 웹 브라우저에서 계산된 값을 사용하여 자동적으로 확장하지만, 지정된 값을 넘게 되면 요소의 크기를 더 이상 확장하지 않습니다.

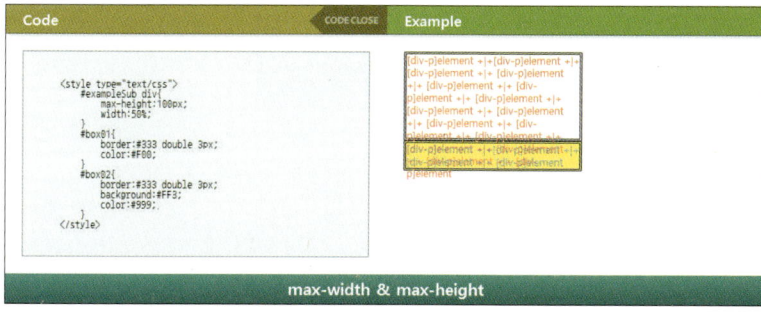

요소의 최대 폭과 높이를 지정하는 max-width와 max-height

■ overflow

예제 파일   http://book.coforward.com/sample/css2/useCss_15_overflow.html

overflow 속성은 요소에 지정된 크기보다 콘텐츠 내용의 크기가 더 클 때 처리하는 방법을 지정하는 속성입니다.

```
overflow : [키워드];
```

overflow의 속성값 형식

키워드 : visible(표시함), hidden(숨김), scroll(스크롤)

overflow의 기본값은 visible로, 콘텐츠 내용을 모두 표시합니다. 여기서 주의해야 할 사항은 min-width를 제외하고는 내용이 표시될 뿐 해당 요소의 크기는 확장되지 않는다는 것입니다. 요소 밖으로 넘어선 콘텐츠 내용은 높이를 갖지 않으므로, 다음에 오는 요소와 겹치게 됩니다. hidden의 경우는 지정된 크기를 넘어서는 콘텐츠 내용을 표시하지 않으며, scroll은 지정된 크기의 스크롤 바를 생성하여 콘텐츠 내용을 볼 수 있도록 합니다.

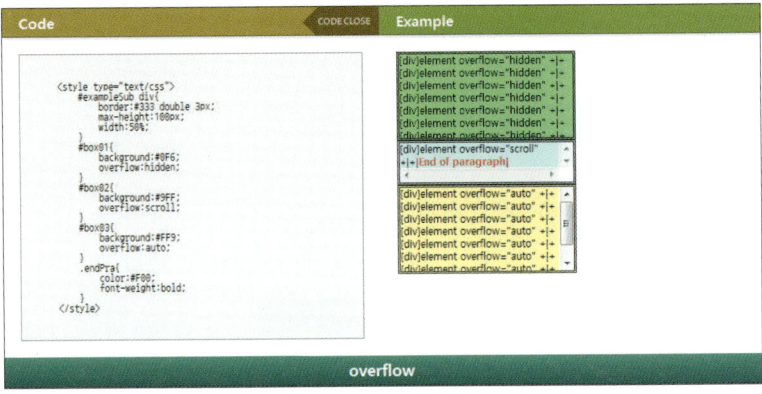

내용이 포함하는 박스의 지정된 크기보다 클 경우, 처리 방법을 지정하는 overflow

9 | CSS 속성 - 색상과 배경에 관련된 속성

■ color

color 속성은 선택된 요소의 전경색을 지정하는 속성입니다.

```
color : [색상값];
```

color의 속성값 형식

전경색에 영향을 받는 것들은 요소 내의 텍스트 색상과 외곽선(border)의 색상의 기본값입니다.

■ background-color

background-color는 배경색을 설정합니다.

```
background-color : [색상 값];
```

background-color의 속성값 형식

설정된 값은 선택된 요소의 콘텐츠 부분과 padding 영역의 배경이 영향을 받게 됩니다. background-color의 기본값은 transparent로 투명색입니다.

■ **background-image**

background-image는 배경에 이미지를 적용하는 속성입니다.

```
background-image : url("[키워드값]");
```

background-image의 속성값 형식

CSS를 이용하여 웹 사이트를 디자인할 때 가장 많이 사용되는 속성으로, URL 키워드를 사용하며, 키워드값으로 CSS 파일의 경로를 기준으로 이미지 파일 경로를 지정합니다.

■ **background-repeat**

background-repeat는 배경 이미지의 반복 표시 여부를 지정하는 속성입니다.

```
background-repeat : [키워드];
```

background-repeat의 속성값 형식

키워드 : repeat(반복), repeat-x(가로 방향 반복), repeat-y(세로 방향 반복), no-repeat(반복하지 않음.)

기본값은 repeat로 이미지를 반복 표시하여 선택된 요소의 콘텐츠 영역과 padding 영역을 모두 채우게 됩니다. 속성값에 따라 가로(repeat-x) 또는 세로(repeat-y) 방향으로만 반복할 수도 있으며, 반복을 하지 않고 1회만 표시(no-repeat)할 수도 있습니다.

■ **background-attachment**

background-attachment는 화면의 스크롤에 대하여 배경 이미지가 어떻게 대응할 것인지를 지정하는 속성입니다.

```
background-attachment : [키워드];
```
background-attachment의 속성값 형식

키워드 : scroll(스크롤), fixed(고정)

기본값은 scroll로, 화면 스크롤과 함께 배경 이미지도 스크롤되는 설정이며, fixed는 position:fixed와 같이 배경 이미지가 웹 브라우저의 화면 표시 영역에 고정되기 때문에 스크롤에 관계없이 지정된 위치에 표시됩니다.

■ **background-position**

background-position은 배경 이미지의 위치를 지정하는 속성입니다.

```
background-position : [X 방향의 수치값] or [X 방향 키워드] [Y 방향 수치값] or [Y 방향 키워드]
```
background-position의 속성값 형식

기준점은 선택된 요소의 좌측 상단을 (0, 0) 또는 (left, top)으로 하여 X, Y 좌표로 지정하게 됩니다.

키워드 : left(왼쪽), center(가로 방향의 중앙), right(오른쪽), top(상단), center(세로 방향의 중앙), bottom(하단)

■ **background**

예제 파일 http://book.coforward.com/sample/css2/useCss_16_background.html

background는 배경 관련 속성을 일괄적으로 적용할 수 있는 단축 속성입니다. 배경색과 배경 이미지에 관련된 속성을 나열함으로써 배경색과 이미지에 관한 사항을 한꺼번에 지정할 수 있습니다.

속성값 : background와 관련된 속성값들

다음은 배경색을 빨간색으로 지정한 후, 배경 이미지인 test.png를 반복 없이 고정 배치로 선택된 요소의 가로, 세로 모두 가운데에 배치하는 background 단축 속성 지정을 예로 든 것입니다.

```
background : #F00 url("./img/test.png") no-repeat fixed center center;
```

background 단축 속성 지정의 예

위의 예에서 볼 수 있듯이 어떤 요소에는 배경색과 배경 이미지를 동시에 적용할 수 있습니다. 한 요소 안에서 콘텐츠와 배경 이미지의 배경색은 다음과 같은 계층 구조를 갖습니다.

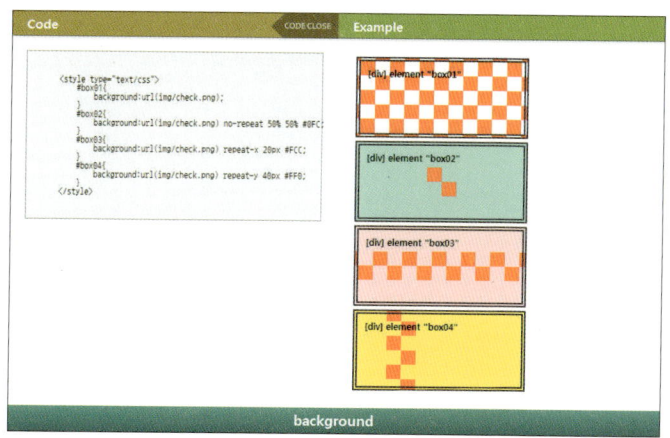

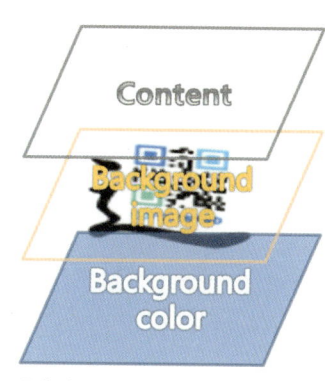

요소의 배경을 지정하는 background

콘텐츠와 배경의 계층 구조

10 | CSS 속성 - Font와 관련된 속성

■ **font-family**

font-family는 선택된 요소의 글꼴을 지정하는 속성입니다.

```
font-family : [글꼴 이름];  /*복수 지정 가능*/
```
font-family의 속성값 형식

font-family에 지정되는 글꼴은 기본적으로 사용자의 운영 체제에 미리 설치되어 있어야 합니다. CSS의 설정은 여러 개의 글꼴을 지정해 줄 수 있지만 화면의 표시는 복수로 지정된 글꼴 중에 가장 먼저 찾는 첫 번째 글꼴로만 표시됩니다.

■ **font-style**

font-style은 글꼴의 모양을 지정하는 속성입니다.

```
font-style : [키워드];
```
font-style의 속성값 형식

키워드 : normal(보통 모양), italic(이텔릭체), oblique(기울임)

지정된 속성값에 따라 선택된 콘텐츠 영역의 텍스트를 보통 모양(normal), 이텔릭체(italic), 기울임(oblique)으로 표시합니다. 스타일별 형태는 지정된 글꼴이 지원되어야 하며, 지원되지 않을 경우 가장 비슷한 형태를 표시하게 됩니다.

■ **font-variant**

font-variant는 영문자에만 적용되는 속성으로, 영문 소문자의 표시 방법을 지정합니다.

```
font-variant : [키워드];
```
font-variant의 속성값 형식

키워드 : normal(보통 형태), small-caps(작은 대문자)

normal은 일반적인 소문자 표시 방법입니다. small-caps를 적용하면, 소문자가 소문자 크기의 대문자로 표시됩니다.

■ font-weight

font-weight는 글꼴의 굵기를 지정하는 속성입니다.

```
font-weight : [키워드] or [수치값];
```
font-weight의 속성값 형식

키워드 : bolder(더 굵게), bold(굵게), normal(기본값), lighter(가늘게)

속성의 정의상에는 여러 가지 굵기를 수치로도 지정할 수 있도록 되어 있지만, font 관련 속성이 대부분 그러하듯 font-weight 역시 웹 브라우저의 기능이 아니며, 글꼴을 지원해야만 표시할 수 있습니다.

속성값을 수치 형식으로 입력할 경우 값의 범위는 100~900 사이이며 기본 키워드인 normal을 수치 형식으로 표시하면 400이 됩니다.

■ font-size

font-size는 글꼴의 크기를 지정하는 속성입니다.

```
font-size : [수치값] or [키워드];
```
font-size의 속성값 형식

키워드 : xx-small, x-small, small, medium, large, x-large, xx-large, larger, smaller

■ font

예제 파일   http://book.coforward.com/sample/css2/useCss_17_font.html

font는 글꼴과 관련된 속성값을 나열함으로써 글꼴에 관련된 속성을 한꺼번에 지정할 수 있는 단축 속성입니다.

font로 속성을 지정할 때는 font-size와 font-family에 관한 속성값을 반드시 지정해야 하며, font-size 다음에 "/비율"을 지정함으로써 line-height의 값을 font-size에 따라 일정 비율로 지정할 수 있습니다.

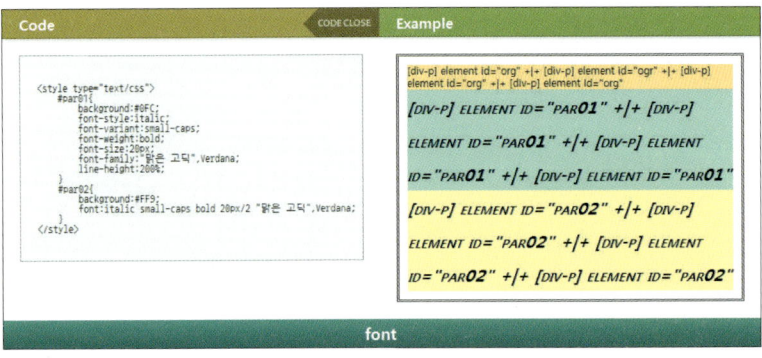

폰트에 관한 속성을 지정하는 font

font 관련 속성은 우리나라의 웹 저작 방식에 있어 그다지 중요하지 않았던 속성입니다. 그러나 모바일 환경에서는 이미지의 사용이 컴퓨터보다 제약되고, 디자인을 컨트롤할 수 있는 대상 범위가 상대적으로 적어질 것입니다. 이러한 이유 때문에 모바일 환경에서는 컴퓨터 환경에서보다 font를 이용한 타이포그래피가 좀 더 중요한 자리를 차지하게 될 것이라 예상됩니다. 다음은 font 관련 속성을 이용하여 작성된 간단한 타이포그래피의 예입니다.

```
/*coForward 이름CSS 설정*/
.coforward{
    color:#0099D8;
    font-style:normal;
    font-weight:bold;
    font-family:nanumFont,"Trebuchet MS", Arial, Helvetica, sans-serif;
}
.coforward span{
```

```
    color:#0850A0;
    font-variant:small-caps;
    font-family:nanumFont,"Trebuchet MS", Arial, Helvetica, sans-serif;
}

<!-- HTML 코드 -->
<h1><em class="coforward">co<span>Forward</span></em>'s Method</h1>
```

font와 관련된 속성으로 작성한 타이포그래피의 소스 코드

coFORWARD's Method

웹 브라우저에 표시된 텍스트

물론 한글의 경우 폰트 지원의 한계로 영어에 비해 디자인상 제약이 많은 것은 사실이지만 포털 사이트 등이 제작하여 공개하는 폰트와 CSS 3에서 지원하는 새로운 기능들을 사용한다면 이미지 텍스트가 아닌 text가 살아 있는 타이포그래피를 지원할 수 있는 사례가 더 많아질 수 있을 것입니다.

11 | CSS 속성 - Text와 관련된 속성

text-indent

예제 파일 http://book.coforward.com/sample/css2/useCss_18_textIndent.html

text-indent는 선택된 요소에서 문장 첫줄의 들여쓰기 폭을 지정하는 속성입니다.

```
text-indent : [수치 값];
```

text-indent의 속성값 형식

text-indent 속성값은 음수(-)값도 지정할 수 있으며, 이때는 내어쓰기가 됩니다.

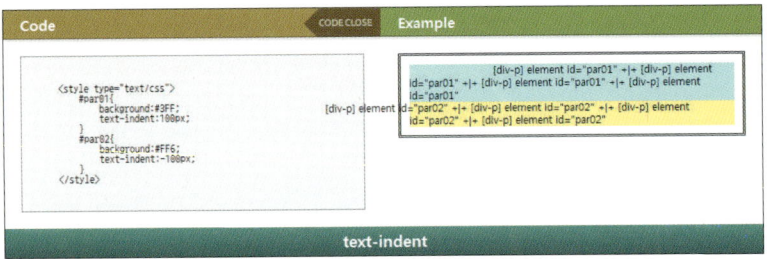

문장의 들여쓰기를 지정하는 text-indent

■ text-align

예제 파일 http://book.coforward.com/sample/css2/useCss_19_textAlign.html

text-align은 선택된 요소에서 문장의 정렬 방식을 지정하는 속성입니다.

```
text-align : [키워드];
```

text-align의 속성값 형식

키워드 : left(왼쪽 정렬), right(오른쪽 정렬), center(중앙 정렬), justify(양끝 정렬)

지정된 속성값에 따라 왼쪽(left), 오른쪽(right), 가운데(center), 양끝(justify) 정렬을 할 수 있습니다.

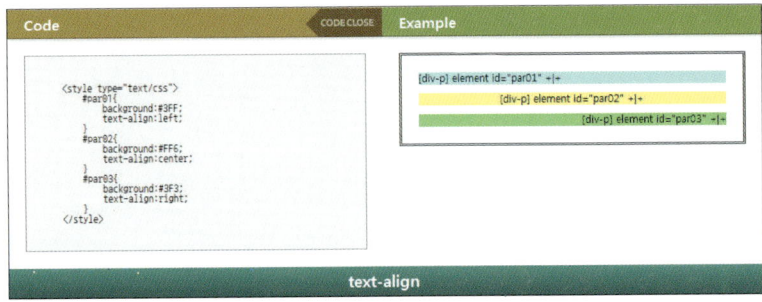

문장의 정렬 방식을 지정하는 text-align

■ text-decoration

예제 파일 http://book.coforward.com/sample/css2/useCss_20_textDecoration.html

text-decoration은 선택된 요소의 문자 장식을 지정하는 속성입니다.

```
text-decoration : [키워드];
```
text-decoration의 속성값 형식

키워드 : none(보통), underline(밑줄), overline(윗줄), line-through(취소선), blink(점멸)

기본값인 일반 형태(none)부터 밑줄(underline), 윗줄(overline), 취소선(line-through), 점멸(blink)의 속성을 지정할 수 있습니다.

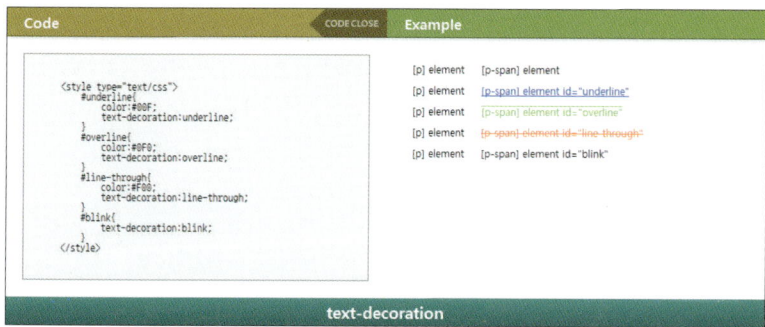

문자의 장식 요소를 지정하는 text-decoration

■ **text-transform**

예제 파일 http://book.coforward.com/sample/css2/useCss_21_textTransform.html

text-transform은 선택된 요소에서 영문자의 대소 문자 변환을 지정하는 속성입니다.

```
text-transform : [키워드];
```
text-transform의 속성값 형식

키워드 : none(변환 없음), capitalize(단어 첫 문자를 대문자로), uppercase(대문자로 변환), lowercase(소문자로 변환)

기본값인 일반 형태(none)로부터 각 단어의 첫 글자를 대문자로 표시(capitallize)하거나 모든 문자를 대문자(uppercase) 또는 소문자(lowercase)로 지정할 수 있습니다.

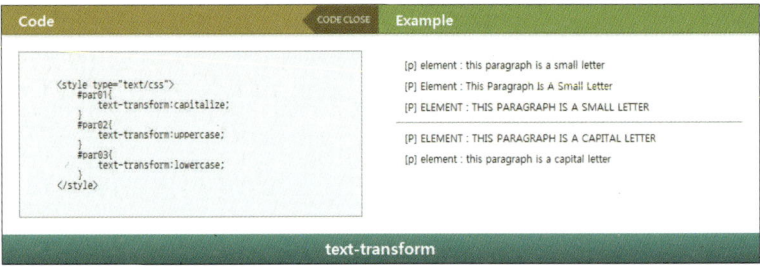

영문자의 표시 방법을 지정하는 text-transform

■ letter-spacing

예제 파일 http://book.coforward.com/sample/css2/useCss_22_textSpacing.html

letter-spacing은 선택된 요소의 자간을 지정하는 속성으로 음수값도 지원합니다.

```
letter-spacing : [수치값];
```

letter-spacing의 속성값 형식

■ word-spacing

예제 파일 http://book.coforward.com/sample/css2/useCss_22_textSpacing.html

word-spacing은 선택된 요소의 단어 간격을 지정하는 속성으로 음수값도 지원합니다.

```
word-spacing : [수치값];
```

word-spacing의 속성값 형식

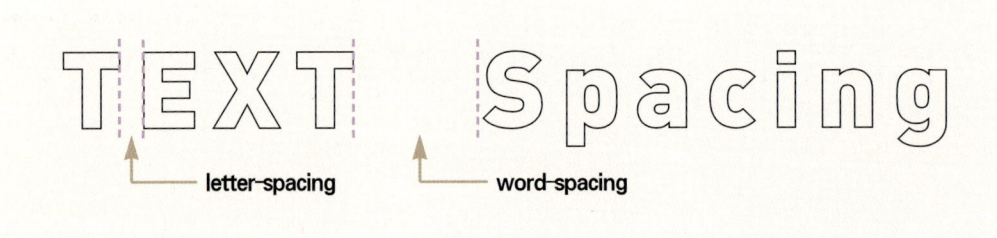

letter-spacing과 word-spacing

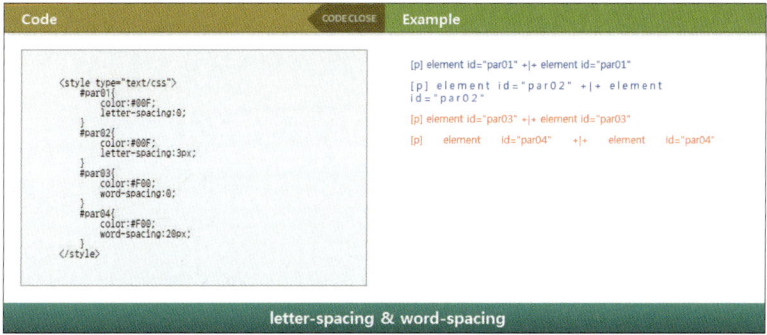

글자 간격과 단어 간격을 지정하는 letter-spacing과 word-spacing

■ white-space

예제 파일 http://book.coforward.com/sample/css2/useCss_23_whiteSpace.html

white-space는 선택된 요소의 공백 처리에 관한 속성입니다.

```
white-space : [키워드];
```

white-space의 속성값 형식

키워드 : normal(기본), pre(고정 양식), nowrap(줄 바꿈 없음)

HTML은 공란이나 줄 바꿈이 연속해서 여러 번 나올 경우 이를 하나의 공백 문자로 표시합니다(normal 기본값). white-space 속성을 pre를 이용하여 공백 문자를 소스 형태 그대로 출력할 수 있습니다. 또한 nowrap 속성이 지정될 경우에는 공란에 의한 줄 바꿈을 허용하지 않습니다.

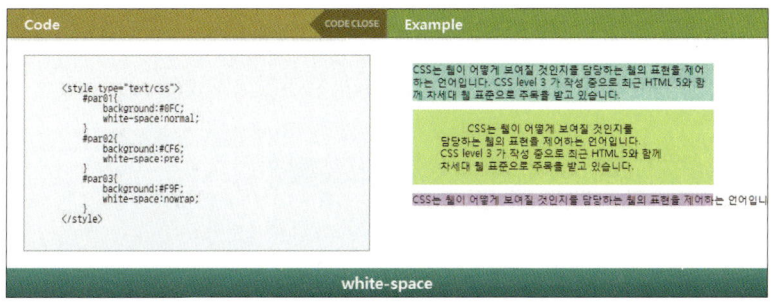

문장의 줄 바꿈 형식을 지정하는 white-space

12 | CSS 속성 – 사용자 인터페이스와 관련된 속성

■ cursor

예제 파일 http://book.coforward.com/sample/css2/useCss_24_cursor.html

cursor는 선택된 요소에 마우스 포인터가 진입했을 때 포인터의 형태를 지정하는 속성입니다.

```
cursor : [키워드];
```
cursor의 속성값 형식

키워드 : auto, crosshair, default, pointer, move, text, wait, help, e-resize, ne-resize, nw-resize, n-resize, se-resize, sw-resize, s-resize, w-resize, url("이미지 경로")

키워드를 통해 상태별로 운영 체제에서 지정된 형태의 포인터를 표시할 수 있으며, url 키워드를 이용하면 이미지 파일을 지정하여 저작자가 원하는 특정한 포인터의 형태를 지정할 수도 있습니다. 일반적으로 사용자 인터페이스와 관련된 속성은 운영 체제의 영향을 받으므로 사용자의 일관된 사용성을 위해 기본값으로 사용하는 것을 권장합니다. 그러나 웹이 애플리케이션으로 사용된다면 기능과 관련된 적절한 cursor 속성을 지정하여 애플리케이션의 사용성을 높일 수도 있을 것입니다.

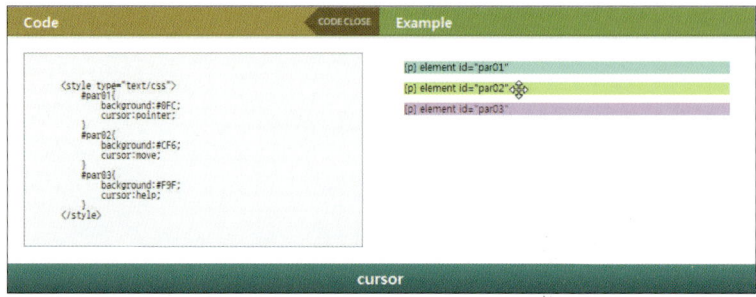
마우스 포인터의 모습을 지정하는 cursor

13 | CSS 속성 - 테이블 요소 전용 속성

■ caption-side

예제 파일 http://book.coforward.com/sample/css2/useCss_25_captionSide.html

caption-side는 테이블 요소의 전용 속성으로, ⟨caption⟩의 위치를 지정합니다.

```
caption-side : [키워드];
```
caption-side의 속성값 형식

키워드 : top(테이블 상단), bottom(테이블 하단), left(테이블 왼쪽), right(테이블 오른쪽)

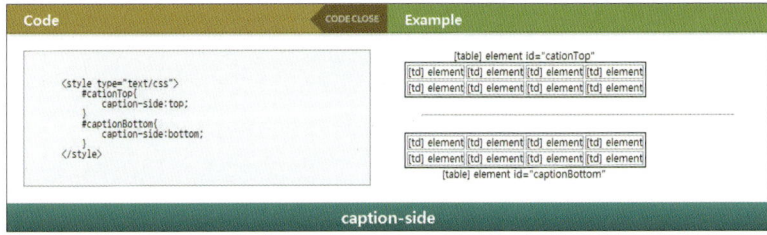

테이블 캡션의 위치를 지정하는 caption-side

■ border-collapse

예제 파일 http://book.coforward.com/sample/css2/useCss_26_borderCollapse.html

border-collapse는 테이블 각 셀의 외곽선 표시 방법을 지정하는 속성입니다.

```
border-collapse : [키워드];
```
border-collapse의 속성값 형식

키워드 : collapse(합쳐서 표시), separate(분리하여 표시)

collapse로 속성값이 지정될 경우는 인접한 셀의 외곽선을 하나로 합쳐 표시하며, separate로 지정되면, 각 셀의 외곽선이 각각 표시됩니다.

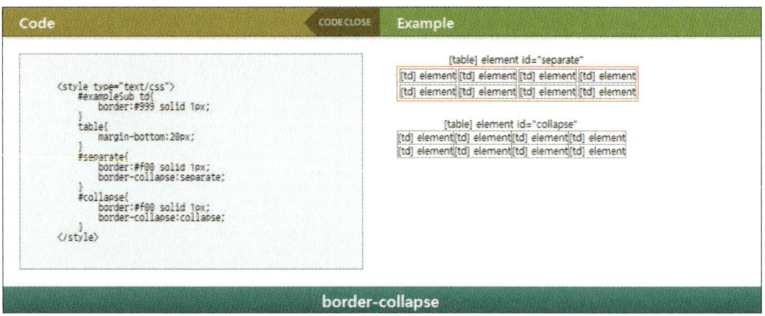

인접 셀과 외곽선 통합을 설정하는 border-collapse

■ border-spacing

예제 파일 http://book.coforward.com/sample/css2/useCss_27_borderSpacing.html

border-spacing은 테이블 셀의 외곽선 간격을 지정하는 속성입니다.

    border-spacing : [수치값];

border-spacing의 속성값 형식

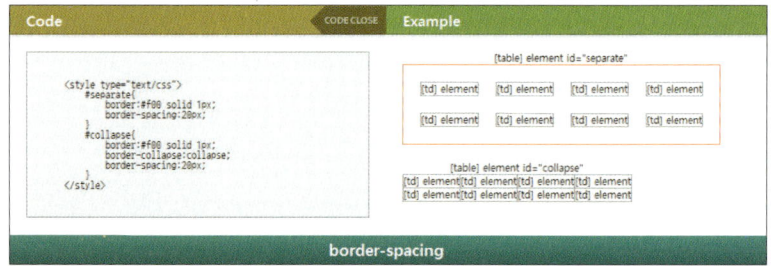

테이블 셀의 외곽선 간격을 지정하는 border-spacing

■ empty-cells

예제 파일 http://book.coforward.com/sample/css2/useCss_28_emptyCells.html

empty-cells는 테이블 빈 셀의 표시 방법을 지정하는 속성입니다.

    empty-cells : [키워드];

empty-cells의 속성값 형식

키워드 : show(빈 셀 표시), hide(빈 셀 숨김.)

empty-cells 속성을 이용하여 값이 없는 셀을 표시(show)하거나 또는 숨길 수(hide) 있습니다.

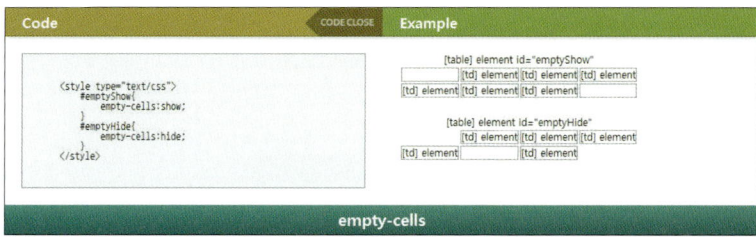

테이블의 빈 셀 표시 여부를 지정하는 empty-cell

HTML에서 표 요소를 구성하는 데는 여러 가지 태그가 사용됩니다. 그리고 표 구성에 사용되는 HTML 태그들은 CSS가 적용되는 계층의 순서가 다음 그림과 같이 구성됩니다.

예제 파일   http://book.coforward.com/sample/css2/useCss_29_tableLayer.html

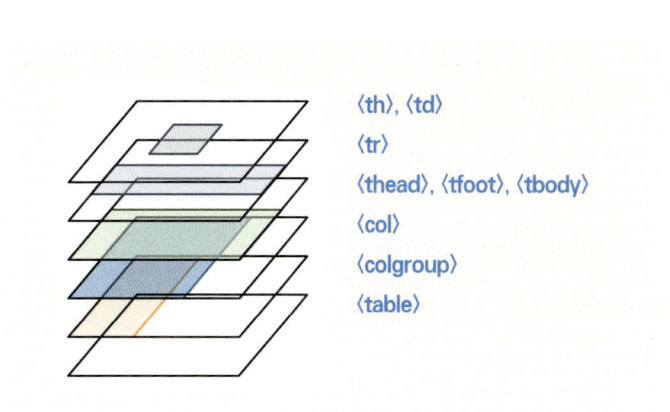

테이블 요소의 CSS 적용 계층 순서

표를 구성하는 요소별로 CSS가 적용되는 우선순위를 이해한다면 CSS를 이용하여 다양한 형태의 표를 구성하는 데 도움이 될 것입니다.

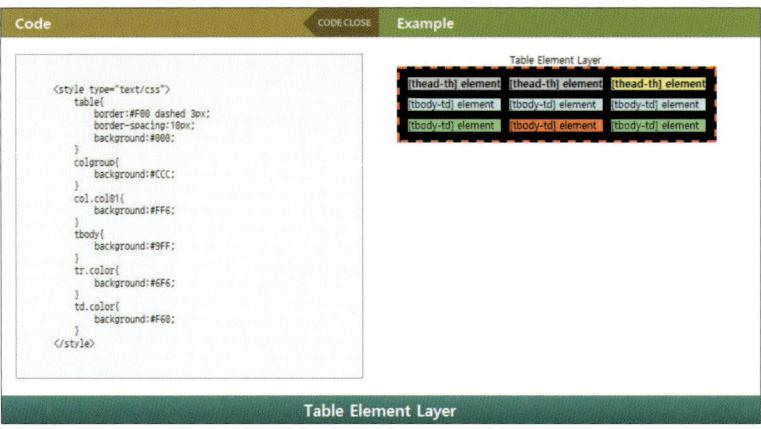

table 요소들의 계층 구조

14 | CSS 속성 - 리스트 요소 전용 속성

■ **list-style-type**

list-style-type은 리스트 요소 앞에 표시되는 머리 장식을 지정하는 속성입니다.

```
list-style-type : [키워드];
```

list-style-type의 속성값 형식

키워드 : none disc, circle, square, demical, lower-roman, upper-roman, lower-alpha, upper-alpha ······

머리 장식은 리스트 요소의 태그에 따라 블릿 기호 또는 숫자를 기본값으로 가지고 있지만 list-style-type 속성을 통해 로마 문자, 영문자 등으로 변경할 수 있으며, 경우에 따라서는 표시하지 않을 수도 있습니다.

■ **list-style-image**

list-style-image는 리스트 요소의 앞에 표시되는 머리 장식을 저작자가 임의의 이미지로 대체하여 지정할 수 있는 속성입니다.

```
list-style-image : [키워드];
```

list-style-image의 속성값 형식

키워드 : url("이미지 경로")

■ **list-style-position**

list-style-position은 리스트 요소 앞에 표시되는 머리 장식의 위치를 지정하는 속성입니다.

```
list-style-position : [키워드];
```

list-style-position의 속성값 형식

키워드 : outside(리스트 박스 외부), inside(리스트 박스 내부)

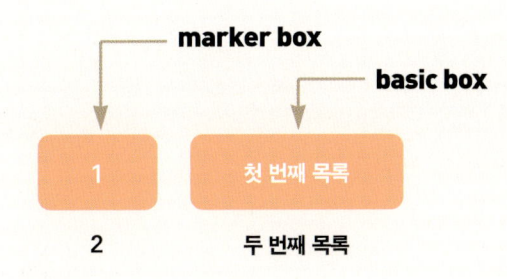

리스트 요소의 Box Model

리스트 요소는 Basic Box와 Marker Box로 구성된 고유의 Box Model를 가지며, 머리 장식 부분은 Marker Box에 표시되는 것이 기본값(outside)입니다. 그러나 list-style-position을 inside로 지정함으로써 Marker Box를 Basic Box 안으로 포함시킬 수 있습니다.

■ **list-style**

예제 파일 http://book.coforward.com/sample/css2/useCss_30_listStyle.html

list-style은 리스트 요소에 관련된 속성을 일괄 지정할 수 있는 단축 속성입니다.

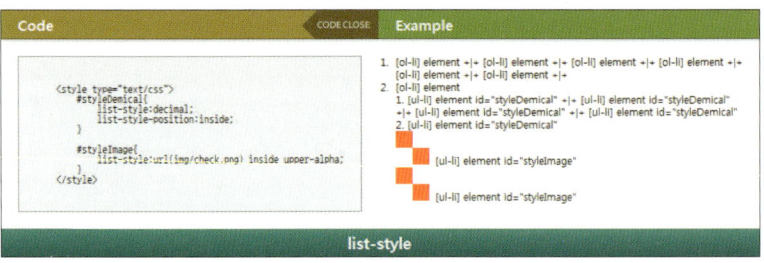

리스트 요소의 형태를 설정하는 list-style

15 | CSS 속성 - 프린트에 관련된 속성

    CSS는 웹이 어떻게 보일 것인지를 담당하는 웹의 표현 언어입니다. 비단 화면상에서 뿐만 아니라 종이로 출력된 출력물 역시 어떻게 보일 것인지를 CSS로 제어할 수 있습니다. 이번에는 웹을 프린터로 출력할 때 유용한 속성을 소개하겠습니다. 이 책의 예제 페이지는 media 속성을 이용하여 출력용 CSS를 적용하고 있습니다.

```
<link href="css/template.css" rel="stylesheet" type="text/css"
      media="screen" />
<link href="css/print.css" rel="stylesheet" type="text/css"
      media="print" />
```

출력용 CSS의 적용

    CSS 요소의 media 속성을 print로 지정하면, 해당 CSS는 출력 시에 적용됩니다. 별도의 media 속성을 지정하지 않을 경우에는 기본적으로 모든 매체에 적용되므로, 화면을 위한 CSS는 media 속성을 screen으로 지정하여 구분하는 것이 관리상 유리합니다. 예제에 사용된 출력용 CSS는 다음과 같습니다.

예제 파일   http://book.coforward.com/sample/css2/css/print.css

```
@charset "utf-8";

body, div, dl, dt, dd, ul, ol, li, h1, h2, h3, h4, h5, h6, p, form,
fieldset, input, th, td{margin:0;padding:0;}
```

```css
body{
    font-family:"맑은고딕", sans-serif;
    font-size:0.75em;
}
h1{
    font-size:160%;
    text-align:center;
    background:#999;
    color:#fff;
    padding:5px 0;
}
h2{
    padding:5px 0 5px 10px;
    border-bottom:#ccc solid 1px;
    border-top:#ccc solid 1px;
}
#description{
    page-break-after:always;
}

#code, #code_js, #codeDispayNone{
    display:block;
    width:100%;
}
#description dl{
    padding:10px;
}
.codeArea{
    white-space:pre;
    font-family: "나눔고딕 코딩","Lucida Console", Monaco, monospace;
    color:#009b7f;
    padding:10px;
}
#exampleSub{
    padding:10px;
}
#example{
    margin:0;
}
.printOnly{
```

```
        text-align:right;
}
.screenOnly{
    display:none;
}
/*책 이름*/
#bookName{
    color:#000;
}
/*coForward 이름 단어 설정*/
.coforward{
    color:#0099D8;
    font-style:normal;
    font-weight:bold;
    font-family:nanumFont,"Trebuchet MS", Arial, Helvetica, sans-serif;
}
.coforward span{
    color:#0850A0;
    font-variant:small-caps;
    font-family:nanumFont,"Trebuchet MS", Arial, Helvetica, sans-serif;
}
```

출력용 CSS

■ **page-break-before/page-break-after**

page-break-before와 page-break-after는 선택된 요소 앞 또는 뒤로 출력 용지의 페이지 구분에 관한 사항을 지정하는 속성입니다.

```
page-break-before : [키워드];
page-break-after : [키워드];
```

page-break-before/page-break-after의 속성값 형식

키워드 : always(페이지를 분할함.), avoid(페이지를 분할하지 않음.)

앞의 출력용 CSS를 보면 #description{page-break-after:always;}가 지정되어 있습니다. 그러므로 id 속성값이 description이라는 요소의 영역이 끝나면 페이지를 나눕니다. 이제

예제 파일을 출력해 보면 설명 부분이 끝났을 때 종이 여백에 상관없이 페이지가 나누어지며, 항상 코드 부분은 다음 페이지 처음부터 출력되는 것을 알 수 있습니다. 다음은 이 책에서 쓰인 예제 파일의 인쇄 미리보기 화면입니다.

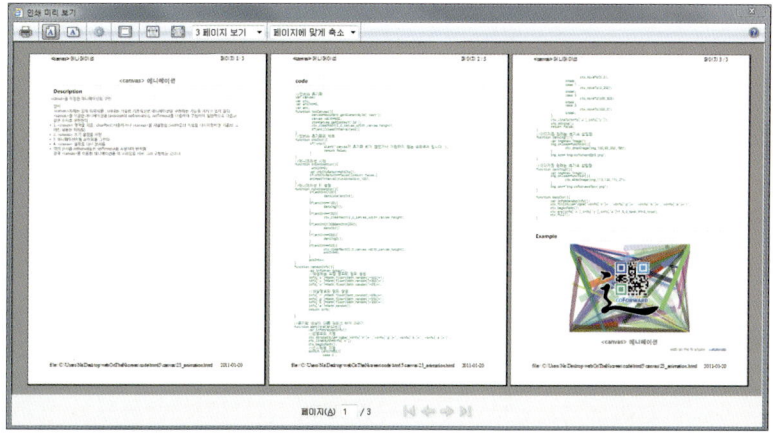

프린트용 CSS가 적용된 예제 파일

3 : 웹의 애플리케이션화 — 자바스크립트 :사용자 측의 동적 요소 구현

자바스크립트는 사용자 측 웹 브라우저에서 실행되는 프로그램 언어입니다. 자바스크립트 프로그래밍의 자세한 사항을 여기에서 설명하기는 어렵습니다. 하지만 웹의 애플리케이션화와 HTML 5의 새로운 기능에 대해 설명하기 위해서는 자바스크립트를 다루지 않을 수 없습니다. 그러므로 여기에서는 자바스크립트의 기본적인 내용을 간략하게 소개합니다. 관심 있는 분들은 *전문적인 자바스크립트 서적을 참고하시기 바랍니다.

> **여기서 잠깐**
>
> *** 전문적인 자바스크립트 서적**
> 자바스크립트를 새로 배우고자 한다면 jeremy Keith의 《DOM Scripting》를 추천합니다. 우리나라에도 번역서가 출간되어 있습니다.

1 | 자바스크립트의 역할

HTML은 정보를 구성하고, CSS는 HTML에 담긴 내용이 어떻게 표현될 것인지를 정의합니다. 자바스크립트는 프로그램 언어로, 웹의 동적인 요소를 담당합니다. 자바스크립트를 이용하면 간단한 HTML 폼값의 검증부터 구글 지도 서비스와 같은 매우 복잡한 기능까지 구현할 수 있습니다. 자바스크립트는 웹이 정적인 문서에 머물러 있었을 시기에는 중요도가 그리 높지 않았지만 Web 2.0 시대를 지나 웹의 애플리케이션화를 지향하는 HTML 5의 시대로 갈수록 중요도가 높아지고 있습니다.

2 | Document Object Model(DOM)

*Document Object Model(DOM)은 HTML, CSS와 같은 W3C의 표준 기술입니다. HTML, CSS가 사용자에게 직접적으로 보이는 것이라면 DOM은 기계나 소프트웨어가 웹 사이트의 구조를 어떻게 이해하는지에 대한 표준이라고 할 수 있습니다. 웹 브라우저 역시 HTML로부터 DOM을 구성하고 분석하여 화면에 표시합니다.

> **여기서 잠깐**
>
> *** DOM은 HTML, CSS와 같은 W3C의 표준 기술입니다**
> 여기서는 DOM을 자바스크립트 부분에 포함하여 소개하고 있지만, DOM은 자바스크립트와는 독립적인 기술 표준입니다(http://www.w3.org/DOM). 기계를 위한 표준을 여기서 이야기하는 이유는 자바스크립트 역시 DOM을 통하여 HTML과 CSS로 구성된 웹의 구조에 접근하고 컨트롤할 수 있기 때문입니다.

예제 파일 http://book.coforward.com/sample/javascript/dom_01.html

DOM이 문서 구조를 구성하는 방법에 대하여 간략한 예를 들어 보겠습니다.

```
<!DOCTYPE html PUBLIC "-//W3C//DTD XHTML 1.0 Transitional//EN"
"http://www.w3.org/TR/xhtml1/DTD/xhtml1-transitional.dtd">
<html xmlns="http://www.w3.org/1999/xhtml">
<head>
<meta http-equiv="Content-Type" content="text/html; charset=utf-8" />
```

```html
<title>javascript : Dom 예제</title>
</head>
<body>
 <div id="linkList">
     <h1>Web이 표시될 수 있는 기기들</h1>
     <ul>
         <li class="odd">컴퓨터</li>
         <li>스마트 폰</li>
         <li class="odd">인터넷 텔레비전</li>
     </ul>
 </div><!--End of #linkList-->
 <div id="description">
     <p>웹은<strong class="odd">장치 운영 체제 독립적</strong>으로 정보를 전달하는 것을 목적으로 한다.</p>
 </div><!--End of #description-->
</body>
</html>
```

DOM과 자바스크립트 설명을 위한 샘플 HTML

위의 코드는 1개의 〈html〉 안에 〈head〉와 〈body〉가 있고, 〈body〉 안에는 2개의 〈div〉가 있는 구조입니다. 이것을 DOM Tree로 구성하면 다음 그림과 같습니다.

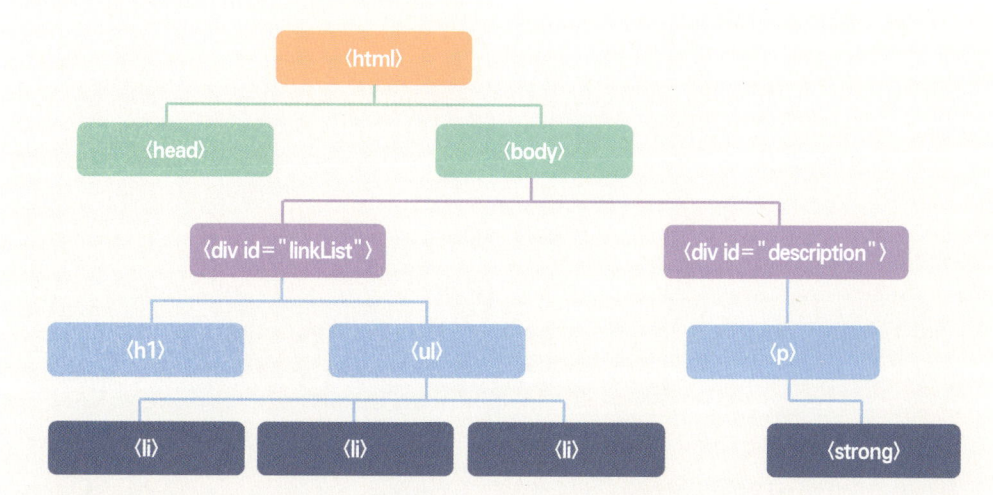

dom01.html의 DOM Tree

그러나 자바스크립트로 위의 DOM Tree를 검색해 보면 위의 그림에서는 표시되지 않는 요소들도 확인됩니다. 그러한 요소들에 대해서는 DOM 탐색을 설명할 때에 언급하겠습니다. DOM의 각 요소가 생성되는 것은 HTML 태그 요소와 대응되며, HTML 요소들 간의 포함 관계에 따라 구성이 결정됩니다. 그리고 만들어진 DOM은 다음과 같은 속성들로 탐색되거나 정보를 얻을 수 있습니다.

■ parentNode/childNodes

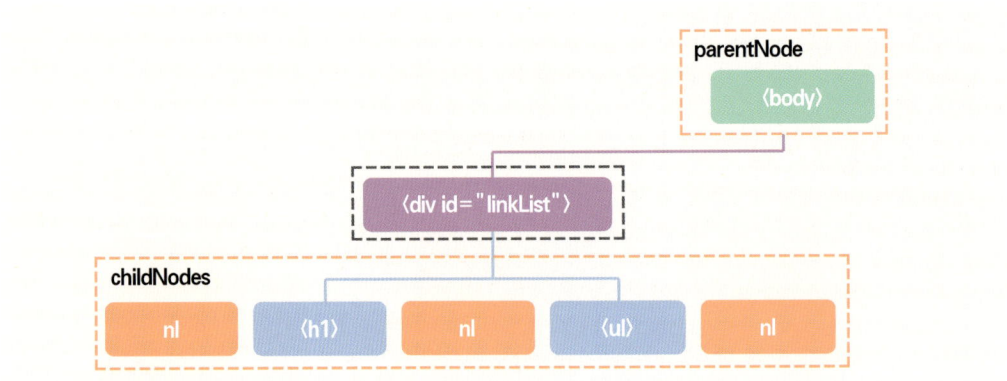

parentNode와 childNodes

특정 요소에서 DOM Tree 구조의 상위 요소를 'parentNode'라고 하며, 하위 요소들을 'childNodes'라고 합니다. 예제에서 ⟨div id="linkList"⟩의 상위 요소는 ⟨body⟩가 되며, 하위 요소는 ⟨h1⟩, ⟨ul⟩과 3개의 빈 textNode가 됩니다. parentNode는 특정 요소의 상위 요소 하나만 있을 수 있지만 childNodes는 그 요소에 포함된 모든 요소가 됩니다.

■ sibling

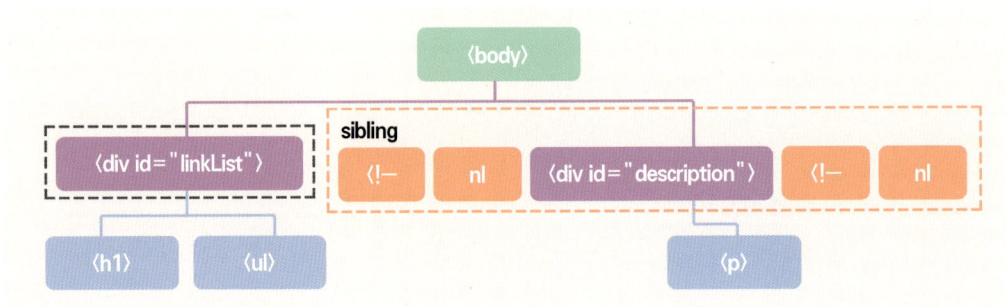

Sibling

sibling은 특정 요소와 같은 레벨에 있는 다음 형제 요소를 말합니다. 특정 요소에서 nextSibling과 previousSibling으로 접근할 수 있습니다. HTML 요소들 사이에 *빈 textNode가 있을 경우에는 빈 textNode도 포함됩니다.

위의 예제 코드에서 ⟨div id="linkList"⟩의 sibling 요소는 ⟨div id="linkList"⟩의 끝을 알리는 주석 요소, 빈 textNode, ⟨div id="description"⟩ 요소, ⟨div id="description"⟩의 끝을 알리는 주석 요소, 빈 textNode입니다.

> **여기서 잠깐**
>
> *** 빈 textNode와 주석**
>
> HTML 요소들 사이에 빈칸(space)이나 줄 바꿈(enter)이 있을 때는 값이 없는 빈 textNode가 생성됩니다. DOM을 탐색해 볼 수 있는 파이어폭스의 파이어버그(FireBug)를 비롯한 대부분의 개발자 도구에서는 빈 텍스트 요소를 표시하지 않지만 자바스크립트로 확인하면 빈 textNode 요소가 있음을 확인할 수 있습니다. 인터넷 익스플로러 8부터 포함된 개발자 도구는 빈 textNode를 표시합니다. 주석의 경우는 대부분의 개발 도구가 표시하지만 파이어버그에서는 표시되지 않습니다.

웹 브라우저별 개발 도구의 특성

■ **textNode/nodeValue**

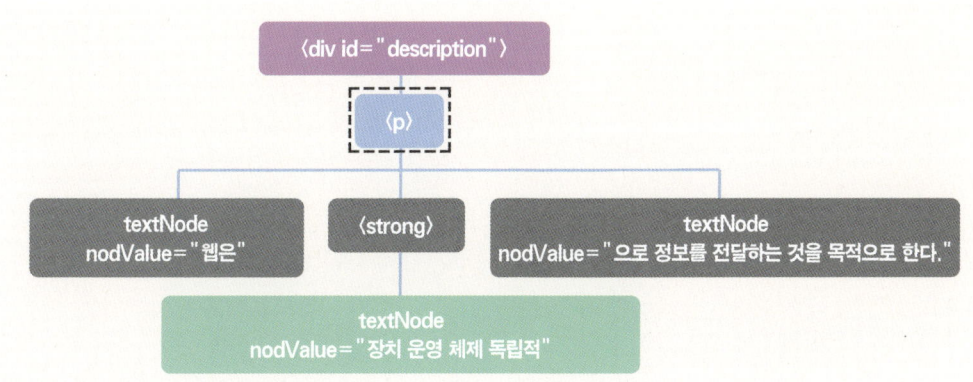

textNode와 nodeValue

textNode는 문자열을 담은 요소이고, nodeValue는 textNode에 담긴 문자열의 내용입니다. ⟨div id="description"⟩에는 하나의 ⟨p⟩ 요소가 있습니다. 그리고 ⟨p⟩의 childNodes는 textNode, ⟨strong⟩, textNode입니다. 첫 번째 textNode의 nodeValue는 "웹은"이며, 두 번째 textNode의 nodeValue는 "으로 정보를 전달하는 것을 목적으로 한다."입니다. ⟨strong⟩의 nodeValue가 "장치 운영 체제 독립적"이라고 생각하기 쉽지만 ⟨strong⟩은 HTML 요소로 nodeValue가 없으며, ⟨strong⟩의 childNode인 textNode의 nodeValue가 "장치 운영 체제 독립적"입니다.

지금까지 설명한 DOM에 대한 내용은 극히 일부분이기는 하지만 자바스크립트를 이용하여 DOM을 기본적으로 탐색하는 데는 별 무리가 없을 것입니다.

3 | 자바스크립트의 기본 사용 방법

자바스크립트에 관련된 사항을 이 책에서 모두 설명할 수는 없지만, 이후에 나오는 자바스크립트 코드의 이해를 위해 기본적인 요소만을 설명하겠습니다.

■ **자바스크립트의 연결**

자바스크립트를 사용하기 위해서는 HTML에 자바스크립트를 연결해 주어야 합니다. CSS와 같이 HTML 안에 포함할 수도 있으며, 외부 파일로 분리할 수도 있습니다. 그리고 CSS와 비슷한 이유로 별도의 파일로 분리할 수도 있습니다. 자바스크립트를 연결하는 코드는 다음과 같습니다.

```html
<!--HTML 안에 포함시키는 방법 -->
<script type="text/javascript">
// 여기에 javascript 내용을 작성합니다.
</script>


<!-- 분리된 js 파일을 불러들이는 방법 -->
<script type="text/javascript" language="javascript" src="js 파일 경로"></script>
```

HTML과 자바스크립트를 연결하는 코드

■ function : 사용자 정의 함수

function은 사용자 정의 함수를 작성하는 예약어입니다. 사용자 정의 함수의 일반적인 형태는 다음과 같습니다.

```
01    function [사용자 정의 함수의 이름]( [매개 변수] ){
02        var [변수명]=[선언값];
03        [실행 코드];
04        return [결과값];
05    }
```

사용자 정의 함수의 사용

01 : function 예약어로 사용자 함수 정의를 시작합니다. 이때 함수의 이름과 함수에 사용할 매개 변수명을 지정합니다. 매개 변수는 여러 개를 사용할 수 있습니다.

02 : 변수 선언부입니다. function 내부에서 var로 선언되면 지역 변수가 됩니다.

03 : 함수의 실행부입니다. 각 라인은 세미콜론(;)으로 끝납니다.

04 : 결과값을 반환합니다. 필수는 아니지만 결과값을 반환해 주는 것이 작성 중의 검토 및 유지, 보수에 유리합니다.

■ 이벤트 핸들러

이벤트 핸들러는 HTML 요소에 발생하는 이벤트와 자바스크립트 함수를 연결시켜 주는 역할을 합니다. 이벤트의 발생은 HTML이 로딩 또는 제거될 때와 사용자의 인터렉션에 의해 발생합니다. 자주 사용되는 이벤트 핸들러는 다음과 같습니다.

Event Handler	발생 시기
onload	해당 요소가 메모리로 모두 로드된 후
onunload	해당 웹 문서가 메모리에서 제거될 때(페이지 이동 시)
onclick	해당 요소를 마우스를 클릭할 때(키보드도 대응함.)
onmouseover	해당 요소 위로 마우스 포인터가 올라왔을때
onmouseout	마우스 포인터가 해당 요소 밖으로 나갔을때
onfocus	해당 요소에 키보드 포커스가 위치할 때
onkeypress	키보드의 키가 눌려졌을 때
onsubmit	폼이 전송될 때

대표적인 이벤트 핸들러

HTML 요소의 이벤트 핸들러에 실행될 자바스크립트 함수를 연결하면, 어떤 시기에 자바스크립트의 기능을 실행할 것인지를 지정해 줄 수 있습니다. 다음은 HTML에서 직접 이벤트 핸들러를 지정하는 예입니다.

```
<button type="button" onclick="test(5)">test</button>
```

HTML에서 이벤트 핸들러 직접 지정하기

위의 코드는 test라고 쓰인 버튼을 클릭하면 test라는 함수를 매개 변수 5로 실행하는 것입니다. 이벤트 핸들러를 위와 같이 HTML에 직접 지정하는 것은 분리된 구조 관점에서 볼 때 바람직한 것은 아닙니다. 가능한 자바스크립트가 로딩되면서 HTML의 구조를 파악하여 동적으로 이벤트 핸들러를 지정하는 것이 바람직합니다. 자바스크립트에서 이벤트 핸들러를 지정하는 코드는 다음과 같습니다.

```
[HTML 요소].onclick=function(){test(5)}
```

자바스크립트에서 이벤트 핸들러를 동적으로 지정하기

위의 코드는 선택된 HTML 요소를 클릭했을 때 test라는 함수를 매개 변수 "5"로 실행하는 예입니다. 자바스크립트가 로딩되면서 자동으로 실행하는 함수에 위와 같은 형식으로 이벤트 핸들러를 지정하면 HTML 구조 내에는 자바스크립트 코드를 포함하지 않아도 되므로 구조와 동작을 완전히 분리하여 관리할 수 있습니다. 그러나 이 책에서는 설명의 편의를 위해 HTML에 직접 지정하는 방법을 주로 사용하겠습니다. 이번에는 자바스크립트에서 HTML 요소를 선택하는 방법에 대해 알아보겠습니다.

4 | 자바스크립트로 요소 선택하기

예제 파일 http://book.coforward.com/sample/javascript/javascript_01.html

포토샵 등 일반적인 프로그램에서 가장 중요하고, 많이 쓰이는 기능은 어떤 것일까요? 물론 각 프로그램마다 다를 수 있겠지만 기본적으로 편집 요소를 선택하기 위한 선택 툴은 어떤 프로그램이든지 중요한 기능일 것입니다. 자바스크립트 역시 HTML로 구성된 요소들에 대한 추가 기능을 구현하는 것이 주된 사용법이므로, HTML 안에서 컨트롤하고자 하는 요소를 선택하는 것은 매우 중요한 기능일 것입니다. 자바스크립트에서는 요소를 편집하기 위한 몇 가지 함수를 제공하고 있습니다.

■ **getElementById('(선택할 요소의 id값)')**

getElementById는 HTML 요소에 지정된 id 속성값을 참조하여 지정된 값과 같은 id를 가진 요소를 선택합니다. 하나의 HTML 구조 안에서 id는 중복될 수 없는 고유한 값이므로, getElementById의 선택 결과는 하나의 HTML 요소입니다. 다음은 element라는 변수에 linkList라는 id 속성값을 가진 요소를 선택하여 저장하는 자바스크립트 구문입니다.

```javascript
function getId(){
var element=document.getElementById('linkList');
alert("nodeType :"+element.nodeType
    +"\n tagName:"+element.tagName
    +"\n id : "+element.id
    +"\n className :"+element.className);
}
```

getElementById의 사용법

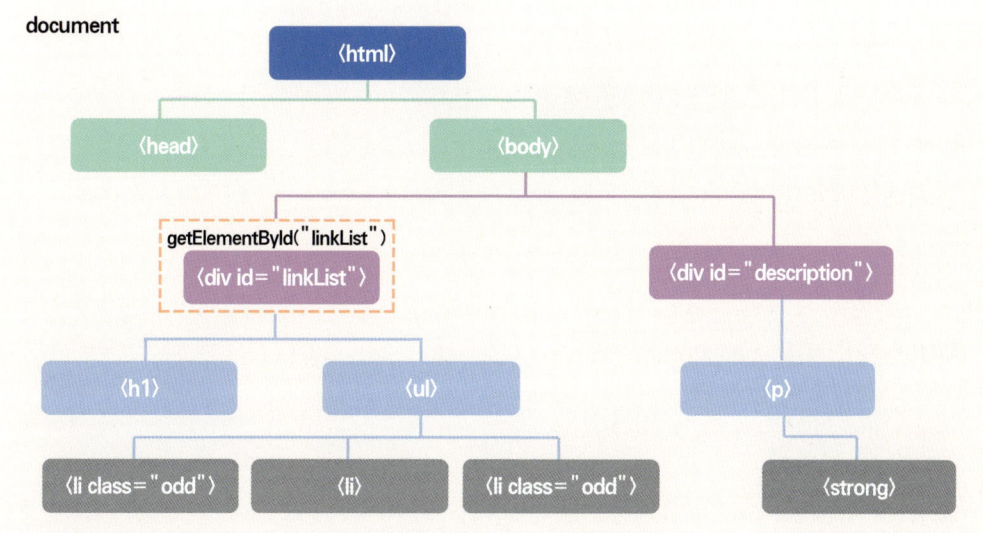

DOM tree에서 getElementById

document는 자바스크립트가 포함된 HTML 문서 전체를 말합니다. 그러므로 위의 코드는 문서 전체에서 id가 linkList인 요소를 찾게 됩니다.

■ **getElementsByTagName('(선택할 요소들의 태그 이름)')**

getElementsByTagName은 지정된 태그 이름과 같은 요소들을 선택합니다. 태그는 하나의 HTML 구조 안에서 여러 번 사용될 수 있으므로, 선택된 결과는 HTML 요소의 배열입니다. 다음은 list라는 변수에 〈li〉 태그 요소를 선택하여 저장하는 코드입니다.

```
function getTagName(){
    var element=document.getElementById('linkList');
    var list=element.getElementsByTagName('li');
    for(var i=0;i<list.length;i++){
        alert("nodeType :"+list[i].nodeType
            +"\n tagName:"+list[i].tagName
            +"\n id : "+list[i].id
            +"\n className :"+element.className);
    }
    alert("선택된 요소의 개수 : "+list.length);
}
```

getElementsByTagName의 사용법

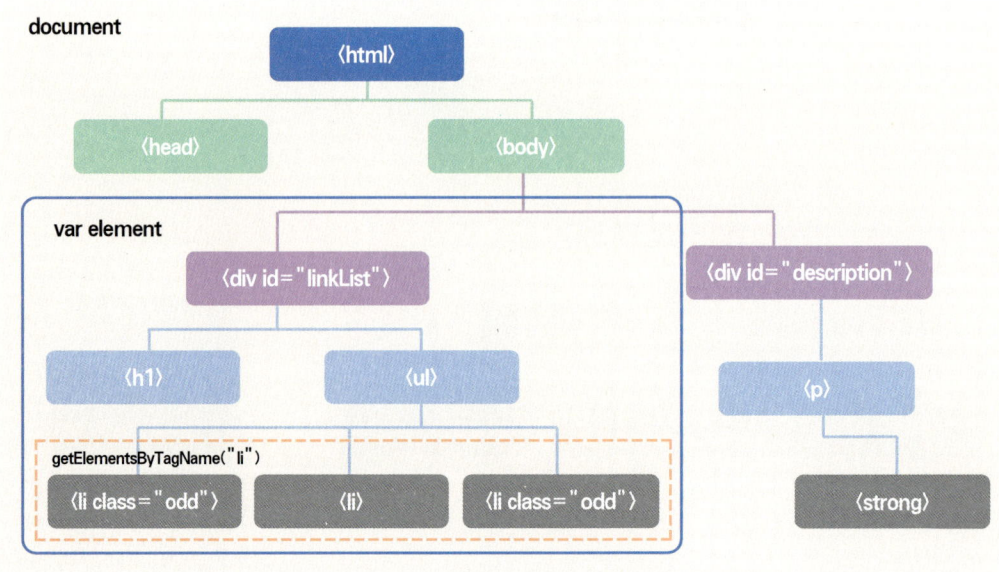

DOM tree에서 getElementsByTagName

위의 코드는 linkList 요소 안에 있는 〈li〉 요소를 선택하는 예입니다. 이처럼 상위 요소를 지정함으로써 선택의 범위를 제한할 수 있습니다.

■ getElementsByClassName('[선택할 요소의 Class명]')

getElementsByClassName은 HTML 요소에 지정된 class값을 참조하여 지정된 값과 같은 class를 가진 요소를 선택합니다. class는 하나의 HTML 구조 안에서 여러 번 사용될 수 있으므로 선택된 결과는 HTML 요소의 배열입니다.

```
function getClassName(){
    var element=document.getElementsByClassName('odd');
    for(var i=0;i<element.length;i++){
        alert("nodeType :"+element[i].nodeType
            +"\n tagName:"+element[i].tagName
            +"\n id : "+element[i].id
            +"\n className :"+element.className);
    }
    alert("선택된 요소의 개수 : "+element.length);
}
```

getElementsByClassName의 사용법

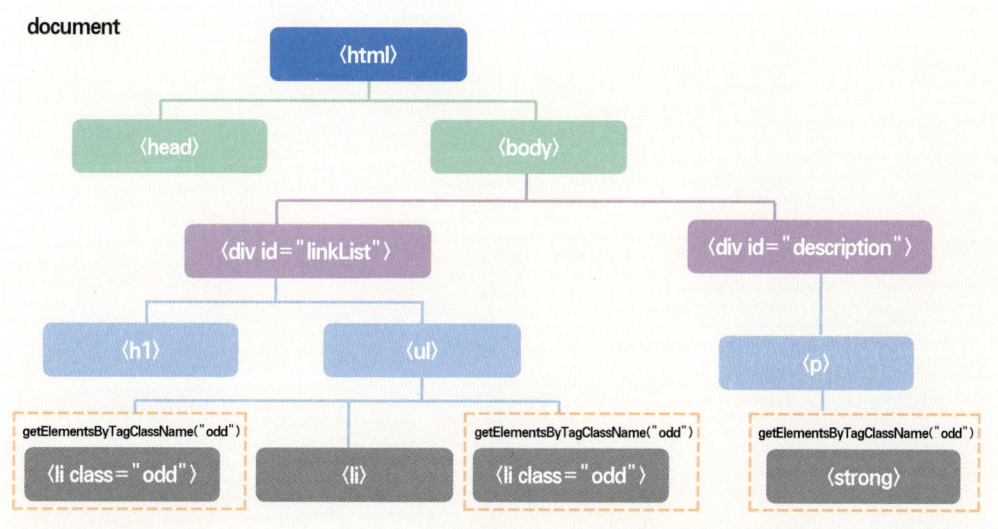

DOM tree에서 getElementsByClassName

■ querySelector ("(CSS 선택자)")/querySelectorAll

querySelect는 CSS의 선택자를 그대로 사용할 수 있는 방법으로 W3C(http://www.w3.org/TR/selectors-api)에서 표준화한 선택 방법입니다. 사용하는 형태로는 querySelector와 querySelectorAll이 있습니다. querySelector는 CSS 선택자와 일치하는 첫 번째 요소를 선택하여 하나의 요소를 반환합니다.

```javascript
function querySelect(){
    var element=document.querySelector('#linkList li.odd');
    alert("nodeType :"+element.nodeType
        +"\n tagName:"+element.tagName
        +"\n id : "+element.id
        +"\n className :"+element.className);
}
```

querySelector의 사용법

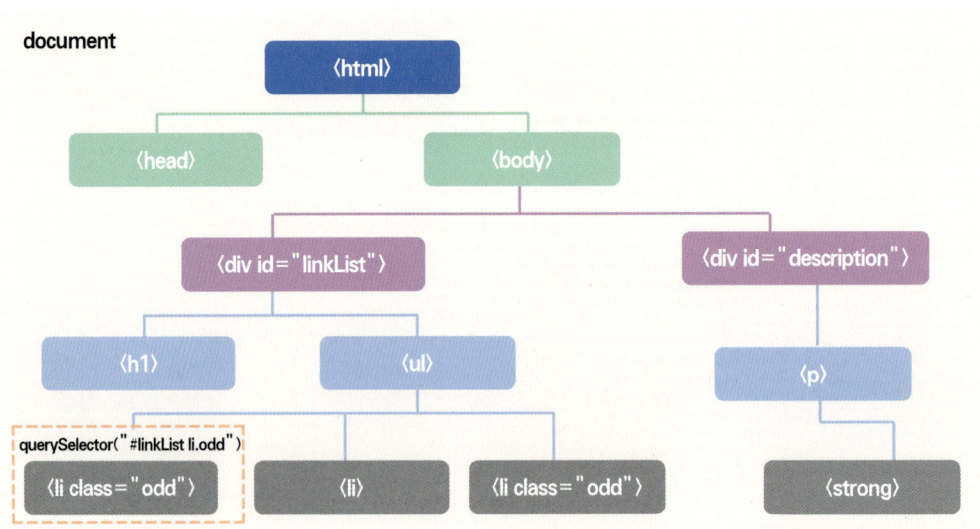

DOM tree에서 querySelector

querySelectorAll은 CSS 선택자와 일치하는 모든 요소를 배열로 반환하게 됩니다.

```javascript
function querySelectAll(){
    var element=document.querySelectorAll('#linkList li.odd');
    for(var i=0;i<element.length;i++){
        alert("nodeType :"+element[i].nodeType
            +"\n tagName:"+element[i].tagName
            +"\n id : "+element[i].id
            +"\n className :"+element[i].className);
    }
    alert("선택된 요소의 갯수 : "+element.length);
}
```

querySelectorAll의 사용법

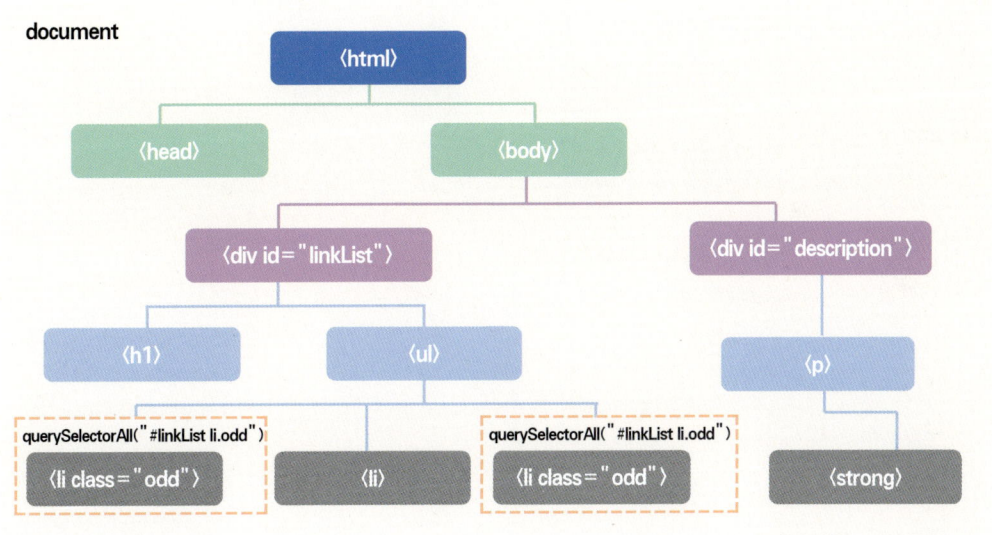

DOM tree에서 querySelectorAll

getElementsByClassName이나 querySelector 같은 기능은 웹 브라우저에 따라 지원되지 않는 경우도 있으므로, *사용에 유의해야 합니다.

> *** 사용에 유의해야 합니다**
>
> getElementsByClassName이나 querySelector는 비교적 최근에 생긴 기술들입니다. 그러므로 오래된 웹 브라우저에서는 지원되지 않을 수 있습니다. getElementsByClassName은 인터넷 익스플로러 8 이하의 웹 브라우저에서 지원되지 않습니다. querySelector는 인터넷 익스플로러 8부터 지원하지만 CSS 선택자의 지원 범위가 CSS 2.1까지만 지원됩니다.

5 | 선택된 요소에 자바스크립트로 스타일 지정하기

예제 파일 http://book.coforward.com/sample/javascript/javascript_02.html

앞에서 자바스크립트를 통해 HTML 안에 있는 요소를 선택하는 방법에 대하여 설명하였습니다. 이는 포토샵에서 선택 영역을 지정하는 것과 같은 역할이라 생각하면 됩니다. 선택 영역을 지정하는 것은 크기를 변경한다거나 색상을 변경하는 등 여러 가지 편집을 하기 위해서입니다. 이번에는 선택된 요소를 자바스크립트를 이용하여 스타일을 변경하는 것에 대하여 알아보겠습니다.

■ (element).style.(CSS 속성)

선택된 요소에 특정한 스타일을 지정하는 방법 중 하나는 CSS 속성을 직접 지정하는 것입니다.

```
function colorRed(){
    //id가 "discription"인 Div를 선택
    var discription=document.getElementById('description');
    //discription 자식 요소인 <strong> 선택함
    var targetElement=
        discription.getElementsByTagName('strong')[0];
    //선택된 요소의 style을 변경
    targetElement.style.color='#f00';
}//colorRed()
```

(element).style.(CSS 속성)의 사용 예

위의 예는 선택된 요소의 색상을 빨간색으로 변경하는 자바스크립트 코드입니다. 2열부터 5열까지는 앞에서 알아보았던 getElementById와 getElementsByTagName을 이용하여 변경하고자 하는 요소를 선택하는 부분이며, "targetElement.style.color='#f00';" 부분의 코드가 선택된 요소에 스타일을 변경하는 것입니다. 위의 코드에서와 같이 선택된 요소의 스타일을 변경하기 위해서는 [선택된 요소].style. 뒤에 CSS 속성을 선언하고 속성값을 문자열로 지정하면 됩니다. 이번에는 특정 문자열을 가진 <li> 요소를 선택하여 여러 가지 스타일 속성을 변경하는 약간 복잡한 예를 살펴보겠습니다.

```
function colorBlue(){
    //HTML 문서 내에서 <li> 요소를 선택함
    var listItem=document.getElementsByTagName('li');
    //선택된 li의 수만큼 순회함
    for(var i=0;i<listItem.length;i++){
        //listItem의 텍스트 요소를 선택
        var itemText=listItem[i].firstChild.nodeValue;
        //텍스트 요소가 스마트 폰일때만 실행
        if(itemText=='스마트 폰'){
            //색상과 글자 크기를 변경함
            listItem[i].style.color='#00f';
            listItem[i].style.fontSize='30px';
        }//End of if
    }//End of for
}//colorBlue()
```

{element}.style.{CSS 속성}의 사용 예 2

위의 코드는 "스마트 폰"이라는 문자열을 가진 〈li〉 요소를 선택하여 색상을 파란색으로, 글자 크기는 30px로 변경하는 예입니다. 프로그램 코드를 살펴보자면 "var listItem= document.getElementsByTagName('li')" 구문으로 문서에 포함된 모든 〈li〉 요소를 선택합니다. "for(var i=0;i〈listItem.length;i++){...}//End of for" 구역은 반복 처리를 위한 구간 *(for 구문)으로, 선택된 〈li〉 요소의 개수 만큼 순회하게 되며, "if(itemText== '스마트 폰'){... }//End of if" 구간에서 순회 중인 〈li〉 요소의 텍스트가 '스마트 폰' 인가?라는 조건을 검사(if 구문)하여 조건에 부합하면 조건부 내부를 실행하고 그렇지 않으면 조건부 내부를 수행하지 않습니다.

조건을 검사하기 위한 "var itemText"는 Document Object Model(DOM)을 이용하였으므로 예제 HTML에서 〈li〉의 첫 번째 자손(firstChild)은 〈li〉가 다른 HTML 요소를 포함하지 않았으므로 textNode이며, textNode의 값(value)이 해당 요소가 가지고 있는 문자열이 됩니다. 위의 예제에서는 조건에 부합하는 경우 CSS의 color 속성과 font-size 속성을 지정하고 있습니다. color와 같이 한 단어로 이루어진 경우는 자바스크립트에서도 동일하게 속성을 작성하지만 font-size의 경우는 **카멜 표기법을 이용하여 fontSize로 표기하게 됩니다. 또한 속성값을 지정할 때는 단위를 갖는 속성값일 경우 "30px"과 같이 단위를 포함한 문자열로 지정해 주어야 합니다.

> **여기서 잠깐**
>
> *** for 구문/if 구문**
>
> 반복 처리와 조건 판단은 프로그램에서 가장 중요한 부분이며, 반복 처리와 조건 판별 구문 형식은 약간씩 다를 수 있지만 어떤 프로그래밍 언어이든 가지고 있는 기능입니다. 반복 처리의 대표적 구문은 "for"이며, 조건 판단을 하는 구문은 "if"입니다. for의 일반적인 형식은 다음과 같습니다.
>
> ```
> for([counter의 초기값];[counter의 종료 조건값];[counter의 증분]){
>     [반복 처리되는 구간]
> }
> ```
>
> for문은 처리의 횟수를 기록하는 일종의 counter를 지정합니다. 그리고 반복 처리되는 구간을 실행할 때마다 counter 증분으로 지정된 단계만큼 counter의 수를 증가시키고 종료 조건과 비교하여 종료 조건값을 만족하면 for문의 구간을 통과하고 조건을 만족하지 않은 경우에는 다시 반복하게 됩니다.
>
> if의 일반적인 형식은 다음과 같습니다.
>
> ```
> if([조건절]){
>     [조건절에 부합하는 경우 처리되는 구간]
> }else{
>     [조건절에 부합하지 않는 경우 처리되는 구간]
> }
> ```
>
> if문은 '조건절' 이 맞는가, '틀리는가' 를 판단하여 맞을 경우 if 구간을 처리하고, 맞지 않을 경우는 else 구간이 구문을 처리합니다. 만약 else 구간이 없거나 조건절이 맞지 않을 경우는 아무것도 실행되지 않습니다.
> 앞에서도 이야기했지만 반복 처리와 조건 판단은 프로그래밍에서 매우 중요한 부분입니다. 그리고 이를 처리하기 위한 방법도 for와 if뿐만 아니라 여러 가지 방법이 있습니다. 여기서는 간략한 소개에 그치지만 관심이 있다면 관련 서적을 참고하시기 바랍니다.
>
> **** 카멜 표기법**
>
> 컴퓨터 프로그래밍에서 소스 코드의 가독성을 높이기 위해 사용되는 방법으로, 두 개 이상의 단어로 구성된 변수명 등을 사용할 때 첫 단어를 제외하고 나머지 단어들의 첫 글자를 대문자로 작성하는 표기법을 말합니다. 각 단어의 대문자가 마치 낙타 등의 혹과 같다고 하여 붙여진 이름입니다. 카멜 표기법과 함께 컴퓨터 프로그램상에서 여러 단어를 붙여 쓸 때 사용하는 기법 중 하나는 언더스코어 표기법으로 단어와 단어 사이를 "_"로 연결하는 것입니다.

■ **(element).className**

앞에서 선택된 속성에 직접 CSS 속성을 적용하는 예를 살펴보았습니다. 이번에는 선택 속성의 class명을 변경하는 예를 들어 보겠습니다. class명이 변경될 때 변화를 알아볼 수 있도록 예제 HTML에 jsClass라는 Class를 추가하였습니다.

```css
<style type="text/css">
    .jsClass{
        width:70%;
        margin:20px;
        padding:5px;
        border-bottom:#399 solid 5px;
        border-right:#399 solid 5px;
        background:#0C6;
        color:#9F0;
    }
</style>
```

예제 HTML에 추가된 〈style〉 요소

예제의 내용은 HTML에서 첫 번째 〈h1〉 요소를 선택하여 선택된 요소의 class명을 jsClass로 변경하는 단순한 예로써 주석 부분을 제외하면 코드는 2줄뿐입니다.

```javascript
function changeClass(){
    //HTML 문서 내에서 첫 번째 나오는 <h1> 요소를 선택함.
    var targetElement=document.getElementsByTagName('h1')[0];
    //선택된 요소의 class 이름의 변경
    targetElement.className="jsClass";
}
```

(element).className의 예

위의 예제는 앞에서 본 예제와는 달리 선택된 요소의 class명만을 변경해 줍니다. 그리고 실제 디자인이 적용되는 CSS 속성들은 〈style〉 요소에서 지정합니다.

[element].style.[CSS 속성]과 [element].className의 차이점은 CSS를 Inline 방식으로 사용하는 것과 Link 방식으로 사용하는 것의 차이와 동일합니다.

그러므로 [element].style.[CSS 속성]보다 [element].className을 사용하는 것이 분리된 구조의 장점을 이용할 수 있으며, 실제 업무 환경에서도 작업의 병렬 진행에 도움이 될 수 있습니다.

6 | 자바스크립트를 이용한 요소의 추가 삭제

예제 파일 http://book.coforward.com/sample/javascript/javascript_03.html

자바스크립트는 DOM을 통해 HTML 요소를 선택하거나 속성을 지정할 수 있을 뿐만 아니라 HTML에 요소를 추가하거나 삭제할 수도 있습니다.

■ 요소 추가하기

요소 추가하기 예제는 샘플 HTML의 〈ul〉 리스트 부분에 새로운 〈li〉 요소를 생성하는 예입니다.

```javascript
function addElement(){
    //input의 내용을 입력 입력받음
    var textValue=document.getElementById("textValue").value;
    //문자열값이 없으면 실행 중단
    if(textValue==""){
        alert("web이 표시될 수 있다고 생각되는 기기를 입력하세요")
        return false;
    }
    //문자열 요소를 생성
    var textNode=document.createTextNode(textValue);
    //li 요소를 생성하여 textNode를 콘텐츠 요소로 추가
    var newLiElement=document.createElement("li");
    newLiElement.appendChild(textNode);
    //ul 요소에 새로 생성한 li 요소를 콘텐츠 요소로 추가
    var ulElement=document.getElementsByTagName('ul')[0];
    ulElement.appendChild(newLiElement);
}
```

새로운 〈li〉 요소를 추가하는 addElement 함수

addElement 함수는 id가 textValue인 〈input〉 요소의 값을 받아 createTextNode를 이용하여 메모리상에 textNode를 작성합니다. 이렇게 작성된 textNode는 아직 DOM에서 위치가 결정되지 않았기 때문에 HTML에 반영되지 않습니다. 그리고 textNode를 콘텐츠로 포함할 〈li〉 요소를 createElement를 이용하여 생성하고, 새로 생성된 〈li〉 요소에 appendChild를 이용하여 먼저 작성되어 있던 textNode를 자식 요소로 지정합니다. 〈li〉 요소 역시 아직

DOM상에서 위치가 정해지지 않았으므로 표시되지는 않습니다. 새로 생성된 요소를 화면상에 표시하기 위해 〈ul〉 요소를 선택하고 appendChild를 이용하여 새로 작성한 〈li〉 요소를 〈ul〉에 자식 요소로 지정함으로써 〈li〉 요소가 화면상에 표시됩니다.

■ 요소 삭제하기

요소 삭제하기 예제는 다음과 같습니다.

```
function removeElemet(){
    //ul 요소에 li 개수를 추출
    var ulElement=document.getElementsByTagName('ul')[0];
    var liElements=ulElement.getElementsByTagName('li');
    var liCnt=liElements.length;
    //마지막 li 요소를 삭제함
    ulElement.removeChild(liElements[liCnt-1]);
}
```

마지막 〈li〉 요소를 삭제하는 removeElement 함수

요소를 삭제하는 법은 추가하는 것에 비해 간단합니다. 삭제할 요소를 선택한 후 부모 요소에 removeChild를 이용하면 선택된 요소가 삭제됩니다. 예제의 removeElement 함수는 〈ul〉 요소 안에 〈li〉 개수를 산출하여 마지막 요소를 제거하는 기능을 구현한 것입니다.

Chapter
02

3 | 웹의 진화 – HTML 5 / CSS 3
Next Web Standard

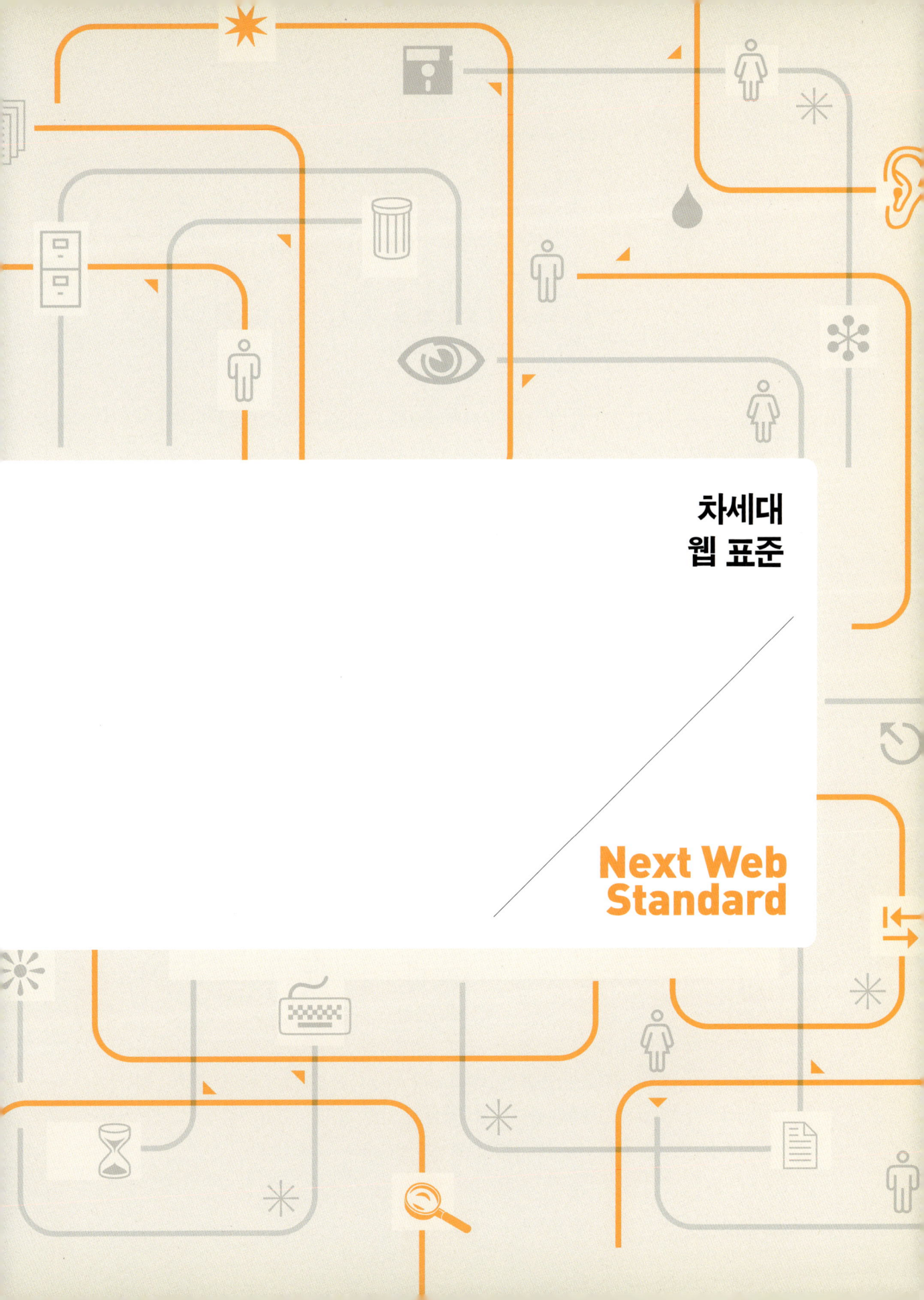

차세대
웹 표준

Next Web
Standard

Next Web Standard

웹의 진화 –
HTML 5/CSS 3

　웹을 구성하는 규칙인 HTML은 원래 문서를 작성하기 위한 규칙이었으며, 어떠한 동작을 사용자 측에서 요청하면 서버가 응답하고, 이를 다시 사용자 측에서 표시하는 서버-클라이언트 기반의 구조를 가지고 있었습니다. 이는 간단한 정적 문서를 전달하고 이용하는 데는 크게 문제가 되지 않았습니다.

　그러나 시간이 흐르면서 웹은 정적 문서에서 동적 프로그램으로 변화하기 시작하였고, 동영상 등과 같은 멀티미디어 요소들이 웹에 포함되기에 이르렀습니다. 이렇게 웹을 통하여 전달하려는 정보의 형태가 다양해지고, 웹의 성격도 문서에서 프로그램으로 급격히 변화하였지만 웹을 구성하는 규칙인 HTML은 HTML 4.01을 XML로 재구성한 XHTML 1.0 이후 약 10년간 정체되어 있었습니다. 물론 XHTML 2.0이 개발 중이었지만 기존 HTML 4.01 기반의 기술과는 너무나 다른 방식이었기 때문에 기존의 웹과는 호환되지 않았으며, XML 성격이 강하여 저작자들이 다루기 어려운 방식이었기 때문에 웹 브라우저의 지원도 거의 없었습니다.

　이러한 배경 속에서 웹 브라우저를 만드는 모질라재단(파이어폭스), 애플(사파리), 오페라소프트웨어(오페라)의 세 회사가 모여 현재의 HTML 4.01 기술과 호환되면서 웹의 기능과 표현 범위를 확장하고자 하는 기술 표준을 작성하기 시작했습니다. 이것이 *WHATWG입니다. 이처럼 HTML 5는 처음에는 W3C의 표준이 아니었습니다. 하지만 XHTML 2.0의 개발과 지원의 진척이 미흡해지자 W3C의 팀 버너스 리는 **HTML을 완전한 XML 형태로 전환하려는 계획의 실패를 공식적으로 선언하고 WHATWG가 작성하고 있던 HTML 5를 받아들여 표준화를 진행하고 있습니다.

　HTML 5의 큰 특징 중 하나는 웹의 애플리케이션화입니다. HTML 5의 초창기 이름이 webApplication 1.0이었다는 것을 보면 HTML 5가 장차 어떤 방향으로 나아가야 하는지를 쉽게 짐작할 수 있습니다. 하지만 반드시 기억해야 할 것은 그 역시 웹의 기본적이고 변하지 않는 목적인 Universal Access(광역 접근성) 확장의 일환이라는 것입니다.

> **여기서 잠깐**
>
> *** WHATWG**
>
> 웹 브라우저를 만들던 몇몇 회사와 단체들은 기존의 웹들과의 호환성 등 W3C와는 다른 방법의 HTML 발전 방향을 논의하였습니다. W3C와는 별도로 차세대 HTML의 표준안을 개발하기로 하고, 이를 WHATWG(Web Hypertext Application Technology Working Group : http://www.whatwg.org)를 구성하였습니다.
>
>
> WHATWG
>
> **** HTML을 완전한 XML 형태로 전환하려는 계획의 실패를 공식적으로 선언**
>
> 웹을 발명한 팀 버너스 리와 W3C는 좀 더 체계적이고 구조적인 정보 구성을 구현하기 위해 웹을 XML 기술 기반으로 발전시키고자 했지만 이전 웹 문서들과의 호환성 문제와 웹 브라우저의 미지원 등과 같은 여러 가지 이유로 진척이 늦어지고 WHATWG의 HTML 5 등이 등장하자 "Reinventing HTML(http://dig.csail.mit.edu/breadcrumbs/node/166)"이라는 글을 통해 웹 구현 마크업 언어의 XHTML 2.0으로의 전환이 실패하였음을 공식적으로 발표하고 WHATWG의 HTML 5를 W3C의 표준으로 개발하기로 하였습니다.

최근 HTML 5라는 명칭이 여러 가지 차세대 웹 기술의 대명사처럼 사용되고 있습니다. 즉, HTML로 기존의 플래시와 같은 애니메이션도 만들고 컴퓨터용 프로그램 같은 기능들도 만들어 낼 수 있는 것처럼 이야기되고 있는 것입니다. 하지만 명확한 범위에서의 HTML 5는 기존 HTML 4.01의 역할과 크게 다르지 않습니다. 그리고 여러 데모 버전에서 선보이고 있는 화려하고 신기한 기능은 HTML 5와 함께 사용된 CSS 3와 API의 기능인 것들이 많습니다. 이 책에서 HTML 5와 API, CSS 3의 내용을 모두 다루는 것은 불가능합니다. 따라서 이 책에서는 각 기술의 특징적인 면들과 현재 지원이 비교적 잘되고 있는 부분에 대해 소개하겠습니다.

1 : HTML 5 - 더 명확한 정보 구조를 위한 진화

1 | HTML 5의 요소 성격의 구분 Content Model

HTML은 정보 구조를 작성하기 위한 마크업 언어입니다. 정보 구조를 작성하는 목적은 웹에서 정보를 얻고자 하는 다양한 기기들에게 원활한 정보를 제공하기 위해서입니다. 이는 HTML 5도 마찬가지입니다. 기존의 HTML보다 더욱 명확하고 기계가 쉽게 이해할 수 있도록 하기 위해 새로운 태그들이 추가되었고, 사용 목적이 표현만을 위한 것이었거나 불명확했던 요소들은 그 용도를 명확하게 지정하였습니다. 이러한 정보 구조를 견고하고 명확하게 작성하기 위한 HTML 5의 방향성은 *기존 HTML에는 없었던 콘텐츠 모델(Contents Model)이라는 개념에서도 엿볼 수 있습니다.

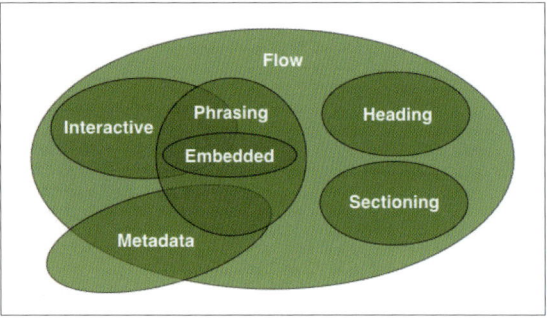

Content Model

콘텐츠 모델이란 HTML의 각 요소가 어떠한 성격을 가지고 있으며, 어떤 역할을 하는지에 대한 그룹을 분류한 것을 말합니다. 이는 HTML의 특정 태그 요소와 일대일로 대응하는 것이 아닌 태그 요소가 사용되는 목적들에 의해 그룹이 정해집니다.

Content Group	Element의 사용 성격
Flow Group	웹 페이지에 표시되는 콘텐츠 전반 요소
Heading Group	페이지 또는 문단의 제목을 표시하는 요소
Sectioning Group	내용의 범위를 구분하는 요소
Phrasing Group	태그 안에 내용을 직접 출력하는 요소와 텍스트
Embedded Group	외부의 요소를 불러들여 표시하는 요소
Interactive Group	사용자와 상호 작용을 하는 요소
Metadata Group	메타 정보를 제공하는 요소

HTML 5의 Content Group과 사용 성격

> **여기서 잠깐**
>
> * **기존 HTML에는 없었던 콘텐츠 모델**
>
> HTML 4.01 기반의 마크업 언어에서 태그 요소를 구분하는 그룹은 일반적으로 Inline Level Element와 Block Level Element로 구분되어 있습니다. 이러한 분류는 HTML의 사용 목적인 정보 구성과는 무관한 해당 요소가 기본적으로 어떻게 보이는가와 연관되어 있습니다. 이에 비해 HTML 5의 콘텐츠 모델은 해당 요소가 어떠한 성격으로 사용되는지에 관련된 구분으로, 기존의 구분 방식보다는 정보 전달이라는 목적에 부합하는 구분법이라고 할 수 있습니다.

예를 들면 HTML 5에 새롭게 추가된 ⟨video⟩ 요소는 외부 자원을 웹 페이지에 표시하므로 Flow Group과 Embedded Group에 속하지만 ⟨video⟩에 controls 속성이 추가되어 사용자가 이를 컨트롤할 수 있게 되면 Interactive Group에도 속하게 됩니다.

■ Flow Group

Flow Group은 웹 페이지상에 직접 표시되지 않는 일부 메타 데이터를 제외하고 거의 모든 요소들이 Flow Group에 속하게 됩니다.

■ Heading Group

Heading Group 은 기존의 ⟨h1⟩, ⟨h2⟩, ⟨h3⟩, ⟨h4⟩, ⟨h5⟩, ⟨h6⟩과 HTML 5에서 새롭게 추가된 ⟨hgroup⟩이 있습니다. ⟨hgroup⟩의 콘텐츠 요소로는 ⟨h1⟩부터 ⟨h6⟩까지의 요소만 포함될 수 있습니다. ⟨hgroup⟩은 특정 단계에서 웹 페이지의 아웃라인과 관계없이 헤딩 태그를 여러 단계로 사용하는 경우에도 아웃라인을 정상적으로 유지하는 역할을 합니다.

■ Sectioning Group

Sectioning Group은 ⟨article⟩, ⟨aside⟩, ⟨nav⟩, ⟨section⟩이 속하며, 모두 HTML 5에서 새롭게 추가된 요소들입니다. 콘텐츠 요소들을 그룹화하는 데 있어서는 HTML 4.01 기반의 ⟨div⟩ 요소와 비교되지만 Sectioning Group의 태그들은 ⟨div⟩ 요소와는 직접적인 연관성이 없습니다. Sectioning Group에 속하는 요소들은 Heading Group과 함께 HTML의 정보 구조를 구성하는 역할을 합니다. 이러한 관점에서 본다면 ⟨article⟩, ⟨aside⟩, ⟨nav⟩, ⟨section⟩은 ⟨div⟩보다는 ⟨h1⟩, ⟨h2⟩, ⟨h3⟩, ⟨h4⟩, ⟨h5⟩, ⟨h6⟩, ⟨hgroup⟩과 더 긴밀한 연관성이 있다고 보아야 할 것입니다.

■ Phrasing Group

Phrasing Group은 다른 요소를 콘텐츠로 포함하지 않는 요소들로, ⟨em⟩, ⟨span⟩, ⟨strong⟩과 같이 text 요소를 직접 표시하거나 ⟨img⟩, ⟨input⟩와 같이 대체되는 요소에 속하게 됩니다. 기본적으로 다른 요소를 그룹화하는 Sectioning Group에 속하는 요소들과 ⟨div⟩, ⟨p⟩는 Phrasing Group에 속하지 않습니다. 또한 ⟨a⟩와 같은 몇몇 요소들은 콘텐츠로 다른 요소를 포함하지 않는 등의 조건부로 Phrasing Group이 되기도 합니다.

■ **Embedded Group**

Embedded Group은 ⟨img⟩, ⟨iframe⟩, ⟨video⟩, ⟨canvas⟩ 등과 같이 외부 자원을 웹 페이지에 포함하는 요소들입니다. 또한 HTML 요소가 아닌 다른 언어로 표시된 SVG와 같은 요소도 Embedded Group에 속하게 됩니다.

■ **Interactive Group**

Interactive Group은 사용자와 상호 작용을 하는 ⟨a⟩, ⟨button⟩, ⟨textarea⟩의 요소입니다. 기본적으로 Interactive Group에 속하는 ⟨input⟩ 요소도 type 속성이 hidden으로 지정될 경우, 사용자가 이를 조작할 수 없게 되므로 Interactive Group에 포함되지 않습니다. 이와는 반대로 기본적으로는 Embedded Group에 속하는 ⟨img⟩의 경우 usemap 속성이 적용되어 사용자의 조작에 반응하는 형태가 되면 Interactive Group에도 속하게 됩니다.

■ **Metadata Group**

Metadata Group은 기본적으로 웹 브라우저상에 표시되지 않는 ⟨meta⟩, ⟨title⟩, ⟨link⟩ 등과 같은 메타 정보를 제공하는 요소들입니다.

2 | HTML 5의 DOCTYPE

HTML 5는 HTML이 버전 업하였으므로 기존과 다른 DOCTYPE을 사용하게 되었습니다. 당연한 이야기이지만 HTML 5의 DOCTYPE은 기존 HTML의 DOCTYPE과는 조금 다른 특징을 가지고 있습니다.

■ **DOCTYPE**

HTML 5 이전의 DOCTYPE은 그 웹 페이지가 어떤 문서 규격으로 작성되었는지를 정확하게 알려 주는 역할을 하였습니다. 따라서 DOCTYPE의 길이도 길고, XHTML의 경우에는 종류만 해도 세 가지나 되었습니다. 그리고 작성할 때도 대소문자를 구분해야 했습니다.

```
<!DOCTYPE html PUBLIC "-//W3C//DTD XHTML 1.0 Transitional//EN"
"http://www.w3.org/TR/xhtml1/DTD/xhtml1-transitional.dtd">
```

XHTML 1.0 Transitional DOCTYPE

그러나 HTML 5의 DOCTYPE의 목적은 약간 다릅니다.

```
<!DOCTYPE html>
```

HTML 5의 DOCTYPE

HTML 5의 DOCTYPE은 위와 같습니다. HTML 5 DOCTYPE이라고는 하지만 기존의 DOCTYPE처럼 버전 정보 등을 포함하고 있지 않으며, 매우 단순하게 작성합니다. HTML 5 DOCTYPE의 목적은 이전의 DOCTYPE처럼 웹 페이지를 구성한 HTML의 상세 정보를 알려 주는 것보다는 어떤 웹 브라우저라도 표준 모드로 렌더링할 수 있도록 하기 위한 목적으로 만들어졌기 때문입니다.

3 | HTML 5의 공통 속성

HTML 5에서는 모든 태그에 공통적으로 사용될 수 있는 속성들이 다수 추가되었으며, 기존에 사용되던 속성들에도 변화가 생겼습니다. 새로 추가된 속성들은 주로 웹 애플리케이션을 위한 것들입니다. 이번에는 HTML 5에서 새로 추가된 속성들을 위주로 살펴보겠습니다.

■ contenteditable - 요소를 편집 가능하게 함

예제 파일   http://book.coforward.com/sample/html5_attribute/01_contenteditable.html

contenteditable 속성은 지정된 요소를 편집할 수 있도록 하는 공통 속성입니다. 일반적으로 편집할 수 있는 요소가 아닌 <p>와 같은 요소도, contenteditable 속성으로 지정되면 편집할 수 있는 요소가 됩니다. 이 속성은 인터넷 익스플로러의 전용 속성이었지만 HTML 5에서 표준으로 채택되었고, 현재도 대다수의 웹 브라우저들이 지원하고 있습니다. 이 속성은 편집만 가능하게 하는 속성으로, 사용자가 변경한 내용을 처리하기 위해서는 별도의 기능을 자바 스크립트와 서버 측 프로그램을 통하여 구현해야 합니다.

```
<h2>Example</h2>
<div id="exampleSub">
  <h3>일반적인 &lt;p&gt; 요소</h3>
  <p> 이 문장은 일반적인 &lt;p&gt; 요소로 작성되었습니다.</p>
  <h3>contenteditable="true"가 적용된 &lt;p&gt; 요소</h3>
  <p contenteditable="true"> [contenteditable]속성이 "true"로 적용된 &lt;p&gt; 요소입니다.</p>
</div>
```

contanteditable 속성의 예

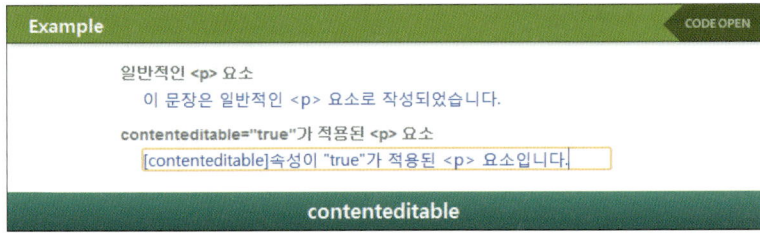

편집이 가능해진 〈p〉 요소

■ contextmenu - 마우스 오른쪽 클릭 메뉴 지정

예제 파일 http://book.coforward.com/sample/html5_attribute/02_contextmenu.html

contextmenu는 일반적인 프로그램에서 마우스 오른쪽 버튼을 클릭하였을 때 나타나는 단축 메뉴와 같은 기능을 작성하기 위한 속성입니다. contextmenu 속성이 지정된 요소에 마우스 오른쪽 버튼을 클릭하면 contextmenu 속성에 지정된 id를 가진 메뉴를 구성하는 〈menu〉 요소가 표시됩니다. 다음은 contextmenu 속성을 사용하는 예입니다.

```
<h2>Example</h2>
<div id="exampleSub">
  <p contextmenu="testContextmenu">이 &lt;p&gt; 요소에는<br />
    contextmenu="testContextmenu"가 적용되었습니다.</p>
  <menu type="contextmenu" id="testContextmenu">
```

```
            <command label="첫 번째 메뉴"/>
            <command label="두 번째 메뉴"/>
            <command label="세 번째 메뉴"/>
        </menu>
    </div>
```

contextmenu 속성의 예

위의 예제 코드에서는 <p> 요소의 contextmenu 속성에 testContextmenu를 지정하고 있습니다. 따라서 <p> 요소에서 마우스 오른쪽 버튼을 클릭하면 id가 testContextmenu인 <menu>가 표시됩니다. 하지만 2011년 2월 현재까지 contextmenu 속성을 구현한 웹 브라우저는 없습니다.

■ draggable - 요소를 드래그 가능하게 함

예제 파일 http://book.coforward.com/sample/html5_attribute/03_draggable.html

draggable 속성은 요소를 드래그할 수 있도록 해 줍니다. 단지 웹 브라우저 화면 안에서 드래그하는 것이 아니라 웹 브라우저 외부로 드래그하여 다른 응용 프로그램이나 바탕 화면에 드롭할 수 있도록 하는 기능입니다. 현재도 대다수의 웹 브라우저가 이미지나 링크 요소를 바탕 화면으로 드래그하면 *이미지는 복사되고, 링크 요소는 바로가기를 만들어 줍니다. 다음은 draggable 속성을 사용하는 예입니다.

> **여기서 잠깐**
>
> * 이미지는 복사되고 링크 요소는 바로가기를 만들어 줍니다
>
> 이미지 요소와 링크 요소의 드래그는 지금도 다수의 웹 브라우저에서 지원하고 있으며, HTML 5 표준에서도 <img> 요소와 href 속성이 있는 <a> 요소는 기본적으로 드래그가 활성화되도록 지정되어 있습니다.

```
<h2>Example</h2>
<div id="exampleSub">
    <h3>draggable="true"</h3>
    <div>
        <img src="img/coforward_text.gif" alt="coforward" draggable="true"/>
        <a href="http://coforard.com">coforward</a>
```

```
    </div>
    <h3>draggable="false"</h3>
    <div>
      <img src="img/coforward_text.gif" alt="coforward" draggable="false"/>
      <a>coforward</a>
    </div>
  </div>
```

draggable 속성의 예

위의 예에서 똑같은 두 개의 〈img〉 요소에 첫 번째 것은 draggable 속성을 true로 지정하였고 두 번째 것은 false로 지정하였습니다. 위 예제를 실행해 보면 첫 번째 이미지는 드래그되지만 두 번째 이미지는 드래그되지 않는다는 것을 알 수 있습니다.

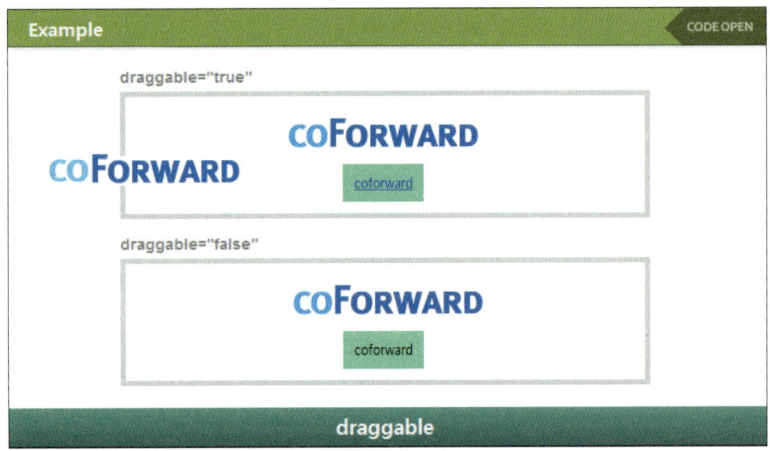

드래그되는 〈img〉 요소

■ hidden - 요소를 숨김

예제 파일 http://book.coforward.com/sample/html5_attribute/04_hidden.html

hidden 속성은 요소를 HTML 정보 구조 내에서 숨기기 위한 속성입니다. 지금까지는 HTML의 어떤 일부 요소를 화면상에서 숨기기 위해서 CSS의 display나 visibility 속성을 이용했습니다. 그러나 CSS는 어디까지나 표현되는 형태를 달리하는 것이며, HTML의 정보 구조를 변경하는 것은 아닙니다. 이에 비해 hidden 속성은 지정된 요소를 HTML 정보 구조 내에서 완전히 제거한 것과 동일한 효과를 갖는 속성이므로, CSS를 이용하는 것과는 그 성격이 다르다고 할 수 있습니다. 다음은 hidden 속성을 사용하는 예입니다.

```html
<h2>Example</h2>
<div id="exampleSub">
  <h3>일반적인 &lt;p&gt; 요소</h3>
  <div>
    <p>이 문장은 일반적인 &lt;p&gt; 요소로 작성되었습니다.</p>
  </div>
  <h3>hidden="hidden"</h3>
  <div>
    <p hidden="hidden"> 이 문장은 hidden 속성이 적용된 &lt;p&gt; 요소로 작성되었습니다. </p>
  </div>
</div>
```

hidden 속성의 예

■ spellcheck – 요소 편집 시 맞춤법 검사를 함

예제 파일 http://book.coforward.com/sample/html5_attribute/05_spellcheck.html

spellcheck 속성은 서식 요소나 contenteditable 속성을 사용하여 편집 가능한 상태의 요소를 편집할 때 맞춤법 검사를 하도록 하는 속성입니다. 다음은 spellcheck 속성을 사용하는 예입니다.

```html
<h2>Example</h2>
<div id="exampleSub">
  <h3>spellcheck="true"</h3>
  <div>
    <textarea spellcheck="true"></textarea>
  </div>
  <h3>spellcheck="false"</h3>
  <div>
    <textarea spellcheck="false"></textarea>
  </div>
</div>
```

spellcheck속성의 예

위의 예제는 두 개의 〈textarea〉 요소 중 첫 번째 요소에는 spellcheck="true"를 적용하고 두 번째 요소에는 spellcheck="false"를 적용했습니다. 위의 예제를 실행시켜 잘못된 문장을 쓸 경우 첫 번째 〈textarea〉는 잘못된 부분을 표시하지만 두 번째 〈textarea〉는 표시하지 않습니다. 다음은 크롬 웹 브라우저에서 예제 코드를 실행한 모습입니다.

맞춤법을 체크하는 spellcheck 속성이 지정된 〈textarea〉

HTML 5 스펙에서 편집 가능한 요소들의 spellcheck 속성 기본값은 true이므로, 편집 가능한 요소들은 기본적인 맞춤법 검사만을 하며, 현재는 영문만을 지원하고 있습니다.

■ data-* - 사용자 정의 속성 데이터의 지정

data-* 속성은 사용자가 정의한 데이터를 속성값으로 지정할 수 있습니다. 임의적인 속성의 사용은 자바스크립트 등의 사용자 측 프로그래밍에서 매우 유용할 수는 있지만 기존의 HTML에서는 원칙적으로 허용되지 않는 속성이므로, HTML 유효성 검사를 통과할 수 없는 등의 문제가 있었습니다. HTML 5에서는 웹 개발자가 필요에 의해 지정하는 속성을 "data-"라는 접두사를 붙여 사용할 수 있으며, 자바스크립트에서 dataset이라는 객체를 사용하여 지정된 속성값을 읽어올 수 있게 되었습니다. 다음은 data-* 속성을 사용하는 예입니다.

```
<!--javascript 부분-->
<script type="text/javascript">
    function dataTest(btn){
        try{
            var btnData=btn.dataset['test'];
            alert('[data-*] 속성으로 출력 \n'+btnData);
        }
        catch (e){
            var btnData=btn.getAttribute('data-test');
            alert('[getAttribute] 속성으로 출력 \n'+btnData);
        }
    }
</script>

<!--HTML 부분-->
<h2>Example</h2>
<div id="exampleSub">
  <h3>data-*</h3>
  <div>
    <button type="button" data-test="사용자 정의 데이터"
    onclick="dataTest(this)">
        테스트 버튼 1
    </button>
    <button type="button" data-test="HTML 5는 요소에 사용자 정의 임의 속성을 지정하는
    data-* 속성이 추가되었습니다." onclick="dataTest(this)">
        테스트 버튼 2
    </button>
  </div>
</div>
```

data-* 속성의 예

예제 코드에는 두 개의 〈button〉 요소가 있고, 각 요소에는 서로 다른 값의 data-test 속성이 지정되어 있습니다. 그리고 버튼을 클릭했을 때 data-test 속성값을 출력하기 위한 자바스크립트 함수 dataTest를 호출하고 매개 변수로 클릭된 〈button〉 요소를 넘겨 줍니다. dataTest는 data-test 속성값을 알림창으로 출력하기 위한 자바스크립트 함수로, 두 부분으로 이루어져 있습니다. 먼저 웹 브라우저가 dataset 객체를 지원하는 경우는 dataset 객체를 이용하여 알림창을 표시합니다. 이때는 HTML에 지정된 임의 속성 이름에서 "data-" 접두어를 뺀 나머지 부분인 test를 dataset 객체의 키로 지정합니다.

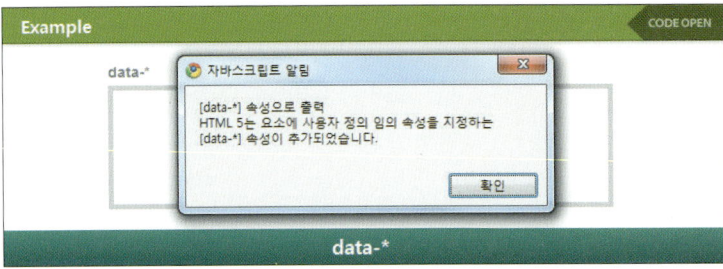

data-* 속성을 지원하는 웹 브라우저(크롬)에서의 실행 결과

두 번째 부분은 아직 dataset 객체를 지원하지 않는 웹 브라우저를 위한 부분으로, 지정된 속성값을 읽어오는 "getAttribute([속성 이름])"을 이용하여 알림창을 표시하는 부분입니다. 이 경우는 웹 브라우저가 dataset 객체를 인식하지 못하는 경우이므로, 이전의 방식대로 "data-" 접두어를 포함하여 속성 이름 전체를 써 주어야 합니다.

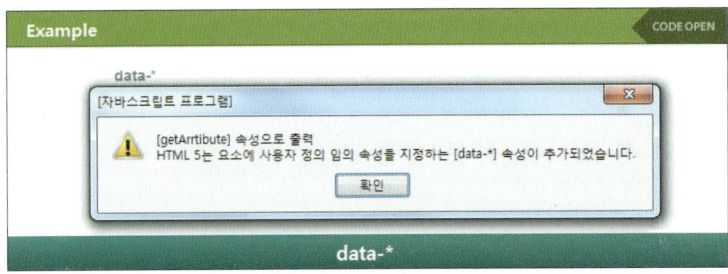

data-* 속성을 지원하지 않는 웹 브라우저(파이어폭스)에서의 실행 결과

■ role - ARIA 속성을 지정

ARIA는 Web Accessibility Initiative에 독립적인 표준으로 작성한 Accessible Rich Internet Applications의 약자입니다. 즉, ARIA는 웹 애플리케이션의 접근성을 높이기 위한 방안입니다. 기존의 HTML은 구성된 요소가 페이지 내에서 어떤 역할을 하는지 명확하게 알 수 있는 방법이 없었습니다. ARIA에서는 이러한 문제점을 해결하기 위해 role이라는 속성으로 해당 요소가 페이지 내에서 어떤 역할을 하는지에 대한 정보를 제공합니다. 다음은 ARIA 스펙 예제의 일부입니다.

```html
<ul role="menu">

    <!-- Rule 2C: "New" label via Namefrom:contents -->
    <li role="menuitem">New</li>
    <li role="menuitem">Open…</li>
    …
</ul>
```

ARIA의 예제

위의 예제에서 〈ul〉 요소의 role 속성은 menu로 지정되어 있기 때문에 〈ul〉 리스트 요소가 메뉴의 역할을 하고 있음을 알려 주고 있습니다. 또한 각 〈li〉 요소에는 menuitem이라는 role 속성값으로 〈li〉가 메뉴의 항목임을 표시하고 있습니다. 그러나 HTML 5에서는 메뉴나 네비게이션 영역을 〈nav〉 요소로 명시적으로 구조화할 수 있으므로, 위와 같은 경우의 role 요소는 불필요한 것일 수도 있습니다.

이 밖에도 ARIA에는 문서의 헤딩이나 메인 영역 네비게이션들을 지정하는 속성값들을 정의하고 있습니다. 앞서 예시에서와 같이 페이지의 구조를 나타내는 속성값들은 HTML 5의 구조용 태그와 중복되는 성격도 있으므로, HTML 5와 ARIA 속성을 함께 사용할 때는 중복되는 성격에 주의하여 사용해야 합니다. ARIA에 대한 자세한 내용은 http://www.w3.org/TR/wai-aria에서 확인할 수 있습니다.

■ itemscope - 마이크로 데이터 영역

예제 파일 http://book.coforward.com/sample/html5_attribute/07_itemscope.html

itemscope은 해당 영역의 정보의 종류와 그 값을 기계적으로 파악할 수 있도록 시멘틱 정보 영역임을 나타내는 속성입니다. 일반적으로 HTML 안에 있는 콘텐츠가 무엇을 뜻하는지는 사람이 직접 파악해야 했습니다. HTML의 구조가 아닌 콘텐츠 정보를 기계적으로 파악하기 위한 비교적 특정한 형식의 연락처 정보나 일정 정보의 규칙을 정의한 *마이크로 포맷이라는 규격이 있습니다. HTML 4 기반에서는 class 속성값을 마이크로 포맷에서 지정한 특정한 값을 사용하여 정보를 추가하였지만 HTML 5에서는 마이크로 포맷을 별도의 속성으로 지원하게 되었습니다. HTML 5에서 마이크로 데이터 영역을 사용하기 위해 추가된 속성들은 다음과 같습니다.

여기서 잠깐

*** 마이크로 포맷**

마이크로 포맷은 웹에 게시된 일정한 규격의 데이터를 기계적으로 처리하기 위한 정보를 추가적으로 작성하는 규칙입니다. 대표적인 마이크로 포맷 규격으로는 연락처 정보를 지정할 수 있는 hCard(http://microformats.org/profile/hcard)와 일정 정보를 지정하는 hCalendar(http://microformats.org/profile/hcalendar)가 있습니다. 아직 웹상에서 마이크로 포맷이 활발하게 사용되고 있지는 않지만 마이크로 소프트 오피스의 아웃룩 등을 비롯한 프로그램 등에서 정보를 변환하거나 받아들이는 방법으로 사용되고 있습니다.

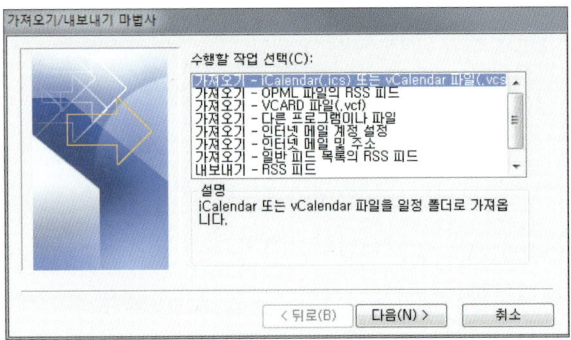

마이크로 소프트 오피스에서의 마이크로 포맷 형식 변환 지원

마이크로 소프트 오피스 포맷은 현재로서는 작은 사례일 뿐이지만 웹상의 데이터가 사람의 판단을 거치지 않고 원활한 교류를 하게 되면 많은 변화가 있을 것입니다.

속성	기능
itemscope	마이크로 데이터 영역의 지정
itemtype	마이크로 데이터의 형식 지정
itemprop	마이크로 데이터 프로퍼티 작성
itemref	마이크로 데이터 프로퍼티가 속하는 영역의 지정

마이크로 데이터를 사용하기 위한 속성

```html
<h3>마이크로 데이터를 이용한 시멘틱 마크업</h3>
<div id="microDataDiv" itemscope="itemscope"
itemtype="http://microformats.org/profile/hcalendar">
   <h4>회의 안내</h4>
   <p>안녕하세요?
    2011 <em class="coforward">co<span>Forward</span></em> 운영회의 안내입니다. 안
    건은 <em itemprop="summary">팀 사이트의 HTML 5+CSS 3 적용에 관한 의견 교환</em>이며 일시
    와 장소는 <span itemprop="location">○○ 회의실</span>에서 <time
```

```
            datetime="2011-03-25T15:00" itemprop="dtstart">3월 25일 금요일 오후 3시
        </time>입니다. 구성원 여러분의 좋은 의견 기대합니다. </p>
    </div>
```

마이크로 데이터 속성을 이용한 시멘틱 마크업의 예

위의 예제는 회의 소집을 알리는 웹 사이트의 일부입니다. 콘텐츠의 내용을 보면 간단한 회의 안건과 일시, 장소이지만 사람이 아닌 기계가 이 내용을 읽어 이를 구분해 낼 수는 없습니다. 하지만 마이크로 데이터와 관련된 속성을 지정함으로써 문장 내에서 일정 정보를 기계적으로 추출해 낼 수는 있습니다.

id 속성값이 microDataDiv인 〈div〉 요소에 itemscope 속성을 지정하여 해당 〈div〉가 마이크로 데이터 영역임을 지정합니다. itemtype 속성은 마이크로 데이터 영역의 형식을 지정하는 속성으로, 예제에서는 일정 정보를 작성하는 규격인 hCalendar를 지정하였으며, 마이크로 데이터 영역의 콘텐츠에 itemprop 속성을 각 부분에 지정함으로써 콘텐츠 내용이 가진 일정 정보를 기계적으로 추출해 낼 수 있습니다.

4 | HTML 5의 요소

HTML 5는 HTML 4에 기존 요소에서 표현을 위한 요소를 삭제하고, 쓰임이 명확하지 않았던 요소에 대한 정의를 구체화하였으며, 기존에는 없었던 새로운 요소를 추가하였습니다. 또한 각 요소의 성격과 쓰임에 따라 구분하였습니다.

■ 루트 요소

Element	의미 및 용도(HTML 5 기준)	HTML 4	HTML 5	관련 페이지
〈html〉	페이지의 최상위 요소	지원	지원 - 속성 추가	p.26, 303

루트 요소

■ 메타 정보 요소

메타 정보 요소는 페이지에 대한 정보를 제공하는 요소로, 기존의 HTML과 크게 변경된 사항은 없습니다. 기본적으로 화면에 표시되지 않기 때문에 중요하지 않다고 생각될 수 있는 것 중에는 〈title〉과 같이 매우 중요한 요소도 있으며, 모바일 기기에서 〈meta〉나 〈link〉을 이용하여 고유의 기능을 제공하기도 합니다.

Element	의미 및 용도(HTML 5 기준)	HTML 4	HTML 5	관련 페이지
〈header〉	페이지의 헤더 영역을 생성	지원	지원	p.161
〈title〉	페이지 제목을 작성	지원	지원	p.34
〈base〉	페이지의 기준 URL를 지정	지원	지원	
〈link〉	외부 자원의 연결	지원	지원	p.36
〈meta〉	메타 데이터의 지정	지원	지원	p.35
〈style〉	스타일의 지정	지원	지원 - 속성 추가	p.57, 316

메타 정보 요소

■ 스크립팅 요소

웹 페이지에 동적 기능을 연결하거나 스크립트가 지원되지 않는 환경에서 대체할 요소를 지정하는 요소들입니다.

Element	의미 및 용도(HTML 5 기준)	HTML 4	HTML 5	관련 페이지
〈script〉	스크립트의 작성 및 연결	지원	지원	p.112
〈noscript〉	스크립트 불가 시 대체 내용	지원	지원	

스크립팅 요소

■ 섹션 요소

섹션 요소는 HTML 5에서 가장 많은 요소가 새로 추가된 부분입니다. 그만큼 중요하다고 볼 수 있는 섹션 요소들은 웹 페이지의 정보를 구조화하고 아웃라인을 생성해 내는 요소들입니다.

Element	의미 및 용도(HTML 5 기준)	HTML 4	HTML 5	관련 페이지
⟨body⟩	페이지의 본문 영역의 생성	지원	지원	p.37
⟨section⟩	콘텐츠 섹션의 구분	미지원	지원 - 신규 요소	p.131
⟨nav⟩	네비게이션의 작성	미지원	지원 - 신규 요소	p.131
⟨article⟩	독립적인 콘텐츠 섹션	미지원	지원 - 신규 요소	p.131
⟨aside⟩	주 내용과 관련이 적은 콘텐츠 섹션	미지원	지원 - 신규 요소	p.131
⟨h1⟩~⟨h6⟩	제목 요소	지원	지원	p.37
⟨hgroup⟩	제목 그룹	미지원	지원 - 신규 요소	p.163
⟨header⟩	콘텐츠 섹션의 머리말	미지원	지원 - 신규 요소	p.161
⟨footer⟩	콘텐츠 섹션의 꼬리말	미지원	지원 - 신규 요소	p.161
⟨address⟩	페이지 작성자의 연락처 정보	지원	지원 - 의미 변경	p.39

섹션 요소

■ 그룹화 요소

콘텐츠 요소를 용도에 따라 구분하는 그룹화 요소는 HTML 4.01의 Block Level Element와 유사하며, 크게 변경된 사항은 없지만 다른 요소들처럼 기존의 용도보다 사용에 대한 정의가 명확해지고 그에 따른 속성이 추가된 요소들이 있습니다.

Element	의미 및 용도(HTML 5 기준)	HTML 4	HTML 5	관련 페이지
⟨p⟩	문단 영역의 생성	지원	지원	p.39
⟨hr⟩	주제 변경의 시각적 표시	지원	지원 - 의미 변경	p.39
⟨br⟩	줄 바꿈	지원	지원	
⟨pre⟩	정형화된 텍스트 영역의 생성	지원	지원	p.40
⟨blockquote⟩	인용 문단 영역의 생성	지원	지원	p.39
⟨ol⟩	순서가 있는 목록 영역의 생성	지원	지원 - 속성 추가	p.40
⟨ul⟩	순서가 없는 목록 영역의 생성	지원	지원	p.40
⟨li⟩	목록의 아이템	지원	지원	p.40
⟨dl⟩	정의형 목록 영역의 생성	지원	지원	p.40
⟨dt⟩	정의형 목록의 정의어	지원	지원	p.40
⟨dd⟩	정의형 목록의 설명부	지원	지원	p.41
⟨figure⟩	도식 요소 영역의 생성	미지원	지원 - 신규 요소	p.166
⟨figcaption⟩	도식 요소의 캡션	미지원	지원 - 신규 요소	
⟨div⟩	일반적인 그룹핑 요소	지원	지원	p.43

그룹화 요소

■ 텍스트 시멘틱(의미론적) 요소

텍스트 콘텐츠에 특정한 의미를 부여하는 텍스트 시멘틱 요소는 HTML 4.01의 Inline Level Element와 유사합니다. 텍스트 시멘틱 요소들은 HTML 5의 다른 요소들과 같이 사용하는 용도가 명확해졌습니다. 또한 XHTML 2.0에서는 폐기하려던 ⟨b⟩, ⟨i⟩와 같은 요소도 새로운 용도로 다시 표준안에 포함되었습니다.

Element	의미 및 용도(HTML 5 기준)	HTML 4	HTML 5	관련 페이지
⟨a⟩	하이퍼링크	지원	지원 - 속성 추가	p.42, 167
⟨em⟩	강조하는 구문	지원	지원 - 의미 변경	p.43, 169
⟨strong⟩	중요한 구문	지원	지원 - 의미 변경	p.43, 169
⟨small⟩	주석문 등 일반적으로 작게 표시하는 요소	지원	지원 - 의미 변경	
⟨cite⟩	인용문의 출처	지원	지원	
⟨q⟩	인용문	지원	지원	p.40
⟨dfn⟩	정의어	지원	지원	
⟨abbr⟩	약어	지원	지원	p.43
⟨time⟩	날짜 및 시간	미지원	지원 - 신규 요소	p.170
⟨code⟩	컴퓨터 프로그래밍 코드	지원	지원	
⟨var⟩	변수	지원	지원	
⟨samp⟩	출력 샘플	지원	지원	
⟨kbd⟩	키보드 입력 표시	지원	지원	
⟨sub⟩	아랫첨자	지원	지원	
⟨sup⟩	윗첨자	지원	지원	
⟨i⟩	학명 등 일반적으로 이탤릭체로 쓰이는 단어	지원	지원 - 의미 변경	p.166
⟨b⟩	일반적으로 굵게 표시하는 단어	지원	지원 - 의미 변경	p.166
⟨mark⟩	임의적인 마커	미지원	지원 - 신규 요소	p.172
⟨ruby⟩	루비 텍스트 영역의 생성	미지원	지원 - 신규 요소	p.173
⟨rt⟩	루비 텍스트	미지원	지원 - 신규 요소	p.173
⟨rp⟩	루비의 괄호	미지원	지원 - 신규 요소	p.173
⟨bdo⟩	텍스트 흐름 방향	지원	지원	
⟨bdi⟩	기본 텍스트 흐름 방향과 다른 구역의 지정	미지원	지원 - 신규 요소	
⟨span⟩	일반적인 인라인 그룹핑 요소	지원	지원	p.43

텍스트 시멘틱(의미론적) 요소

■ 편집 표시 요소

편집 표시 요소는 페이지의 콘텐츠가 추가 삭제되었음을 나타내는 요소입니다.

Element	의미 및 용도(HTML 5 기준)	HTML 4	HTML 5	관련 페이지
⟨ins⟩	추가된 문장 영역	지원	지원	
⟨del⟩	삭제된 문장 영역	지원	지원	

편집 표시 요소

■ 대체되는 요소

대체되는 요소란, ⟨img⟩ 요소와 같이 웹 브라우저가 태그를 해석한 후 HTML 외부의 자원을 불러들여 표시하는 요소를 말합니다. HTML 5에서 주목받고 있는 ⟨video⟩, ⟨audio⟩, ⟨canvas⟩ 역시 이에 속합니다.

Element	의미 및 용도(HTML 5 기준)	HTML 4	HTML 5	관련 페이지
⟨img⟩	이미지의 삽입	지원	지원	p.42
⟨iframe⟩	외부 문서를 삽입하는 인라인 프레임	지원	지원 – 속성 추가	p.47
⟨embed⟩	플러그인 요소 등의 삽입	미지원	지원	
⟨object⟩	외부 자원의 삽입	지원	지원	
⟨param⟩	플러그인의 파라미터 설정	지원	지원	
⟨video⟩	동영상 요소	미지원	지원 – 신규 요소	p.196
⟨audio⟩	오디오 요소	미지원	지원 – 신규 요소	p.207
⟨source⟩	동영상, 오디오 요소의 자원 경로	미지원	지원 – 신규 요소	p.200
⟨track⟩	외부 텍스트(자막)을 위한 요소	미지원	지원 – 신규 요소	p.202
⟨canvas⟩	동적 그래픽 생성 영역의 생성	미지원	지원 – 신규 요소	p.207
⟨map⟩	이미지 맵의 생성	지원	지원	p.48
⟨area⟩	이미지 맵의 링크 영역 생성	지원	지원	p.48

대체되는 요소

■ 테이블 요소

테이블 요소는 웹 페이지상에 표를 구현하는 요소들로 이루어져 있으며, HTML 5에도 크게 변경된 사항은 없습니다.

Element	의미 및 용도(HTML 5 기준)	HTML 4	HTML 5	관련 페이지
⟨table⟩	표 영역의 생성	지원	지원	p.41
⟨caption⟩	표의 제목	지원	지원	p.41
⟨colgroup⟩	표의 열 그룹	지원	지원	p.41
⟨col⟩	표의 열	지원	지원	p.41
⟨tbody⟩	표의 데이터 행 그룹	지원	지원	p.41
⟨thead⟩	표의 머리 행 그룹	지원	지원	p.41
⟨tfoot⟩	표의 꼬리 행 그룹	지원	지원	p.41
⟨tr⟩	표의 행	지원	지원	p.41
⟨td⟩	표의 데이터 셀	지원	지원	p.42
⟨th⟩	표의 제목 셀	지원	지원	p.42

테이블 요소

■ 폼 요소

폼 요소는 사용자로부터 정보를 입력받아 서버로 전송하는 서식을 구성하는 요소들입니다. HTML 5에서는 서식 요소의 형태가 다양해졌으며, 서식 자체의 기능을 위한 속성들도 큰 폭으로 추가되어 이전에는 자바스크립트를 이용하여 구현해야 했던 많은 기능을 폼 요소 자체로 구현할 수 있게 되었습니다.

Element	의미 및 용도(HTML 5 기준)	HTML 4	HTML 5	관련 페이지
⟨form⟩	서식 영역의 생성	지원	지원 - 속성 추가	p.43
⟨fieldset⟩	폼 요소의 그룹핑	지원	지원 - 속성 추가	p.47
⟨legend⟩	폼 요소 그룹의 제목	지원	지원	p.47
⟨label⟩	폼 요소의 설명	지원	지원 - 속성 추가	p.47
⟨input⟩	폼의 입력 요소	지원	지원 - 속성 추가	p.44, 176
⟨button⟩	버튼	지원	지원 - 속성 추가	p.46, 184
⟨select⟩	선택 상자 요소	지원	지원 - 속성 추가	p.45
⟨datalist⟩	입력값 후보 제안 요소	미지원	지원 - 신규 요소	p.182
⟨optgroup⟩	선택 상자 아이템의 그룹핑 요소	지원	지원	p.46
⟨option⟩	선택 상자 아이템	지원	지원	p.46
⟨textarea⟩	텍스트 입력 영역	지원	지원 - 속성 추가	p.45
⟨keygen⟩	보안키의 생성	미지원	지원 - 신규 요소	p.179
⟨output⟩	출력 영역	미지원	지원 - 신규 요소	p.178
⟨progress⟩	진행 현황 표시	미지원	지원 - 신규 요소	p.180
⟨meter⟩	게이지의 표시	미지원	지원 - 신규 요소	p.181

폼 요소

■ **인터랙티브 요소**

인터랙티브 요소들은 HTML 5에서 새롭게 추가된 요소들로, 웹 애플리케이션을 위한 성격이 강합니다.

Element	의미 및 용도(HTML 5 기준)	HTML 4	HTML 5	관련 페이지
⟨datalist⟩	상세 정보	미지원	지원 - 신규 요소	p.182
⟨summary⟩	상세 정보의 요약	미지원	지원 - 신규 요소	
⟨command⟩	애플리케이션 기능 명령	미지원	지원 - 신규 요소	
⟨menu⟩	애플리케이션 메뉴 영역	지원	지원 - 의미 변경	

인터랙티브 요소

5 | 섹션 요소들과 아웃라인 알고리즘 - 명확해진 정보의 구조화

> 예제 파일 http://book.coforward.com/sample/sampleProject/coforward/page_03.html
> http://book.coforward.com/sample/html5_outline/outLine02.html

HTML 5에서 여러 가지 요소가 새로 추가된 중요한 이유는 정보의 구조를 명확히 하기 위한 것입니다. 이러한 정보의 구조를 확인해 볼 수 있는 것이 바로 '아웃라인 알고리즘'(Outline Algorithm)입니다. 아웃라인 알고리즘은 웹 페이지가 가진 정보 구조를 기계적으로 파악할 수 있도록 하는 개념으로, 워드프로세서의 목차 만들기와 유사한 개념이라고 할 수 있습니다. 구조적으로 작성된 워드프로세서 문서는 자동으로 문서 목차나 그림의 목차를 추출해 낼 수 있습니다. 이와 같은 개념을 바탕으로 구조적으로 작성된 웹 페이지는 웹 페이지에 담긴 정보를 목차처럼 추출해 낼 수 있습니다. HTML 4.01 기반에서는 HTML의 유효성 검사가 HTML*코딩 수준의 객관적 지표였다면 HTML 5에서는 아웃라인 알고리즘이 중요한 요소가 될 것이라 예상합니다.

> **여기서 잠깐**
>
> * **코딩 수준의 객관적 지표**
>
> 유효성 검사(Markup Validation)란, HTML 코드가 지정된 DTD의 문법에 올바르게 사용되었는지를 검사하는 것을 말합니다. 이에 비해 아웃라인 알고리즘은 HTML로 구성된 정보가 구조적인지를 확인해 볼 수 있는 검사 방법입니다. 예를 들어 비교해 보자면 기존의 유효성 검사가 받아쓰기나 철자법 검사였다면, 아웃라인 알고리즘은 글의 기승전결에 맞게 쓰여졌는지에 대한 검사라고 할 수 있습니다.

HTML 5에서 추가된 중요한 요소들은 대부분 아웃라인 알고리즘에 관련되어 있습니다. 이 중에서도 직접적으로 아웃라인을 구성하는 것은 Heading Group Element와 Sectioning Group Element입니다. 그리고 Content Model 구분에는 표시되어 있지 않지만 Sectioning Root라는 개념과 HTML 5에서 새로 추가된 요소인 〈header〉, 〈footer〉도 아웃라인 구성과 관련되어 있는 요소들입니다. 자세한 내용은 예제를 통해 알아보겠습니다.

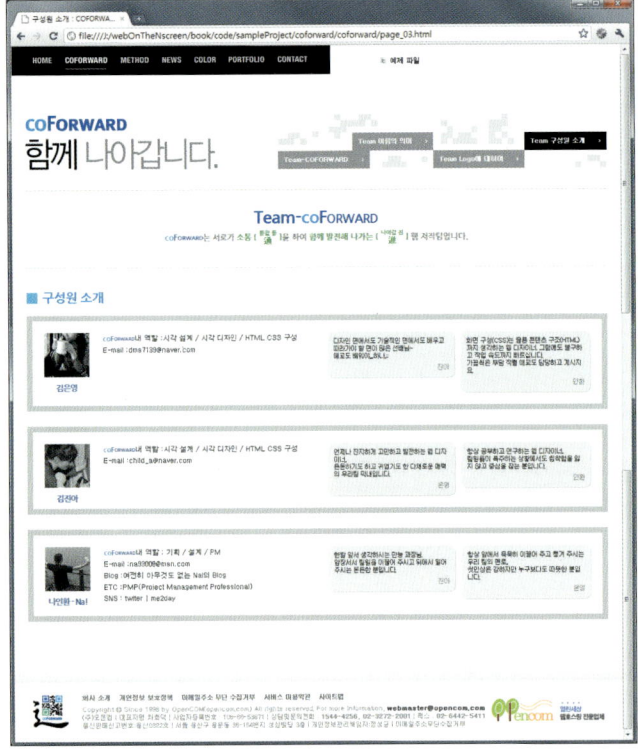

coForward의 구성원 소개 페이지

위의 그림은 아웃라인 알고리즘의 예제로 사용할 Team coForward 웹 사이트의 Team 구성원 소개 페이지(http://coforward.com/coforward/page_03.php)입니다. HTML과 CSS에 대한 지식이 있다면 페이지의 소스를 열어 보지 않고도 대략적으로 어떻게 그룹을 만들고 어떤 태그를 써서 구성하면 될 것이라는 예상을 할 수 있을 것입니다. 하지만 이렇게 완성된 디자인을 보고 HTML의 구조를 작성하는 것은 앞서 이야기한 것과 같이 대부분 디자인을 위한 것이 되기 쉽습니다. 또한 그러한 방법으로는 HTML 5의 아웃라인을 구조적으로 잘 구성하기가 어렵습니다. 그 이유는 HTML 5의 아웃라인은 화면에 보이는 형태와 무관한 정보의 구조이기 때문입니다.

■ **아웃라인은 기획 단계에서 이미 완성됩니다**

아웃라인은 화면에 보이는 형태와는 무관한 정보의 구조라고 하였습니다. 그리고 이러한 구조는 기획 단계에서 완성되는 것이 올바른 순서라고 할 수 있습니다. coForward의 구성원 소개 페이지의 콘텐츠 기획안은 각 구성원의 소개와 팀 내 역할, 그리고 다른 팀원끼리 서로에 대한 코멘트를 하는 것으로 계획하였습니다. 다음은 그 내용을 웹 사이트의 구성과 함께 정리한 것입니다.

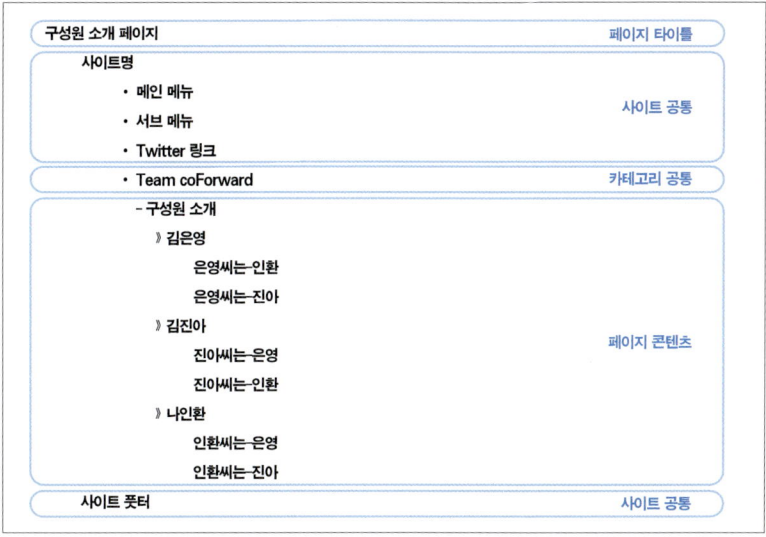

coForward 구성원 소개 페이지의 콘텐츠 계획

콘텐츠 기획은 웹 사이트 계획의 초기 단계에서 완성되고, 계획이 크게 변경되지 않는 이상 구체적으로 진행된다고 하더라도 큰 틀은 변경되지 않는 것이 일반적이며, 또한 실제 작업에 있어서도 바람직합니다. 그러므로 콘텐츠 기획 단계는 실제 작업에 있어서도, 웹 사이트가 갖게 될 정보 구조에 있어서도 중요한 역할을 합니다. 콘텐츠 기획 단계에서는 웹 사이트를 통해 사용자에게 무엇을, 어떤 정보를, 어떤 중요도를 갖고 전달할 것인지가 결정됩니다. 이와 같이 기획 단계에서 작성된 웹 사이트의 정보 구조가 바로 그 페이지의 아웃라인이 되는 것입니다.

■ **섹션 요소는 정보 구조를 구현합니다**

앞서 작성된 콘텐츠 기획을 HTML 태그로 작성하여 웹 페이지로 구성합니다. 기본적인 콘텐츠의 구조가 만들어졌으므로 각 콘텐츠의 특성과 범위를 판단하여 마크업(Markup) 계획을 수립합니다. 여러 번 이야기했듯이 HTML은 보이는 것과는 무관한 정보 구조를 구현하는 것으로, 디자인이 어떻게 적용되는지와는 관계없습니다. 다음은 앞의 콘텐츠를 기초로 하여 웹 사이트의 뼈대가 되는 HTML Markup 계획을 작성한 것입니다.

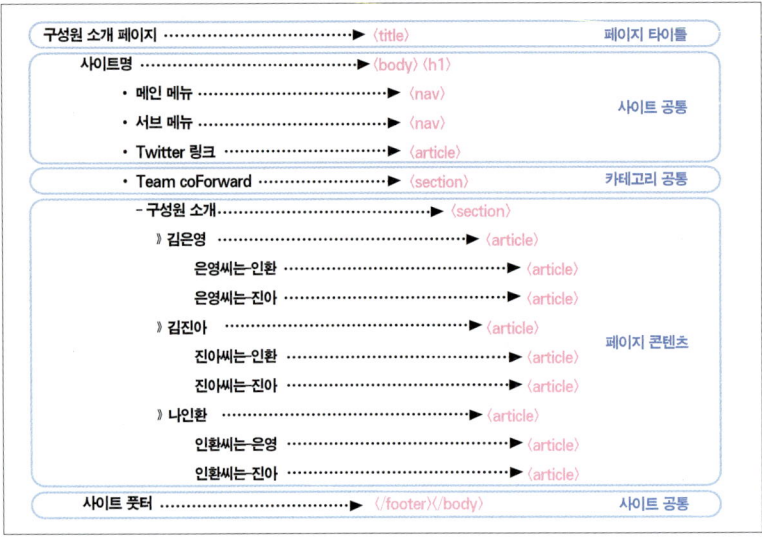

HTML Markup 계획

⟨title⟩을 제외하고는 모두 Sectioning Group Element가 사용되었습니다. 각 콘텐츠의 성격에 따라 "메인 메뉴"와 "서브 메뉴"에는 ⟨nav⟩를 사용하였으며, 단독으로 배포되어도 정보로서의 가치를 계속 유지할 수 있다고 보이는 "twitter 링크"와 각 "구성원별 소개", 그리고 "구성원별 코멘트" 부분은 ⟨article⟩ 요소를 사용하였습니다. 이 밖에도 새롭게 콘텐츠의 항목이 바뀌거나 수준이 변경되는 부분은 ⟨section⟩을 사용하였습니다. ⟨section⟩과 ⟨article⟩ 요소의 사용은 각 요소가 담는 콘텐츠의 성격에 따라 결정되므로 웹 사이트의 시각적 형태보다 웹 사이트의 구조적 성격을 잘 이해하고 있는 사람이 위와 같은 구성을 작성하는 것이 바람직할 것입니다. 이러한 기본적인 계획을 가지고 이를 구체화한 구성원 소개의 전체 소스 코드는 다음과 같습니다.

```
<!DOCTYPE HTML>
<html>
<head>
<title>구성원 소개 : COFORWARD</title>
<!-- 기타 요소 생략 -->
```

```html
</head>

<body>
<a class="accesibility" id="skipTop" href="#Content">콘텐츠 바로가기</a>
<div id="Page">
  <header>
    <hgroup>
        <h1><img src="/img/common/logo_textType.gif" alt="COFORWARD" /></h1>
        <h2 id="titleCoforward">함께 나아갑니다.</h2>
    </hgroup>
    <nav id="navMain">
        <h1 class="hiddenTitle">메인 메뉴</h1>
        <ul id="mainNavi">
          <li id="mainNavi_01"><a href="/" >HOME</a></li>
          <li id="mainNavi_02"> <a href="/coforward" class="actMenu" title="현재 메뉴"> COFORWARD</a></li>
          <li id="mainNavi_03"><a href="/method" >METHOD</a></li>
          <li id="mainNavi_04"><a href="/news" >NEWS</a></li>
          <li id="mainNavi_05"><a href="/color" >COLOR</a></li>
          <li id="mainNavi_06"><a href="/portfolio" >PORTFOLIO</a></li>
          <li id="mainNavi_07"><a href="/contact" >CONTACT</a></li>
        </ul>
    </nav>

    <nav id="subNav">
        <h1 class="hiddenTitle">서브 메뉴</h1>
        <ul id="subNavCoforward">
          <li id="subNav_01"><a href="index.php">Team-COFORWARD</a></li>
          <li id="subNav_02"><a href="page_01.php">Team 이름의 의미</a></li>
          <li id="subNav_03"><a href="page_02.php">Team Logo에 대하여</a></li>
          <li id="subNav_04" class="actMenu" title="현재 메뉴"> <a href="page_03.php">Team 구성원 소개</a></li>
        </ul>
    </nav>

    <article class="twitterContent">
        <h1 class="hiddenTitle">twitter 링크</h1>
        <div id="twitterDiv">
        <a id="twitterLink" href="http://twitter.com/coforward" target="_blank">- -
        </a>
```

```html
        </div>
      </article>
</header><!--End of header-->

<section id="Content">
  <header class="sloganHeader">
    <h1>Team-<em class="coforward">co<span>Forward</span></em></h1>
    <p class="slogan">
      <em class="coforward">co<span>Forward</span></em>는 서로가
      <strong>소통[<ruby>通<rp>(</rp><rt>통할 통</rt><rp>)</rp></ruby>]
      </strong>을 하여<strong>함께 발전해 나가는[<ruby>進<rp>(</rp><rt>
      나아갈 진</rt><rp>)</rp></ruby>]</strong>웹 저작팀입니다.</p>
  </header>

  <section id="memberInfo">
    <h1>구성원 소개</h1>
    <article class="depth_01" id="ey">
      <figure><img src="../img/main/member3.jpg" alt="" /></figure>
      <h1 class="memberName">김은영</h1>
      <ul class="memberRecord">
        <li><span class="memberRespons">
            <em class="coforward">co<span>Forward</span></em> 내 역할:</span>
            시각설계/시각 디자인/HTML CSS 구성</li>
        <li><span class="memberEmail">E-mail:</span>
            <a href="mailto:dms7139@naver.com">dms7139@naver.com</a></li>
      </ul>
      <article class="memberTomember">
        <h1 class="hiddenTitle">은영씨는-Na!</h1>
        <p>화면 구성(CSS)는 물론 콘텐츠 구조(HTML)까지 생각하는 웹 디자이너. 그럼에도 불구하고 작업
           속도까지 빠르십니다.<br />
           가끔씩은 부담 작렬 애교도 담당하고 계시지요.</p>
        <footer>인환</footer>
      </article>
      <article class="memberTomember">
        <h1 class="hiddenTitle">은영 씨는-jiNa</h1>
        <p>디자인 면에서도 기술적인 면에서도 배우고 따라가야 할 면이 많은 선배님~<br />애교도 배워야
           하나..;;</p>
        <footer>진아</footer>
      </article>
    </article>
```

```html
<article class="depth_01" id="jina">
  <figure><img src="../img/main/member1.jpg" alt="" /></figure>
  <h1 class="memberName">김진아</h1>
  <ul class="memberRecord">
    <li><span class="memnerRespons">
      <em class="coforward">co<span>Forward</span></em> 내 역할:</span>
      시각설계/시각 디자인/HTML CSS 구성</li>
    <li><span class="memnerEmail">E-mail :</span>
      <a href="mailto:child_a@naver.com">child_a@naver.com</a></li>
  </ul>
  <article class="memberTomember">
    <h1 class="hiddenTitle">진아씨는-Na!</h1>
    <p>항상 공부하고 연구하는 웹 디자이너..<br />
    팀원들이 폭주하는 상황에서도 침착함을 잃지 않고 중심을 잡는 분입니다.</p>
    <footer>인환</footer>
  </article>
  <article class="memberTomember">
    <h1 class="hiddenTitle">진아씨는 - Eun</h1>
    <p>언제나 진지하게 고민하고 발전하는 웹 디자이너..<br />
    든든하기도 하고 귀엽기도 한 다채로운 매력의 우리 팀 막내입니다.</p>
    <footer>은영</footer>
  </article>
</article>

<article class="depth_01" id="Na!">
  <figure><img src="../img/main/member2.jpg" alt="" /></figure>
  <h1 class="memberName">나인환-Na!</h1>
  <ul class="memberRecord">
    <li><span class="memberRespons">
      <em class="coforward">co<span>Forward</span></em> 내 역할:</span>
      기획/설계/PM</li>
    <li><span class="memberEmail">E-mail :</span>
      <a href="mailto:na93008@msn.com">na93008@msn.com</a></li>
    <li><span class="memberBlog">Blog :</span>
      <a href="http://na93008.openhaja.com/blog" target="_blank">
      여전히 아무것도 없는 Na!의 Blog</a></li>
    <li><span class="memberEtc">ETC :</span>
      <a href=
      "http://www.pmi.org/CareerDevelopment/Pages/AboutCredentialsPMP.aspx"
      target="_blank">PMP(Project Management Professional)</a></li>
```

```html
            <li><span class="memberSns">SNS :</span>
                <a href="http://twitter.com/na93008"
                class="ico_twiter" target="_blank">twiter</a> |
                <a href="http://me2day.net/na93008"
                class="ico_me2day" target="_blank">me2day</a></li>
        </ul>
        <article class="memberTomember">
          <h1 class="hiddenTitle">인환씨는-Eun</h1>
          <p>항상 앞에서 묵묵히 이끌어 주고 챙겨 주시는 우리 팀의 멘토...<br />
             첫인상은 강하지만 누구보다도 따뜻한 분입니다.</p>
          <footer>은영</footer>
        </article>
        <article class="memberTomember">
          <h1 class="hiddenTitle">인환씨는-jiNa</h1>
          <p>한발 앞서 생각하시는 만능 과장님<br />
             앞장서서 팀원을 이끌어 주시고 뒤에서 밀어 주시는 든든한 분입니다.<p>
          <footer>진아</footer>
        </article>
      </article>
    </section>
</section><!--End of #Content-->
<footer>
    <h1><img src="../img/common/logo_footer.gif" alt="coforward" /></h1>
    <!-- 내용 생략 -->
</footer><!--End of footer-->
<a class="accesibility" id="skipBottom" href="#skipTop">처음으로 가기</a>
</div><!--End of #Page-->
</body>
</html>
```

구체화된 구성원 소개 페이지의 HTML 5 Markup

    콘텐츠 계획에서 작성된 마크업 계획에 따라 세부 내용을 상세화하였으며, 콘텐츠 계획에서 지정했던 *각 단계의 콘텐츠 제목은 모두 〈h1〉 요소로 마크업되어 있습니다. 〈div id="twitterDiv"〉, 〈div id="Page"〉에 〈div〉 요소가 추가되었지만, 이것은 디자인을 위한 그룹핑이므로 아웃라인에는 영향을 미치지 않습니다.

> **※ 각 단계의 콘텐츠 제목은 모두 〈h1〉 요소로 마크업**
>
> 기존의 HTML의 아웃라인은 헤딩 태그의 레벨을 기준으로 작성되었습니다. 그러나 HTML 5는 헤딩 태그의 레벨과는 상관없이 섹션을 생성하는 요소의 중첩 관계로 아웃라인을 작성합니다. 이런 이유로 예제와 같이 모든 제목 열이 〈h1〉으로 작성되어도 섹션 요소가 적합하게 사용되었다면 아웃라인 구조는 정상적으로 만들어지게 됩니다(이는 XHTML 2.0에서 온 개념이며, XHTML 2.0의 헤딩 태그는 〈h〉로 뒤쪽에 숫자가 없었습니다). 그러나 아직 많은 기기들이 이러한 HTML 5의 섹션 요소에 의한 아웃라인 구조를 이해하지 못하므로 섹션 요소를 사용하더라도 페이지 전체적으로 헤딩 태그의 레벨을 순차적으로 작성하는 것이 좋다는 의견도 있습니다. HTML 5의 지원이 보편화되면 해결될 문제이기는 하지만 현재로서는 일리가 있는 의견이기도 합니다. 다음 그림은 구성원 소개 페이지를 HTML 4.01 기반의 아웃라인 검사 도구로 검사한 결과(왼쪽)와 예상하는 HTML 5의 아웃라인 구조(오른쪽)입니다.
>
>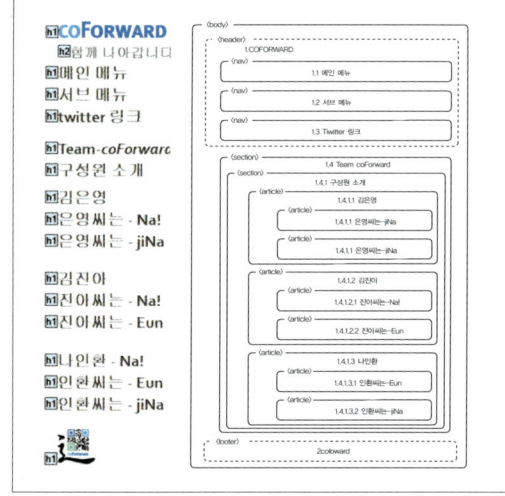
>
> 기존의 기기들은 HTML 5의 아웃라인을 이해하지 못합니다.
>
> 하지만 섹션 요소를 사용하고 헤딩 태그의 레벨을 순차적으로 작성하는 경우에도 문서 전체적으로 헤딩 레벨이 6단계로 제한되어 구조 단계도 6단계 이하로 내려갈 수 없으므로, HTML 5의 입장에서 본다면 제약이 생기는 것이라고 할 수 있습니다. 또한 HTML 5 아웃라인 작성의 우선 순위상 헤딩 레벨보다 섹션 요소의 구성이 우선되므로, 저자자가 이 둘을 모두 고려하여 작성하는 것에도 어려움이 있습니다. 현 시점에서는 어떠한 방법이 전적으로 맞다고 할 수 없는 상황이지만 여기서는 HTML 5의 원론적인 입장에 따라 섹션 요소의 구조에 따른 아웃라인을 기준으로 작성하였습니다.
>
>
>
> HTML 5의 아웃라인을 확인해 볼 수 있는 웹 사이트(http://gsnedders.html5.org/outliner)

작성된 HTML의 아웃라인은 HTML 5 Outliner 웹 사이트(http://gsnedders.html5.org/outliner)에서 온라인상으로 확인할 수 있으며, 크롬 웹 브라우저의 확장 기능을 사용하면 페이지에서 바로 확인할 수도 있습니다.

크롬 웹 브라우저의 HTML 5 Outliner는 크롬 웹 브라우저(https://chrome.google.com/extensions/detail/afoibpobokebhgfnknfndkgemglggomo)를 이용하여 다음 주소로 접속한 후에 설치할 수 있으며, 확장 기능을 설치한 후 HTML 5로 작성된 웹 사이트에 접속하면 크롬 웹 브라우저 주소창에 아웃라인을 확인할 수 있는 버튼이 나타납니다.

크롬 웹 브라우저의 HTML 5 Outliner 확장 프로그램(https://chrome.google.com/extensions/detail/afoibpobokebhgfnknfndkgemglggomo)

위의 두 가지 도구로 확인한 구성원 소개 페이지의 아웃라인은 다음과 같습니다.

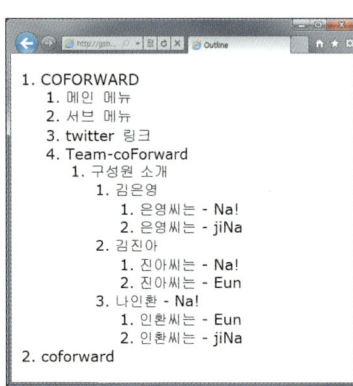

Outliner 웹 사이트의 검사 결과

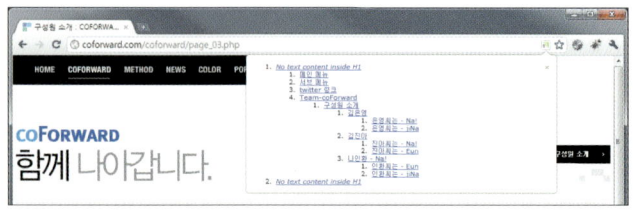

크롬 웹 브라우저의 Outliner 확장 도구의 검사 결과

검사 도구에서 확인된 아웃라인을 보면 콘텐츠 계획과 몇몇 제목의 네이밍을 제외하고는 거의 동일하다는 것을 알 수 있습니다. 이는 정보 구조가 디자인과는 무관하다는 것과 HTML 설계가 디자인과 별개로 이루어질 수 있으며, 그러한 방법이 정보 구조를 더욱 명확하게 설계할 수 있다는 것을 보여 주는 사례라고 할 수 있습니다. 디자인을 위한 요소들은 정보 구조가 작성된 후에 구조를 깨뜨리지 않도록 추가함으로써 원래 계획된 정보 구조를 가지면서도 원하는 디자인을 구현할 수 있습니다. '구성원 소개' 페이지의 예는 섹션 요소에 따라 정보 구조를 추출했습니다. 이러한 아웃라인을 '명시적 아웃라인'이라고 합니다. 만일 하나의 섹션 요소 안에서 다른 섹션 태그를 사용하지 않고 순차적으로 헤딩 태그를 사용하였다면 아웃라인은 섹션 요소 안의 가장 높은 레벨의 헤딩 태그를 기준으로 아웃라인을 구성합니다. 이를 '암묵적 아웃라인'이라고 합니다. 앞에서 HTML 4.01을 기준으로 해당 태그를 사용하여 구조를 구성한 예제 HTML의 DOCTYPE을 HTML 5로 변경하고 아웃라인을 점검해 보겠습니다.

```html
<!DOCTYPE HTML>
<html>
<head>
<meta http-equiv="Content-Type" content="text/html; charset=utf-8" />
<title>웹 표준 기술</title>
<link href="css/sample01.css" type="text/css" rel="stylesheet" />
</head>
<body>
<h1>웹 표준 기술</h1>
<h2>웹 표준 기술은 장치 운영 체제 독립적입니다.</h2>
<p>웹은 다양한 환경에서 정보를 제공하고자 하는 목적을 가지고 탄생했습니다. W3C의 웹 표준은 그리고 웹이 가진 목적을 구현하고, 웹이 가진 모든 가능성을 끌어내기 위해서 제정되었습니다.</p>
<div id="html">
  <h2>HTML</h2>
  <p>HTML에는 웹이 전달하고자 하는 정보가 담겨 있습니다. 따라서 웹이 전달하고자 하는 주요한 정보들은 가능한 한 모두 HTML 안에 담아야 합니다. 현재는 HTML 4.01과 이를 XML로 재구성한 XHTML1.0이 최신 표준이며, 차세대 표준으로 HTML 5가 작성 중입니다.</p>
</div>
<!--End of #html-->
<div id="css">
  <h2>CSS</h2>
```

```
<p>CSS는 웹이 어떻게 보여질 것인가를 담당합니다. 다시 말해서 CSS는 웹의 표현을 제어하는 언어입니다. CSS
level 1이 최신 표준이지만, 권고 후보인 CSS level 2가 사실상의 표준으로 널리 사용되고 있습니다. 현재는
CSS level 3가 작성 중이며, HTML 5와 함께 차세대 웹 표준으로 주목을 받고 있습니다.</p>
</div>
<!--End of #css-->
<div id="javascript">
  <h2>javascript</h2>
  <p>javascript는 웹 브라우저상에서 해석되거나 동작하는 프로그램 언어로 웹의 사용자 측의 동적 요소를 담
  당합니다. 문서를 기존으로 하는 기존의 웹에서는 부가적인 요소였지만, 웹이 애플리케이션화되어 가면서 역할이 점
  차 중요해지고 있습니다.</p>
</div>
<!--End of #javascript-->
<p>웹 표준 기술 요소는 서로 분리된 구조로 사용할 때 장점을 극대화시킬 수 있습니다.</p>
<div id="dateName"><span>2010-12-24</span> <em>coforward</em></div>
</body>
</html>
```

구조적으로 작성된 기존 HTML을 HTML 5로 전환한 소스 코드

이전 HTML과 다르게 변경된 것은 첫 번째 줄에 선언된 DOCTYPE뿐입니다. 위 예제 HTML의 아웃라인은 다음과 같습니다.

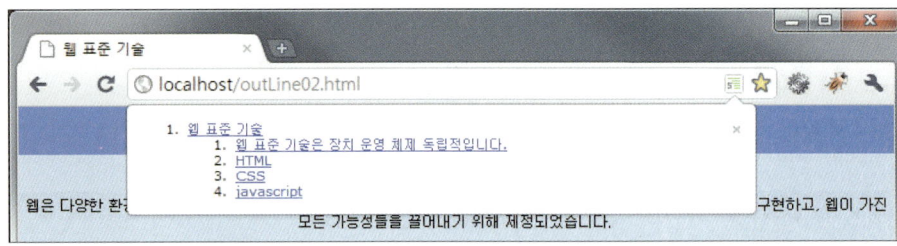

암묵적인 규칙으로 생성된 아웃라인의 예

이처럼 섹션 요소가 없는 경우에는 헤딩 태그의 순차적 순서에 따라 아웃라인이 결정됩니다. 그러므로 복잡한 구성을 가진 구조를 작성할 때는 명시적 아웃라인과 암묵적 아웃라인을 적절히 사용해야 합니다.

■ 〈header〉 〈footer〉 - 섹션 영역별 정보

섹션 요소를 사용하여 정보의 구조를 작성하였다면 〈header〉와 〈footer〉는 섹션 요소로 구분된 콘텐츠 구역에 대한 정보를 지정합니다. 예제 페이지를 보면 〈header〉 태그는 〈div id="Page"〉의 아래와 〈section id="Content"〉 아래에 사용되었습니다. 〈footer〉는 〈div id="Page"〉의 자식 요소와 각 구성원에 대한 상호 평가를 작성한 〈article class="memberTomember"〉의 자식 요소로 사용되었습니다. 이렇게 사용된 각 〈header〉와 〈footer〉의 영향 범위는 서로 다릅니다. 영향 범위는 〈header〉와 〈footer〉의 부모 요소 중 가장 가까운 섹션 요소까지입니다. 예를 들면 〈header class="sloganHeader"〉는 자신을 포함하고 있는 〈section id="Content"〉가 영향 범위입니다. 그러나 〈div id="Page"〉의 자식 요소인 〈header〉는 〈div〉가 섹션 요소가 아니므로, 다음 상위의 섹션 요소인 〈body〉가 영향 범위가 됩니다.

〈header〉의 영향 범위

〈footer〉 역시 섹션 요소인 〈article class="memberTomember"〉 안에서 사용된 요소는 각 〈article〉 요소까지가 〈footer〉의 영향 범위가 되며 〈div id="page"〉의 자식 요소로 사용된 〈footer〉는 〈header〉와 마찬가지로 섹션 요소가 아닌 〈div〉를 넘어 상위의 〈body〉 요소 내부가 영향 범위가 됩니다. heading 요소 (〈h1〉~〈h6〉)도 같은 원리로 자신을 포함한 가장 가까운 섹션 요소가 그 영향 범위입니다.

```html
<article class="depth_01" id="ey">
    <figure>
        <img src="../img/main/member3.jpg" alt="" />
    </figure>
    <h1 class="memberName">김은영</h1>
    <ul class="memberRecord">
        <li>
            <span class="memberRespons">
            <em class="coforward">co<span>Forward</span></em>
            내 역할:</span>시각 설계/시각 디자인/HTML CSS 구성
        </li>
        <li>
            <span class="memberEmail">E-mail:</span>
            <a href="mailto:dms7139@naver.com">dms7139@naver.com</a>
        </li>
    </ul>

    <article class="memberTomember">
        <h1 class="hiddenTitle">은영씨는- Na!</h1>
        <p>화면 구성(CSS)는 물론 콘텐츠 구조(HTML)까지 생각하는 웹 디자이너
        그럼에도 불구하고 작업 속도까지 빠르십니다.<br />
        가끔씩은 부담 작렬 애교도 담당하고 계시지요.</p>
        <footer>인환</footer>
    </article>

    <article class="memberTomember">
        <h1 class="hiddenTitle">은영씨는-jiNa</h1>
        <p>디자인 면에서도 기술적인 면에서도 배우고 따라가야 할 면이 많은 선배님~<br />
        애교도 배워야 하나..;;<p>
        <footer>진아</footer>
    </article>

</article><!-- End of #ey -->
```

서로 다른 영향 범위를 갖는 heading과 〈footer〉 요소

■ 부제목을 쓸 수 있는 〈hgroup〉

〈hgroup〉은 HTML 5에 새롭게 추가된 요소로, 하위 요소로는 〈h1〉부터 〈h6〉까지의 헤딩 태그만을 포함할 수 있습니다. 헤딩 태그만 가질 수 있는 요소의 목적은 아웃라인이 변경되지 않고 부제목을 쓸 수 있도록 하는 데 있습니다. 〈hgroup〉이 아웃라인에 어떤 영향을 미치는지 예제를 통해 알아보겠습니다. 아웃라인의 예제로 보고 있는 coForward의 구성원 소개 페이지에도 〈hgroup〉이 사용된 부분이 있습니다. 즉, 페이지의 최상위 〈header〉 부분으로 〈hgroup〉이 사용된 부분의 코드는 다음과 같습니다.

```html
<!--head 부분 생략-->
  <body>
  <a class="accesibility" id="skipTop" href="#Content">
        콘텐츠 바로가기</a>
  <div id="Page">
      <header>
        <hgroup>
          <h1>
            <img src="/img/common/logo_textType.gif" alt="COFORWARD" />
          </h1>
          <h2 id="titleCoforward">함께 나아갑니다.</h2>
        </hgroup>
        <nav id="navMain">
<!--이하 생략-->
```

coFoward 구성원 소개 페이지 중 〈hgroup〉이 사용된 부분

coFoward 웹 사이트의 상단은 모두 위와 같이 〈hgroup〉 안에 이미지 로고를 포함한 〈h1〉과 카테고리별 타이틀을 작성한 〈h2〉를 가지고 있습니다. 여기서 〈hgroup〉의 역할을 확인하기 위해서는 아웃라인을 점검하면 됩니다. 이해를 돕기 위해 이전 버전 HTML을 위한 아웃라인 검사기와 비교해 보겠습니다.

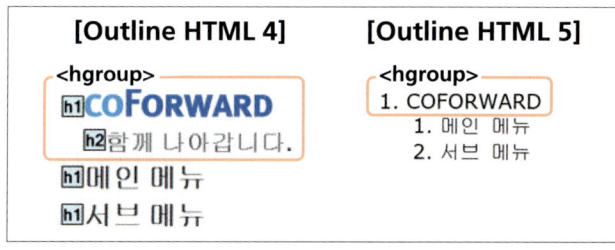

〈hgroup〉 부분의 아웃라인

위 그림은 coforward 웹 사이트에서 〈hgroup〉 요소가 사용된 부분을 HTML 4용 아웃라인 검사기와 HTML 5용 아웃라인 검사기로 체크한 것입니다. HTML 4 버전의 아웃라인에서는 〈hgroup〉 안에 있는 〈h1〉, 〈h2〉 모두 아웃라인에 포함되었지만 HTML 5의 아웃라인에서는 〈hgroup〉의 가장 최상위 헤딩 요소만이 아웃라인에 반영됩니다. 여기서는 〈h1〉과 〈h2〉 두 개의 요소가 사용되었으므로, 아웃라인에는 〈h1〉의 콘텐츠인 'COFORWARD'만이 반영되었습니다. 〈hgroup〉은 이렇듯 아웃라인을 명확하게 유지하기 위한 요소입니다. 이러한 목적을 가진 태그가 있다는 것은 HTML 5에서 아웃라인이 갖는 중요성을 나타내는 것이라 할 수 있을 것입니다.

■ Sectioning Root - 주된 아웃라인과 독립된 정보의 흐름

앞에서 예로 사용한 '구성원 소개' 페이지의 아웃라인은 다음과 같습니다.

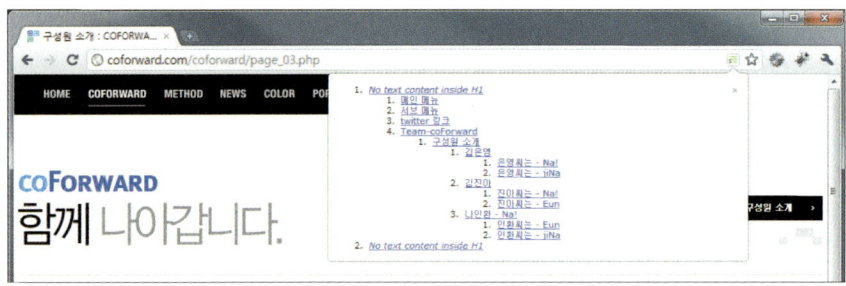

구성원 소개의 원래 아웃라인

Sectioning Root가 어떻게 적용되는지 알아보기 위해 앞서 보았던 '구성원 소개'의 코드를 일부 변경해 보겠습니다. 원래 '구성원 소개' 소스 코드에 '진아' 씨를 소개하는 〈article〉을 〈blockquote〉 요소로 감쌌습니다. 소스 코드의 길이가 길어 변경 부분만을 표시하였지만 이 밖에 변경한 사항은 없습니다.

```
<!--이전 생략-->
<blockquote>
    <article class="depth_01" id="jina">
        <figure>
            <img src="../img/main/member1.jpg" alt="" />
        </figure>
        <h1 class="memberName">김진아</h1>
```

```
            <ul class="memberRecord">
              <li><span class="memnerRespons">
                  <em class="coforward">co<span>Forward</span></em>
                  내 역할:</span>시각설계/시각 디자인/HTML CSS 구성</li>
              <li><span class="memberEmail">E-mail :</span>
                  <a href="mailto:child_a@naver.com">child_a@naver.com</a></li>
            </ul>
            <article class="memberTomember">
              <h1 class="hiddenTitle">진아씨는-Na!</h1>
              항상 공부하고 연구하는 웹 디자이너<br />
              팀원들이 폭주하는 상황에서도 침착함을 잃지 않고 중심을 잡는 분입니다.
              <footer>인환</footer>
            </article>
            <article class="memberTomember">
              <h1 class="hiddenTitle">진아씨는-Eun</h1>
              언제나 진지하게 고민하고 발전하는 웹 디자이너<br />
              든든하기도 하고 귀엽기도 한 다채로운 매력의 우리 팀 막내입니다.
              <footer>은영</footer>
            </article>
        </article>
    </blockquote>
    <!--이후 생략-->
```

〈blockquote〉가 추가된 소스 코드

위와 같이 수정된 페이지의 아웃라인을 검사하면 다음과 같습니다.

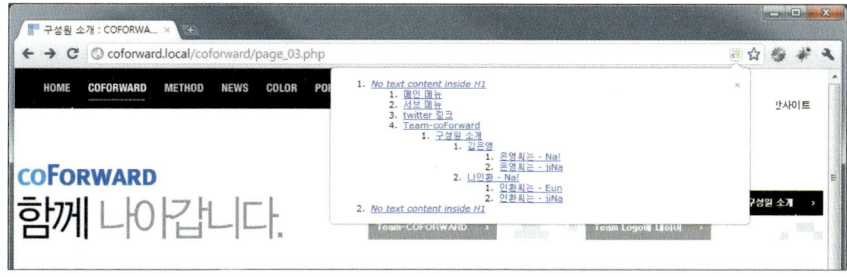

변경된 구성원 소개의 아웃라인

변경된 페이지에서는 원래 '구성원 소개' 하위의 두 번째 아웃라인이었던 '김진아'가 빠진 것을 확인할 수 있습니다. ⟨blockquote⟩는 다른 곳에서 인용한 블록이므로 원래의 정보 구조에 영향을 미치지 않는 것이 HTML 요소의 의미론적으로 올바르다고 할 수 있습니다.

이처럼 Sectioning Root는 자신을 포함하는 정보 구조와는 독립적인 정보 구조를 생성하는 요소들입니다. 그러므로 Sectioning Root의 콘텐츠는 자신을 포함한 아웃라인에는 반영되지 않습니다. Sectioning Root에 속하는 요소로는 ⟨body⟩, ⟨blockquote⟩, ⟨td⟩, ⟨fieldset⟩, ⟨figure⟩, ⟨details⟩를 들 수 있습니다.

지금까지 HTML 5의 아웃라인 알고리즘과 그를 구성하는 ⟨h1⟩~⟨h6⟩까지의 Heading 태그, ⟨section⟩, ⟨article⟩, ⟨header⟩, ⟨footer⟩ 그리고 주 아웃라인에 영향을 미치지 않고 독립적인 정보 구조를 시작하는 Sectioning Root에 대해 알아보았습니다. 다시 한 번 말하지만 HTML은 정보를 구성하는 마크업 언어이며, 아웃라인 알고리즘은 기존의 HTML에서는 없었던 기계적으로 정보 구조를 파악할 수 있는 개념입니다. 아웃라인 알고리즘은 HTML을 문서로 바라보았을 때 기존의 HTML과 가장 크게 차이가 나는 개념이며, HTML 5가 새로 추가한 태그의 대부분이 이를 위한 것임을 볼 때 HTML 5에서 아웃라인 알고리즘이 갖는 중요성을 알 수 있을 것입니다.

6 | 텍스트 의미 요소의 강화 – 텍스트 시멘틱 요소

HTML 5가 정보 구조의 큰 흐름을 섹션 요소를 통하여 정의하였다면 세부적인 단어나 문장에 대한 정보 의미는 텍스트 시멘틱 요소를 세부적으로 다시 정리하여 강화하였다고 볼 수 있습니다. 의미가 새롭게 정의된 요소 중에는 XHTML 2.0에서 폐기하려 했던 ⟨b⟩나 ⟨i⟩와 같은 것들이 있습니다. 그러나 이러한 요소들도 사용하는 목적이 새롭게 정의되었으므로 HTML 5가 정보 구조 안에 표현 요소를 포함하는 것을 허용한다고 보기 어렵습니다. 이번에는 HTML 5에서 새롭게 추가된 요소들을 중심으로 기존의 HTML 4와 사용하는 방법이 크게 달라졌거나 새롭게 추가된 속성이 있는 요소들에 대하여 알아보겠습니다.

■ ⟨a⟩ – 접속 통계를 위한 기능의 추가

예제 파일   http://book.coforward.com/sample/html5_text/01_a_HTML4.html
http://book.coforward.com/sample/html5_text/01_a_HTML5.html

⟨a⟩는 하이퍼링크를 작성하는 요소로, 어떻게 보면 HTML에서 가장 중요한 요소라고 할 수 있을 것입니다. HTML 5에서도 이 기본적인 기능은 변함이 없지만 사용할 수 있는 방법이 확장되었으며, ping이라는 신규 속성이 추가되었습니다. HTML 4.01까지 ⟨a⟩는 Inline Level Element였으므로 ⟨div⟩와 같은 Block Level Element를 포함할 수 없었습니다. 그러므로 다음과 같은 HTML 코드는 유효성 검사를 통과하지 못했습니다.

```html
<!DOCTYPE html PUBLIC "-//W3C//DTD XHTML 1.0 Transitional//EN"
"http://www.w3.org/TR/xhtml1/DTD/xhtml1-transitional.dtd">
<html xmlns="http://www.w3.org/1999/xhtml">
<head>
<meta http-equiv="Content-Type" content="text/html; charset=utf-8" />
<title>기존 HTML에서 &lt;a&gt;</title>
</head>

<body>
<h1>기존 HTML에서 &lt;a&gt;</h1>
    <h2>&lt;a&gt;는 HTML 4.01기준으로는 Inline Level Element입니다.</h2>
    <a href="http://coforward.com">
      <p> HTML 4.01 기준으로는 Inline Level Element가 Block Level Element를 포함할
      수 없으므로 이 코드는 유효성 검사를 통과하지 못합니다. </p>
    </a>
    <p>
      <a href="http://coforward.com">그러므로 올바르게 링크를 사용하기 위해서는 이 문장에서
      와 같이 <strong>Inline Level Element만</strong>을 포함해야 했습니다.</a>
    </p>
</body>
</html>
```

HTML 4.01에서는 유효하지 않았던 ⟨a⟩ 요소의 사용 방법

그러나 HTML 5에서는 콘텐츠 요소로 다른 〈a〉나 〈button〉 등과 같은 Interactive Group에 속하는 요소들을 포함할 수 없다는 제한만 지켜진다면, 위와 같이 HTML 4에서는 유효하지 않았던 코드도 유효한 코드가 됩니다.

```
<!DOCTYPE HTML>
<html>
<head>
<meta http-equiv="Content-Type" content="text/html; charset=utf-8">
<title>HTML 5에서 &lt;a&gt;</title>
</head>

<body>
<h1>HTML 5에서 &lt;a&gt;</h1>
<a href="http://coforward.com">
    <section>
        <h1>HTML 5에서는</h1>
        <p>HTML 5에서 &lt;a&gt;는 콘텐츠 요소로 Interactive Group Element가 없다면 콘텐츠 영역 전체에 하이퍼링크를 걸 수 있습니다.</p>
    </section>
</a>
</body>
</html>
```

HTML 5에서 유효한 사용법

또한 〈a〉 요소에서 기존에는 없었던 ping이라는 속성이 추가되었습니다. 이는 사용자나 정보 구조를 위한 것이 아닌 웹 사이트의 운영자들을 위한 기능처럼 보입니다. 기존에 웹 사이트에서 사용자의 이동 경로를 파악하기 위해서는 〈a〉 링크의 동작을 자바스크립트와 연결하여 ajax를 이용한 분석 스크립트가 존재하는 서버로 정보를 전달하거나 href의 URL를 분석 스크립트로 지정하고, 사용자가 요청하는 페이지는 변수로 전달하여 분석 스크립트가 사용자가 요청한 페이지로 다시 연결해 주는 방식을 사용했습니다. 그러나 이러한 방법은 자바스크립트에 의존적이며 서버 측 처리 방법은 사용자에게 정상적인 URL을 제공하지 못한다는 단점이 있었습니다.

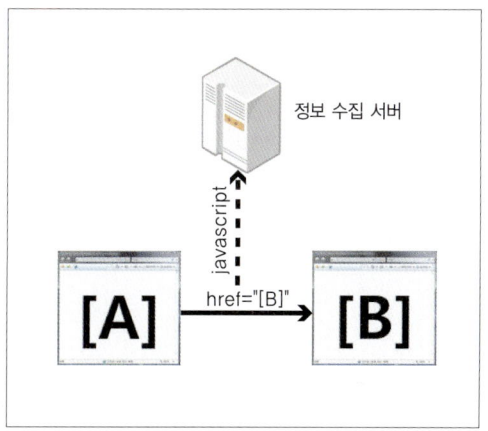
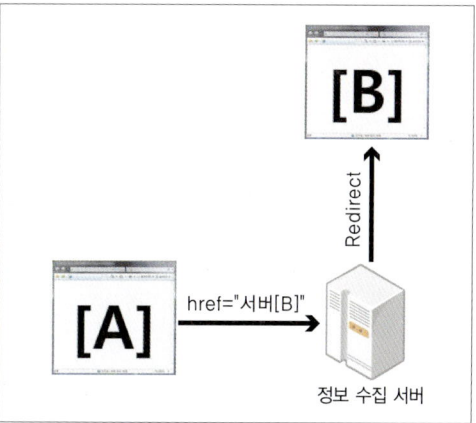

자바스크립트를 이용한 이동 경로의 추적　　　　서버의 Redirect를 이용한 이동 경로 추적

〈a〉 요소에 새롭게 추가된 ping 속성은 이와 같은 문제를 해결할 수 있도록 해당 링크가 클릭될 때 ping에 지정된 분석 스크립트로 링크가 작동하는 정보를 전송하게 됩니다. 그러나 2011년 2월 현재까지 이 기능을 지원하는 웹 브라우저는 없습니다.

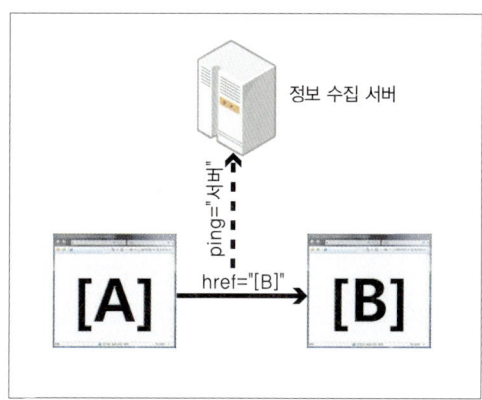

HTML 5의 이동 경로 추적

■ **〈em〉/〈strong〉 - 중요한 구문을 나타내는 요소**

예제 파일　http://book.coforward.com/sample/html5_text/02_em_strong.html

　　기존의 HTML 규칙에서 〈strong〉은 〈em〉과 함께 강조의 의미를 가진 요소였으며, 일반적으로 〈strong〉이 〈em〉보다 더 강한 의미로 사용되었습니다. HTML 5에서는 〈em〉과 〈strong〉의 사용이 구분되었습니다. 〈em〉은 기존대로 강조하는 의미로 사용되지만 〈strong〉은 중요성의 의미로 사용됩니다. 좀 더 구체적으로 설명하면 〈em〉이 웹 저작자가

주관적으로 강조하고 싶은 내용이라면 〈strong〉은 그 내용 자체로 사용자에게 중요한 내용이라고 할 수 있습니다.

```html
<!DOCTYPE HTML>
<html>
<head>
<meta http-equiv="Content-Type" content="text/html; charset=utf-8">
<title>HTML 5에서 강조</title>
</head>

<body>
<h1>HTML 5에서 강조</h1>
<p>
    team <em class="coforward">co<span>Forward</span></em>의 관리자 웹 사이트입니다.<br /> <strong>보안을 위해 반드시 로그아웃하여 주시기 바랍니다.</strong>
</p>
</body>
</html>
```

〈em〉 요소와 〈strong〉 요소의 사용 사례

위의 예에서 보면 〈em class="coforward"〉는 웹 사이트의 저작자가 팀명을 강조하기 위해 사용한 구문으로 사용자 입장에서 반드시 중요하다고 볼 수 없는 부분입니다. 그러나 〈strong〉으로 표시된 "보안을 위해 반드시 로그아웃하여 주시기 바랍니다." 부분은 저작자가 강조하지 않는다고 하더라도 사용자에게는 중요한 정보입니다. 이처럼 HTML 5에서는 〈em〉과 〈strong〉의 용도가 명확하게 구분되었습니다.

■ 〈time〉 - 날짜와 시간을 위한 신규 요소

예제 파일 http://book.coforward.com/sample/html5_text/03_time.html

〈time〉은 날짜와 시간 정보를 위해 HTML 5에서 새로 추가된 요소입니다. 〈time〉 요소로 시간을 표시하는 방법으로는 콘텐츠 요소로 표시하는 방법과 datetime 속성으로 표시하는 방법이 있습니다.

```
<!DOCTYPE HTML>
<html>
<head>
<meta http-equiv="Content-Type" content="text/html; charset=utf-8">
<title>HTML 5의 &lt;time&gt;</title>
</head>

<body>
    <h1>시간을 표시하는 새 요소 &lt;time&gt;</h1>
    <section>
        <h1>시간을 콘텐츠 요소로 표시하는 방법</h1>
        <p>&lt;time&gt; 요소의 시간을 콘텐츠 요소로써 표시하기 위해서는 지정된 형식에 맞도록 콘텐츠
        요소를 작성해야 합니다. </p>
        <p>한국 시간으로 2011년 첫날은
        <time>2011-01-01T100:00:00+09:00</time>부터입니다. </p>
    </section>
    <section>
        <h1>시간을 datetime 속성으로 표시하는 방법</h1>
        <p>일반 사용자들을 위해서라면 datetime 속성을 이용하여 작성하는 것이 유리합니다. </p>
        <p>가을이 끝나던 <time datetime="2010-11-30">그 날</time>이 Team coForward
        의 시작이었습니다. </p>
    </section>
</body>
</html>
```

〈time〉 요소를 이용한 시간 표시 방법

콘텐츠 요소로 시간을 표시할 때는 기계가 인식할 수 있도록 특정한 양식에 따라 시간 정보를 작성하여야 합니다. 그러나 일반적인 사용자들에게 제공하는 정보라면 다양한 형식을 사용할 수 있어야 할 것입니다. 그러므로 콘텐츠 요소로 기계가 인식할 수 있는 작성 방법보다는 기계를 위한 형식은 datetime 속성을 이용하고, 콘텐츠 요소는 사람에게 더 친근한 방식으로 표시하는 방법이 주로 사용될 것입니다. 〈time〉 요소의 다른 속성으로는 pubdate라는 속성이 있습니다. 〈time〉 요소에 이 속성이 적용되면 〈time〉을 포함하고 있는 가장 가까운 상위 섹션 요소의 내용이 작성된 시기로 인식합니다. 이 속성은 블로그의 포스트 내용이나 뉴스 웹 사이트의 기사 등이 작성된 시간을 표시하는 데 사용할 수 있습니다.

coforward의 News 페이지는 각 뉴스 하단 부분에 pubdate를 사용하여 해당 뉴스의 작성일을 표시하고 있습니다.

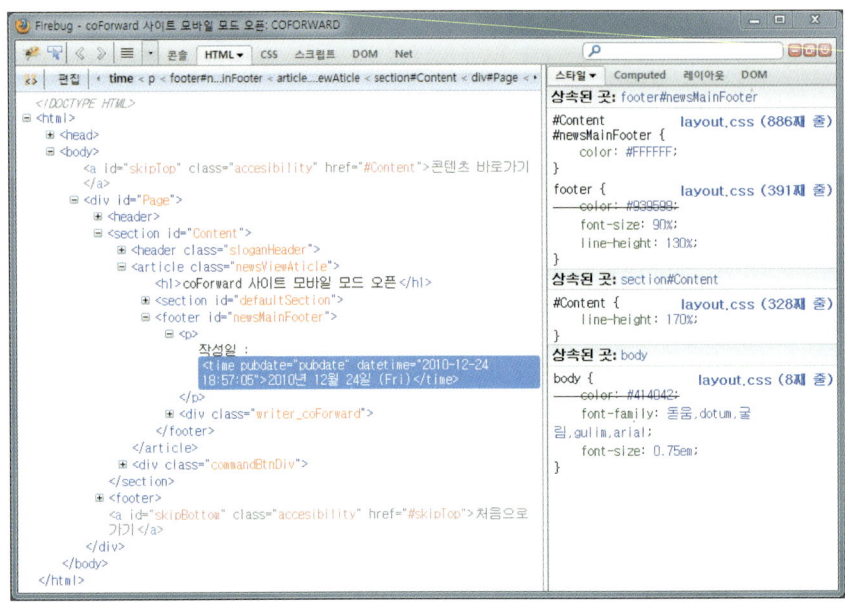

pubdate 속성을 이용한 작성일의 표시

이와 같이 작성되는 시간이 의미를 가질 수 있는 기사와 같은 특성을 가진 콘텐츠의 〈section〉 또는 〈article〉별로 〈time〉 요소가 작성되면 해당 내용이 언제 발행된 내용인지를 기계적으로도 파악할 수 있게 될 것입니다.

■ 〈mark〉 - 임의적 강조 사용자에 의한 강조를 위한 요소

〈mark〉는 임의적 강조를 나타내기 위해 HTML 5에서 새로 추가된 요소입니다. 〈mark〉의 용도를 쉽게 설명하자면 웹에서의 형광펜과 같은 역할이라고 생각하면 됩니다. 다시 말해 〈em〉이나 *〈strong〉 요소와 같이 작성자가 강조하고자 하는 콘텐츠나 내용면에서 중요한 부분은 아니지만 사용자 필요에 의해 강조되는 부분이라 할 수 있습니다. 〈mark〉 요소가 사용될 수 있는 예로는 검색 결과 페이지에서 검색 키워드 부분을 표시하는 용도 등을 들 수 있습니다.

> *** ⟨strong⟩, ⟨em⟩, ⟨mark⟩**
>
> 일반적으로 HTML 4 기반에서 강조를 나타내는 요소는 ⟨strong⟩이었습니다. ⟨em⟩도 있었지만 그렇게 사용 빈도가 높지는 않습니다. 이는 강조에 '약한'이라는 개념이 어울리지 않기 때문이 아닐까 합니다. HTML 5에서는 기존에 강조를 나타내던 요소의 의미가 변경되었으며, ⟨mark⟩라는 요소가 강조를 나타내는 요소로 새롭게 추가되었습니다. 기존에 강조를 내타내는 요소의 구분이 강조의 정도로 구분되었다면 HTML 5에서는 강조의 주체에 의해 구분되는 양상을 보입니다. 다음은 HTML 4와 HTML 5에서 강조를 나타내는 요소들을 비교한 표입니다.
>
> | Element | HTML 4 | HTML 5 |
> | --- | --- | --- |
> | ⟨strong⟩ | 강한 강조 | 콘텐츠 내용에 의한 객관적 강조 |
> | ⟨em⟩ | 약한 강조 | 웹 저작자에 의한 주관적 강조 |
> | ⟨mark⟩ | - | 사용자에 의한 임의적 강조 |
>
> 강조를 표시하는 요소들

■ ⟨ruby⟩, ⟨rt⟩, ⟨rp⟩ - 루비 텍스트를 위한 새 요소

예제 파일   http://book.coforward.com/sample/html5_text/04_ruby.html

루비는 한자의 독음 등을 표시하기 위하여 작은 글자를 표시하는 것을 말합니다.

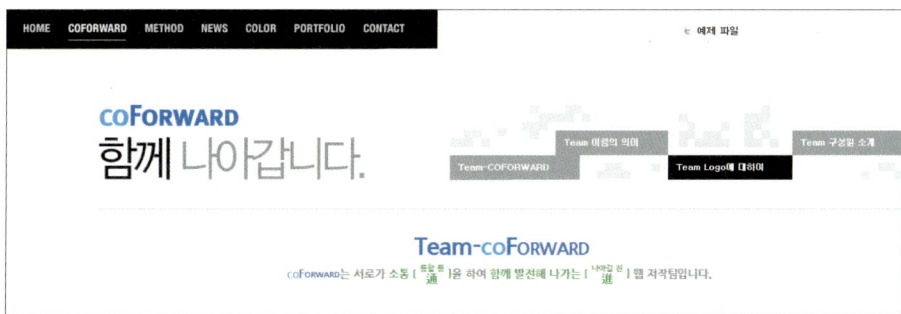

⟨ruby⟩ 요소의 사용 사례(http://coforward.com/coforward/page_02.php)

⟨ruby⟩ 요소로 루비 요소를 지정하고 ⟨rt⟩로 루비 요소 콘텐츠에 해당하는 루비 텍스트를 표시합니다. 다음은 위 사용 사례에서 루비가 사용된 부분을 재구성한 것입니다.

```
<!DOCTYPE HTML>
<html>
<head>
<meta http-equiv="Content-Type" content="text/html; charset=utf-8">
<title>HTML 5의 &lt;ruby&gt;</title>
</head>

<body>
    <h1>HTML 5의 &lt;ruby&gt;</h1>
    <p class="slogan">
    <em class="coforward">co<span>Forward</span></em>는 서로가 <strong>소통
    [<ruby>通<rp>(</rp><rt>통할 통</rt><rp>)</rp></ruby>] </strong>을 하여
    <strong>함께 발전해 나가는 [<ruby>進<rp>(</rp><rt>나아갈 진</rt><rp>)</rp></ruby>]
    </strong> 웹 저작팀입니다.
    </p>
</body>
</html>
```

〈ruby〉 요소의 예

〈rp〉는 〈ruby〉를 지원하지 않는 웹 브라우저에 대응하기 위한 요소로, 일반적으로 괄호를 사용하여 〈ruby〉의 콘텐츠 요소와 루비 텍스트를 구분합니다. 〈ruby〉를 지원하지 않는 웹 브라우저에서 위 예제 페이지의 루비 사용 부분은 다음과 같이 표시됩니다.

Team-coFORWARD

coFORWARD는 서로가 소통 [通 (통할 통)]을 하여 함께 발전해 나가는 [進 (나아갈 진)] 웹 저작팀입니다.

〈ruby〉가 지원되지 않는 환경에서 〈rp〉의 표시

7 | 사용자의 입력을 검증하고 도와주는 서식 요소 - Form

HTML 5에서 정보 구조용 요소들과 함께 가장 많이 추가된 부분은 서식 요소라고 할 수 있습니다. HTML 5의 서식 요소는 사용자의 입력을 가이드하고, 기존에는 자바스크립트로 구현해야 했던 입력값에 대한 검증 기능과 자체적으로 검증할 수 있는 기능이 추가되었습니

다. 또한 〈progress〉와 같이 진행 상황을 표시할 수 있는 요소도 추가되어 서식 요소 또한 웹의 애플리케이션화라는 흐름에 대응하고 있음을 엿볼 수 있습니다. 하지만 서식 요소의 *지원 정도는 웹 브라우저별로 차이가 있습니다.

> *** 지원 정도는 웹 브라우저별로 차이가 있습니다**
>
> HTML 5에서 추가된 새로운 폼(form) 기능을 HTML 5의 다른 기능들과 비교하면 다소 지원이 느립니다. 2010년 12월 현재도 다른 기능들에 비교하면 각 웹 브라우저별로 지원 정도의 차가 큰 편입니다. HTML 5의 새로운 폼 기능은 오페라 웹 브라우저가 가장 빠르게 대응하고 있습니다. 이러한 웹 브라우저별 HTML 5 지원 정도의 차이는 findmebyIP(http://www.findmebyip.com)에서 CSS 3 및 API 지원 현황과 함께 제공되고 있습니다.
>
>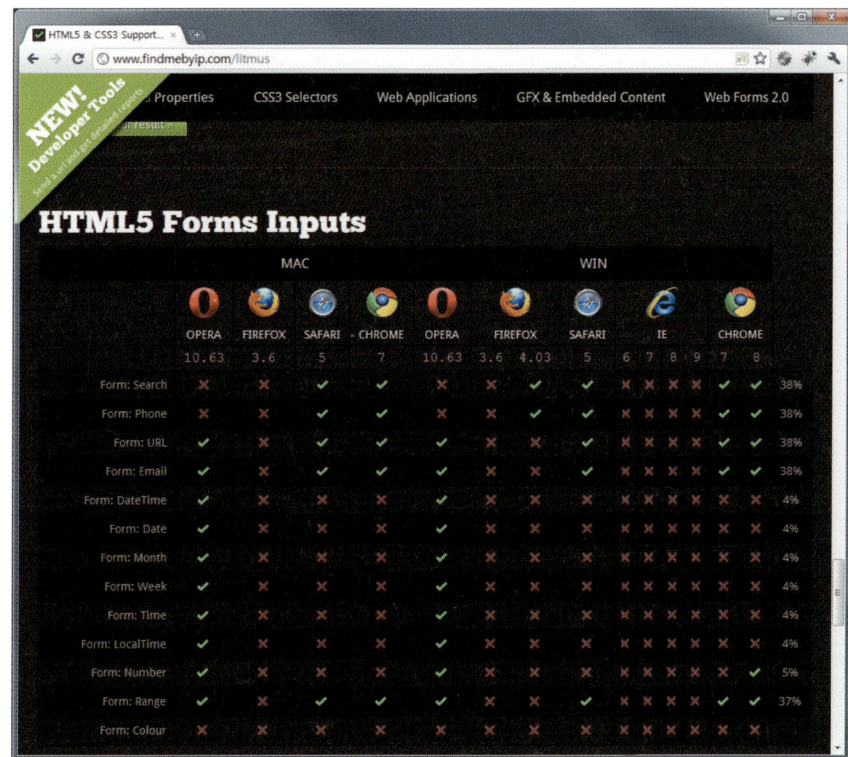
>
> findmebyIP에서 확인한 웹 브라우저별 HTML 5의 폼 기능 지원 정도(http://www.findmebyip.com/litmus)
>
> 2011년 2월 현재 HTML 5에서 추가된 〈form〉 기능은 오페라 웹 브라우저가 가장 잘 구현하고 있습니다. 따라서 새로운 〈form〉 기능을 테스트할 때는 오페라 웹 브라우저를 사용하기 바랍니다.

■ 〈input〉 - 세분화된 입력 정보의 구분

예제 파일 http://book.coforward.com/sample/html5_form/01_input_type.html

〈input〉 요소는 가장 기본적인 서식 컨트롤 요소로 type 속성을 이용하여 입력 형태를 결정합니다. 기존의 HTML에서는 text, password, radio, checkbox, button으로 특별한 형태를 제외하면 거의 모든 정보를 text로 처리했습니다. HTML 5에서는 〈input〉 요소의 type 종류가 큰 폭으로 증가하여 사용자의 입력 데이터를 좀 더 구체적이고 세부적으로 구분하였으며, 기존에는 없었던 인터페이스도 지원하게 되었습니다. 다음은 HTML 5에서 새로 추가된 〈input〉 요소의 type과 그 용도입니다.

HTML 코드	용도
〈input type="search" /〉	검색어의 입력
〈input type="tel" /〉	전화번호의 입력
〈input type="url" /〉	URL의 입력
〈input type="email" /〉	email 주소의 입력
〈input type="datetime" /〉	표준시를 기준으로 한 날짜와 시간의 입력
〈input type="date" /〉	날짜의 입력
〈input type="week" /〉	주차의 입력
〈input type="month" /〉	월의 입력
〈input type="time" /〉	시간의 입력
〈input type="datetime-local" /〉	지역 시간의 입력
〈input type="number" /〉	숫자 데이터의 입력
〈input type="range" /〉	슬라이더 타입의 입력 인터페이스
〈input type="color" /〉	색상의 입력

HTML 5에서 추가된 〈input〉 요소의 type

새로 추가된 type은 웹 브라우저별로 새로운 인터페이스를 제공하기도 합니다. 다음은 비교적 〈form〉의 새로운 기능을 많이 지원하고 있는 오페라 웹 브라우저(오페라 11)에서 지원하는 〈input〉 type별 새로운 인터페이스의 예시입니다.

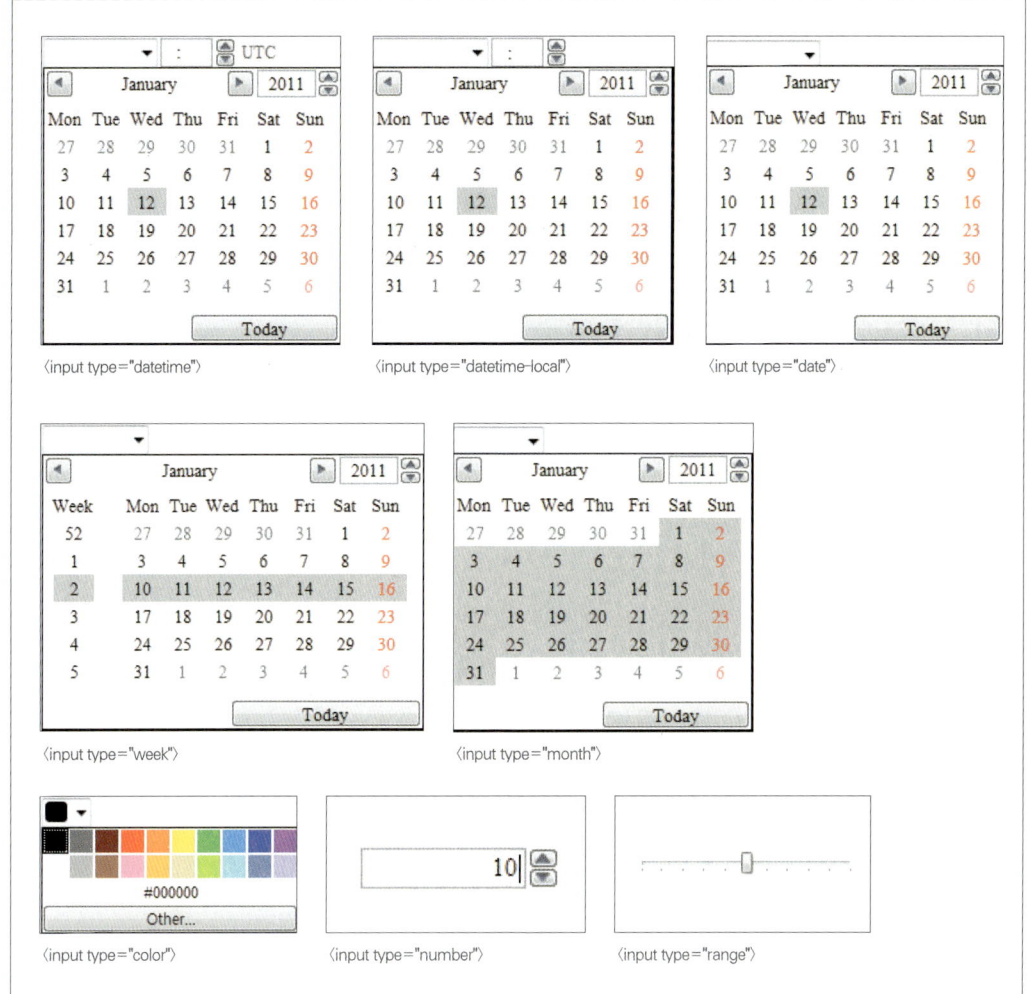

오페라 브라우저에서 지원하는 〈input〉 type별 유저 인터페이스

　이 밖의 type 속성들은 기본적인 〈input type="text"〉와 동일한 형태로 표시됩니다. 하지만 위와 같은 형태는 *웹 브라우저나 운영 체제마다 다르게 구현될 수 있습니다.

　또한 기존의 〈input type="text"〉와 동일하게 표시되는 〈input type="email"〉 〈input type="number"〉같은 경우에도 사용자 도구가 입력 형식 내용을 판단할 수 있으므로 웹 브라우저 자체의 입력값 검증이나 사용자의 입력의 편의를 높여 줄 수 있는 기능을 제공할 수 있습니다. 예를 들면 아이폰의 운영 체제는 입력 필드의 type 속성에 따라 그에 맞는 가상 키보드를 표시해 줍니다.

 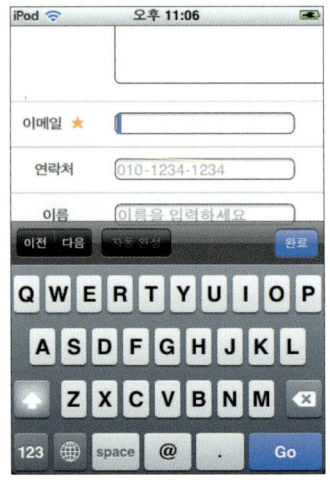 

〈input type="text"〉　　　　〈input type="email"〉　　　　〈input type="tel"〉

아이폰 운영체제의 입력 필드 - type 속성에 따른 키보드의 제공

세분화된 〈input〉의 type 속성으로 작성된 서식을 아이폰을 이용하여 입력해 보면 〈input type="text"〉로 작성된 제목 부분은 일반적인 키보드가 표시되지만 〈input type="email"〉로 작성된 이메일 입력 필드에서는 "@"와 "."이 표시된 키보드가, 〈input type="tel"〉로 작성된 연락처 입력 필드에서는 키패드가 자동으로 표시됩니다.

> **여기서 잠깐**
>
> * **웹 브라우저나 운영 체제마다 다르게 구현될 수 있습니다**
> 웹 페이지 서식 요소의 형태는 기본적으로 사용자의 웹 브라우저나 운영 체제에서 지원하는 형태를 따르도록 되어 있습니다. 이는 사용자가 계속 사용해 오던 일관적인 인터페이스를 유지하기 위해서입니다.

■ **〈output〉 - 서식의 출력 요소**

예제 파일   http://book.coforward.com/sample/html5_form/02_output.html

〈output〉 요소는 사용자가 입력을 받기 위한 요소가 아니라 서식에서 출력용으로 사용하는 요소입니다. 예를 들어 상품과 구매 개수를 선택하면 결제 금액이 계산되어 표시되는 기능은 이 〈output〉 요소를 사용하여 작성할 수 있습니다.

```
<!DOCTYPE HTML>
<html>
<head>
<meta http-equiv="Content-Type" content="text/html; charset=utf-8">
<title>&lt;output&gt;</title>
</head>

<body>
<h1>&lt;output&gt;-서식의 출력 요소</h1>
<form id="outputTest" action="00_action.php" method="post">
    <label for="unitCost">상품</label>
    <select id="unitCost" name="unitCost">
        <option value="100">상품A : 단가 100원</option>
        <option value="200">상품B : 단가 200원</option>
        <option value="300">상품C : 단가 300원</option>
        <option value="400">상품D : 단가 400원</option>
    </select>
    <label for="count">수량</label>
    <input id="count" name="count" type="number"/>
    <label for="totalCost">결제 금액</label>
    <output id="totalCost" name="totalCost"
    onFormInput="value=unitCost.value*count.value"></output>
    <button type="submit">전송</button>
</form>
</body>
</html>
```

〈output〉 요소의 예

〈output〉 요소는 서식 입력을 진행하는 동안 사용자에게 전달한 정보를 출력하는 요소이므로 서버로 전송되지 않습니다.

■ 〈keygen〉 - 공개키 쌍을 생성

예제 파일 http://book.coforward.com/sample/html5_form/03_keygen.html

〈keygen〉은 폼 전송의 보안을 위한 키 쌍을 생성하는 요소입니다.

```
<!DOCTYPE HTML>
<html>
<head>
<meta http-equiv="Content-Type" content="text/html; charset=utf-8">
<title>&lt;keygen&gt;</title>
</head>

<body>
<h1>&lt;keygen&gt;-암호화를 위한 키쌍의 생성</h1>
<form id="outputKeygen" action="00_action.php" method="post">
    <label for="key">암호화의 정도</label>
    <keygen id="key" name="key" />
    <button type="submit">전송</button>
</form>
</body>
</html>
```

〈keygen〉 요소의 예

〈keygen〉 요소를 작성하면 웹 브라우저가 제공하는 암호화의 정도가 표시됩니다. 〈keygen〉 요소가 포함된 〈form〉을 전송하면 서식에 입력된 값들과 함께 웹 브라우저가 생성한 공개키를 전송합니다.

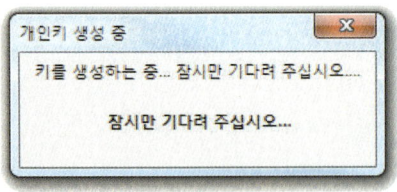

〈keygen〉 요소의 전송 예(파이어폭스)

■ 〈progress〉 - 진행율의 표시

예제 파일 http://book.coforward.com/sample/html5_form/04_progress.html

〈progress〉는 진척되는 정도를 표시해 주는 요소입니다. 예를 들면, 다운로드가 진척되는 상황 등 주로 웹 사이트를 사용하면서 동적인 진척이 이루어지는 곳에서 사용될 수 있습니다. 〈progress〉는 최소값이 0으로 고정되어 있으므로, min 속성이 없습니다.

```
<!DOCTYPE HTML>
<html>
<head>
<meta http-equiv="Content-Type" content="text/html; charset=utf-8">
<title>&lt;progress&gt;</title>
</head>

<body>
<h1>&lt;progress&gt;-진행 상황의 표시</h1>
<form id="progressTest" action="00_action.php" method="post">
    <label for="progress">진행 상황</label>
    <progress id="progress" name="progress" max="1" value="0.7">70%</progress>
    <button type="submit">전송</button>
</form>
</body>
</html>
```

〈progress〉 요소의 예

〈progress〉 요소도 사용자에게 입력을 받는 요소라기보다는 〈output〉과 같이 사용자에게 현재 상황을 전달하는 목적을 가지고 있으며, 서버로 전송되지는 않습니다.

■ 〈meter〉- 정도의 표시

예제 파일   http://book.coforward.com/sample/html5_form/05_meter.html

〈meter〉는 지정된 값의 범위 중 현재 값을 표시해 주는 요소입니다. 요소의 성격은 〈progress〉와 유사하다고 할 수 있겠지만 〈progress〉는 주로 동적으로 변화하는 상황을 나타내며 〈meter〉는 *비교적 정적인 수치를 나타냅니다. 또한 〈progress〉와는 달리 최소값 min과 최대값 max의 속성을 모두 지정해야 합니다.

> **여기서 잠깐**
>
> * **비교적 정적인 수치를 나타냅니다**
> 크롬 웹 브라우저에서 〈progress〉는 애니메이션 효과가 있는 바를 표시하지만 〈meter〉를 표시하는 바는 애니메이션 효과가 없습니다.
>
>
>
> 크롬 웹 브라우저에서 〈progress〉(진행 상황)와 〈meter〉(사용 상황)의 표시 형식

```html
<!DOCTYPE HTML>
<html>
<head>
<meta http-equiv="Content-Type" content="text/html; charset=utf-8">
<title>&lt;meter&gt;</title>
</head>

<body>
<h1>&lt;meter&gt;-현재 값의 표시</h1>
<form id="meterTest" action="00_action.php" method="post">
    <label for="meter">사용 상황</label>
    <meter id="meter" name="meter" min="0" max="1" value="0.5"> 50% 사용 중
    </meter>
    <button type="submit">전송</button>
</form>
</body>
</html>
```

〈meter〉 요소의 예

예를 들어 웹 브라우저에서 다운로드 진척 상황을 〈progress〉로 표시한다면, 메일 계정의 사용량과 같은 것은 〈meter〉로 표시할 수 있을 것입니다.

〈meter〉 요소도 사용자에게 입력을 받는 요소라기보다는 〈output〉과 같이 사용자에게 현재 상황을 전달하는 목적을 가지고 있는 요소이며, 서버로 전송되지는 않습니다.

■ **〈datalist〉- 입력 추천**

예제 파일 http://book.coforward.com/sample/html5_form/06_datalist.html

〈datalist〉는 서식 요소에 입력 추천값을 제시해 주는 요소입니다. 〈datalist〉가 사용될 수 있는 예로는 검색 웹 사이트들이 많이 사용하고 있는 검색어 추천 기능을 들 수 있습니다.

구글의 검색어 추천 기능

기존의 방식에는 사용자의 입력 폼과 입력값 추천 기능을 명시적으로 연결할 수 있는 요소가 없기 때문에 자바스크립트와 CSS를 이용하여 구성해야만 했던 기능입니다. 〈datalist〉 요소는 위와 유사한 형태를 작성해 주는 요소로, httpXmlRequst를 이용하여 〈datalist〉의 콘텐츠 요소를 변경한다면 손쉽게 위와 같은 검색어 추천 기능을 작성할 수 있을 것입니다.

```html
<!DOCTYPE HTML>
<html>
<head>
<meta http-equiv="Content-Type" content="text/html; charset=utf-8">
<title>&lt;datalist&gt;</title>
</head>

<body>
<h1>&lt;datalist&gt;-입력 추천어의 제공</h1>
<form id="datalistTest" action="00_action.php" method="post">
    <label for="keyword">검색어를 입력하세요</label>
    <input type="search" id="keyText" name="keyword"
        list="dataList_id">
    <datalist id="dataList_id">
        <option value="HTML5"></option>
        <option value="HTML5 video"></option>
        <option value="HTML5 강좌"></option>
        <option value="HTML5 canvas"></option>
        <option value="HTML5 demo"></option>
    </datalist>
    <button type="submit">전송</button>
</form>
</body>
</html>
```

〈datalist〉 요소의 예

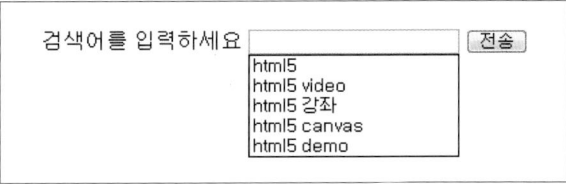

〈datalist〉가 표시되는 형태

■ ⟨button⟩ – 서식 사용법의 변화

예제 파일　http://book.coforward.com/sample/html5_form/07_button.html

⟨button⟩은 HTML 5의 새로운 요소가 아니지만 추가된 속성으로 인한 사용 방법의 변화는 새로 추가된 요소에 못지않다고 생각하여 여기서 소개합니다. ⟨button⟩ 요소에 추가된 속성은 다음과 같습니다.

속성	용도
autofocus	페이지가 로딩되면 자동으로 포커스를 받도록 함.
form	연결될 ⟨form⟩ 요소를 지정함.
formaction	서식을 전송할 url를 지정함.
formenctype	서식의 전송 타입(MIME)을 지정함.
formmethod	서식의 전송 방법을 지정함.
formnovalidate	서식의 전송 시 입력값 검증을 하지 않음.
formtarget	서식의 처리 결과가 나타날 타깃(창 또는 프레임)을 지정함.

HTML 5에서 추가된 ⟨button⟩ 요소의 속성들

새롭게 추가된 속성을 보면 ⟨form⟩ 요소에 지정하는 속성이 모두 포함되어 있음을 알 수 있습니다. 이러한 추가된 속성은 하나의 서식 요소를 서로 다른 서버 측 처리 프로그램으로 전송하는 기능도 작성할 수 있습니다.

```html
<!DOCTYPE HTML>
<html>
<head>
<meta http-equiv="Content-Type" content="text/html; charset=utf-8">
<title>&lt;button&gt;</title>
</head>

<body>
<h1>&lt;button&gt; -폼 기능 사용 방법의 변화</h1>
<form id="buttonTest">
    <label for="testText">값을 입력하세요</label>
    <input type="text" id="keyText" name="testText" />
    <button type="submit" formaction="07_button_action01.html"
    formmethod="get"> action1로 전송
```

```
            </button>
            <button type="submit" formaction="07_button_action02.html"
            formmethod="post"> action2로 전송
            </button>
    </form>
    </body>
    </html>
```

하나의 서식을 서로 다른 url로 전송하는 HTML 5의 〈form〉구성

위의 예를 보면 〈form〉 요소의 속성은 id만 지정되었을 뿐 action이나 method를 지정하지 않았습니다. 그리고 2개의 "submit" type 속성을 가진 〈button〉이 있습니다. 각 버튼은 HTML 5에서 새롭게 추가된 formaction과 formmethod로 각각 서식을 전달할 url과 방법을 지정했습니다. 이렇게 지정된 서식은 어떤 버튼을 클릭하느냐에 따라 서로 다른 주소와 방법으로 폼을 전송하게 됩니다. 이러한 기능이 실제 웹 사이트에서 어떻게 사용될 것인지는 아직 판단하기 어렵지만 서식의 사용 방법이 기존 HTML과는 달라질 수 있다는 것은 어렵지 않게 알 수 있을 것입니다. HTML 5의 서식은 서식 요소뿐만 아니라 서식 요소에 공통적으로 사용될 수 있는 속성들도 추가되었습니다.

■ 〈form〉 - 요소와 연결된 폼 요소

예제 파일 http://book.coforward.com/sample/html5_form/08_attr_form_html4.html
         http://book.coforward.com/sample/html5_form/08_attr_form_html5.html

HTML 5에서는 서식 요소에 공통으로 사용될 수 있는 〈form〉 요소가 추가되었습니다. 기존의 HTML에서 〈input〉과 같은 서식 요소는 〈form〉 요소 내부의 콘텐츠 요소로 포함되어 있어야 했습니다.

```
<!DOCTYPE html PUBLIC "-//W3C//DTD XHTML 1.0 Transitional//EN"
"http://www.w3.org/TR/xhtml1/DTD/xhtml1-transitional.dtd">
<html xmlns="http://www.w3.org/1999/xhtml">
<head>
<meta http-equiv="Content-Type" content="text/html; charset=utf-8" />
<title>form 속성-HTML 4에서의 서식의 이용</title>
</head>
```

```
<body>
<h1>기존 HTML에서의 form의 사용</h1>
<form id="HTML4Form" name="HTML4Form" action="#" method="post">
    <label for="testText">단어를 입력하세요</label>
    <input type="text" id="testText" name="testText" />
    <button type="submit">전송</button>
</form>
</body>
</html>
```

기존의 〈form〉 사용 방법

HTML 5에서는 〈input〉과 같은 서식 요소가 반드시 〈form〉 요소 내부의 콘텐츠 요소로 포함될 필요가 없습니다. form 속성으로 연결될 〈form〉 요소의 id값을 지정하면 해당 〈form〉 요소와 연결됩니다.

```
<!DOCTYPE HTML>
<html>
<head>
<meta http-equiv="Content-Type" content="text/html; charset=utf-8">
<title>form 속성</title>
</head>

<body>
<h1>HTML 5에서 form 속성의 사용</h1>
<form id="HTML5Form" name="HTML5Form" action="00_action.php" method="post">
</form>
<label for="testText">단어를 입력하세요</label>
<input type="text" id="testText" name="testText" form="HTML5Form" />
<button type="submit" form="HTML5Form">전송</button>
</body>
</html>
```

HTML 5에서 〈form〉과 서식 요소를 분리하여 사용하는 예시

■ placeholder - 입력 내용의 안내

예제 파일 http://book.coforward.com/sample/html5_form/09_attr_placeholder.html

placeholder는 텍스트 형태로 입력받는 〈input type="text"〉나 〈textarea〉와 같은 서식 요소에 입력에 대한 힌트나 가이드를 제공하는 속성입니다. 입력값에 대한 힌트를 제공하는 기능은 현재도 많은 곳에서 사용되고 있지만 기존의 HTML에서는 서식 요소의 기본값으로 가이드를 제공하고 서식 요소에 값을 입력하기 위해 포커스가 들어오면 자바스크립트를 이용하여 기본값을 지우는 방법으로 구현하는 것이 일반적이었습니다.

```html
<!DOCTYPE HTML>
<html>
<head>
<meta http-equiv="Content-Type" content="text/html; charset=utf-8">
<title>placeholder 속성</title>
</head>

<body>
<h1>placeholder-입력 내용의 안내</h1>
<form id="placeholderTest" name="placeholderTest" action="00_action.php" method="post">
    <label for="placeholder">전화번호</label>
    <input type="tel" id="placeholder" name="placeholder" placeholder="숫자로만 입력해 주십시오" />
    <button type="submit">전송</button>
</form>
</body>
</html>
```

placeholder 속성의 예

placeholder 속성은 이와 동일한 기능을 속성으로 제공하여 손쉽게 입력에 대한 가이드를 제공할 수 있게 되었습니다.

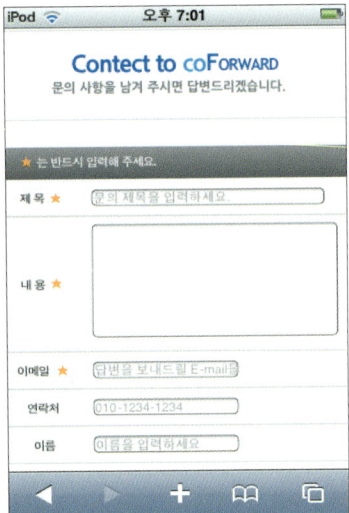

[placeholer] 속성이 적용된 서식의 예

■ autofocus - 자동으로 포커스를 위치시킴

예제 파일   http://book.coforward.com/sample/html5_form/10_attr_autofocus.html

    autofocus 속성은 페이지가 로딩되면 autofocus 속성이 지정된 서식 요소로 포커스를 이동시켜 줍니다. 구글, 네이버, 다음 등과 같은 검색 웹 사이트의 메인 페이지에 접속하면 HTML의 순서와 상관없이 검색창에 포커스가 위치합니다. 이러한 기능은 자바스크립트로 구현된 것이지만, HTML 5에서는 autofocus만으로 구현할 수 있습니다.

```
<!DOCTYPE HTML>
<html>
<head>
<meta http-equiv="Content-Type" content="text/html; charset=utf-8">
<title>autofocus 속성</title>
</head>

<body>
<h1>autofocus-자동으로 포커스를 위치시킴</h1>
<form id="autofocusTest" name="autofocusTest" action="#" method="post">
    <label for="input01">첫 번째 서식 요소</label>
    <input type="text" id="input01" name="input01" />
    <label for="input02">두 번째 서식 요소</label>
```

```
            <input type="text" id="input02" name="input02" autofocus="autofocus" />
            <button type="submit">전송</button>
        </form>
    </body>
</html>
```

autofocus 속성의 예

위의 예에서 ⟨input id="input02"⟩에 autofocus 속성이 지정되어 있으므로, 페이지가 로딩되면 자동으로 두 번째 서식 요소에 *포커스가 위치하는 것을 볼 수 있습니다.

> **여기서 잠깐**
>
> * **포커스가 위치하는 것을 볼 수 있습니다**
> 웹킷 계열의 웹 브라우저(사파리, 크롬)은 서식 요소에 포커스가 위치했을 때 서식 요소에 강조 표시가 되므로, 포커스의 위치를 확인하기가 쉽습니다.

■ autocomplete - 서식 요소의 자동 완성 기능의 컨트롤

예제 파일   http://book.coforward.com/sample/html5_form/11_attr_autocomplete.html

autocomplete는 서식 요소의 자동 완성 기능을 컨트롤하는 요소입니다. 현재도 대부분의 웹 브라우저가 ⟨input type="text"⟩와 같은 서식 요소에 입력된 값을 저장하고 있다가 비슷한 단어가 입력되면 기존에 입력되었던 문장을 입력 추천 기능처럼 제시하고 있습니다. 그러나 이러한 기능은 민감한 개인 정보를 입력하는 서식 등에는 부적합합니다. autocomplete 속성을 사용하면 자동 완성 기능을 서식 요소별로 지정할 수 있으므로, 이러한 문제를 해결할 수 있습니다.

```
<!DOCTYPE HTML>
<html>
<head>
<meta http-equiv="Content-Type" content="text/html; charset=utf-8">
<title>autocomplete 속성</title>
</head>

<body>
```

```
<h1>autocomplete-자동 완성 기능의 컨트롤</h1>
<form id="autocomplateTest" name="autocomplateTest" action="00_action.php"
method="post">
    <div>
    <label for="autocomplateOn">자동 완성 적용</label>
    <input type="text" id="autocomplateOn" name="autocomplateOn" />
    </div>
    <div>
    <label for="autocomplateOff">자동 완성 미적용</label>
    <input type="text" id="autocomplateOff" name="autocomplateOff"
    autocomplete="off" />
    </div>
    <button type="submit">전송</button>
</form>
</body>
</html>
```

autocomplete 속성의 예

autocomplete 속성은 기본값이 on이므로 속성을 지정하지 않아도 자동 완성 기능을 지원하는 웹 브라우저에서는 자동 완성 기능이 지원됩니다. 자동 완성 기능을 사용하지 않기 위해서는 ⟨autocomplete⟩ 속성을 off 로 지정해야 합니다.

HTML 5 서식 요소에서 특징적인 사항 중 하나는 자체적으로 입력값을 검증할 수 있다는 것입니다. 이러한 기능은 기존의 HTML에서 자바스크립트로 구현했습니다.

■ **required** - 필수 입력 사항

예제 파일 http://book.coforward.com/sample/html5_form/12_valid02_required.html

required 속성은 입력값이 있는지를 검증합니다. 만일 required 속성이 지정된 서식 요소에 값이 없는 경우에는 경고 알림이 나타나면서 폼 전송이 되지 않습니다. 이때 표시되는 경고 알림의 형태는 웹 브라우저별로 그 형태가 다를 수 있습니다.

```
<!DOCTYPE HTML>
<html>
<head>
<meta http-equiv="Content-Type" content="text/html; charset=utf-8">
<title>required 속성</title>
</head>

<body>
<h1>required-필수 입력 사항</h1>
<form id="requiredTest" name="requiredTest" action="00_action.php" method="post">
    <label for="required">필수 입력 사항</label>
    <input type="text" id="required" name="required" required="required" />
    <button type="submit">전송</button>
</form>
</body>
</html>
```

required 속성의 예

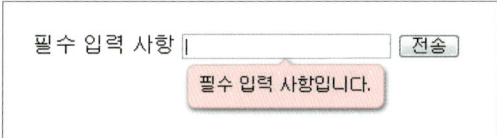

오페라 웹 브라우저에서 HTML 5의 서식 검증 경고창의 표시

■ pattern - 정규식 패턴의 검증

예제 파일 http://book.coforward.com/sample/html5_form/12_valid03_pattern.html

pattern 속성은 입력값의 형식이 지정된 정규식과 일치하는지를 검증합니다. 만일 입력값의 형식이 pattern에 지정된 형식과 다를 경우에는 경고 알림이 나타나면서 폼 전송이 되지 않습니다. 이때 표시되는 경고 알림의 형태는 웹 브라우저별로 그 형태가 다를 수 있습니다.

```
<!DOCTYPE HTML>
<html>
<head>
<meta http-equiv="Content-Type" content="text/html; charset=utf-8">
<title>pattern 속성</title>
</head>
```

```
<body>
<h1>pattern-정규식 패턴의 검증</h1>
<form id="patternTest" name="patternTest" action="00_action.php" method="post">
    <label for="pattern">다섯 자리 숫자로 입력하세요</label>
    <input type="text" id="pattern" name="pattern" pattern="d{5}" />
    <button type="submit">전송</button>
</form>
</body>
</html>
```

pattern 속성의 예

■ min/max - 수치 입력의 최대값과 최소값

예제 파일 http://book.coforward.com/sample/html5_form/12_valid04_minMax.html

min과 max 속성은 입력값의 범위가 최소값 min과 최대값 max 사이에 있는지를 검증합니다. 만일 입력값의 범위가 min과 max의 사이에 있지 않을 경우에는 경고 알림이 나타나면서 폼 전송이 되지 않습니다. 이때 표시되는 경고 알림의 형태는 웹 브라우저별로 그 형태가 다를 수 있습니다.

```
<!DOCTYPE HTML>
<html>
<head>
<meta http-equiv="Content-Type" content="text/html; charset=utf-8">
<title>min, max 속성</title>
</head>

<body>
<h1>min, max-수치 입력의 최대값과 최소값</h1>
<form id="minMaxTest" name="minMaxTest" action="00_action.php" method="post">
    <label for="minMax">50에서 100까지 숫자 중 입력해 주세요</label>
    <input type="number" id="minMax" name="minMax" min="50" max="100" />
    <button type="submit">전송</button>
</form>
</body>
</html>
```

min과 max 속성의 예

■ step - 입력 수치의 단계 조절

> 예제 파일   http://book.coforward.com/sample/html5_form/12_valid05_step.html

step 속성은 숫자나 시간 단위 입력을 받는 서식 요소에서 입력 수치의 단위를 지정할 수 있는 속성입니다. step 속성을 이용하면 짝수 또는 홀수만 입력받거나 특정 단위(**예** 30분 단위와 같은)의 시간을 필터링하여 입력받을 수 있습니다.

```html
<!DOCTYPE HTML>
<html>
<head>
<meta http-equiv="Content-Type" content="text/html; charset=utf-8">
<title>step 속성</title>
</head>

<body>
<h1>step-입력 수치의 단계 조절</h1>
<form id="stepTest" name="stepTest" action="00_action.php" method="post">
    <label for="step">짝수로 입력하세요</label>
    <input type="number" id="step" name="step" step="2" />
    <button type="submit">전송</button>
</form>
</body>
</html>
```

step 속성의 예

만일 입력이 step에 지정된 단위를 벗어났을 경우에는 경고 알림이 나타나면서 폼 전송이 되지 않습니다. 이때 표시되는 경고 알림의 형태는 웹 브라우저별로 그 형태가 다를 수 있습니다.

■ type - 입력 형식에 따른 검증

> 예제 파일   http://book.coforward.com/sample/html5_form/12_valid06_type.html

HTML 5의 서식 요소는 type에 지정된 속성값과 맞지 않는 형식의 입력값이 들어왔을 경우에도 기본적으로 검증을 하게 됩니다. 다음은 〈input type="email"〉로 작성된 서식 요소에 URL 형식의 입력값을 지정했을 때 나타나는 *경고 알림의 작동 예입니다.

type이 이메일로 지정된 서식 요소에 URL을 입력한 경우(오페라)

> **여기서 잠깐**
>
> * **경고 알림의 작동 예**
> 서식 부분에 설명으로 사용된 인터페이스 모습은 오페라 웹 브라우저의 11 버전의 것들입니다. 이러한 인터페이스의 형태는 HTML 스펙에 권고되어 있는 사항이 아니므로 웹 브라우저별로 다를 수 있습니다.

■ ⟨novalidate⟩ - 자체적 폼 검증을 사용하지 않음

앞서 살펴보았던 HTML 5 서식 요소의 자체 검증은 웹 브라우저에 따라 기본값으로 제공하기도 합니다. 이렇게 기본적으로 지원되는 폼 검증을 사용하지 않기 위해서는 ⟨form⟩에 novalidate 속성을 지정하면 됩니다.

예제 파일 http://book.coforward.com/sample/html5_form/12_valid07_novalidate.html

```html
<!DOCTYPE HTML>
<html>
<head>
<meta http-equiv="Content-Type" content="text/html; charset=utf-8">
<title>novalidate 속성</title>
</head>

<body>
<h1>novalidate-폼값을 검증하지 않음</h1>
<form id="emailTest" name="emailTest" action="00_action.php" method="post" novalidate="novalidate">
    <label for="email">이메일을 입력하세요</label>
    <input type="email" id="email" name="email" required="required" />
    <button type="submit">전송</button>
</form>
</body>
</html>
```

HTML 5의 검증 기능을 사용하지 않는 novalidate 속성이처럼 HTML 5에서의 서식은 기존에는 자바스크립트를 이용해야만 했던 많은 기능을 자체적으로 제공하고 있습니다. 그러나 자체적으로 제공하는 UI(오페라 웹 브라우저에서 지원하는 달력 등)나 검증 방법이 디자인 요구와 맞지 않을 수도 있습니다. 이런 경우에는 기존의 방식대로 분리된 구조의 자바스크립트 등을 이용하여 기능과 UI를 덮어 쓸 수 있습니다. 그러나 자바스크립트로 구현한 추가적인 UI나 기능은 어디까지나 추가적인 기능이며, 추가적인 기능을 사용할 수 없을 때도 기본적인 HTML만으로도 이러한 기능을 사용할 수 있어야 합니다. 또한 서식 자체의 검증 기능이 있더라도 이는 사용자의 입력을 보조해 주는 수단으로 생각하는 것이 바람직할 것입니다. 자바스크립트로 서식의 검증 기능을 추가하였다고 하더라도 반드시 서버에서 다시 검증을 하는 것과 같이 HTML 5 서식 기능만으로 입력값을 검증하는 것은 안전하다고 할 수는 없습니다.

8 | 새로운 정보 형태 - ⟨video⟩, ⟨audio⟩, ⟨canvas⟩, ⟨svg⟩

웹의 시작은 문서를 만들기 위한 것이었지만 사용자들과 개발자들은 더 많은 콘텐츠 형태를 사용할 수 있기를 원했습니다. 텍스트로만 구성되어 있는 웹에 이미지가 포함되었고, 인터넷을 빠르게 이용할 수 있게 되면서부터 오디오와 비디오 역시 웹의 콘텐츠 형태로 포함되었습니다. 하지만 이러한 것들은 *엄밀히 말해 웹 기술이 아니었습니다. 오디오와 비디오를 포함하기 위해서는 미디어 플레이어, 퀵타임, 플래시와 같은 플러그인(Plug-in)을 사용해야 했으며, 이것은 웹 페이지에서 표시되기는 하지만 실질적으로는 웹에 담긴 정보와는 별도의 영역에 있는 것으로서 웹 기술로 컨트롤할 수 없는 영역이었습니다.

HTML 5에는 음성과 영상을 표시할 수 있는 ⟨audio⟩와 ⟨video⟩가 추가되었으며, 비트맵 그래픽을 동적으로 생성할 수 있는 ⟨canvas⟩가 추가되었습니다. 또한 오래 전부터 W3C의 표준 기술이었지만, 지원이 원활하지 않았던 태그로 벡터 그래픽을 표시하는 ⟨svg⟩를 지원하게 되었습니다.

> **여기서 잠깐**
>
> * **엄밀히 말해 웹 기술이 아니었습니다**
>
>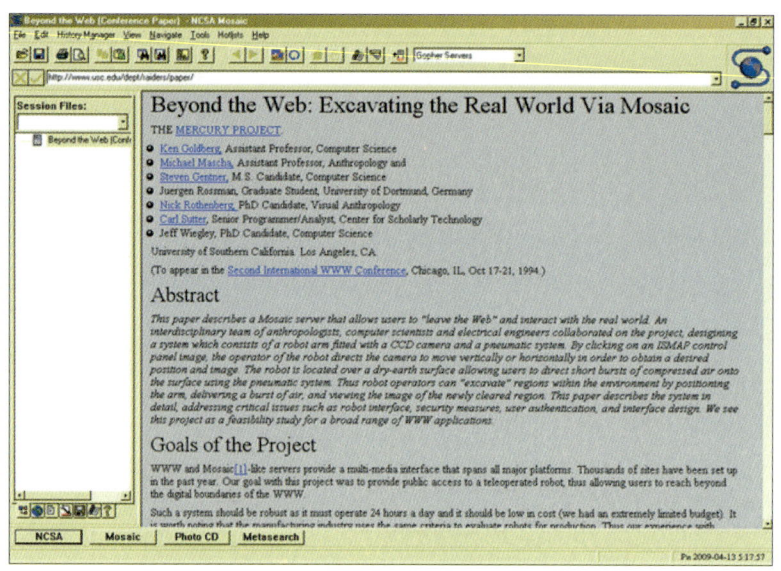
>
> 최초의 그래픽 웹 브라우저 Mosaic
>
> 웹의 경우 표준 기술보다는 시장의 기술이 먼저 나왔던 것 같습니다. 영상은 각 운영 체제의 미디어 재생기가 웹 페이지로 들어왔고, 애니메이션이나 벡터 그래픽 등은 플래시 플러그인으로 인해 웹 페이지상에 대중적으로 표현되기 시작했습니다. 지금은 표준인 〈img〉 요소조차 최초에는 모자이크 웹 브라우저가 표준 기술과 무관하게 구현한 기술로, 이후에 표준으로 채택된 것입니다.

■ 〈video〉

예제 파일 http://book.coforward.com/sample/html5_video/01_video.html

〈video〉는 요소의 이름과 같이 웹상에 비디오를 표현하고, 속성을 지정하여 여러 기능을 제어할 수 있습니다. 비디오를 표시하기 위해서는 〈img〉 요소와 같은 형식으로 src 속성에 표시할 비디오 경로를 지정하면 됩니다.

```
<video src="source/area88.ogv" autoplay="autoplay" />
```

기본적인 〈video〉 요소의 사용

웹 브라우저가 직접 재생하는 HTML 5 〈video〉 요소

또한 아래와 같은 속성을 이용하여 추가 설정을 할 수도 있습니다.

속성	기능	비고
src	비디오 자원의 경로를 지정함.	〈source〉 사용 시 생략
width	표시되는 요소의 넓이	
height	표시되는 요소의 높이	
poster	포스터 이미지를 지정함.	
controls	컨트롤 패널을 표시함.	웹 브라우저 고유 형태로, 컨트롤의 형태는 서로 다를 수 있음.
autoplay	로드되면 자동 재생함.	
loop	반복 재생함.	
type	비디오 코덱 정보를 지정함.	

video 요소의 속성과 기능

다음은 위의 기본적인 〈video〉 요소에 poster 속성과 controls 속성을 지정한 예입니다.

예제 파일 http://book.coforward.com/sample/html5_video/02_attr.html

```
<video src="source/area88.ogv" controls="controls"
    poster="img/poster.png" />
```

〈video〉 요소의 속성 사용 예

poster 속성은 동영상을 다운로드 중이거나 자원 경로가 유효하지 않아 동영상을 재생할 수 없는 경우에 대신 표시되는 이미지입니다. 동영상이 재생 준비가 되면 *동영상의 첫 번째 프레임 화면을 표시합니다.

poster 속성과 controls 속성이 적용된 〈video〉 요소

controls 속성은 사용자가 비디오의 재생이나 음량을 조절할 수 있는 **제어기를 〈video〉 요소에 표시합니다.

현재 〈video〉 요소를 이야기할 때 항상 언급되는 문제로는 각 웹 브라우저에서 지원하는 영상 코덱이 서로 다르다는 것을 들 수 있습니다. HTML 5 스펙은 웹 브라우저를 만드는 웹 브라우저 개발업체들이 주도하고 있으며, 각 업체마다 영상 코덱에 관한 이해 관계로 인해 웹 브라우저마다 지원하는 영상 코덱이 다릅니다. 따라서 HTML 5 비디오를 지원하기 위해서는 서로 다른 종류의 코덱으로 인코딩된 똑같은 영상을 준비해야 할 필요가 있습니다.

> **여기서 잠깐**
>
> * **동영상의 첫 번째 프레임 화면을 표시**
> poster 속성이 지정된 이미지가 동영상으로 재생할 수 있는 상태가 되면 이미지는 제거되고 동영상의 포스터 화면이나 첫 번째 화면이 표시됩니다. 그러나 사파리를 제외한 파이어폭스, 크롬, 오페라는 동영상이 준비되어 있다고 하더라도 재생을 시작할 때까지는 poster 속성에 지정된 이미지를 표시합니다.
>
> ** **제어기를 〈video〉 요소에 표시합니다**
> 〈video〉에서 표시되는 제어기는 웹 브라우저의 요소입니다. 따라서 웹 브라우저별로 표시되는 제어기의 형태는 다를 수 있습니다.

웹 브라우저	파일 형식	코덱
파이어폭스	ogg/(webM)	Theora/(webM)
오페라	*ogg/**(webM)	Theora/(webM)
크롬	ogg/mp4/webM	Theora/***H.264/webM
사파리	mp4	H.264, MPEG4
인터넷 익스플로러 9(예정)	mp4/(webM)	H.264/(webM-플러그인)

웹 브라우저별 비디오 코덱 지원 현황

> **여기서 잠깐**
>
> *** ogg**
>
> ogg는 파이어폭스와 오페라, 크롬 웹 브라우저가 지원하고 있는 비디오 포맷 형식입니다. 지금까지 일반적으로 사용되던 형식이 아니었기 때문에 이 형식에 맞는 동영상 파일을 구하기가 쉽지 않고, 또 변환해 주는 툴도 쉽게 찾을 수 없었습니다. 파이어폭스 웹 브라우저의 플러그인인 파이어포그(Firefogg)를 이용하면 파이어폭스 웹 브라우저상에서 동영상 형식을 ogg 포맷의 ogv나 webM 형식으로 변환할 수 있으며, 변환 결과를 바로 파이어폭스 웹 브라우저상에서 확인할 수도 있습니다.
>
>
>
> 동영상을 ogv, webM로 인코딩해 주는 Firefogg (http://firefogg.org)
>
> **** webM**
>
> HTML 5 〈video〉의 지원 코덱 문제 중의 하나는 비디오 코덱에 관한 로열티에 관한 것이었습니다. 구글에서는 〈video〉 코덱 문제가 발생하자 VP8이라는 고화질 비디오 코덱을 사들여 오픈 소스로 전환하고, 이를 webM 포맷으로 만들게 됩니다. WebM 포맷은 기존에 Theora를 지원하던 웹 브라우저들을 지원하기로 하였으며, 인터넷 익스플로러 9도 플러그인 형식으로 지원할 것을 발표하였습니다. WebM 포맷은 구글의 서비스 중 하나인 유튜브에서 시험적으로 서비스(http://www.youtube.com/html5)되고 있습니다.
>
>
>
> 유튜브(You Tube)에서 시험 서비스 중인 webM HTML 5 비디오
>
> ***** H.264**
>
> 2011년 1월 구글은 크롬 웹 브라우저의 블로그인 Chromium Blog를 통해 크롬이 "열린 혁신(open innovation)"을 추구하고 있으며, 개방형 코덱(open codec) 기술을 더욱 강력하게 지원하기 위해 크롬 웹 브라우저의 H.264 코덱 지원을 향후 중단한다고 발표하였습니다(http://blog.chromium.org/2011/01/html-video-codec-support-in-chrome.html).

그리고 이렇게 다른 종류의 코덱을 지원하기 위해서는 〈video〉의 하위 태그인 〈source〉를 사용할 수도 있습니다. 다음은 〈source〉 요소를 이용하여 구성한 HTML 5 〈video〉 요소의 예입니다.

예제 파일 http://book.coforward.com/sample/html5_video/03_source.html

```
<video controls="true" poster="img/poster.png">
    <source src="source/area88.ogv" type="video/ogg" />
    <source src="source/tcross2.mp4" type="video/mp4" />
    <p id="fullback"><a href="source/area88.mp4">비디오 파일 다운로드</a></p>
</video>
```

〈source〉를 이용한 복수 코덱의 지원

위의 예제는 〈source〉를 이용하여 서로 내용이 다른 동영상을 파이어폭스, 오페라, 크롬에서 지원하는 ogv 형식과 사파리와 크롬에서 지원하는 mp4 형식으로 지정하였습니다. 비디오 파일의 경로가 〈source〉 요소를 사용하고 있으므로, 경로를 지정하는 src 속성은 사용하지 않습니다. 위 예제를 크롬과 사파리를 이용하여 재생하면 각 웹 브라우저가 서로 다른 동영상을 재생합니다.

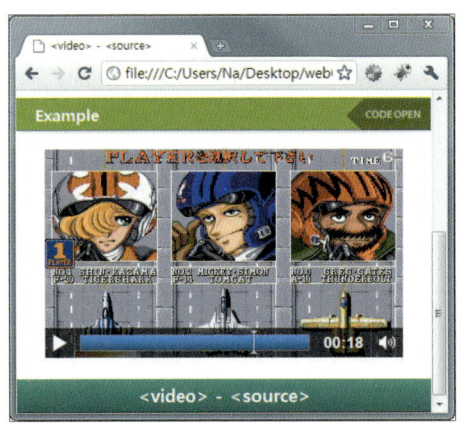 

각기 다른 동영상을 재생하는 크롬과 사파리 웹 브라우저

웹 브라우저는 이렇게 여러 개가 지정된 〈source〉에 대해서는 웹 브라우저가 인식할 수 있는 파일을 재생합니다. 현재 크롬과 같은 경우는 ogv 형식과 H.264 형식을 둘 다 지원하지만 예제에서는 ogv 형식의 파일이 H.264 형식의 파일보다 먼저 지정되었기 때문에 ogv 형식의 동영상을 재생합니다. 이처럼 웹 브라우저가 인식할 수 있는 첫 번째 〈source〉 요소를 만나게 되면, 그 파일을 재생하고 나머지는 무시하게 됩니다. 그러므로 여러 개의 〈source〉 파일을 지정하더라도 하나의 비디오 파일만 재생됩니다.

만일 웹 브라우저가 〈video〉 요소를 지원하지 않는 경우에는 다운로드 링크 등의 대체 요소를 표시할 수도 있습니다.

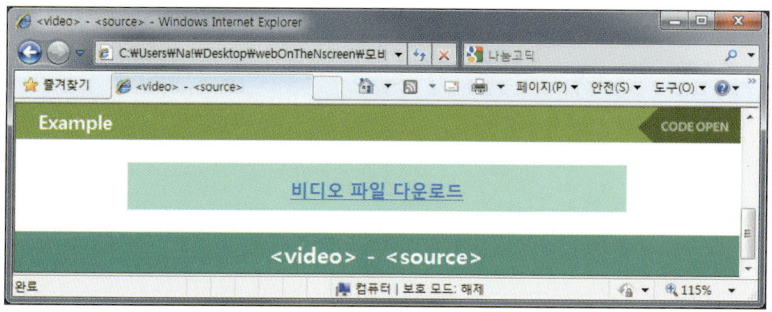

〈video〉 요소를 지원하지 않는 경우의 대체 요소 표시

이러한 대체 콘텐츠는 플러그인 기반의 미디어 플레이어에도 지정할 수 있습니다.

〈source〉 요소의 다른 응용으로는 다른 해상도의 비디오를 제공할 경우입니다. 일반적으로 모바일 기기는 컴퓨터보다 느린 대역 폭의 무선 인터넷을 사용하고, 화면의 해상도 또한 비교적 낮으므로 PC에서 사용하는 고해상도의 동영상을 그대로 사용하는 것은 아무래도 효율적이지 못합니다. 이렇게 해상도가 다른 다양한 기기를 지원하는 데에도 〈source〉를 사용합니다.

```
<video controls="controls">
    <source src="video/pc.mp4" type="video/mp4" media="(min-device-width:800px)"></source>
    <source src="video/mobile.mp4" type="video/mp4" media="(max-device-width:799px)"></source>
</video>
```

기기의 화면 크기에 따라 다른 해상도의 비디오 파일을 제공하는 예

〈source〉 요소는 media 속성을 사용할 수 있습니다. media 속성은 〈style〉에서와 동일한 역할을 합니다. 위의 예제 코드에는 두 개의 동영상이 지정되어 있습니다. 첫 번째 동영상은 기기의 화면 폭이 최소 800px 이상일 경우에 컴퓨터용인 'pc.mp4'를 재생하도록 한 것이며, 두 번째 〈source〉로 지정된 동영상은 화면 폭이 800px 미만일 경우에 저해상도인 'mobile.mp4'를 재생하도록 한 것입니다. 하지만 2011년 2월 현재 〈source〉 요소의 media

속성을 지원하는 웹 브라우저는 없습니다.

또한 아직 지원되지 않는 ⟨video⟩ 관련 기능은 동영상에 자막을 제공하는 기능입니다. 자막을 표시하기 위한 ⟨track⟩ 요소가 최근 W3C가 작성 중인 HTML 5 표준안에 추가되었지만, 이를 지원하는 웹 브라우저는 아직 없습니다. 그러나 동영상의 자막은 콘텐츠의 접근성이라는 측면에서 매우 중요하므로 동영상의 자막을 기계가 이해할 수 있는 형태로 제공하는 것이 바람직합니다.

단순히 동영상을 재생한다는 측면에서 생각하면 웹 브라우저별 지원 코덱 문제들로 인해 HTML 5의 ⟨video⟩보다 이미 많이 사용되고 있는 플러그인 기반의 동영상이 더 유리해 보일 수도 있습니다. 그러나 HTML 5의 ⟨video⟩ 요소의 의의는 단순히 웹상에서 동영상이 재생되는 것이 아니라 동영상이 웹의 기본 요소가 되었다는 것입니다. 기존에 웹에서 보이는 동영상은 HTML 안에 외부 요소로 포함되기는 하지만 웹 자체에서 그 동영상을 제어할 수는 없었습니다. 그러나 HTML 5에서는 동영상이 외부 요소가 아닌 웹의 기본 요소가 됨으로써, 자바스크립트나 CSS와 같은 *웹 기술 자체로 동영상을 컨트롤할 수 있게 되었습니다.

> **여기서 잠깐**
>
> *** 웹 기술 자체로 동영상을 컨트롤할 수 있게 되었습니다**
>
> HTML 5의 Demo 중에는 ⟨video⟩ 요소와 ⟨canvas⟩ 요소 또는 CSS를 결합하여 구현한 것들이 많이 있습니다. 이는 동영상을 자바스크립트와 같은 웹 기술로 직접 컨트롤함으로써 다른 웹 요소와 조합하여 새롭게 표현할 수 있게 되었기 때문입니다. 다음에 소개하는 HTML 5의 ⟨video⟩ 요소를 사용한 유명한 예제도 마찬가지로 ⟨video⟩ 요소의 정보를 자바스크립트로 추출하여 ⟨canvas⟩ 요소와 조합한 것입니다. 이처럼 동영상이 웹의 기본 요소가 된 것은 동영상의 재생 그 이상의 가능성이 웹에 추가된 것이라고 할 수 있습니다.
>
>
>
> ⟨video⟩와 ⟨canvas⟩를 이용한 동영상 조각내기(http://craftymind.com/factory/html5video/CanvasVideo.html)
>
> ⟨video⟩ 정보를 이용하여 ⟨canvas⟩로 구현한 동영상의 확산광 (http://media.chikuyonok.ru/ambilight)

〈video〉로 웹 페이지에 포함된 동영상을 컨트롤하기 위해서는 자바스크립트를 이용해야 합니다. 다음은 HTML 5가 비디오를 컨트롤하는 데 필요한 자바스크립트 API 중 재생과 관련된 것입니다.

API	기능 및 반환값
play( )	미디어를 재생함.
pause( )	미디어를 일시 정지함.
load( )	미디어를 다시 로드함.
volume	소리 크기의 속성값 최소 0~최대 1까지의 값을 가짐.
mute	음 소거 여부의 속성값
ended	재생 종료 여부 속성값
paused	일시 정지 여부의 속성값
duration	미디어의 재생 길이 초 단위값
currentTime	현재 재생 시간의 초 단위값
startTime	재생을 시작할 위치의 초 단위값
playbackRate	재생 속도 속성값이 음수(-)값일 경우 거꾸로 재생됨.
defaultPlayBackRate	재생 속도의 기본값 1
currentSrc	재생 중인 미디어의 경로
src	미디어의 경로

〈video〉 요소의 재생 관련 API

〈video〉의 API에는 재생에 관련된 사항만 정의되어 있는 것이 아니라 데이터를 로드하거나 재생할 때, 에러가 발생했을 때 다양한 이벤트를 발생시킬 수 있는 소스가 포함되어 있으며, 이러한 이벤트를 제어함으로써 여러 가지 추가 기능을 작성할 수 있습니다. 여기서는 재생 관련 API를 이용하여 간단한 동영상 플레이어를 작성해 보겠습니다.

예제 파일 http://book.coforward.com/sample/html5_video/04_player.html

예제 동영상 플레이어를 위한 HTML 부분은 다음과 같습니다.

```
<div id="exampleSub">
  <video id="tesVideo" width="300" height="200" controls="true"
  poster="img/poster.png" src="#" ></video>
  <div>
    <img src="img/playerImg.png" alt="비디오 컨트롤러" name="videoController"
```

```
            border="0" usemap="#videoControllerMap" id="videoController" />
        <map name="videoControllerMap">
            <area shape="rect" coords="54,18,97,53"
            href="source/area88.ogv" alt="Area 88 비디오로 변경" title="Area 88"
            onclick="changeVideo(this);return false" />
            <area shape="rect" coords="15,58,50,99"
            href="source/tcross2.ogv" alt="Tunder CrossII 비디오로 변경"
            title="Tunder CrossII" onclick="changeVideo(this);return false" />
            <area shape="rect" coords="101,58,135,98"
            href="source/ddragon2.ogv" alt="Double Dragon II 비디오로 변경"
            title="Double Dragon II" onclick="changeVideo(this);return false" />
            <area shape="rect" coords="53,104,98,138"
            href="source/ninjakd2.ogv" alt="Ninja Kid II 비디오로 변경"
            title="Ninjakid II" onclick="changeVideo(this);return false" />
            <area shape="circle" coords="212,92,32"
            alt="비디오 재생" title="재생" onclick="playVideo()" />
            <area shape="circle" coords="292,54,31"
            alt="비디오 멈춤" title="멈춤" onclick="stopVideo()" />
        </map>
    </div>
</div>
```

예제 동영상 플레이어를 위한 HTML 부분

동영상 플레이어를 작성하기 위해 하나의 ⟨video⟩ 요소와 제어 버튼을 대신할 이미지 맵을 하나 작성하였습니다. 그리고 이미지 맵의 각 ⟨area⟩에 자바스크립트 함수를 연결하였습니다. 예제 동영상 플레이어를 위한 자바스크립트는 다음과 같습니다.

```
var video;
//비디오 변경
function changeVideo(linkBtn){
    video=document.getElementById('tesVideo');
    video.src=linkBtn.href;
    video.load();
    video.type='video/ogg';
    playVideo();
    return false;
```

```
    }
    //비디오 재생
    function playVideo(){
        if(!video){
            alert("재생할 비디오를 방향키로 선택하세요")
        }
        video.className="play";
        video.play();
    }
    //비디오 멈춤
    function stopVideo(){
        if(!video){
            alert("재생 중인 비디오가 없습니다.")
        }
        video.className="";
        video.pause();
    }
```

예제 동영상 플레이어를 위한 자바스크립트

    동영상 플레이어를 위한 자바스크립트 기능은 동영상 링크가 설정된 ⟨area⟩를 클릭하면 changeVideo 함수를 호출하고, 이 함수는 클릭된 링크의 href 속성을 ⟨video⟩ 요소의 src 속성으로 지정합니다. 이는 자바스크립트가 작동하지 않는 경우, 동영상 파일을 다운로드할 수 있도록 하기 위해서입니다. 그리고 동영상을 다시 로딩하기 위해 video.load( )를 실행하고 변경된 동영상을 playVideo 함수를 실행하여 재생합니다. playVideo 함수는 동영상을 재생하기 전에 ⟨video⟩ 요소의 class 이름을 play로 변경하여 동영상이 재생될 때 ⟨video⟩ 요소의 표현 형식을 변경해 주기 위해서입니다. 나머지 하나는 동영상 재생을 중지시키는 stopVideo 함수로, class명을 빈 값으로 변경하고 동영상 재생을 중지시킵니다. 동영상이 재생되는 동안 ⟨video⟩ 요소의 표현 형태를 변경하기 위한 ⟨style⟩은 다음과 같습니다.

```
<style type="text/css">
.play{
    transform:rotate(15deg);
    -webkit-transform:rotate(15deg);
    -moz-transform:rotate(15deg);
```

```
}
</style>
```
동영상 재생 중의 <video> 요소를 위한 style 설정

위와 같이 구성된 예제 동영상 플레이어의 실행 결과는 다음과 같습니다.

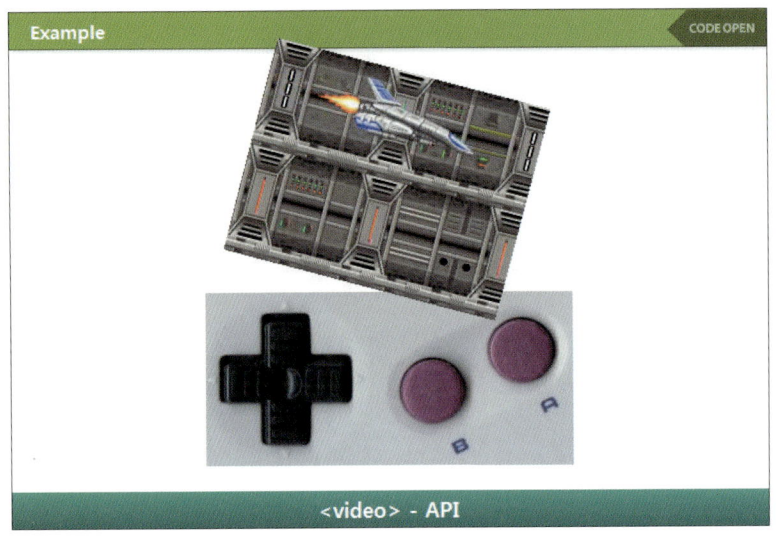

예제 동영상 플레이어의 실행 결과

간단하게 작성한 동영상 플레이어는 4방향키로 각각 링크된 동영상을 로드하고, A 버튼은 동영상을 재생하고, B 버튼은 동영상을 정지하는 기능으로 작성되었습니다. 동영상이 재생될 때는 class 이름이 play로 변경되고, 그에 적용된 스타일의 영향을 받아 동영상이 15도 기울어진 채로 재생됩니다. 플러그인을 사용한 동영상에서도 동영상을 기울여 재생한다거나 동영상을 선택적으로 재생하는 동영상 플레이어를 만드는 것은 결코 쉬운 일이 아닐 것입니다. HTML 5에서는 <video> 요소를 통해 동영상을 웹 기술로 직접 제어할 수 있게 되었기 때문에 위와 같은 기능을 간단하게 구현할 수 있었습니다. 이처럼 동영상이 웹 기술로 동영상을 제어할 수 있다는 것은 단순히 동영상이 플레이된다는 의미를 넘어 웹의 표현 가능성을 대폭 확장한 것이라 할 수 있습니다.

■ 〈audio〉

〈audio〉는 〈video〉와 매우 유사합니다. 그러나 이름 그대로 화면이 없는 음성 요소만을 다룹니다.

```
<audio src="audiotest.mp3" />
```

기본적인 〈audio〉 태그의 사용

또한 〈video〉 요소의 하위 요소로 사용하는 〈source〉 요소들도 동일하게 사용되며, 자바스크립트 API들도 거의 동일하게 사용합니다. 〈audio〉에서 지원되는 파일 형식도 〈video〉와 같이 웹 브라우저별로 서로 달라 파이어폭스와 오페라는 Ogg Vorbis와 같은 무료 포맷을 지원하고, 사파리는 MP3, ACC 포맷을 지원합니다. 크롬은 비디오와 같이 MP3와 Ogg Vorbis 포맷 모두를 지원합니다.

■ 〈canvas〉

예제 파일　http://book.coforward.com/sample/html5_canvas/01_canvasSample.html

HTML 5가 주목받으면서 현란한 애니메이션 효과를 보여 주는 데모 웹 사이트들이 많이 등장하였습니다. 이 중에서 많은 부분이 〈canvas〉를 이용한 사례입니다. HTML 5에서 〈canvas〉는 2차원 비트맵 이미지를 그리기 위한 공간을 제공하는 요소로, 애플사가 개발한 고유 기술이었지만 HTML 5 표준으로 등록되었습니다. 실제 그림을 구현하는 것은 *별도로 분리된 표준 스펙인 canvas API를 이용한 자바스크립트입니다. 여기에서는 〈canvas〉의 간단한 사용 예를 알아보고, canvas API에 관해서는 뒤에 다시 소개하도록 하겠습니다.

> **여기서 잠깐**
>
> ***별도로 분리된 표준 스펙**
>
> HTML 5에는 하나의 스펙 안에 많은 기술이 포함되어 있으며, 그 분량도 계속해서 늘어나고 있습니다. 이러한 이유 등으로 HTML 5 스펙에서 분리하여 독립적으로 작성되는 스펙들이 생겨나기 시작했습니다. canvas API(http://dev.w3.org/html5/canvasapi/canvas-2d-api.html) 역시 이러한 사례 중 하나입니다.

⟨canvas⟩의 기본적인 사용 예제는 다음과 같습니다.

```html
<h2>Example</h2>
<div id="exampleSub">
  <canvas id="test" width="300" height="150">
    <div id="fullback">
      <p>이 웹 브라우저는 canvas를 지원하지 않습니다.</p>
      <a href="#">서버 기능으로 처리하기</a>
    </div>
  </canvas>
  <div id="btnDiv">
    <button type="button" onClick="drawCanvas()">drawCanvas()</button>
  </div>
</div>
```

기본적인 ⟨canvas⟩의 예제

예제 코드의 HTML을 보면 id가 test로 지정된 ⟨canvas⟩는 이미지가 표시될 영역만을 지정하고 있습니다. ⟨canvas⟩에 콘텐츠 요소로 작성된 id가 fullback으로 지정된 ⟨div⟩의 내용은 ⟨canvas⟩가 지원되지 않을 경우 표시될 대체 요소입니다. 위에서 보는 바와 같이 ⟨canvas⟩는 직접 그래픽 요소를 표시하지는 않습니다. 실제로 ⟨canvas⟩ 영역에 그림을 그리는 것은 drawCanvas 자바스크립트 함수로 예제에서는 버튼을 클릭했을 때 이를 실행하도록 작성하였습니다. 다음은 drawCanvas 함수입니다.

```javascript
function drawCanvas(){
    //canvas 영역 선택
    var canvas=document.getElementById("test");

    //canvasAPI 초기화
    var ctx=canvas.getContext("2d");

    //첫 번째 초록색 사각형
    ctx.fillStyle="rgb(0,255,0)";
    ctx.fillRect(10,10,100,100);
```

```
    //두 번째 반투명 분홍색 사각형
    ctx.fillStyle="rgba(255,0,200,0.5)";
    ctx.fillRect(30,30,100,100);

    //text의 표시
    ctx.fillStyle="rgb(0,0,0)";
    ctx.fillText("Hello Canvas!", 120,20);
    ctx.fillText("안녕 캔버스!", 150,30);
}
```

drawCanvas 함수

이와 같이 〈canvas〉 영역에 이미지를 작성하는 것은 canvas API와 자바스크립트를 이용한 것입니다. drawCanvas를 실행시킨 결과는 다음과 같습니다.

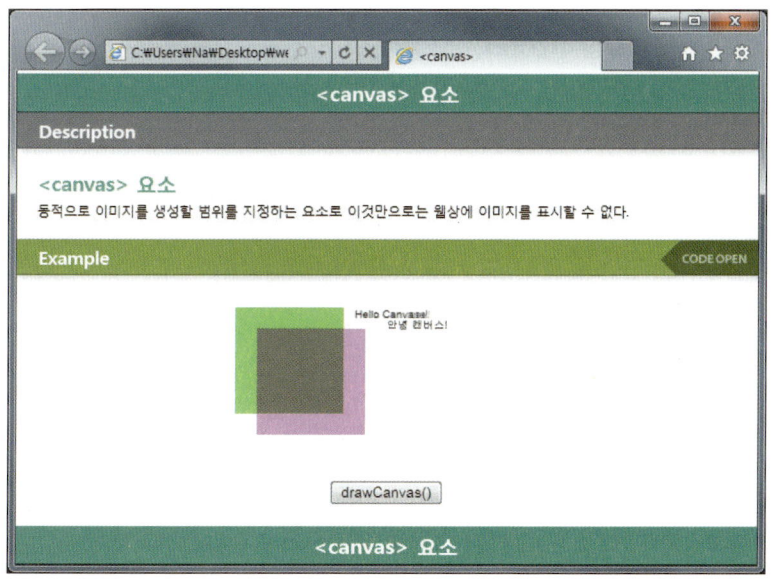

〈canvas〉의 예

만일 웹 브라우저가 〈canvas〉를 지원하지 않는다면, 앞에서 언급한 대로 〈canvas〉 안에 작성된 대체 콘텐츠를 표시합니다. 다음은 〈canvas〉가 지원되지 않는 경우의 예제 코드 실행 결과입니다.

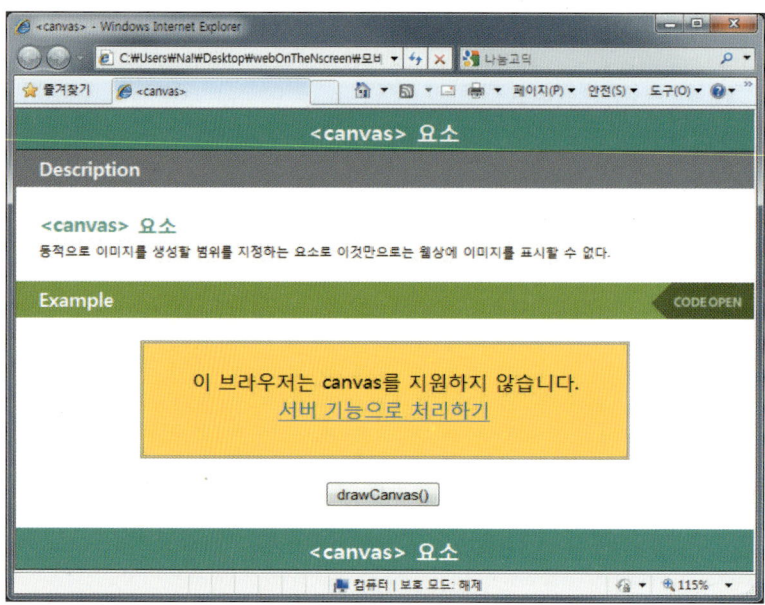

〈canvas〉가 지원되지 않는 환경에서의 실행 결과

〈canvas〉 영역에 동적으로 생성한 이미지는 jpg나 png와 같은 비트맵 형식의 이미지로 생성되기 때문에 기본적으로 내부의 문자열을 기계적으로 읽어들이거나 이미지의 일부분에 자바스크립트를 이용하여 기능을 추가할 수 없습니다.

9 | SVG - HTML 5로 다시 주목받는 벡터 방식 그래픽 요소

SVG(Scalable Vector Graphics)는 HTML 5보다 먼저 2001년에 표준으로 만들어진 *벡터 그래픽을 표시하기 위한 기술이며, HTML 5와는 별도의 표준안입니다. 이미 오래 전에 만들어진 기술이 지금 다시 HTML 5와 함께 주목받는 이유는 지금까지 웹 브라우저들의 지원 정도가 낮았고, SVG는 기본적으로 XML이므로, 이를 웹상에 표시하기 위해서는 SVG를 XML **데이터 아일랜드처럼 사용해야 하는 등의 여러 가지 제약으로 인해 웹상에서 직접 사용하기가 쉽지 않았기 때문입니다. 그러나 HTML 5에서는 ***SVG를 HTML 5의 일반 태그처럼 HTML 본문에 직접 사용할 수 있게 되었습니다. 또한 도형을 벡터 방식으로 작성함으로써 사용자 환경의 해상도가 달라지더라도 이미지의 품질 저하 없이 깨끗한 이미지를 보여줄 수 있습니다. 이러한 특징은 웹을 표시하는 기기가 다양화되는 환경에 유연하게 대처할 수 있는 방안으로 주목받고 있습니다.

> **여기서 잠깐**
>
> * **비트맵 이미지/벡터 그래픽**
> 비트맵 이미지와 벡터 그래픽은 컴퓨터상에서 그림을 표시하는 방법을 말합니다. 비트맵 방식은 픽셀 단위 하나 하나에 색상 정보를 지정하고 이러한 픽셀들이 모여 하나의 이미지를 구성합니다. 이러한 방식을 사용하는 그래픽 프로그램으로는 윈도 그림판이나 포토샵을 들 수 있습니다.
> 이에 비해 벡터 방식은 도형의 형태를 수학적으로 저장하는 방식입니다. 이러한 방식을 사용하는 그래픽 프로그램으로는 CAD나 일러스트레이터를 들 수 있습니다. 이러한 방식의 차이에 따라 비트맵 방식은 많은 색상이 사용되는 사진과 같은 이미지에 유리하며, 벡터 방식은 확대, 축소에 유리합니다.
>
> ** **데이터 아일랜드**
> 원래 기본이 되는 정보 구조와는 다른 형식이지만 포맷의 정보 구조를 원래 정보 구조 내의 일부분에 포함시키는 방법으로, 포함되는 데이터는 구조 형식을 명시적으로 지정하여 이를 만났을 때 기계가 해석하는 방법을 변경해 주는 방식입니다. HTML 5 이전에 SVG를 사용하기 위해서는 HTML 안에 XML로 포함시키거나 프레임 요소나 〈object〉를 통해 불러들여야 했습니다. 이렇게 포함된 SVG는 기본적으로 HTML과 독립적인 데이터 구조였으므로, HTML에 포함하는 SVG 부분을 컨트롤하는 것이 쉽지 않았습니다.
>
> *** **SVG를 HTML 5의 일반 태그처럼 HTML 본문에 직접 사용**
> HTML 5에서는 이전 방식과는 달리 〈svg〉를 HTML 태그처럼 사용할 수 있으며, HTML 요소처럼 컨트롤할 수 있습니다. 이러한 방식을 Inline SVG라고 합니다. 2011년 1월 현재 크롬, 인터넷 익스플로러 9 Beta, 파이어폭스 4 Beta가 Inline SVG를 지원하고 있습니다. 〈svg〉 예제를 확인하기 위해서는 위의 Inline SVG를 지원하는 웹 브라우저를 사용해야 합니다.

SVG는 엄밀히 말해서 HTML 5와는 별도의 기술이기는 하지만 HTML 5로 인해 다시 주목받고 있고, HTML 5에서 많이 사용될 수 있는 새로운 표현 요소이므로, 이번에는 SVG에 대하여 알아보겠습니다.

■ **사각형 그리기**

예제 파일 http://book.coforward.com/sample/html5_svg/01_rectagle.html

SVG는 XML의 일종이므로, 태그와 속성으로 이루어진 기본적인 특징은 XML과 같습니다. SVG에서 사각형을 그리기 위한 요소는 〈rect〉로 다음과 같이 사용합니다.

```
<rect
    x="[ 사각형의 좌측 상단 X좌표 ]"
    y="[ 사각형의 좌측 상단 Y좌표 ]"
    width="[ 사각형의 폭 ]"
```

```
        height="[사각형의 높이]"
        rx="[가로 방향 외곽선 곡률]"
        ry="[세로 방향 외곽선 곡률]"
    >
```
SVG에서 사각형을 그리는 〈rect〉 요소

SVG의 좌표계에서 X는 우측 방향으로 증가하고, Y는 아랫방향으로 증가합니다. 또한 SVG는 벡터 그래픽이므로 *크기 단위가 무의미합니다. 따라서 속성이 입력되는 각 수치는 단위 없이 숫자만 입력합니다. 다음은 〈rect〉를 이용하여 사각형을 그리는 예입니다.

```html
<div id="example">
  <h2>Example</h2>
  <div id="exampleSub">
    <svg>
      <rect width="100" height="100" />
      <rect x="100" y="100" width="100" height="100" rx="50" ry="20" />
    </svg>
  </div>
</div>
```
〈rect〉 예제

위 예제는 HTML 내에 〈svg〉 요소를 사용하여 SVG 영역을 작성하고, 〈rect〉 요소로 두 개의 사각형을 생성하는 예입니다. 예제 코드에서와 같이 특별한 제한 없이 〈svg〉 요소를 HTML의 **기본 요소처럼 사용하였으며 CSS를 이용하여 〈svg〉 영역에 좌표 확인을 위한 배경 이미지를 지정하였습니다. 예제에 사용된 〈svg〉 부분의 CSS 설정은 다음과 같습니다.

```css
svg{
        background: url(../img/bg_svg.png) right bottom no-repeat;
        padding-left:50px;
        padding-top:50px;
        width:400px;
        height:200px;
    }
```
예제 코드 SVG 영역에 사용된 CSS 설정

위와 같이 SVG 영역은 HTML 요소와 동일하게 CSS를 설정하여 형태를 지정할 수 있습니다. ⟨rect⟩로 생성한 두 개의 사각형 중 width와 height 속성만을 지정한 사각형은 SVG의 원점에서 폭 100, 높이 100의 사각형이 그려졌고, 다른 하나는 x, y 속성을 지정하여 사각형의 좌측 상단을 지정하였으며, rx와 ry로 외곽선의 곡률을 지정하여 폭과 높이는 같지만 시작점이 다르고 위, 아래가 둥근 형태의 사각형을 생성하였습니다. 사각형을 그리는 ⟨rect⟩ 예제의 실행 결과는 다음과 같습니다.

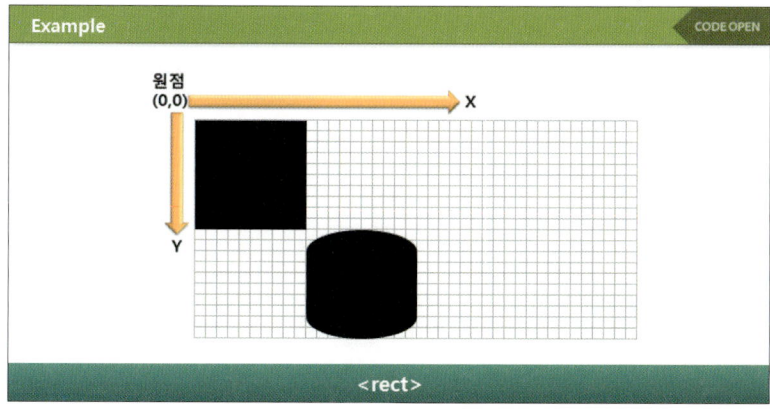

⟨rect⟩ 예제의 실행 결과

> **여기서 잠깐**
>
> * **크기 단위**
> SVG는 벡터 그래픽이라는 도형의 형태가 수학적으로 저장되어 확대, 축소가 자유롭습니다. 그렇기 때문에 길이 등의 수치를 입력할 때는 단위를 사용하지 않습니다. 입력된 수치의 단위는 SVG가 표시되는 기기에 따라 달라질 수 있으며, 모니터에서는 px 단위로 표시됩니다.
>
> ** **기본 요소처럼 사용**
> SVG 요소를 HTML의 기본 태그처럼 사용하는 것을 inline SVG라고 합니다. 2011년 1월 현재, 이 기능을 지원하고 있는 웹 브라우저는 크롬, 파이어폭스 4 Beta 그리고 인터넷 익스플로러 9 Beta입니다. SVG 예제는 모두 inline SVG로 작성되었으므로 이를 지원하는 웹 브라우저에서 테스트하기 바랍니다.

■ **SVG 요소의 스타일 속성**

예제 파일   http://book.coforward.com/sample/html5_svg/02_style.html

SVG로 그려진 요소의 기본적인 형태 외에 선 색상이나 면 색상 등을 지정하기 위해서는 style 속성을 사용하며, 다음과 같은 표현 형태들을 지정할 수 있습니다.

```
fill : 채움 색상
stroke : 선 색상
stroke-width : 선 두께
opacity : 투명도
```
SVG 요소의 표현 형태를 지정하는 style 속성들

색상값(fill, stroke)은 CSS 규칙과 동일하게 사용되고, 투명도값을 포함한 RGBA값도 사용할 수 있으며, 투명도값(opacity) 역시 CSS 규칙과 동일하여 0부터 1사이 값을 지정합니다. 선 두께값(stroke-width)은 다른 길이 요소와 같이 단위 없이 수치만을 지정합니다. 다음은 style을 지정하여 사각형을 그린 예제입니다.

```
<svg>
  <rect x="10" width="90" height="90" style="fill:#00f" />
  <rect x="110" y="0" width="90" height="90" style="opacity:0.3" />
  <rect x="10" y="100" width="90" height="90" style="stroke-
  width:10;stroke:rgba(255,0,0,0.5)" />
  <rect id="cssControl" x="110" y="100" width="90" height="90" />
</svg>
```
SVG 요소의 style 예제

위 예제에서는 사각형 4개를 style 속성을 지정하여 그린 것입니다. 각기 지정된 스타일에 따라 면 색상이나 테두리의 두께 투명도가 지정됩니다. 다른 사각형과 달리 마지막 사각형은 style 속성이 지정되어 있지 않고 cssControl이라는 id가 지정되어 있습니다. 그리고 HTML 페이지의 〈head〉 부분에 다음과 같은 CSS를 포함하였습니다.

```
<style type="text/css">
    #cssControl{
        fill:#f00;
        stroke:rgb(0,0,255);
        stroke-width:10;
        opacity:0.4;
    }
</style>
```
SVG 요소를 위한 CSS의 지정

위의 스타일은 id가 cssControl인 SVG 요소에 적용됩니다. 일반적인 HTML 요소에 지정하는 스타일과는 속성이 다르지만 적용되는 방식은 HTML 요소와 동일하게 id나 class 선택자를 이용하여 스타일을 지정할 수 있습니다. style을 지정하는 예제의 실행 결과는 다음과 같습니다.

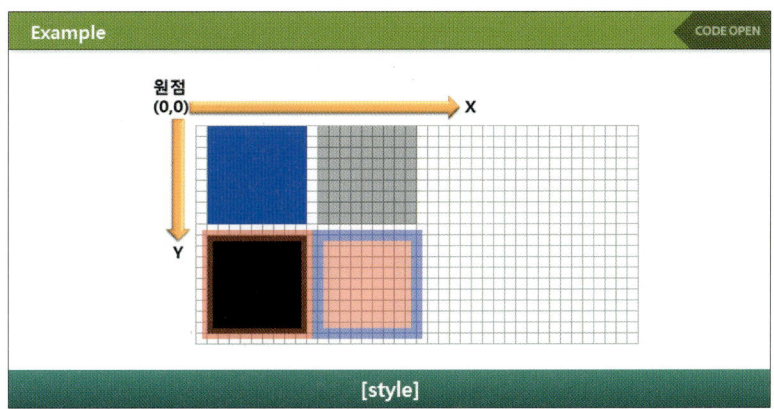

style 예제의 실행 결과

■ 원 그리기

예제 파일 http://book.coforward.com/sample/html5_svg/03_circle.html

SVG에서 원을 그리기 위해서는 〈circle〉 요소를 사용합니다.

```
<circle
    cx="[ 원 중점의 X 좌표 ]"
    cy="[ 원 중점의 Y 좌표]"
    r="[ 원의 반지름]"
/>
```

SVG에서 원을 그리는 〈circle〉

다음은 〈circle〉의 예제입니다.

```
<!--CSS 부분-->
<style type="text/css">
    #cssControl {
```

```
            fill:#f00;
            stroke:rgb(0,0,255);
            stroke-width:10;
            opacity:0.4;
        }
    </style>

    <!--SVG 부분-->
    <svg>
      <circle id="cssControl" cx="100" cy="100" r="50" />
    </svg>
```

〈circle〉 예제

위 예제는 x=100, y=100을 중점으로 하여 id가 cssControl이고 반지름이 50인 원을 생성하고 스타일을 적용한 예입니다. 원을 그리는 〈circle〉 예제의 실행 결과는 다음과 같습니다.

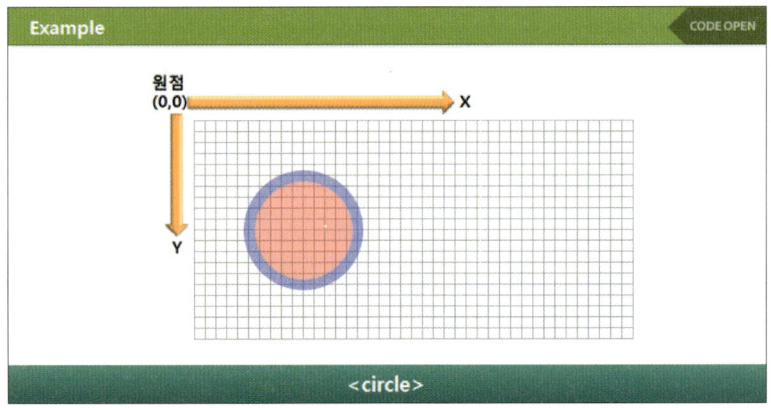

〈circle〉 예제의 실행 결과

■ 타원 그리기

예제 파일　http://book.coforward.com/sample/html5_svg/04_ellipse.html

〈ellipse〉는 두 축의 길이가 다른 타원을 생성하는 SVG 요소입니다.

```
<ellipse
    cx="[타원 중점의 X 좌표]"
    cy="[타원 중점의 Y 좌표]"
    rx="[타원의 횡축 반지름]"
    ry="[타원의 종축 반지름]"
/>
```

SVG에서 타원을 그리는 〈ellipse〉

〈ellipse〉는 〈circle〉과 유사하지만 횡축과 종축의 반지름을 각각 지정하여 타원을 생성합니다. 다음은 〈ellipse〉의 예제입니다.

```
<!--CSS 부분-->
<style type="text/css">
    #ellipse01 {
        fill:#fff;
        stroke:rgb(0,0,255);
        stroke-width:10;
    }
    #ellipse02 {
        fill:#0f0;
    }
</style>

<!--SVG 부분-->
<svg>
  <ellipse id="ellipse01" cx="100" cy="100" rx="50" ry="80" />
  <ellipse id="ellipse02" cx="300" cy="100" rx="80" ry="50" />
</svg>
```

〈ellipse〉 예제

위 예제는 두 개의 타원을 그립니다. 첫 번째 타원은 종축이 횡축보다 긴 타원이며, 두 번째 타원은 횡축이 종축보다 긴 타원입니다. 그리고 두 타원은 각각 CSS를 이용하여 스타일을 지정하고 있습니다. 타원을 그리는 〈ellipse〉 예제의 실행 결과는 다음과 같습니다.

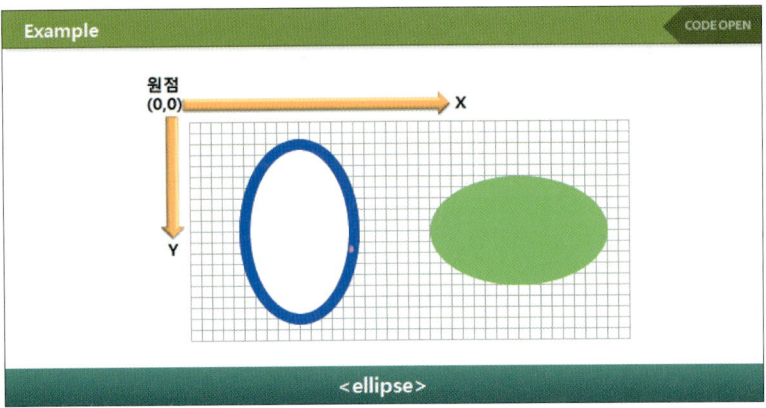

〈ellipse〉 예제의 실행 결과

■ 직선 그리기

예제 파일 http://book.coforward.com/sample/html5_svg/05_line.html

〈line〉은 선의 시점 좌표와 종점 좌표로 직선을 그리는 SVG 요소입니다.

```
<line
    x1="[직선 시점의 X 좌표]"
    y1="[직선 시점의 Y 좌표]"
    x2="[직선 종점의 X 좌표]"
    y2="[직선 종점의 Y 좌표]"
/>
```

SVG에서 직선을 그리는 〈line〉

다음은 〈line〉의 예제입니다.

```
<!--CSS 부분-->
<style type="text/css">
    .lineClass {
        stroke:#00f;
        stroke-width:15;
    }
    #lineId {
        stroke:#f00;
```

```
        stroke-width:15;
    }
</style>

<!--SVG 부분-->
<svg>
  <line class="lineClass" x1="0" y1="0" x2="100" y2="100" />
  <line class="lineClass" x1="100" y1="100" x2="200" y2="100" />
  <line id="lineId" x1="200" y1="100" x2="200" y2="50" />
  <line class="lineClass" x1="200" y1="50" x2="100" y2="200" />
</svg>
```

〈line〉 예제

위 예제는 총 4개의 직선을 그리고 있습니다. 3개의 직선에는 lineClass가 class로 지정되어 있으며, 나머지 하나의 직선은 lineId가 id로 지정되어 class와 id별로 CSS에 지정된 style이 적용됩니다. 이와 같이 각선은 연결하여 작성해도 각각 독립적인 요소로 작성됩니다. 〈line〉 예제의 실행 결과는 다음과 같습니다.

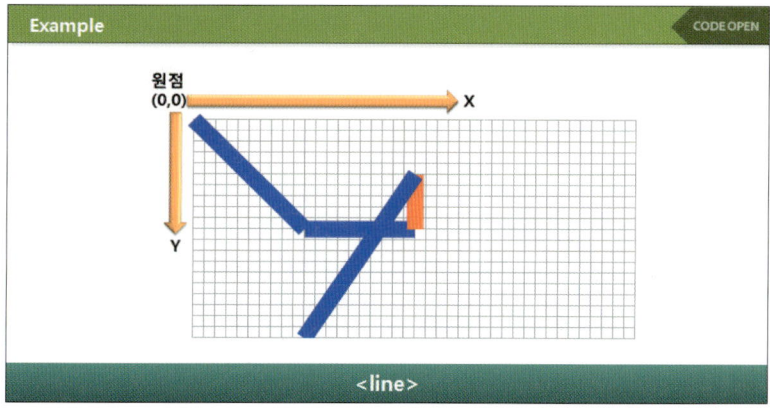

〈line〉 예제의 실행 결과

■ 다각형 그리기

예제 파일 http://book.coforward.com/sample/html5_svg/06_polygon.html

〈polygon〉은 여러 개의 X, Y쌍으로 이루어진 좌표들로 다각형을 그리는 SVG 요소입니다.

```
<polygon
    points="[다각형을 구성하는 x, Y 좌표] [다각형을 구성하는 x, Y 좌표]..."
/>
```

SVG에 다각형을 그리는 〈polygon〉

다각형을 구성하는 각 좌표는 공란으로 구분하며, 마지막 좌표에서는 첫 좌표로 닫혀지게 됩니다.

다음은 〈polygon〉의 예제입니다.

```
<!--CSS 부분-->
<style type="text/css">
    #polygonSample {
        fill:#00f;
        stroke:rgba(255,0,0,0.5);
        stroke-width:20;
    }
</style>

<!--SVG 부분-->
<svg>
  <polygon id="polygonSample"
            points="80,10
                    250,30
                    200,120
                    80,200
                    120,100" />
</svg>
```

〈polygon〉 예제

다각형을 그리는 〈polygon〉 예제의 실행 결과는 다음과 같습니다.

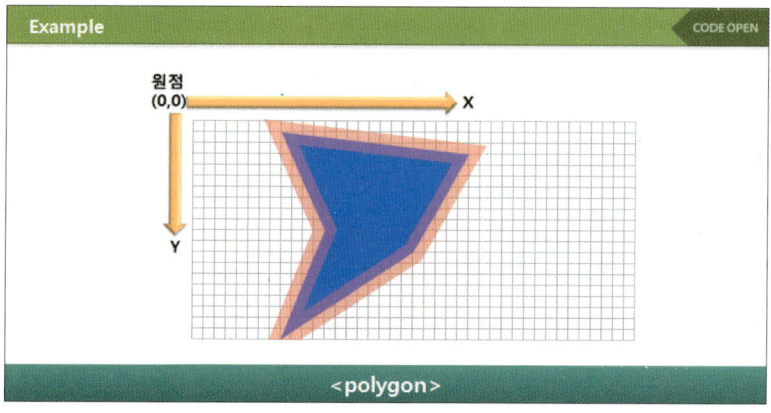

〈polygon〉 예제의 실행 결과

■ **다각선 그리기**

예제 파일 http://book.coforward.com/sample/html5_svg/07_polyline.html

　〈polyline〉은 다각선을 그리는 SVG 요소입니다. 입력 형태는 〈polygon〉과 동일하게 여러 개의 X, Y쌍으로 이루어진 좌표를 points 속성값으로 받지만 〈polygon〉과는 다른 점은 마지막 좌표에서 첫 좌표로 닫혀지지 않습니다.

```
<polyline
    points="[다각선을 구성하는 X, Y 좌표] [다각선을 구성하는 X, Y 좌표]..."
/>
```

SVG에 다각선을 그리는 〈polyline〉

　다음은 〈polyline〉 예제입니다.

```
<!--CSS 부분-->
<style type="text/css">
    #polylineSample {
        fill:raba(255, 0, 0, 5);
        stroke:#00f;
        stroke-width:20;
    }
</style>
```

```
<!--SVG 부분-->
<svg>
  <polyline id="polygonSample"
            points="80,10
                    250,30
                    200,120
                    80,200
                    120,100" />
</svg>
```

⟨polyline⟩ 예제

위 예제는 이전의 ⟨polygon⟩ 예제와 동일한 points 속성을 이용하여 다각선을 그리고, id를 지정하여 style을 적용한 것입니다. ⟨polyline⟩은 각각의 직선이 하나의 요소로 작성되는 ⟨line⟩과는 달리 연결된 하나의 요소로 작성됩니다. 다각선을 그리는 ⟨polyline⟩ 예제 실행 결과는 다음과 같습니다.

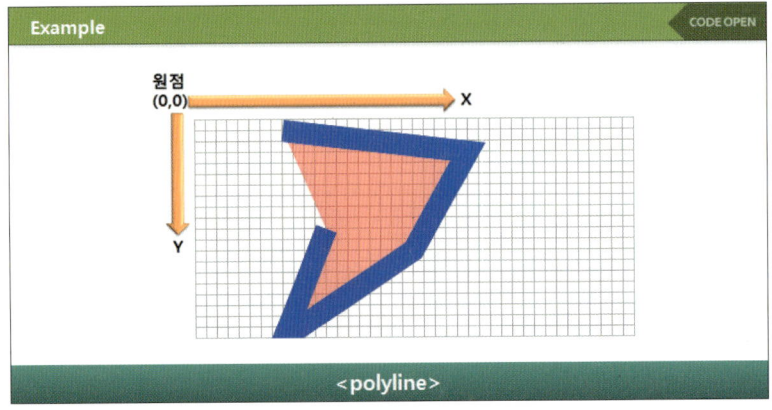

⟨polyline⟩ 예제의 실행 결과

■ 복잡한 선의 작성

예제 파일 http://book.coforward.com/sample/html5_svg/08_path.html

SVG에서 직선과 곡선으로 이루어진 복잡한 선을 그리기 위해서는 ⟨path⟩를 사용합니다.

```
<path
    d="[path Code]"
/>
```

SVG에서 복잡한 선을 그리는 〈path〉

〈path〉는 d라는 속성에 코드를 지정하여 그려지는 선의 형태를 결정합니다. 다음은 〈path〉 형태를 결정하는 코드의 종류입니다.

기 능	path code 형식	code 입력값
선의 시점 이동	M(x)(y)	이동할 x, y 좌표
직선 그리기	L(x)(y)	선을 그릴 x, y 좌표
수평선 그리기	H(x)	수평선을 그릴 x 좌표
수직선 그리기	V(y)	수직선을 그릴 y 좌표
커브 그리기	C(c1x) (c1y) (c2x) (c2y) (x) (y)	조절점 1의 x, y 좌표 조절점 2의 x, y 좌표 커브 종점의 x, y 좌표
단순 커브 그리기	S(c1x) (c1y) (x) (y)	조절점 x, y 커브 종점의 x, y 좌표
2차 베지어 곡선	Q(c1x) (c1y) (x) (y)	조절점 x, y 곡선 종점의 x, y 좌표
베지어 곡선	T(x) (y)	곡선 종점의 x, y 좌표
타원 호	A(rx) (ry) (degx) (func) (direc) (x) (y)	x 방향 지름, y 방향 지름, x축에 대한 경사도, 호 생성 방법, 회전 방향, 호 끝점의 x, y 좌표
path 닫기	Z	

〈path〉의 형태를 결정하는 path code

다음은 〈path〉 예제입니다.

```
<!--CSS 부분-->
<style type="text/css">
    #pathSample {
        fill:transparent;
        stroke:#0f0;
        stroke-width:10;
    }
</style>
```

```
<!--SVG 부분-->
<svg>
    <path id="pathSample"
          d="M50 50
             L150 150
             H250
             V50
             Q350 150 350 70
             T200 30
             C250 100 200 200 200 190
             S150 180 350 100
             A10 10 0 1 1 150 ,50
             Z"
    />
</svg>
```

〈path〉 예제

위 예제는 〈path〉와 path code를 이용하여 다양한 선을 작성한 예입니다. path code로 작성된 모든 선은 하나의 〈path〉 요소로 작성됩니다. 복잡한 선을 그리는 〈path〉 예제의 실행 결과는 다음과 같습니다.

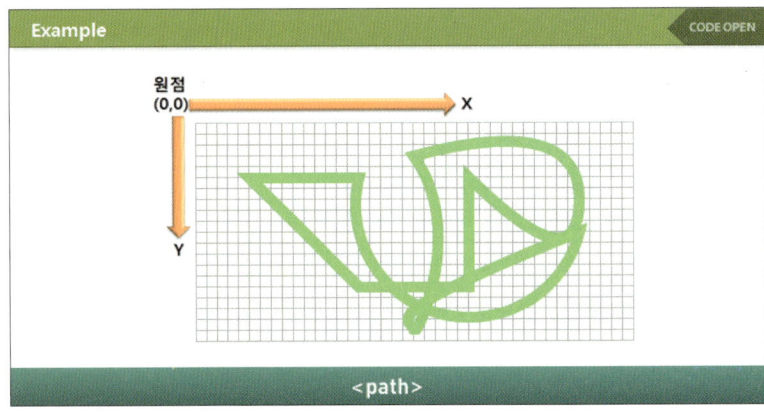

〈path〉 예제의 실행 결과

■ 문자열의 표시

예제 파일   http://book.coforward.com/sample/html5_svg/09_text.html

SVG에서 문자열을 표시하기 위해서는 〈text〉를 사용합니다.

```
<text
    x="[문자열 위치의 X 좌표]"
    y="[문자열 위치의 Y 좌표]">
        [표시할 문자열]
</text>
```

SVG에서 문자열을 표시하는 〈text〉

〈text〉는 콘텐츠 요소인 문자열을 x, y 속성값으로 지정된 위치에 표시합니다. 〈text〉 요소에서 문자열을 그룹핑하기 위해서는 〈text〉의 하위 요소로 〈tspan〉을 사용해야 합니다.

```
<tspan
    dx=["원래 문자열 위치에서 변경할 X 좌표 거리"]
    dy=["원래 문자열 위치에서 변경할 Y 좌표 거리"]
>
        [그룹화하는 문자열]
</tspan>
```

SVG에서 문자열을 그룹핑하는 〈tspan〉

〈tspan〉은 〈text〉의 하위 요소로 dx와 dy 속성을 이용하여 표시될 위치를 변경할 수 있습니다. 또한 독립된 요소로 일부 문자열이 분리되었으므로, 별도의 style을 지정할 수도 있습니다. 다음은 〈text〉와 〈tspan〉의 예제입니다.

```
<!--CSS 부분-->
<style type="text/css">
    #coForward {
        fill:#0099D8;
        font-size:40px;
```

```
            font-style:normal;
            font-weight:bold;
            font-family:Trebuchet MS, Arial, Helvetica, sans-serif;
        }
        #coForward tspan {
            fill:#0850A0;
            font-variant:small-caps;
        }
        #nscreen {
            font-size:25px;
            font-family:Trebuchet MS, Arial, Helvetica, sans-serif;
            font-weight:bold;
            fill:transparent;
            stroke:#096;
            stroke-width:2;
        }
    </style>

    <!--SVG 부분-->
    <svg>
      <text id="textSample" x="60" y="100">
        <tspan id="coForward">co
          <tspan>Forward</tspan>
        </tspan>
        <tspan id="nscreen" dx="-150" dy="25">Web on The N Screen</tspan>
      </text>
    </svg>
```

〈text〉와 〈tspan〉 예제

위 예제는 하나의 〈text〉 요소 안에 자식 요소인 〈tspan〉이 2개가 있으며, 첫 번째 id가 coForward인 요소는 다시 자식 요소인 〈tspan〉을 가지고 있습니다. 그리고 이러한 규칙에 따라 HTML에서 텍스트에 적용되는 fill, stroke, storke-width 속성을 제외하면 CSS 속성과 동일한 방식으로 style을 지정할 수 있습니다. 그리고 기본적으로 한 줄로 표시되는 문자열의 위치를 조절하기 위해 id가 nscreen인 〈tspan〉은 [dx], [dy] 속성을 이용하여 원래 표시되는 위치에서 이동하여 표시하도록 하였습니다.

문자열을 표시하는 〈text〉와 〈tspan〉 예제의 실행 결과는 다음과 같습니다.

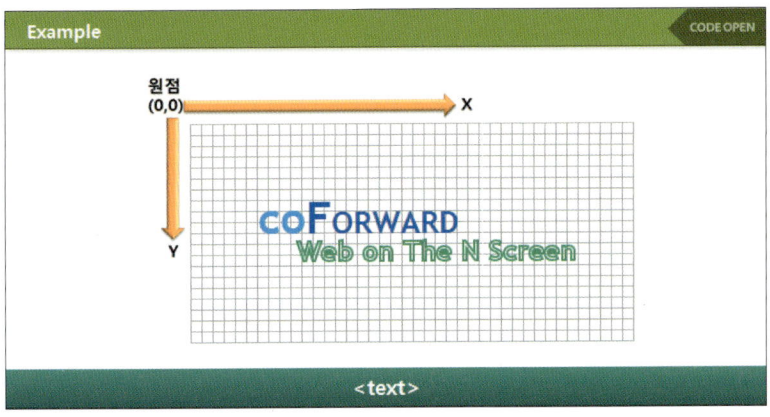

〈text〉와 〈tspan〉 예제의 실행 결과

실행된 결과를 보면 SVG 문자열 요소에 CSS의 속성이 적용된 것을 볼 수 있습니다. SVG 〈text〉 요소는 CSS로 제어할 수 있을 뿐만 아니라 SVG 안에 표시되어도 문자로서의 특징을 그대로 가지고 있기 때문에 일반 문자열과 똑같이 인식되거나 사용될 수 있습니다.

■ **문자열이 흐르는 패스의 지정**

예제 파일 http://book.coforward.com/sample/html5_svg/10_textPath.html

문자열은 기본적으로 수평으로 표시되지만 SVG에서는 문자열이 흐르는 형태를 다른 형태로 지정할 수 있습니다. 〈textPath〉는 문자가 흐르는 형태를 지정하는 요소입니다.

```
<textPath
    xlink:href="[#패스 아이디]"
>
        [ 영향을 받는 문자열 또는 문자열 요소 ]
<textPath>
```

SVG에서 문자열의 흐름을 지정하는 〈textPath〉

〈textPath〉를 사용하기 위해서는 〈path〉 요소가 필요합니다. 〈textPath〉의 xlink:href 속성에 〈path〉로 작성된 요소의 id값을 입력하면 〈textPath〉 내의 문자열은 xlink:href 속성에 지정된 〈path〉 요소의 형태 대로 텍스트가 흐르게 됩니다. 다음은 〈textPath〉의 예제입니다.

```
<!--CSS 부분-->
<style type="text/css">
    #nscreen {
        font-size:20px;
        font-family:Trebuchet MS, Arial, Helvetica, sans-serif;
        font-weight:bold;
        fill:transparent;
        stroke:#096;
        stroke-width:1;
        text-align:center;
    }
</style>

<!--SVG 부분-->
<svg>
<defs>
  <path id="textPath"
        d="M80,150
        a10,10 0 0,1 250,150"/>
</defs>
<text id="nscreen">
  <textPath xlink:href="#textPath" >
        coForward : Web on The N Screen
    </textPath>
</text>
</svg>
```

〈textPath〉 예제

위의 예제는 id가 textPath인 〈path〉 요소를 작성하여 〈textPath〉 요소의 xlink:href 속성에 지정하는 예제입니다. 〈path〉 요소는 〈defs〉 요소 안에 작성되었습니다. 〈defs〉는 SVG 요소를 정의하는 역할을 하며, 〈defs〉 안에 작성된 SVG 요소들은 화면상에는 표시되지 않습니다. 〈path〉 요소는 SVG 좌표계의 (80, 150)부터 (250, 150)까지 가로, 세로축의 비율이 같은 호를 작성하였습니다. 문자열 흐름을 지정하는 〈textPath〉 예제 실행 결과는 다음과 같습니다.

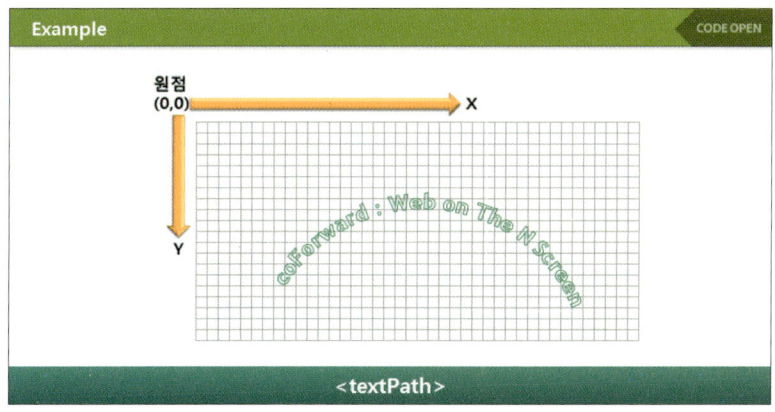

〈textPath〉 예제의 실행 결과

〈textPath〉가 적용된 문자열도 〈text〉 요소의 문자열과 같이 *문자로써의 특징을 그대로 가지고 있기 때문에 일반 문자열과 똑같이 인식되거나 사용될 수 있습니다.

> **여기서 잠깐**
>
> * **문자로써의 특징**
>
> 일반적으로 이미지화된 문자는 문자의 기계적 특징을 잃어버리게 됩니다. 예를 들자면 포토샵에서 문자열을 작성하고 jpg나 png 등으로 저장하면 그 문자열은 블록을 지정하거나 문자열로 복사할 수 없습니다. SVG 의 〈text〉 요소는 이와 달리 SVG 영역에 표시되더라도 일반 문자열의 특징을 유지하고 있기 때문에 블록 지정, 복사, 붙여넣기 등이 가능합니다. 또한 기계적 특성이 그대로 살아 있기 때문에 자바스크립트를 이용하여 내용을 변경할 수 있으며, 검색 엔진이나 스크린 리더와 같은 프로그램이나 기계들도 SVG 영역 내의 문자열 내용을 이해할 수 있습니다.
>
>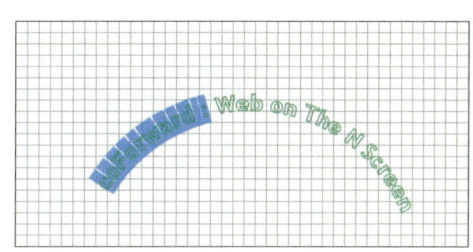
>
> 블록 지정이 되는 SVG 문자열

■ 이미지의 삽입

예제 파일 http://book.coforward.com/sample/html5_svg/11_image.html

SVG 요소에 외부 이미지를 포함하기 위해서는 〈image〉 요소를 사용해야 합니다.

```
<image
    x="[이미지가 삽입되는 좌측 상단의 X 좌표]"
    y="[이미지가 삽입되는 좌측 상단의 Y 좌표]"
    width="[이미지가 삽입되는 폭]"
    height="[이미지가 삽입되는 높이]"
    xlink:href="[삽입되는 이미지의 경로]"
/>
```

SVG에 이미지를 삽입하는 〈image〉

〈image〉 요소는 삽입 점의 좌표와 폭, 높이, 그리고 이미지의 경로를 속성값으로 지정된 위치에 지정된 크기로 이미지를 표시합니다. 다음은 〈image〉의 예제입니다.

```
<svg>
    <image x="100" y="5" width="204" height="189"
        xlink:href="img/coforwardQr2.png" />
</svg>
```

〈image〉 예제

이미지를 삽입하는 〈image〉 예제의 실행 결과는 다음과 같습니다.

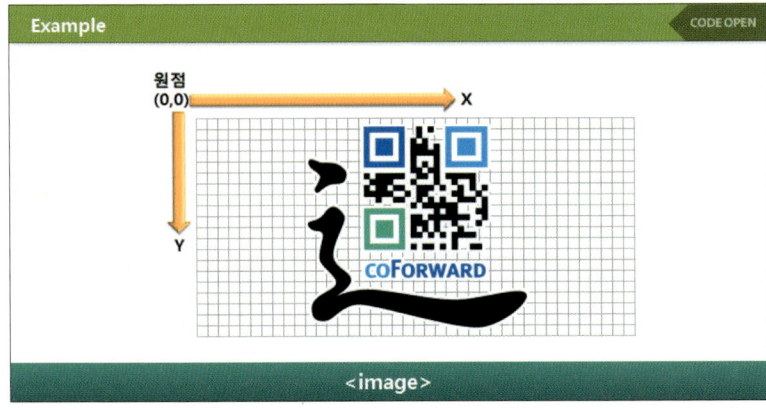

〈image〉 예제의 실행 결과

■ 형태의 변경

> 예제 파일 http://book.coforward.com/sample/html5_svg/12_transform.html

SVG 요소의 형태를 변경하기 위해서는 해당 요소에 transform 속성을 지정해야 합니다. transform 속성은 속성값에 따라 요소의 좌표계를 지정된 형태로 변형합니다. transform의 속성값은 다음과 같이 지정합니다.

기 능	속성값 형식	속성값에 따른 입력 수치
수평 이동	translate((tx),(ty))	이동시킬 x, y 좌표
크기 변경	scale((sx,sy))	스케일 변경할 x, y축의 비율
X축 방향 기울임	skewX((d))	x축에 대한 기울임 각도
Y축 방향 기울임	skewY((d))	y축에 대한 기울임 각도
회전	rotate((d))	SVG 원점을 기준으로 회전할 각도
일괄 변환	matrix((변환 매트릭스))	일괄 변환을 위한 변환 매트릭스

transform 속성의 속성값 형식과 기능

다음은 transform의 예제입니다.

```
<!--CSS 부분-->
<style type="text/css">
    #orgImg{
        opacity:0.4;
    }
</style>

<!--SVG 부분-->
<svg>
    <image id="orgImg" x="150" y="5" width="204" height="189"
        xlink:href="img/coforwardQr2.png" />
    <image x="150" y="5" width="204" height="189"
        xlink:href="img/coforwardQr2.png"
        transform="skewX(-30) rotate(15)" />
<svg>
```

transform 예제

위 예제는 원본인 id가 orgImg인 이미지와 동일한 속성을 가진 두 번째 이미지에 transform 속성을 지정하여 형태를 변환한 예입니다. 원본 이미지는 비교를 위해 투명도를 지정하였습니다. SVG 요소의 형태를 변경하는 transform 예제의 실행 결과는 다음과 같습니다.

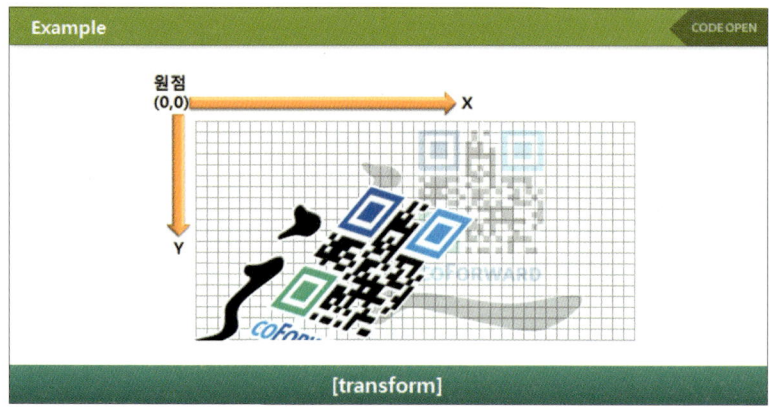

transform 예제의 실행 결과

■ 선형 그레이디언트

예제 파일 http://book.coforward.com/sample/html5_svg/13_linearGradient.html

〈linearGradient〉는 스타일의 색상 속성으로 사용할 수 있는 선형 그레이디언트를 생성합니다.

```
<linearGradient
    x1="[그레이디언트 적용 시점의 X축 비율]"
    y1="[그레이디언트 적용 시점의 Y축 비율]"
    x2="[그레이디언트 적용 종점의 X축 비율]"
    y2="[그레이디언트 적용 종점의 Y축 비율]"
    spreadMethod="[그레이디언트의 채움 방식 keyword(pad, repeat, reflect)]"
    gradientTransform="[transform 속성과 동일한 방법으로 그레이디언트를 변형]"
/>
```

SVG에서 선형 그레이디언트를 생성하는 〈linearGradient〉

그레이디언트에 적용할 색상 변환점을 지정하기 위해서는 〈linearGradient〉의 자식 요소로 〈stop〉 요소를 작성해야 합니다.

```
<linearGradient>
    <stop
      offset="[그레이디언트 내에서 색상 변환점 위치의 거리 비율]"
      stop-color="[색상 변환점의 변환 색상]"
      stop-opacity="[변환점 영역의 투명도]" />

</linearGradient>
```

그레이디언트에서 색상 변환점을 지정하는 〈stop〉

〈stop〉 요소는 그레이디언트 요소 내에서 2개 이상 여러 개가 지정될 수 있으며, 색상 변환점의 위치, 색상, 투명도를 지정하게 됩니다. 다음은 〈linearGradient〉의 예제입니다.

```
<!--CSS 부분-->
<style type="text/css">
    rect {
        stroke:#CCC;
        stroke-width:5;
    }
    #rect01 {
        fill:url(#lGradientSample01);
    }
    #rect02 {
        fill:url(#lGradientSample02);
    }
    #rect03 {
        fill:url(#lGradientSample03);
    }
    text {
        font-size:15px;
        font-weight:bold;
    }
</style>

<!--SVG 부분-->
```

```
<svg>
    <defs>
      <linearGradient id="lGradientSample01"
                      x1="0%" y1="0%"
                      x2="0%" y2="50%"
                      spreadMethod="pad"
                      gradientTransform="rotate(15)">
        <stop offset="0%" stop-color="#f00" stop-opacity="1"/>
        <stop offset="50%" stop-color="#0f0" stop-opacity="0.7"/>
        <stop offset="100%" stop-color="#00f" stop-opacity="0.5"/>
      </linearGradient>
      <linearGradient id="lGradientSample02"
                      x1="0%" y1="0%"
                      x2="0%" y2="50%"
                      spreadMethod="repeat">
        <stop offset="0%" stop-color="#f00" stop-opacity="1"/>
        <stop offset="50%" stop-color="#0f0" stop-opacity="0.7"/>
        <stop offset="100%" stop-color="#00f" stop-opacity="0.5"/>
      </linearGradient>
      <linearGradient id="lGradientSample03"
                      x1="0%" y1="0%"
                      x2="0%" y2="50%"
                      spreadMethod="reflect">
        <stop offset="0%" stop-color="#f00" stop-opacity="1"/>
        <stop offset="50%" stop-color="#0f0" stop-opacity="0.7"/>
        <stop offset="100%" stop-color="#00f" stop-opacity="0.5"/>
      </linearGradient>
    </defs>
    <rect id="rect01" x="40" y="20" width="100" height="150"
        rx="10" ry="10" />
    <text x="75" y="190">pad</text>
    <rect id="rect02" x="150" y="20" width="100" height="150"
        rx="10" ry="10" />
    <text x="180" y="190">repeat</text>
    <rect id="rect03" x="260" y="20" width="100" height="150"
        rx="10" ry="10" />
    <text x="290" y="190">reflect</text>
</svg>
```

〈linearGradient〉 예제

위의 예제는 〈defs〉 요소 내에서 색상이 빨간색(R)-녹색(G)-파란색(B)으로 변화하는 선형 그레이디언트 3개를 지정한 후, 세 개의 〈rect〉 요소를 작성하여 각각 fill 스타일 속성으로 지정한 것입니다.

세 개의 그레이디언트 요소들은 색상 변환점의 설정은 모두 같지만 spreadMethod는 속성 값은 각각 pad, repeat, reflect으로 지정되었습니다. spreadMethod은 그레이디언트가 적용되는 요소의 면보다 작을 경우 처리하는 방법을 지정하는 속성으로 pad는 마지막 변환점의 색상으로 나머지 영역을 채우고 repeat는 색상 변환점의 순서를 다시 반복합니다(R-G-B-R-G-B). reflect는 색상 변환점의 순서를 반대로 반복하며, 나머지 영역을 채우게 됩니다 (R-G-B-B-G-R).

또한 첫 번째 지정된 그레이디언트 요소에는 gradientTransform을 rotate(15)로 지정하여 그레이디언트의 적용되는 방향을 회전시켰습니다.

선형 그레이디언트를 생성하는 〈linearGradient〉 예제의 실행 결과는 다음과 같습니다.

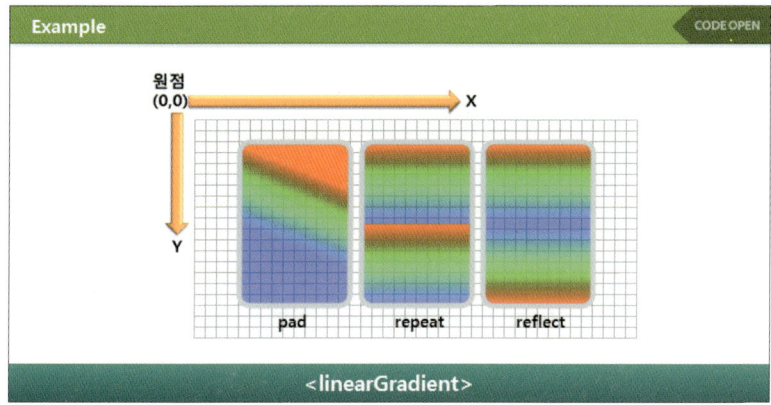

〈linearGradient〉 예제의 실행 결과

■ 원형 그레이디언트

예제 파일 http://book.coforward.com/sample/html5_svg/14_radialGradient.html

〈radialGradient〉는 〈linearGradient〉와 거의 동일한 방식으로, 원형으로 확산되는 그레이디언트를 생성합니다.

```
<radialGradient
    cx="[원형 그레이디언트 중점의 X축 비율]"
    cy="[원형 그레이디언트 중점의 Y축 비율]"
    fx="[원형 그레이디언트 초점의 X축 비율]"
    fy="[원형 그레이디언트 초점의 Y축 비율]"
    r="[원형 그레이디언트 반지름 비율]"
    spreadMethod="[그레이디언트의 채움 방식 keyword(pad, repeat, reflect)]"
    gradientTransform="[transform 속성과 동일한 방법으로 그레이디언트를 변형]"
/>
```

SVG에서 원형 그레이디언트를 생성하는 〈radialGradient〉

〈radialGradient〉는 그레이디언트의 중점과 반지름값으로 원형 그레이디언트의 영역을 지정합니다. 〈linearGradient〉에는 없는 요소인 fx와 fy 속성은 원형 그레이디언트의 초점 위치를 지정하는 값으로, 초점은 그레이디언트의 시점이 되며, 원형 그레이디언트의 확산을 왜곡하는 점이 됩니다. 〈radialGradient〉도 색상 변환점의 지정은 〈stop〉 요소를 〈linearGradient〉와 동일하게 사용하여 지정합니다.

```
<radialGradient>
    <stop
        offset="[그레이디언트 내에서 색상 변환점 위치의 거리비율]"
        stop-color="[색상 변환점의 변환 색상]"
        stop-opacity="[변환점 영역의 투명도]" />
</radialGradient>
```

그레이디언트에서 색상 변환점을 지정하는 〈stop〉

〈radialGradient〉에서도 색상 변환점은 2개 이상 지정할 수 있습니다. 다음은 〈radialGradient〉의 예제입니다.

```
<!--CSS 부분-->
<style type="text/css">
    #rect01 {
        stroke:#CCC;
        stroke-width:5;
        fill:url(#rGradientSample01);
```

```
            }
        </style>

        <!--SVG 부분-->
        <svg>
            <defs>
                <radialGradient id="rGradientSample01"
                            cx="50%" cy="50%"
                            fx="40%" fy="40%" r="30%"
                            spreadMethod="reflect">
                    <stop offset="0%"    stop-color="#F00" stop-opacity="1"/>
                    <stop offset="50%"   stop-color="#0F0" stop-opacity="0.7"/>
                    <stop offset="100%" stop-color="#00F" stop-opacity="0.5" />
                </radialGradient>
            </defs>
            <rect id="rect01" x="40" y="20" width="320" height="150"
                rx="10" ry="10" />
        </svg>
```

〈radialGradient〉 예제

위의 예제는 〈radialGradient〉의 예제와 동일하게 〈defs〉 요소 안에 하나의 원형 그레이디언트를 생성하고 〈rect〉 요소의 fill 스타일 속성으로 그레이디언트를 적용한 예입니다. 원형 그레이디언트의 초점 좌표(fx, fy)가 중점보다 약간 위에 있으므로, 초점을 중심으로 좌측 상단 쪽은 색상의 확산 길이가 짧고, 우측 하단 쪽으로는 확산 길이가 길게 왜곡됩니다. 원형 그레이디언트를 생성하는 〈radialGradient〉 예제의 실행 결과는 다음과 같습니다.

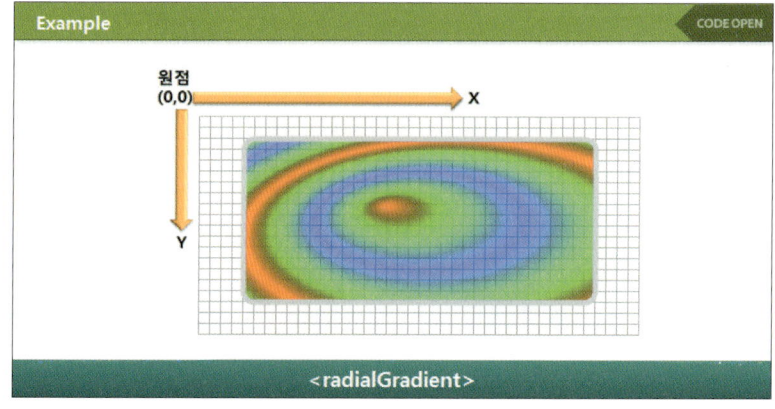

〈radialGradient〉 예제의 실행 결과

■ 필터 효과의 적용

예제 파일 http://book.coforward.com/sample/html5_svg/15_fillter.html

포토샵에는 이미지에 특수한 효과를 적용하는 필터가 있습니다. SVG에서도 같은 역할을 하는 〈fillter〉 요소가 있습니다. SVG 스펙상 〈fillter〉에는 다양한 효과가 있지만, 여기서는 〈feGaussianBlur〉와 〈feOffset〉을 이용하여 그림자 효과를 생성해 보겠습니다.

```
<filter>
    <feGaussianBlur
       stdDeviation="[흐려짐 정도값]"
    />
    <feOffset
       dx="가로 방향 이동 거리"
       dy="세로 방향 이동 거리"
    />
</filter>
```

그림자 효과를 위한 〈filter〉 요소

SVG 요소에 〈filter〉를 이용하여 그림자 효과를 적용하는 예제는 다음과 같습니다.

```
<!--CSS 부분-->
<style type="text/css">
    #rect01 {
        stroke:#CCC;
        stroke-width:5;
        fill:url(#rGradientSample01);
        filter:url(#blur);
    }
    #shadowRect {
        fill:rgba(0,0,0,0.7);
        filter:url(#shadow);
    }
</style>
</head>
<!--SVG 부분-->
<svg>
```

```
<defs>
  <filter id="blur" >
    <feGaussianBlur stdDeviation="5" />
  </filter>
  <filter id="shadow" >
    <feGaussianBlur stdDeviation="15" />
    <feOffset dx="20" dy="20"/>
  </filter>
  <radialGradient id="rGradientSample01"
    cx="50%" cy="50%"
    fx="40%" fy="40%" r="30%"
    spreadMethod="reflect">
    <stop offset="0%"    stop-color="#F00" stop-opacity="1"/>
    <stop offset="50%"   stop-color="#0F0" stop-opacity="0.7"/>
    <stop offset="100%"  stop-color="#00F" stop-opacity="0.5" />
  </radialGradient>
</defs>
<rect id="shadowRect" x="40" y="20" width="320" height="150"
    rx="10" ry="10" />
<rect id="rect01" x="40" y="20" width="320" height="150" rx="10"
    ry="10" />
</svg>
```

〈filter〉 예제

위 예제는 〈defs〉 요소 안에 id값이 blur와 shadow인 두 개의 필터 효과를 작성했습니다. 그리고 같은 위치와 크기를 갖는 〈rect〉 요소 두 개를 작성하여 먼저 작성된 요소에 id를 shadowRect로 지정하고 CSS를 이용하여 id가 shadow인 〈filter〉를 적용하였으며, 두 번째 요소에는 id가 blur인 〈filter〉를 적용하였습니다. SVG 요소는 나중에 작성된 요소가 먼저 작성된 요소 위로 올라오게 되므로 *원본이 될 요소를 나중에 작성하였습니다. 〈filter〉 예제의 실행 결과는 다음과 같습니다.

여기서 잠깐

* **원본이 될 요소를 나중에 작성**

권고된 SVG 표준안(SVG 1.0)에는 요소의 겹침 순서를 지정하는 z-index에 관한 사항이 없습니다. 그러므로 요소가 겹칠 경우에는 위로 올라올 요소를 나중에 작성해야 합니다.

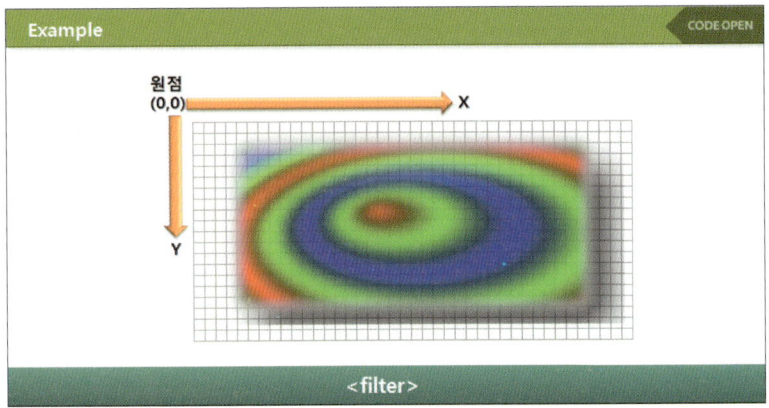

〈filter〉 예제의 실행 결과

■ SVG 요소의 그룹핑

예제 파일 http://book.coforward.com/sample/html5_svg/16_g.html

〈g〉는 SVG 요소들을 그룹핑하는 요소입니다. 〈g〉 요소로 묶인 SVG 요소들은 하나의 요소처럼 취급될 수 있습니다. 다음은 〈g〉 요소의 예제입니다.

```
<!--CSS 부분-->
<style type="text/css">
    #groupTest {
        stroke:#CCC;
        stroke-width:5;
        fill:url(#rGradientSample01);
    }
</style>

<!--SVG 부분-->
<svg>
<defs>
  <radialGradient id="rGradientSample01"
            cx="50%" cy="50%"
            fx="40%" fy="40%" r="30%"
            spreadMethod="reflect">
    <stop offset="0%"   stop-color="#F00" stop-opacity="1"/>
    <stop offset="50%"  stop-color="#0F0" stop-opacity="0.7"/>
```

```
    <stop offset="100%" stop-color="#00F" stop-opacity="0.5" />
  </radialGradient>
</defs>
<g id="groupTest" transform="skewX(-30)">
  <rect x="110" y="40" width="120" height="120" rx="10" ry="10" />
  <circle cx="350" cy="100" r="60" />
</g>
</svg>
```

〈g〉 예제

위의 예제는 〈rect〉 요소와 〈circle〉 요소를 id가 groupTest 〈g〉 요소로 그룹핑하고 〈g〉 요소에 CSS와 transform 속성을 적용하였습니다. 다음은 SVG 요소를 그룹핑하는 〈g〉 예제의 실행 결과입니다.

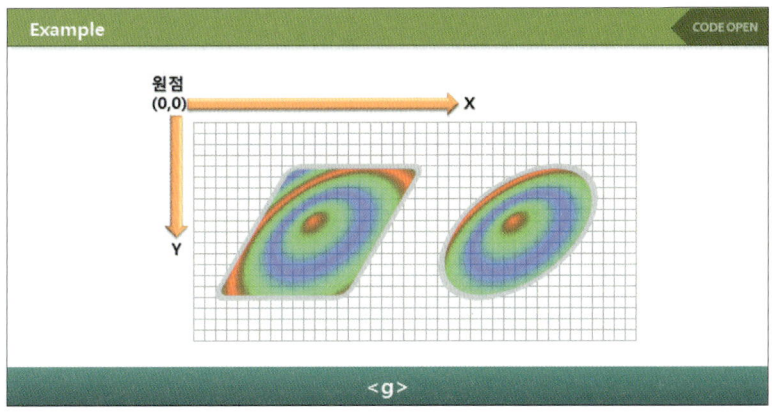

〈g〉 예제의 실행 결과

예제의 실행 결과를 보면 〈g〉 요소로 그룹화된 〈rect〉와 〈circle〉 요소가 〈g〉 요소에 적용한 CSS와 transform 속성의 적용을 받는 것을 확인할 수 있습니다.

■ 인터랙션

예제 파일　http://book.coforward.com/sample/html5_svg/17_interaction.html

앞에서 〈text〉 요소를 설명할 때 SVG의 〈text〉 요소는 문자의 특성을 그대로 가지고 있다는 설명을 했습니다. SVG는 〈text〉 요소의 문자 특성뿐만 아니라 SVG의 모든 요소가 XML

의 특성을 유지하고 있습니다. inline SVG를 지원하는 크롬 웹 브라우저에서 개발자 도구로 SVG 영역을 확인해 보면 SVG의 DOM 구조를 확인해 볼 수 있습니다.

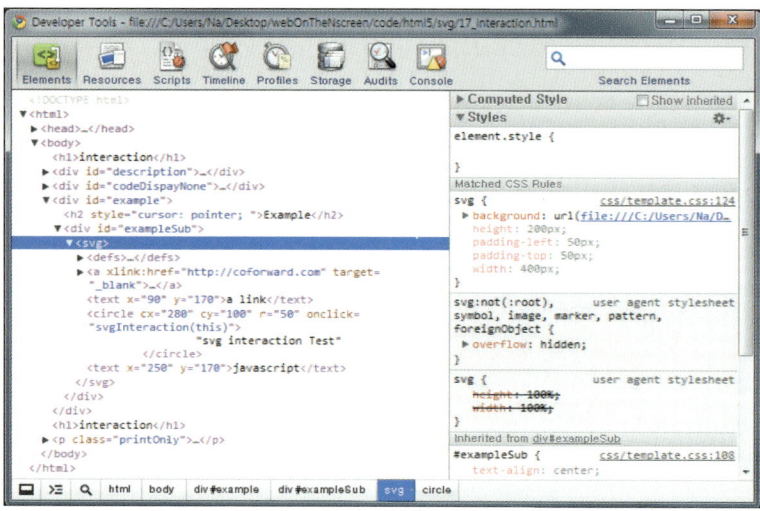

개발자 도구로 확인할 수 있는 SVG의 DOM 구조

이렇게 모든 요소가 DOM 구조상에서 유지되고 있으므로, 각 요소를 편집하고 인터랙션을 부여하거나 SVG 요소가 가진 정보를 추출할 수도 있습니다. 다음은 SVG 요소에 링크와 자바스크립트 기능을 추가한 예입니다.

```
<!--CSS 부분-->
<style type="text/css">
    circle, rect {
        cursor:pointer;
    }
    rect {
        fill:#0C6;
        stroke:#ccc;
        stroke-width:5;
    }
    text {
        font-size:15px;
        font-weight:bold;
    }
    #interaction {
```

```
            stroke:#ccc;
            stroke-width:5;
            fill:url(#rGradientSample01);
        }
    </style>

    <!--javacript 부분-->
    <script type="text/javascript">
        function svgInteraction(svg){
            alert(svg.firstChild.nodeValue);
            svg.id="interaction"
        }
    </script>

    <!--SVG 부분-->
    <svg>
      <defs>
        <radialGradient id="rGradientSample01"
                cx="50%" cy="50%"
                fx="40%" fy="40%" r="30%"
                spreadMethod="reflect">
          <stop offset="0%"   stop-color="#F00" stop-opacity="1"/>
          <stop offset="50%"  stop-color="#0F0" stop-opacity="0.7"/>
          <stop offset="100%" stop-color="#00F" stop-opacity="0.5" />
        </radialGradient>
      </defs>
      <a xlink:href="http://coforward.com" target="_blank">
        <rect x="60" y="50" width="100" height="100" rx="10" ry="10" />
      </a>
      <text x="90" y="170">a link</text>
      <circle cx="280" cy="100" r="50" onclick="svgInteraction(this)">
            "svg interaction Test"
        </circle>
      <text x="250" y="170">javascript</text>
    </svg>
```

interaction 예제

위의 예제는 〈rect〉 요소에는 링크를, 〈circle〉 요소에는 자바스크립트 기능을 추가한 예입니다. 〈rect〉 요소는 HTML처럼 〈a〉 요소로 묶어서 링크를 지정하고 있지만, 여기서 〈a〉 요소는 SVG의 요소이므로 xlink:href 속성으로 URL을 지정합니다. 〈circle〉 요소는 앞의 예제와 달리 svg interaction Test라는 문자열을 콘텐츠 요소로 갖고 있습니다. SVG는 기본적으로 XML이므로 이러한 사용 역시 가능합니다. 그리고 〈circle〉 요소가 클릭되면 자기 자신을 매개 변수로 하여 svgInteraction 함수를 실행합니다. svgInteraction 함수는 매개 변수로 넘어온 SVG 요소의 첫 번째 자식 요소의 값을 alert으로 보여 주고, 해당 요소의 id값을 interaction으로 변경합니다. svgInteraction 함수의 실행 절차에서도 볼 수 있듯이 SVG 요소는 DOM 규칙으로 접근하거나 편집할 수 있습니다. interraction 예제의 실행 결과는 다음과 같습니다.

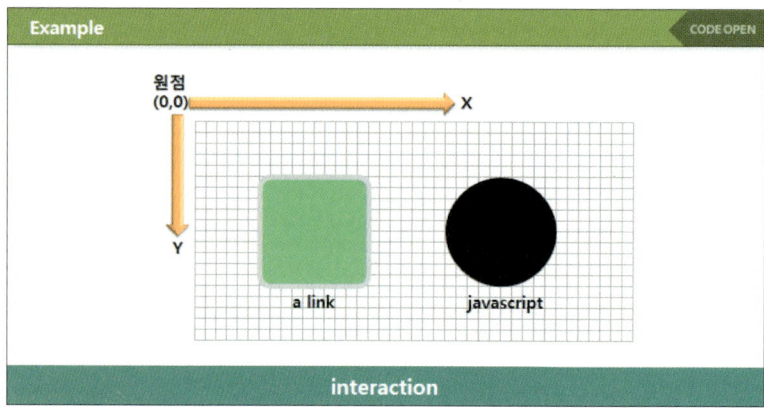

interaction 예제의 실행 결과

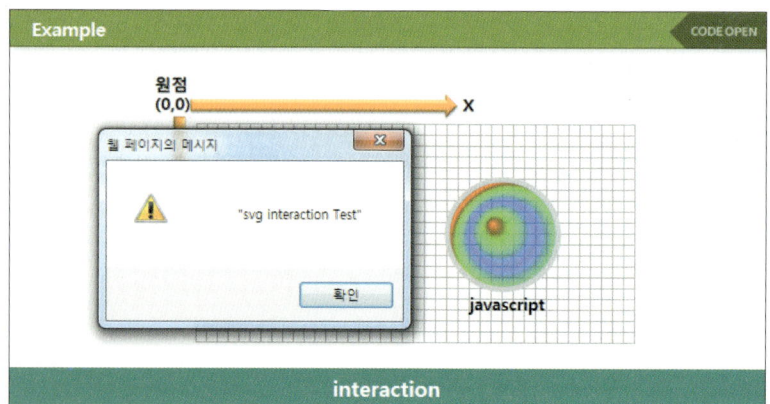

자바스크립트로 추출한 SVG 요소 내의 정보

2 : HTML 5 API – 문서에서 응용 프로그램으로의 진화

HTML 5의 특징 중 하나는 '웹의 애플리케이션화'라고 했습니다. 웹 페이지가 애플리케이션화되는 데 있어 가장 큰 역할을 하는 것은 API입니다. HTML 5 API라고 불리는 API들은 사실은 독립적인 스펙인 경우도 있고, HTML 5로 개발되다가 별도로 독립된 경우도 있습니다. 그러나 HTML 5와 함께 사용되어 기존에는 구현이 어려웠던 웹 애플리케이션을 구현할 수 있는 API들을 통칭하여 HTML 5 API라고 일컫는 경향이 있으며, 이 책도 그러한 관례를 따르고 있습니다. HTML 5 API는 기존의 웹에는 없던 영역입니다. 새로 작성된 것도 있지만 기존에 웹 브라우저별로 가지고 있던 특별한 기능이 표준으로 포함된 것도 있습니다. 이번에는 HTML 5 API 중 비교적 지원이 잘되고 있으며, 모바일 환경에서 유용하게 사용될 수 있는 것들에 대하여 알아보겠습니다.

1 | canvas API

HTML 5의 〈canvas〉 요소는 동적으로 이미지가 그려질 범위만을 지정하는 요소로, 이것만으로는 웹 페이지상에 아무것도 표시할 수 없습니다. 〈canvas〉 영역에 무엇인가를 표시하기 위해서는 canvas API를 이용하여 이미지를 동적으로 생성해 주어야 합니다. canvas API는 HTML 5의 〈canvas〉 요소 안에 동적으로 이미지를 그리기 위한 API입니다. canvas API는 원래 HTML 5로 개발되었지만 HTML 5 스펙의 분량이 늘어남에 따라 별도의 표준으로 분리되었습니다. *canvas API에 대한 표준안은 'http://dev.w3.org/html5/canvasapi/canvas-2d-api.html'에서 확인할 수 있습니다.

> **여기서 잠깐**
>
> **＊ canvas API에 대한 표준안**
>
> canvas API 표준안의 정식 명칭은 'HTML Canvas 2D Context' 입니다. 명칭으로 미루어 보아 이후에는 3D의 지원도 염두에 두고 있는 것으로 보입니다. 실제로도 웹 자체로 3D를 구현하기 위한 WebGL http://www.khronos.org/webgl/wiki/Main_Page이라는 기술이 개발 중입니다.
>
>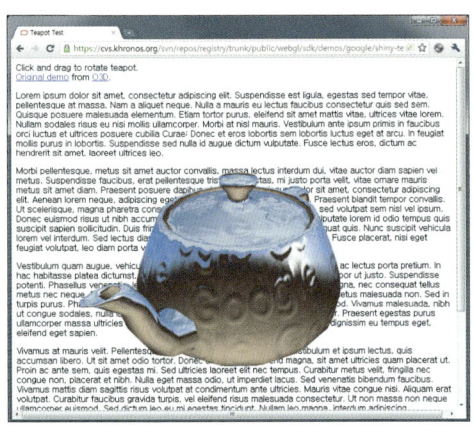
>
> WebGL의 샘플(https://cvs.khronos.org/svn/repos/registry/trunk/public/webgl/sdk/demos/google/shiny-teapot/index.html)
>
> google의 크롬 웹 브라우저는 2011년 2월에 크롬의 버전 9로 업그레이드하면서 WebGL를 공식적으로 지원하기 시작했습니다. 2011년 1분기 내로 출시될 파이어폭스 4 역시 WebGL을 지원할 것이라고 합니다. WebGL의 샘플은 'http://www.khronos.org/webgl/wiki/Demo_Repository'에서 확인할 수 있습니다.

■ 〈canvas〉 요소의 초기화

예제 파일 | http://book.coforward.com/sample/html5_canvas/01_canvasSample.html

웹 페이지에 〈canvas〉 태그가 사용되었다고 하더라도 〈canvas〉는 동적으로 이미지가 생성될 영역만을 지정하므로 기본적으로 화면상에는 아무것도 나타나지 않습니다. 〈canvas〉로 만들어진 영역에 이미지를 표시하려면 canvas API를 이용해야 하며, canvas API를 이용하여 객체를 생성하는 명령은 getContext("2d")입니다.

```
function drawCanvas(){
    //canvas 영역 선택
    var canvas=document.getElementById("test");
    //canvasAPI 초기화
    var ctx=canvas.getContext("2d");
```

```
    //첫 번째 초록색 사각형
    ctx.fillStyle="rgb(0,255,0)";
    ctx.fillRect(10,10,100,100);

    //두 번째 반투명 분홍색 사각형
    ctx.fillStyle="rgba(255,0,200,0.5)";
    ctx.fillRect(30,30,100,100);

    //text의 표시
    ctx.fillStyle="rgb(0,0,0)";
    ctx.fillText("Hello Canvase!", 120,20);
    ctx.fillText("안녕 캔버스!", 150,30);
}
```

canvas 객체를 생성하는 getContext("2d")

위의 예제 drawCanvas 함수에서 주석문을 제외한 var canvas=document.getElementById("test");와 var ctx=canvas.getContext("2d"); 가 canvas API를 사용할 수 있는 객체를 만들어 내는 부분입니다. HTML상의 id가 test인 요소를 선택하여 그 〈canvas〉 요소의 2D Context를 ctx라는 이름으로 지정합니다. 이후에는 이렇게 생성된 ctx 객체를 이용하여 〈canvas〉 요소상에 이미지를 표시할 수 있습니다.

위 예제의 실행 결과는 다음과 같습니다.

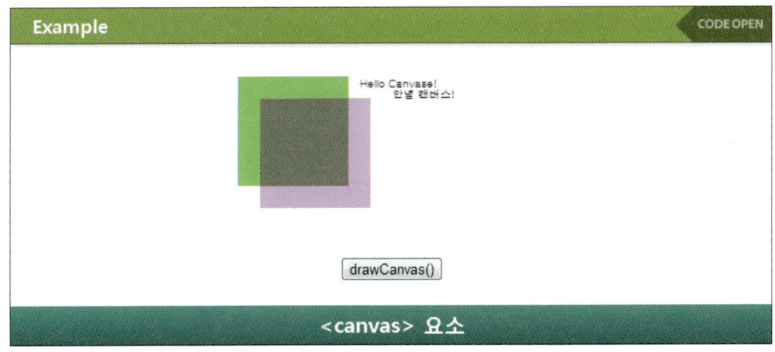

drawCanvas( ) 예제의 코드 실행 결과

■ 사각형 그리기

예제 파일   http://book.coforward.com/sample/html5_canvas/02_rect.html

캔버스를 이용하여 사각형을 그리는 방법에는 색상으로 채워진 사각형을 그리는 fillRect, 외곽선으로 그리는 strokeRect, 사각형 모양으로 먼저 그려진 요소를 지우는 clearRect가 있습니다. 위 세 가지를 사용하는 방식은 모두 동일하며, 사용법은 다음과 같습니다.

```
//사각형을 그림
fillRect(
    [시작점의 X 좌표],
    [시작점의 Y 좌표],
    [그려질 사각형의 폭],
    [그려질 사각형의 높이]
)
```

캔버스에서 사각형을 그리기 위한 매개 변수

캔버스에서 좌표계는 〈canvas〉 요소의 좌측 상단인 원점입니다. X는 오른쪽 방향으로 갈수록 증가하며, Y는 아랫방향으로 갈수록 증가합니다.

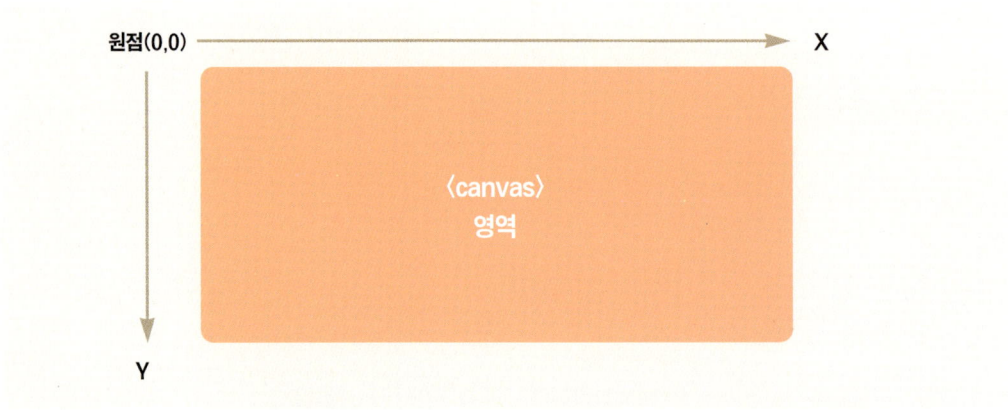

캔버스의 좌표계

사각형을 그리는 예는 다음과 같습니다.

```javascript
//캔버스 초기화
var canvas;
var ctx;
function iniCanvas(){
    canvas=document.getElementById("test");
    canvas.height=150;
    ctx=canvas.getContext("2d");
}
//캔버스 초기화의 체크
function chkCtx(){
    if(!ctx){
        alert("canvas가 초기화되지 않았거나 지원하지 않는 웹 브라우저입니다.");
        return false;
    }
}
//채워진 사각형#1
function fillRect_1(){
    var chkCtxReturn=chkCtx();
    if(chkCtxReturn==false){return false;}
    ctx.fillRect(25,25,100,100);
}
//해당 사각형 영역을 삭제
function clearRect(){
    var chkCtxReturn=chkCtx();
    if(chkCtxReturn==false){return false;}
    ctx.clearRect(65,65,60,60);
}
//채워진 사각형#2
function fillRect_2(){
    var chkCtxReturn=chkCtx();
    if(chkCtxReturn==false){return false;}
    ctx.fillRect(50,70,50,100);
}
//선으로 그려진 사각형
function strokeRect(){
    var chkCtxReturn=chkCtx();
    if(chkCtxReturn==false){return false;}
    ctx.strokeRect(60,80,100,60);
}
```

canvas에서 사각형을 그리는 예

예제 코드는 캔버스를 초기화는 함수 iniCanvas 와 2D Context가 정상적으로 생성되었는지를 검사하는 ChkCtx 함수를 별도로 구성하였으며, 이는 이후 예제에도 마찬가지입니다. 아래쪽의 fillRect_1, clearRect, fillRect_2, strokeRect 함수는 각각 미리 지정된 사각형을 그립니다. 사각형 그리기 예제의 실행 결과는 다음과 같습니다.

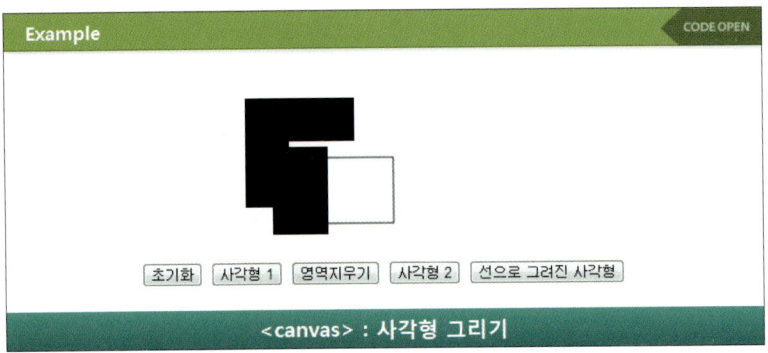

사각형 그리기 예제의 실행 결과

■ 선 그리기

예제 파일　http://book.coforward.com/sample/html5_canvas/03_path.html

캔버스에서는 직선, 2차 곡선, 베지어 곡선 등 다양한 형식의 선을 그릴 수 있습니다. 이번에는 간단히 직선을 그리는데 필요한 기능에 대하여 알아보겠습니다.

```
//새로운 선 그리기를 시작
ctx.beginPath()
//펜을 지정 위치로 이동
ctx.moveTo([선의 시작점 이동할 X 좌표], [선의 시작점을 이동할 Y 좌표])
//지정 위치로 선을 지정
lineTo([선 끝점의 X 좌표], [선 끝점의 Y 좌표])
//펜의 현재 위치에서 시작점으로 도형을 닫음
closePath()
//지정된 선을 그림
stroke()
//지정된 선의 내부를 채움
fill()
```

캔버스에서 선을 그리기 위한 대표적 기능

moveTo와 lineTo로 선의 시점과 종점을 지정할 수 있는 기능입니다. 그러나 이 두 기능은 선을 지정하는 기능으로, 이것만으로는 화면상에 선이 표시되지 않습니다. moveTo와 lineTo로 지정된 선을 표시하기 위해서는 stroke( )나 fill( )을 지정해 주어야 합니다. stroke( )는 지정된 선을 그리게 되고, fill( )은 지정된 선으로 만들어지는 영역을 채우게 됩니다. 위와 같은 기능들로 구성한 선 그리기 예제는 다음과 같습니다.

```javascript
//캔버스 초기화
var canvas;
var ctx;
function iniCanvas(){
    canvas=document.getElementById("test");
    canvas.height=150;
    ctx=canvas.getContext("2d");
}
//캔버스 초기화의 체크
function chkCtx(){
    if(!ctx){
        alert("canvas가 초기화되지 않았거나 지원하지 않는 웹 브라우저입니다.");
        return false;
    }
}
/*선 그리기*/
function path(){
    var chkCtxReturn=chkCtx();
    if(chkCtxReturn==false){return false;}
    ctx.beginPath();
    ctx.moveTo(10,10);
    ctx.lineTo(60,10);
    ctx.lineTo(60,60);
    ctx.stroke();
}
/*닫힌 선 그리기*/
function closePath(){
    var chkCtxReturn=chkCtx();
    if(chkCtxReturn==false){return false;}
    ctx.beginPath();
    ctx.moveTo(70,10);
    ctx.lineTo(120,10);
    ctx.lineTo(120,60);
    ctx.closePath();
```

```
    ctx.stroke();
}
/*채워진 선 그리기*/
function fillPath(){
    var chkCtxReturn=chkCtx();
    if(chkCtxReturn==false){return false;}
    ctx.beginPath();
    ctx.moveTo(130,10);
    ctx.lineTo(180,10);
    ctx.lineTo(180,60);
    ctx.fill();
}
/*2차 곡선 그리기*/
function curve2(){
    var chkCtxReturn=chkCtx();
    if(chkCtxReturn==false){return false;}
    ctx.beginPath();
    ctx.moveTo(190,10);
    ctx.quadraticCurveTo(240,10,240,60);
    ctx.stroke();
}
/*베지어 곡선 그리기*/
function curveB(){
    var chkCtxReturn=chkCtx();
    if(chkCtxReturn==false){return false;}
    ctx.beginPath();
    ctx.moveTo(10,100);
    ctx.bezierCurveTo(10,150,60,100,60,150);
    ctx.stroke();
}
/*선과 이어 호 그리기*/
function arcTo(){
    var chkCtxReturn=chkCtx();
    if(chkCtxReturn==false){return false;}
    ctx.beginPath();
    ctx.moveTo(100,100);
    ctx.lineTo(150,150);
    ctx.arcTo(200,100,250,150,50);
    ctx.stroke();
}
```

캔버스에서 선을 그리는 예

위의 path, closePath, fillPath 함수에서 moveTo와 lineTo를 사용하여 지정된 선의 형태는 동일합니다. 그러나 선을 지정한 후에 stroke( ), fill( ), closePath( ) 중 어떤 것을 지정하느냐에 따라 결과의 형태가 달라지는 것을 확인할 수 있습니다. 위의 *선 그리기 예제 실행 결과는 다음과 같습니다.

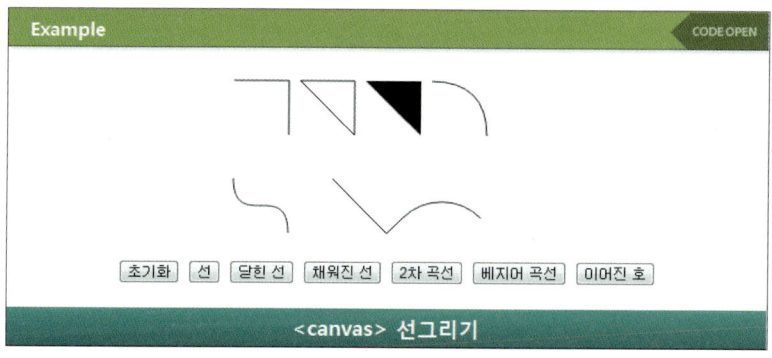

선 그리기 예제의 실행 결과

> **여기서 잠깐**
>
> *** 선 그리기 예제**
>
> 선 그리기 예제는 직선뿐만 아니라 2차 곡선(quadraticCurveTo), 베지어 곡선(bezierCurveTo) 등의 예제도 포함하고 있습니다.

■ 호 그리기

예제 파일 http://book.coforward.com/sample/html5_canvas/04_arc.html

캔버스에서 호를 그리는 데는 arc를 사용하며, 다음과 같이 매개 변수를 필요로 합니다.

```
//호를 그림
arc(
    [Arc의 중심점의 X 좌표],
    [Arc의 중심점의 Y 좌표],
    [호의 반지름],
    [호가 시작하는 각도(방위각 Radian값으로 입력)],
    [호가 끝나는 각도(방위각 Radian값으로 입력)],
    [호의 회전 방향을 지정함. true일 경우 반시계 방향]
)
```

캔버스에서 호를 그리기 위한 매개 변수

위와 같은 기능으로 구현한 호를 그리는 예제는 다음과 같습니다.

```javascript
//캔버스 초기화
var canvas;
var ctx;
function iniCanvas(){
    canvas=document.getElementById("test");
    canvas.width=400;
    ctx=canvas.getContext("2d");
}
//캔버스 초기화의 체크
function chkCtx(){
    if(!ctx){
        alert("canvas가 초기화되지 않았거나 지원하지 않는 웹 브라우저입니다.");
        return false;
    }
}
//호 그리기
function arc(){
    var chkCtxReturn=chkCtx();
    if(chkCtxReturn==false){return false;}

    //호 생성 정보값 추출
    var x=document.getElementById('originX').value;
    var y=document.getElementById('originY').value;
    var r=document.getElementById('radius').value;
    var sA=(Math.PI/180)*document.getElementById('startDeg').value;
    var eA=(Math.PI/180)*document.getElementById('endDeg').value;
    var cWaRaio=document.getElementsByName('cwa');
    for(var i=0;i<cWaRaio.length;i++){
        if(cWaRaio[i].checked){
            (cWaRaio[i].value=="true")?cWa=1:cWa=0;
        };
    }

    //호 그리기
    ctx.arc(x, Y,r,sA,eA,cWa);
    ctx.stroke();
}
```

캔버스에서 호를 그리는 예제

위의 예제는 서식으로부터 호를 그리기 위한 정보를 입력받는 것 외에는 마지막의 두 줄이 전부입니다. arc 역시 호를 지정하기만 할 뿐 화면에 표시하는 것은 stroke( ) 또는 fill( )뿐입니다. 호 그리기 예제의 실행 결과는 다음과 같습니다.

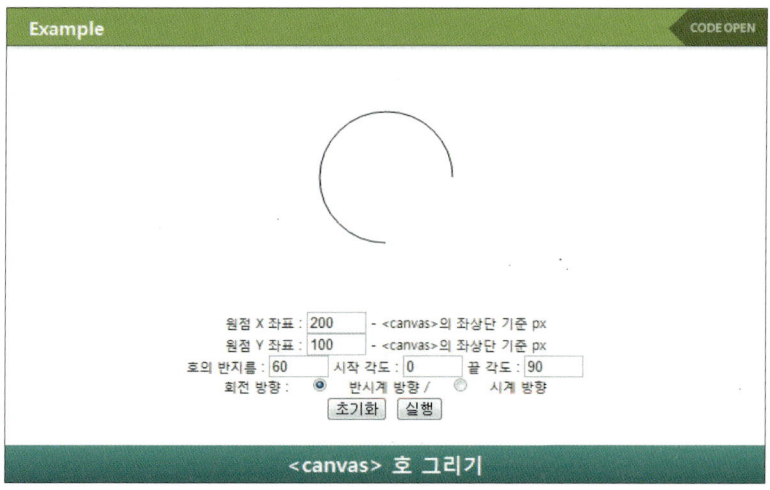

호 그리기 예제의 실행 결과

canvas에는 원을 그리는 기능이 없으며, *호 그리기를 이용하여 원을 그립니다.

> **여기서 잠깐**
>
> *** 호 그리기를 이용하여 원을 그립니다**
>
> canvas에는 원을 그리는 기능이 별도로 존재하지 않지만, 호의 시작 각도와 끝 각도의 합이 360도가 되도록 작성하면 원을 그릴 수 있습니다. 또한 fill( )을 이용하면 색상이 채워진 원도 그릴 수 있습니다.
>
>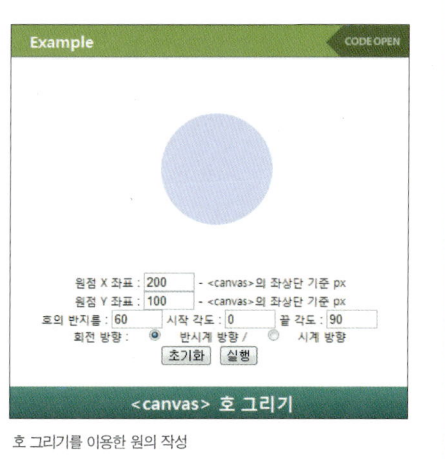
>
> 호 그리기를 이용한 원의 작성

■ 이미지 삽입

예제 파일   http://book.coforward.com/sample/html5_canvas/05_image.html

캔버스는 자체적으로 이미지를 그릴 뿐만 아니라 외부 이미지를 캔버스 내로 불러들일 수도 있습니다. 외부 이미지에 캔버스로 붙여넣는 데는 drawImage를 사용하며, 다음과 같은 매개 변수로 캔버스 안으로 붙여지는 이미지를 조절합니다.

```
//캔버스 내로 이미지를 삽입함.
drawImage(
    [원본 이미지 객체],
    //원본 이미지를 자를 정보
    [원본 이미지를 잘라낼 좌상단 X좌표],
    [원본 이미지를 잘라낼 좌상단 Y좌표],
    [원본 이미지를 잘라낼 폭],
    [원본 이미지를 잘라낼 높이],
    //원본 이미지를 붙여넣을 정보
    [삽입되는 이미지의 좌측 상단 X좌표],
    [삽입되는 이미지의 좌측 상단 Y좌표],
    [삽입되는 이미지의 폭],
    [삽입되는 이미지의 높이]
)
```

캔버스 내로 이미지를 붙여넣기 위한 매개 변수들

위와 같은 기능으로 구현된 캔버스 안에 이미지를 삽입하는 예제는 다음과 같습니다.

```
//캔버스 초기화
var canvas;
var ctx;
function iniCanvas(){
    canvas=document.getElementById("test");
    canvas.width=400;
    ctx=canvas.getContext("2d");
    ctx.clearRect(0,0,canvas.width,canvas.height);
}
//캔버스 초기화의 체크
function chkCtx(){
```

```
        if(!ctx){
            alert("canvas가 초기화되지 않았거나 지원하지 않는 웹 브라우저입니다.");
            return false;
        }
}
//이미지를 원하는 크기로 삽입함
function drawImg(){
    var chkCtxReturn=chkCtx();
    if(chkCtxReturn==false){return false;}
    var img=new Image();
    img.onload=function(){
        ctx.drawImage(img,0,0,150,150);
    }
    img.src="img/coforwardQr.gif";
}
//이미지를 원하는 크기로 삽입함
function sliceImg(){
    var chkCtxReturn=chkCtx();
    if(chkCtxReturn==false){return false;}
    var img2=new Image();
    img2.onload=function(){
        ctx.drawImage(img2,50,140,150,30,0,160,400,70);
    }
    img2.src="img/coforwardQr.gif";
}
```

캔버스에 이미지 삽입 예제

예제는 drawImg 함수와 sliceImg 함수로 원본 이미지인 "img/coforwardQr.gif"를 캔버스 안으로 붙여넣고 있습니다. 두 개의 함수는 drawImage 부분을 제외하면 똑같은 내용의 함수입니다. 둘의 차이점은 drawImg 함수에서는 drawImage 부분에 원본 이미지를 자를 정보를 입력하지 않았다는 점뿐입니다. 이럴 경우는 이미지 전체를 붙여넣을 정보에 지정된 크기로 캔버스에 붙여넣게 됩니다. 이미지를 자를 정보를 입력하면 원본 이미지에서 지정한 부분을 잘라 붙여넣을 정보에서 지정하는 크기로 캔버스 안에 붙여넣게 됩니다. 이미지 삽입 예제의 실행 결과는 다음과 같습니다.

이미지 삽입 예제 실행 결과

■ 면 색상의 지정

예제 파일 http://book.coforward.com/sample/html5_canvas/06_fillStyle.html

캔버스에서 면 색상을 지정하기 위해서는 fillStyle을 사용해야 합니다. fillStyle에 지정될 수 있는 것은 색상 정보 또는 캔버스에서 createPattern으로 생성한 패턴 정보입니다. fillStyle과 createPattern을 사용하기 위한 매개 변수는 다음과 같습니다.

```
//면 색상을 지정
fillStyle=[color 또는 pattern]
//패턴을 생성함.
 createPattern(
     [패턴으로 사용될 이미지 객체],
     [패턴의 반복 설정으로 CSS 설정과 동일]
 )
```

면 색상을 지정하기 위한 기능과 매개 변수

캔버스에서의 색상 지정은 CSS와 동일하며, 이때에는 CSS 3에서 지원하는 RGBA값도 사용할 수 있습니다. 패턴 이미지를 생성하는 createPattern에서의 패턴 이미지의 반복 설정 역시 CSS와 동일하게 가로 방향 반복은 repeat-x, 세로 방향 반복은 repeat-y, 양방향 반복은 repeat, 반복하지 않기 위해서는 no-repeat를 사용합니다. 위와 같은 기능을 이용하여 구현된 면 색상에 대한 예제는 다음과 같습니다.

```javascript
//캔버스 초기화
var canvas;
var ctx;
function iniCanvas(){
    canvas=document.getElementById("test");
    canvas.width=300;
    ctx=canvas.getContext("2d");
    ctx.clearRect(0,0,canvas.width,canvas.height);
}
//캔버스 초기화의 체크
function chkCtx(){
    if(!ctx){
        alert("canvas가 초기화되지 않았거나 지원하지 않는 웹 브라우저입니다.");
        return false;
    }
}
//색상값을 입력받아 사각형을 그림
function fillColor(){
    var chkCtxReturn=chkCtx();
    if(chkCtxReturn==false){return false;}
    var color=document.getElementById("colorCode").value;
    ctx.fillStyle=color;
    ctx.fillRect(0,0,150,150);
}
//이미지로 패턴을 작성
function fillPattern(){
    var chkCtxReturn=chkCtx();
    if(chkCtxReturn==false){return false;}
    var img=new Image();
    img.onload=function(){
        var pattern=ctx.createPattern(img,"repeat");
        ctx.fillStyle=pattern;
```

```
            ctx.fillRect(0,0,150,150);
        }
        img.src='img/coforwardIcon.png';
    }
    //반복문을 이용한 컬러 체커 생성
    function fillChecker(){
        var chkCtxReturn=chkCtx();
    if(chkCtxReturn==false){return false;}
        for(var i=0;i<6;i++){
            for(var j=0;j<6;j++){
                var R=Math.floor(255-45.5*i);
                var G=Math.floor(255-42.5*j);
                var B=0;
                ctx.fillStyle='rgb('+R+','+G+','+B+')';
                ctx.fillRect(j*25, i*25, 25, 25);
            }
        }
    }
```

캔버스의 면 색상을 지정하는 예제

위의 예제에서 fillColor 함수는 색상 코드를 입력받아 fillStyle을 지정하는 예이며, fillPattern 함수는 이미지로부터 패턴을 생성하여 fillStyle로 지정하는 예입니다. fillStyle은 그려지는 대상에 적용되는 것이 아니라 캔버스의 2D Context 객체에 지정되는 것이므로, 이후에 그려지는 대상에는 지정된 fillStyle이 적용됩니다. 이러한 특성은 대부분의 캔버스 속성이 동일합니다. 면 색상을 지정하는 예제의 실행 결과는 다음과 같습니다.

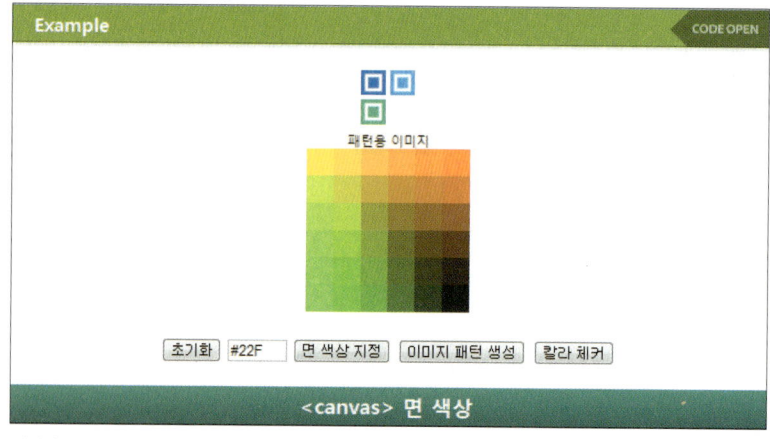

면 색상 예제의 실행 결과

예제에 포함된 fillChecker 함수는 반복문을 이용하여 fillStyle을 변경한 것으로, 작은 사각형을 생성하여 컬러 체커를 구성한 예입니다.

■ 선 색상의 지정

예제 파일 http://book.coforward.com/sample/html5_canvas/07_strokeStyle.html

캔버스의 선 색상 지정은 strokeStyle로 지정합니다. 지정하는 방법은 CSS의 색상 지정 규칙과 동일하며, CSS 3에서 지원하는 투명도를 포함하는 RGBA값 역시 사용할 수 있습니다.

```
//선 색상을 지정
strokeStyle=[color]
```

선 색상을 지정하기 위한 기능

위의 기능을 이용하여 구현한 선 색상에 대한 예제는 다음과 같습니다.

```
//캔버스 초기화
var canvas;
var ctx;
function iniCanvas(){
    canvas=document.getElementById("test");
    canvas.width=300;
    ctx=canvas.getContext("2d");
    ctx.clearRect(0,0,canvas.width,canvas.height);
}
//캔버스 초기화의 체크
function chkCtx(){
    if(!ctx){
        alert("canvas가 초기화되지 않았거나 지원하지 않는 웹 브라우저입니다.");
        return false;
    }
}
//색상값을 입력받아 선을 그림
function strokeStyle(){
    var chkCtxReturn=chkCtx();
    if(chkCtxReturn==false){return false;}
```

```
    var color=document.getElementById("colorCode").value;
    ctx.strokeStyle=color;
    ctx.beginPath();
    ctx.moveTo(0,0);
    ctx.lineTo(300,150);
    ctx.stroke();
}
```
캔버스의 선 색상을 지정하는 예제

fillStyle과 마찬가지로 strokeStyle 역시 캔버스의 2D Context 객체에 지정되는 것이므로, 이후에 그려지는 대상에는 지정된 strokeStyle이 적용됩니다. 선 색상을 지정하는 예제의 실행 결과는 다음과 같습니다.

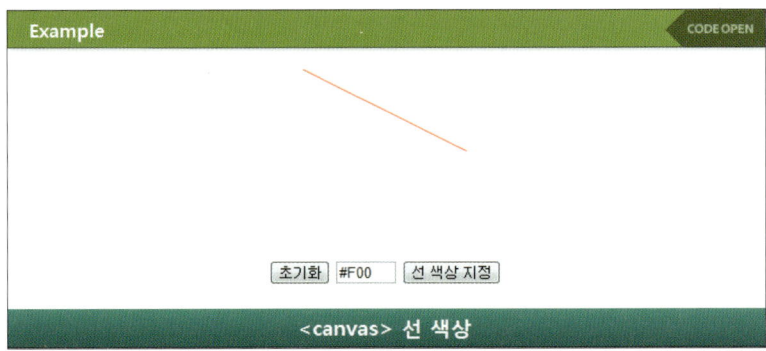

선 색상 예제의 실행 결과

■ 투명도의 지정

예제 파일   http://book.coforward.com/sample/html5_canvas/08_trasparency.html

캔버스 투명도를 지정하는 기능은 globalAlpha입니다.

```
//투명도를 지정
globalAlpha=[0~1 사이의 투명도의 설정값]
```
투명도를 지정하는 기능과 매개 변수

위의 기능을 이용하여 투명도를 지정하는 예제는 다음과 같습니다.

```javascript
//캔버스 초기화
var canvas;
var ctx;
function iniCanvas(){
    canvas=document.getElementById("test");
    canvas.width=300;
    ctx=canvas.getContext("2d");
    ctx.clearRect(0,0,canvas.width,canvas.height);
}
//캔버스 초기화의 체크
function chkCtx(){
    if(!ctx){
        alert("canvas가 초기화되지 않았거나 지원하지 않는 웹 브라우저입니다.");
        return false;
    }
}
//이미지를 원하는 크기로 삽입함
function drawImg(){
    var chkCtxReturn=chkCtx();
    if(chkCtxReturn==false){return false;}
    var img=new Image();
    img.onload=function(){
        ctx.drawImage(img,0,0,150,150);
    }
    img.src="img/coforwardQr.gif";
}

//투명도의 지정
function transparency(){
    var chkCtxReturn=chkCtx();
    if(chkCtxReturn==false){return false;}
    //색상 및 투명도 지정
    var alpha=document.getElementById('alphaValue').value;
    ctx.globalAlpha=alpha;
    //사각형을 그림
    ctx.fillStyle='#FD0';
    ctx.fillRect(0,0,75,75);
    ctx.fillStyle='#6C0';
    ctx.fillRect(75,0,75,75);
    ctx.fillStyle='#09F';
```

```
        ctx.fillRect(0,75,75,75);
        ctx.fillStyle='#F30';
        ctx.fillRect(75,75,75,75);
    }
```

캔버스의 투명도를 지정하는 예제

위 예제는 투명도를 확인하기 위해 배경 이미지를 붙여넣는 drawImg와 투명도값을 입력받아 각기 다른 색상의 사각형 4개를 그리는 transparency 함수로 구성되어 있습니다. globalAlpha는 캔버스의 2D Context에 적용되므로 fillStyle에 투명도를 적용하지 않더라도 globalAlpha가 지정된 후에 그려지는 모든 요소는 지정된 투명도값의 영향을 받게 됩니다. 투명도를 지정하는 예제의 실행 결과는 다음과 같습니다.

투명도 예제의 실행 결과

■ 선 두께

예제 파일 http://book.coforward.com/sample/html5_canvas/09_lineWidth.html

캔버스에 그려지는 선의 두께를 지정하는 기능은 lineWidth입니다.

```
//stroke()의 선 두께를 지정
lineWidth=[선 두께 px값으로 적용]
```

캔버스 선 두께를 지정하기 위한 기능과 매개 변수

위의 기능을 이용하여 구성한 선 두께를 지정하는 예제는 다음과 같습니다.

```javascript
//캔버스 초기화
var canvas;
var ctx;
function iniCanvas(){
    canvas=document.getElementById("test");
    canvas.width=300;
    ctx=canvas.getContext("2d");
    ctx.clearRect(0,0,canvas.width,canvas.height);
}
//캔버스 초기화의 체크
function chkCtx(){
    if(!ctx){
        alert("canvas가 초기화되지 않았거나 지원하지 않는 웹 브라우저입니다.");
        return false;
    }
}
//굵기와 색상이 다른 임의의 선 50개 그리기
function lineWidth(){
    var chkCtxReturn=chkCtx();
    if(chkCtxReturn==false){return false;}

    for(var i=0;i<50;i++){
        //작성되는 선 정보의 임의 생성
        var x=Math.floor(Math.random()*400)+1;
        var y=Math.floor(Math.random()*150)+1;
        var width=Math.floor(Math.random()*20)+1;

        //색상 정보의 임의 생성
        var r=Math.floor(Math.random()*254)+1;
        var g=Math.floor(Math.random()*254)+1;
        var b=Math.floor(Math.random()*254)+1;
        var a=Math.random();

        //선 정보의 지정
        ctx.strokeStyle='rgba('+r+','+g+','+b+','+a+')';
        ctx.lineWidth=width;

        //작성
        ctx.beginPath();
        ctx.moveTo(0,0);
```

```
            ctx.lineTo(x, y);
            ctx.stroke();
        }
    }
```

캔버스에서 선 두께를 지정하는 예제

예제의 lineWidth 함수는 색상 정보와 선의 끝점의 위치, 그리고 선 두께가 범위 내에서 무작위로 지정되는 직선, 50개를 그리는 함수입니다. lineWidth 역시 캔버스의 2D Context 객체에 지정되는 속성으로, 이후에 그려지는 선들은 lineWidth에 지정된 값에 영향을 받게 됩니다. 선 두께를 지정하는 예제 실행 결과는 다음과 같습니다.

선 두께 예제의 실행 결과

■ 선 끝 모양

예제 파일 http://book.coforward.com/sample/html5_canvas/10_lineCap.html

lineCap은 canvas에서 그려지는 선의 시점과 끝점의 형태를 지정하는 기능입니다.

```
//stroke()의 선 끝 모양을 지정
lineCap=[선 끝 모양의 예약어]
```

캔버스에서 선 끝 모양을 지정하기 위한 기능과 매개 변수

매개 변수로 사용되는 키워드에는 butt, round, square가 있으며, 각각 평평한 선 끝 모양, 둥근 선 끝 모양, 사각 선 끝 모양을 지정하게 되며, 기본값은 butt로 평평한 선 끝 모양입

니다. 위의 기능을 이용하여 구성한 선 끝 모양의 예제는 다음과 같습니다.

```javascript
//캔버스 초기화
var canvas;
var ctx;
function iniCanvas(){
    canvas=document.getElementById("test");
    canvas.width=300;
    ctx=canvas.getContext("2d");
    ctx.clearRect(0,0,canvas.width,canvas.height);
}
//캔버스 초기화의 체크
function chkCtx(){
    if(!ctx){
        alert("canvas가 초기화되지 않았거나 지원하지 않는 웹 브라우저입니다.");
        return false;
    }
}
//선 끝 모양 종류별 라인 작성
function lineCap(){
    var chkCtxReturn=chkCtx();
    if(chkCtxReturn==false){return false;}

    //선 끝 모양 키워드의 배열 지정
    var capType=['butt','round','square'];

    //기준선의 작성
    ctx.strokeStyle='#09f';
    ctx.beginPath();
    ctx.moveTo(20,10);
    ctx.lineTo(20,140);
    ctx.moveTo(150,10);
    ctx.lineTo(150,140);
    ctx.stroke()

    //선 끝 모양의 적용 라인 작성
    ctx.strokeStyle='black';
    for(var i=0;i<capType.length;i++){
        ctx.lineWidth=15;
        ctx.lineCap=capType[i];
```

```
            ctx.beginPath();
            ctx.moveTo(20,25+i*50);
            ctx.lineTo(150,25+i*50);
            ctx.stroke();

            //선 끝 모양의 이름 표시
            ctx.fillStyle="#f00";
            ctx.font='20px';
            ctx.fillText(capType[i],170,25+i*50);
        }
    }
```

캔버스의 선 끝 모양을 지정하는 예제

예제의 lineCap 함수는 기준선과 선 끝 모양을 변경하면서 15px 두께의 선을 그리는 기능입니다. lineCap 속성 역시 캔버스의 2D Context 객체에 지정되는 속성으로, 이후에 그려지는 선들은 lineCap에 지정된 값에 영향을 받게 됩니다. 선 끝 모양을 지정하는 예제 실행 결과는 다음과 같습니다.

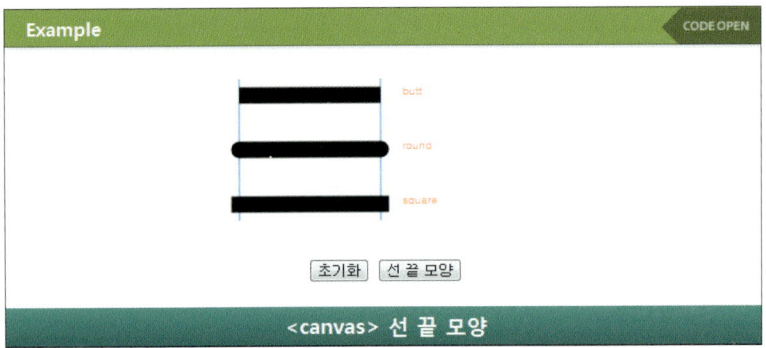

선 끝 모양 예제의 실행 결과

■ 선 연결 모양

예제 파일 http://book.coforward.com/sample/html5_canvas/11_lineJoin.html

lineJoin은 선이 꺾일 때 두 선이 연결되는 형태를 지정하는 기능입니다.

```
//stroke()의 접합 부분의 형태를 지정
lineJoin=[선 접합 모양의 예약어]
```

캔버스에서 선 연결 모양을 지정하기 위한 기능과 매개 변수

매개 변수로 사용되는 키워드에는 miter, round, bevel이 있으며, 각각 일반적인 모양, 둥근 모양, 연결부가 평평한 모양을 지정하게 되며, 기본값은 miter입니다. 위의 기능을 이용하여 구성한 선 끝 모양의 예제는 다음과 같습니다.

```
//캔버스 초기화
var canvas;
var ctx;
function iniCanvas(){
    canvas=document.getElementById("test");
    canvas.width=300;
    ctx=canvas.getContext("2d");
    ctx.clearRect(0,0,canvas.width,canvas.height);
}
//캔버스 초기화의 체크
function chkCtx(){
    if(!ctx){
        alert("canvas가 초기화되지 않았거나 지원하지 않는 웹 브라우저입니다.");
        return false;
    }
}
//선 연결 모양 종류별 라인 작성
function lineJoin(){
    var chkCtxReturn=chkCtx();
    if(chkCtxReturn==false){return false;}

    //선 연결 모양 키워드의 배열 지정
    var joinType=['bevel', 'round', 'miter'];
    ctx.lineWidth = 15;

    //연결 모양별 라인 작성
    for (var i = 0; i < joinType.length; i++) {
        ctx.lineJoin = joinType[i];
        ctx.beginPath();
        ctx.moveTo(-5,5+i*40);
```

```
            ctx.lineTo(35,45+i*40);
            ctx.lineTo(75,5+i*40);
            ctx.lineTo(115,45+i*40);
            ctx.lineTo(155,5+i*40);
            ctx.stroke();

            //연결 모양 이름 표시
            ctx.fillStyle="#f00";
            ctx.font='20px';
            ctx.fillText(joinType[i],170,15+i*40);
        }
    }
```

캔버스의 연결 모양을 지정하는 예제

예제의 lineJoin 함수는 선 연결 모양을 변경하면서 15px 두께의 선을 그리는 기능입니다. lineJoin 속성 역시 canvas의 2D Context 객체에 지정되는 속성으로, 이후에 그려지는 선들은 lineJoin에 지정된 값에 영향을 받게 됩니다. 선 끝 모양을 지정하는 예제 실행 결과는 다음과 같습니다.

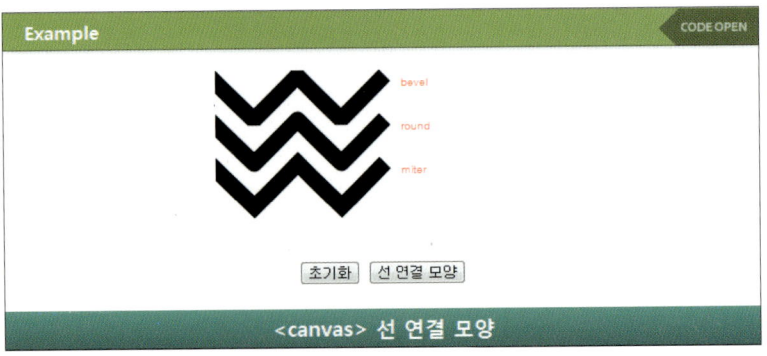

선 연결 모양 예제의 실행 결과

■ 선형 그레이디언트

예제 파일   http://book.coforward.com/sample/html5_canvas/12_linearGradient.html

createLinearGradient는 캔버스에서 사용할 수 있는 선형 그레이디언트를 생성합니다. 그레이디언트의 색상 변화는 createLinearGradient나 createRadialGradient를 통해 생성된 그레이디언트 객체에 addColorStop 기능을 이용하여 색상과 변환점을 지정합니다.

```
//선형 그레이디언트를 생성
createLinearGradient(
    [선형 그레이디언트 시작점의 X 좌표],
    [선형 그레이디언트 시작점의 Y 좌표],
    [선형 그레이디언트 끝점의 X 좌표],
    [선형 그레이디언트 끝점의 Y 좌표],
)
//그레이디언트의 색상의 변환점을 지정
{그레이디언트 객체}.addColorStop(
    [그레이디언트상의 색상 변환점의 위치를 비율[0(시작점)~1(끝점)]],
    [색상 변환점의 색상을 지정한다.]
)
```

캔버스에서 선형 그레이디언트를 생성하기 위한 기능과 매개 변수

addColorStop은 CSS의 색상 지정 방법과 동일한 방법으로 색상을 지정하며, 그레이디언트의 색상 변화에 따라 여러 개를 지정할 수 있습니다. 위의 기능을 이용하여 구성한 선형 그레이디언트의 예제는 다음과 같습니다.

```
//캔버스 초기화
var canvas;
var ctx;
function iniCanvas(){
    canvas=document.getElementById("test");
    canvas.width=300;
    ctx=canvas.getContext("2d");
    ctx.clearRect(0,0,canvas.width,canvas.height);
}
//캔버스 초기화의 체크
function chkCtx(){
    if(!ctx){
        alert("canvas가 초기화되지 않았거나 지원하지 않는 웹 브라우저입니다.");
        return false;
    }
```

```
}
//선형 그레이디언트의 생성
function lGradient(){
    var chkCtxReturn=chkCtx();
    if(chkCtxReturn==false){return false;}

    //그레이디언트의 생성
    var Grd=ctx.createLinearGradient(0,0,0,150);

        //색상 변환점에 대한 정보 입력
        var colorPos01=document.getElementById('colorPos01').value;
        var colorValue01=document.getElementById('colorValue01').value;
        var colorPos02=document.getElementById('colorPos02').value;
        var colorValue02=document.getElementById('colorValue02').value;

        //색상 변환점 지정
        Grd.addColorStop(colorPos01,colorValue01);
        Grd.addColorStop(colorPos02,colorValue02);

    //fillStyle로 지정하고 사각형 그리기
    ctx.fillStyle=Grd;
    ctx.fillRect(10,10,130,130);

    //strokeStyle로 지정하고 라인 그리기
    ctx.strokeStyle=Grd;
    ctx.lineCap='round';
    ctx.lineWidth =10;

    ctx.beginPath();
    ctx.moveTo(160,10);
    ctx.lineTo(160,140);
    ctx.stroke();
}
```

캔버스의 선형 그레이디언트를 지정하는 예제

생성된 그레이디언트는 fillStyle과 strokeStyle로 지정될 수 있습니다. 선형 그레이디언트 예제의 실행 결과는 다음과 같습니다.

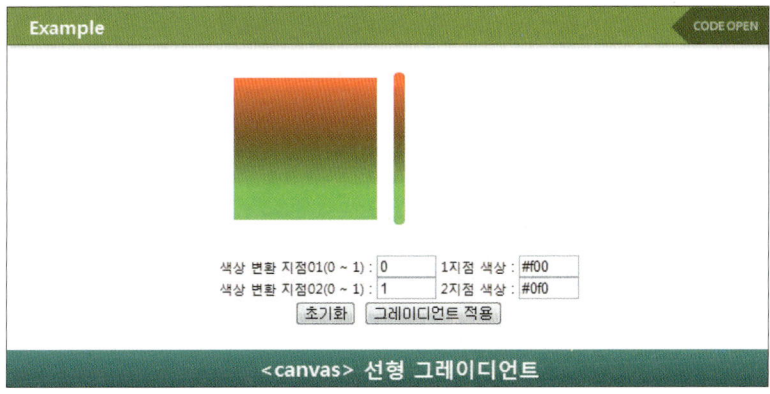

선형 그레이디언트 예제의 실행 결과

■ 원형 그레이디언트

예제 파일 http://book.coforward.com/sample/html5_canvas/13_radialGradient.html

　createRadialGradient는 캔버스에서 사용할 수 있는 원형 그레이디언트를 생성합니다. 생성된 그레이디언트 요소의 색상과 변환점을 지정하는 것은 선형 그레이디언트와 동일합니다. 즉, 그레이디언트 객체의 addColorStop 기능을 이용하여 지정합니다.

```
//원형 그레이디언트를 생성
createRadialGradient(
    [하이라이트 원의 중점 X 좌표],
    [하이라이트 원의 중점 Y 좌표],
    [하이라이트 원의 반지름],
    [페이드 아웃 원의 중점 X 좌표],
    [페이드 아웃 원의 중점 Y 좌표],
    [페이드 아웃 원의 반지름]
)
//그레이디언트의 색상의 변환점을 지정
{그레이디언트 객체}.addColorStop(
    [그레이디언트상의 색상 변환점의 위치를 비율[0(시작점)~1(끝점)]],
    [색상 변환점의 색상을 지정한다.]
)
```

캔버스에서 선형 그레이디언트를 생성하기 위한 기능과 매개 변수

원형 그레이디언트를 생성하기 위해서는 선형 그레이디언트의 시점과 종점 좌표 대신 두 개의 원을 지정해야 합니다. 이 두 개의 원은 하이라이트 원과 페이드 아웃 원으로, 하이라이트 원은 첫 번째 지정된 색상으로 채워져 색상 변화가 일어나지 않는 부분의 원이며, 페이드 아웃 원은 그레이디언트가 적용되는 영역의 크기가 됩니다. 그레이디언트가 지정되는 영역은 하이라이트 원의 중심으로부터 페이드 원의 가장자리까지입니다. 이 밖의 변환점을 지정하거나 사용하는 방법은 선형 그레이디언트와 동일합니다. 위의 기능을 이용하여 구성한 원형 그레이디언트의 예제는 다음과 같습니다.

```
//캔버스 초기화
var canvas;
var ctx;
function iniCanvas(){
    canvas=document.getElementById("test");
    canvas.width=300;
    ctx=canvas.getContext("2d");
    ctx.clearRect(0,0,canvas.width,canvas.height);
}
//캔버스 초기화의 체크
function chkCtx(){
    if(!ctx){
        alert("canvas가 초기화되지 않았거나 지원하지 않는 웹 브라우저입니다.");
        return false;
    }
}
//원형 그레이디언트의 생성
function rGradient(){
    var chkCtxReturn=chkCtx();
    if(chkCtxReturn==false){return false;}

    //원형 그레이디언트 영역의 정보 입력
    var sX=document.getElementById('sX').value;
    var sY=document.getElementById('sY').value;
    var sR=document.getElementById('sR').value;
    var eX=document.getElementById('eX').value;
    var eY=document.getElementById('eY').value;
    var eR=document.getElementById('eR').value;
```

```
    //그레이디언트 생성
    var rGrd=ctx.createRadialGradient(sX,sY,sR,eX,eY,eR);

    //색상 변환점 정보 입력
    var colorPos01=document.getElementById('colorPos01').value;
    var colorValue01=document.getElementById('colorValue01').value;
    var colorPos02=document.getElementById('colorPos02').value;
    var colorValue02=document.getElementById('colorValue02').value;
    //입력받은 색상 변환점 지정
    rGrd.addColorStop(colorPos01,colorValue01);
    rGrd.addColorStop(colorPos02,colorValue02);
    //마지막 색상 변환점 지정
    rGrd.addColorStop(1,'rgba(0,0,0,0)');

    //fillStyle로 지정
    ctx.fillStyle=rGrd;
    ctx.strokeStyle='#000';

    //원을 그림
    ctx.beginPath();
    ctx.arc(50,50,50,0,Math.PI*2,true);
    ctx.fill();
}
//사각형 그리기
function addRect(){
    var chkCtxReturn=chkCtx();
    if(chkCtxReturn==false){return false;}
    //사각형을 그림
    ctx.fillRect(105,10,100,100);
    //사각형 영역 확인을 위한 외곽선을 그림
    ctx.strokeRect(105,10,100,100);
}
```

캔버스의 원형 그레이디언트를 지정하는 예제

위의 예제는 원형 그레이디언트를 fillStyle에 적용하고 반지름이 50인 원을 그리는 rGradient 함수와 그레이디언트의 페이드 아웃 영역 확인을 위한 사각형을 그리는 addRect 함수로 이루어져 있습니다. 원형 그레이디언트 예제 실행 결과는 다음과 같습니다.

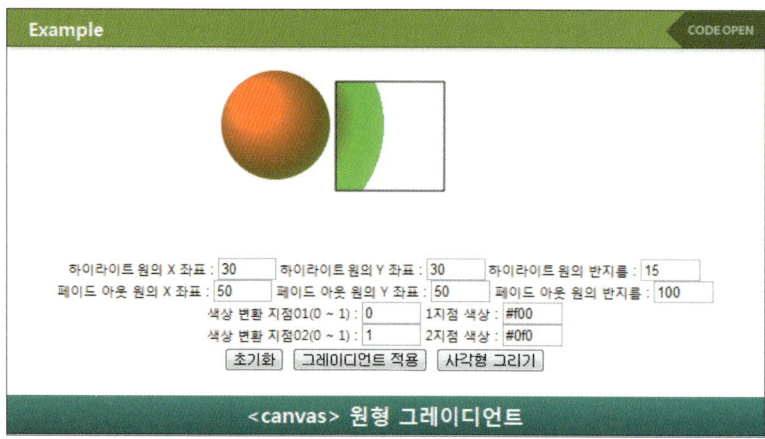

선형 그레이디언트 예제의 실행 결과

■ 그림자

> 예제 파일   http://book.coforward.com/sample/html5_canvas/14_shadow.html

캔버스에서 그려지는 요소들의 그림자를 생성하는 데에는 다음과 같은 기능과 매개 변수가 사용됩니다.

```
//그림자의 생성
shadowColor=[그림자의 색상]
shadowOffsetX=[그림자가 떨어질 가로 방향 길이]
shadowOffsetY=[그림자가 떨어질 세로 방향 길이]
shadowBlur=[그림자의 흐려짐 정도]
```

캔버스에 그림자를 생성하기 위한 기능과 매개 변수

위 기능을 이용하여 구성한 그림자를 생성하는 예제는 다음과 같습니다.

```
//캔버스 초기화
var canvas;
var ctx;
function iniCanvas(){
    canvas=document.getElementById("test");
    canvas.width=300;
    ctx=canvas.getContext("2d");
```

```javascript
        ctx.clearRect(0,0,canvas.width,canvas.height);
}
//캔버스 초기화의 체크
function chkCtx(){
    if(!ctx){
        alert("canvas가 초기화되지 않았거나 지원하지 않는 웹 브라우저입니다.");
        return false;
    }
}
//그림자의 생성
function shadow(){
    var chkCtxReturn=chkCtx();
    if(chkCtxReturn==false){return false;}

    //그림자 정보 입력
    var color=document.getElementById('color').value;
    var sX=document.getElementById('sX').value;
    var sY=document.getElementById('sY').value;
    var blurValue=document.getElementById('blurValue').value;
    //그림자의 생성
    ctx.shadowColor=color;
    ctx.shadowOffsetX=sX;
    ctx.shadowOffsetY=sY;
    ctx.shadowBlur=blurValue;

    //원을 그림
    ctx.fillStyle='#aaf';
    ctx.beginPath();
    ctx.arc(70,70,50,0,Math.PI*2,true);
    ctx.fill();
}

//사각형 그리기
function addRect(){
    var chkCtxReturn=chkCtx();
    if(chkCtxReturn==false){return false;}
    //사각형을 그림
    ctx.fillStyle='#faa';
    ctx.fillRect(105,10,100,100);
}
```

캔버스에 그림자를 생성하는 예제

위 예제는 shadow 함수를 사용하여 그림자 속성을 적용하고 원을 그리는 기능입니다. 그림자에 관련된 속성 역시 2D Context에 적용되므로 이후에 그려지는 요소들에는 그림자가 생성됩니다. 그러므로 shadow 함수로 그림자를 적용한 후에 addRect 함수로 사각형을 추가하면, 사각형에도 그림자를 적용할 수 있습니다. 그림자 예제의 실행 결과는 다음과 같습니다.

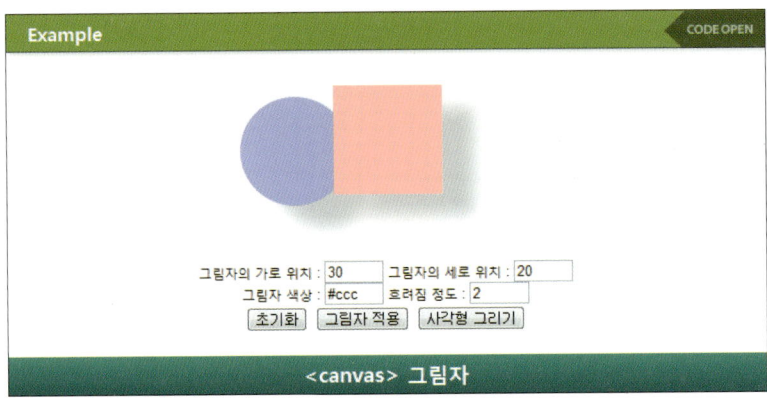

그림자 예제의 실행 결과

■ 텍스트

예제 파일 http://book.coforward.com/sample/html5_canvas/15_text.html

캔버스에서 문자열을 생성하기 위해서는 다음과 같은 기능과 매개 변수를 사용합니다.

```
//일반적인 text를 생성
fillText(
    [표시될 문자열의 내용],
    [문자 삽입점의 X 좌표],
    [문자 삽입점의 Y 좌표],
    [문자 표시 폭 지정 폭이 내용 폭보다 작을 경우, 문자의 장평을 조절]
)
//외곽선으로 그려진 text를 생성
strokeText(
    [표시될 문자열의 내용],
    [문자 삽입점의 X 좌표],
    [문자 삽입점의 Y 좌표],
    [문자 표시 폭 지정 폭이 내용 폭보다 작을 경우, 문자의 장평을 조절]
```

```
)
//텍스트 표시 정보를 미리 획득
measureText([정보를 얻을 문자열의 내용])
//폰트를 지정
font=[폰트 및 폰트 크기를 CSS와 같은 형식으로 지정]
//문장의 정렬 방식을 지정
textAlign=[가로 정렬 방식의 예약어]
//문자의 세로 방향 정렬값을 지정
textBaseline=[세로 정렬 방식의 예약어]
```

캔버스에서 문자열을 표시하기 위한 기능과 매개 변수

문자의 삽입점은 문자 시작 위치가 아닌 문자열 정렬의 기준점이 됩니다. 가로 정렬을 위한 키워드는 left, right, center, start, end로 일반적인 왼쪽 정렬, 오른쪽 정렬, 가운데 정렬과 같은 기능을 합니다. 세로 정렬을 위한 키워드에는 top, hanging, middle, alphabetic, ideographic, bottom이 있으며 영문자의 세로 정렬 방식과 동일합니다. 위의 기능을 이용하여 구성한 문자열 표시 예제는 다음과 같습니다.

```
//캔버스 초기화
var canvas;
var ctx;
function iniCanvas(){
    canvas=document.getElementById("test");
    canvas.width=600;
    ctx=canvas.getContext("2d");
    ctx.clearRect(0,0,canvas.width,canvas.height);
}
//캔버스 초기화의 체크
function chkCtx(){
    if(!ctx){
        alert("canvas가 초기화되지 않았거나 지원하지 않는 웹 브라우저입니다.");
        return false;
    }
}
//문자열의 생성
function text(){
```

```
    var chkCtxReturn=chkCtx();
    if(chkCtxReturn==false){return false;}

    //기준선의 작성
    ctx.moveTo(10,100);
    ctx.lineTo(580,100);
    ctx.moveTo(300,10);
    ctx.lineTo(300,180);
    ctx.stroke();

    //문자 삽입점의 표시
    ctx.fillStyle='#f00';
    ctx.beginPath();
    ctx.arc(300,100,5,0,Math.PI*2,true);
    ctx.fill();

    //생성 문자 정보 입력
    var text='coforward';
    var align=document.getElementById('alignType').value;
    var base=document.getElementById('baseType').value;
    var typeChk=document.getElementsByName('type');
    for(var i=0;i<typeChk.length;i++){
        if(typeChk[i].checked){
            outline=(typeChk[i].value=="normal")? false:true
        };
    }

    ctx.fillStyle="#00f";
    ctx.strokeStyle="#f00";
    ctx.font='40px san-serif';
    ctx.textAlign=align;
    ctx.textBaseline=base;

    //문자 입력
    if(!outline){
        ctx.fillText(text,300,100,200);
    }else{
        ctx.strokeText(text,300,100,200);
    }
    ctx.restore();
}
```

캔버스에 문자열을 표시하는 예제

위 예제의 text 함수는 문자 정렬 방식과 표시 형태를 입력받아 문자열을 표시하는 기능을 가지고 있습니다. 문자열 표시 예제의 실행 결과는 다음과 같습니다.

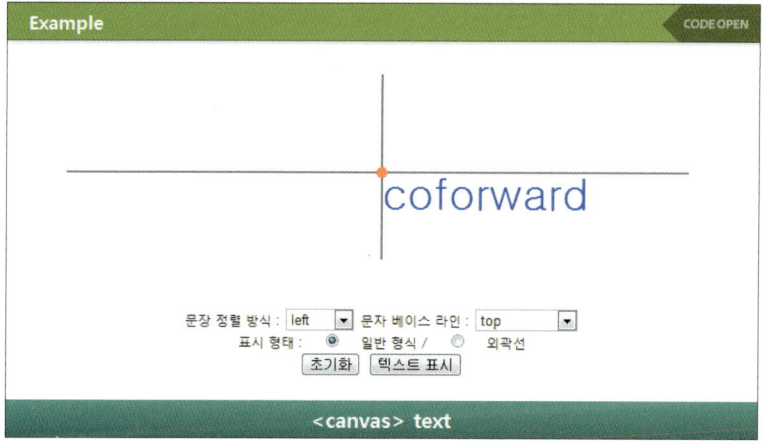

문자열 표시 예제의 실행 결과

■ 상태의 저장과 불러오기

예제 파일 http://book.coforward.com/sample/html5_canvas/16_saveRestore.html

save( )와 restore( )는 canvas의 상태를 저장하고 불러오는 기능입니다. 이때 저장되는 것은 canvas의 그려진 상태가 아니라 현재 canvas가 가진 속성에 적용된 값들입니다. save( )와 restore( )에 영향을 받는 canvas 요소로는 다음과 같은 것들이 있습니다.

- :: 좌표계의 확대 축소 정보 : `scale()`
- :: 좌표계의 회전 정보 : `rotate()`
- :: 좌표계의 평면 이동 정보 : `translate()`
- :: 클리핑 영역 : `clip()`
- :: 선 특성 : `strokeStyle/lineCap/lineJoin/miterLimit`
- :: 채움 색상 : `fillStyle`
- :: 투명도 : `globalAlpha`
- :: 그림자 속성 : `shadowOffsetX/shadowOffsetY/shadowBlur/shadowColor`
- :: 도형 겹침 특성 : `globalCompositeOperation`
- :: 문자열 특성 : `font/textAlign/textBaseline`

save( )와 restore( )에 영향을 받는 canvas 속성들

save( )는 여러 단계로 저장될 수 있으며, 여러 단계로 저장된 정보가 있을 때 restore( )는 현재 상태의 바로 전 단계 정보들을 불러들입니다. save( )와 restore( ) 기능을 이용하여 구성한 예제는 다음과 같습니다.

```javascript
//캔버스 초기화
var canvas;
var ctx;
var save_cnt, restore_cnt;
function iniCanvas(){
    canvas=document.getElementById("test");
    canvas.width=300;
    ctx=canvas.getContext("2d");
    ctx.clearRect(0,0,canvas.width,canvas.height);
    save_cnt=0;
    restore_cnt=0;
}
//캔버스 초기화의 체크
function chkCtx(){
    if(!ctx){
        alert("canvas가 초기화되지 않았거나 지원하지 않는 웹 브라우저입니다.");
        return false;
    }
}
//지정된 색상으로 사각형을 그리고 fillStyle을 저장
function saveState(){
    var chkCtxReturn=chkCtx();
    if(chkCtxReturn==false){return false;}

    if(save_cnt==null){
        save_cnt=0;
    }
    ctx.fillStyle=document.getElementById('fillStyle').value;
    ctx.fillRect(50*save_cnt,10,30,30);
    save_cnt++;
    ctx.save();
}

//저장된 상태를 불러와 저장된 fillStyle로 사각형을 그림
function restoreState(){
```

```
        var chkCtxReturn=chkCtx();
        if(chkCtxReturn==false){return false;}

        if(restore_cnt==null){
            restore_cnt=0;
        }
        ctx.restore();
        ctx.fillRect(50*restore_cnt,60,30,30);
        restore_cnt++;
    }
```

캔버스의 상태 저장과 불러오기 예제

예제의 saveState 함수는 색상값을 입력받아 fillStyle로 적용하고 사각형을 그리는 기능을 하며, restoreState 함수는 저장된 정보를 불러 사각형을 그리는 기능을 합니다. 그러므로 색상 정보를 달리하면서 여러 번 saveState 함수를 실행하고, 다시 restore 함수를 여러 번 실행하면 saveState가 그린 순서와는 반대 색상의 사각형이 표시됩니다. 상태 저장과 불러오기 예제의 실행 결과는 다음과 같습니다.

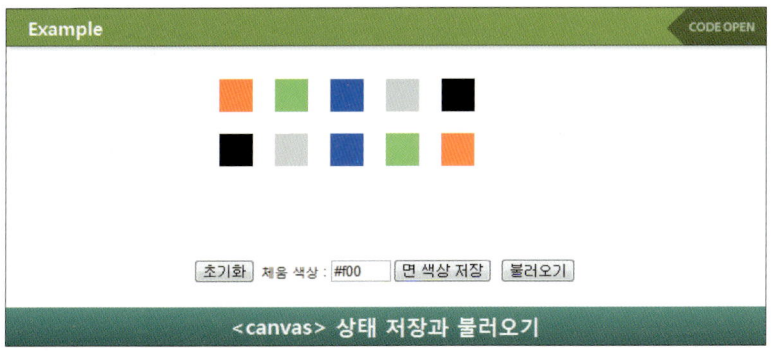

상태 저장과 불러오기 예제의 실행 결과

■ 좌표 형태 변경

예제 파일 http://book.coforward.com/sample/html5_canvas/17_modify.html

캔버스의 좌표 형태를 변경하기 위해서는 다음과 같은 기능과 매개 변수를 사용합니다.

```
//좌표계 배율을 변경
scale(
    [X 좌표의 변경 배율],
    [Y 좌표의 변경 배율]
)
//좌표계를 회전
rotate(
    [좌표계의 회전 각도를 Radian값으로 입력]
)
//좌표계를 평면 이동
translate(
    [X 좌표의 이동 거리]
    [Y 좌표의 이동 거리]
)
```

캔버스의 좌표계를 변경하는 기능과 매개 변수

위의 기능들은 좌표계 자체를 변경하는 것이므로, 변경 이후에 작성되는 모든 요소에 영향을 미칩니다. 위의 기능을 이용하여 구성한 좌표 형태 변경 예제는 다음과 같습니다.

```
//캔버스 초기화
var canvas;
var ctx;
function iniCanvas(){
    canvas=document.getElementById("test");
    canvas.width=400;
    ctx=canvas.getContext("2d");
    ctx.clearRect(0,0,canvas.width,canvas.height);
}
//캔버스 초기화의 체크
function chkCtx(){
    if(!ctx){
        alert("canvas가 초기화되지 않았거나 지원하지 않는 웹 브라우저입니다.");
        return false;
    }
}
//사각형 그리기
function addRect(){
```

```
        var chkCtxReturn=chkCtx();
        if(chkCtxReturn==false){return false;}
        //사각형을 그림
        ctx.fillRect(100,10,50,50);
    }
    //좌표계 확대
    function scaleUp(){
        var chkCtxReturn=chkCtx();
        if(chkCtxReturn==false){return false;}
        ctx.save();
        ctx.fillStyle='#f00';
        ctx.scale(2,1.5);
        addRect();
        ctx.restore();
    }
    //좌표계 축소
    function scaleDown(){
        var chkCtxReturn=chkCtx();
        if(chkCtxReturn==false){return false;}
        ctx.save();
        ctx.fillStyle='#00f';
        ctx.scale(0.5,0.5);
        addRect();
        ctx.restore();
    }
    //좌표계 회전
    function rotate(){
        var chkCtxReturn=chkCtx();
        if(chkCtxReturn==false){return false;}
        ctx.save();
        ctx.fillStyle='#ccf';
        var angle=15*Math.PI/180
        ctx.rotate(angle);
        addRect();
        ctx.restore();
    }
    //좌표계 원점 이동
    function translate(){
        var chkCtxReturn=chkCtx();
        if(chkCtxReturn==false){return false;}
```

```
        ctx.save();
        ctx.fillStyle='#0f0';
        ctx.translate(100,100);
        addRect();
        ctx.restore();
    }
```

캔버스 좌표 형태 변경 예제

위의 예제에서 scaleUp, scaleDown, rotate, translate 함수는 각각 fillStyle만 변경할 뿐, 실제 사각형은 모두 addRect 함수를 이용하여 작성합니다. 그러므로 원래는 같은 위치에, 같은 크기로, 색상만 다른 사각형이 생성되지만 각 함수가 좌표계를 변경하므로 같은 addRect는 동일한 위치와 크기로 사각형을 작성합니다. 단, 표시되는 형태는 달라집니다. 좌표 형태 변경 예제의 실행 결과는 다음과 같습니다.

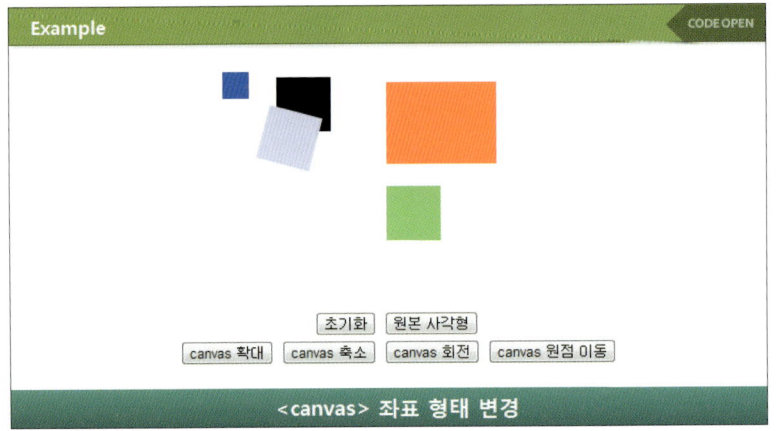

좌표 형태 변경 예제의 실행 결과

■ 좌표계 형태의 일괄 변경

예제 파일　http://book.coforward.com/sample/html5_canvas/18_transform.html

canvas의 좌표계를 변경할 때는 변환 매트릭스를 이용합니다. 변환 매트릭스를 사용하기 위해서는 transform 기능을 사용합니다.

```
//변환 매트릭스를 사용하여 좌표계 변경을 일괄 적용
transform([canvas 좌표계에 적용될 변환 좌표])
```

캔버스의 좌표계를 일괄 변환하는 기능

위 기능을 이용하여 구성한 좌표계 형태 일괄 변환 예제는 다음과 같습니다.

```
//캔버스 초기화
var canvas;
var ctx;
function iniCanvas(){
    canvas=document.getElementById("test");
    canvas.width=400;
    ctx=canvas.getContext("2d");
    ctx.clearRect(0,0,canvas.width,canvas.height);
}
//캔버스 초기화의 체크
function chkCtx(){
    if(!ctx){
        alert("canvas가 초기화되지 않았거나 지원하지 않는 웹 브라우저입니다.");
        return false;
    }
}
//변환 매트릭스 예
function transform(){
    ctx.save();
    var chkCtxReturn=chkCtx();
    if(chkCtxReturn==false){return false;}
    var img=new Image();
    img.onload=function(){
        //이미지 삽입
        ctx.drawImage(img,100,0,240,223);
        //반사 이미지 설정
        ctx.globalAlpha=0.3;
        ctx.transform(1,0,0,-0.5,0,223*1.5);
        //이미지 삽입
        ctx.drawImage(img,100,0,240,223);
    }
    img.src="img/coforwardQr.gif";
```

```
        ctx.restore();
    }
```

캔버스의 좌표계 형태 일괄 변환 예제

예제의 transform 함수는 같은 좌표로 두 번 이미지를 삽입합니다. 두 번째 이미지를 삽입하기 전에 transform을 이용하여 좌표계를 변환하고 globalAlpha를 이용하여 투명도를 변경함으로써 반사 이미지와 같은 효과를 표시합니다. 좌표계 형태 일괄 변환 예제의 실행 결과는 다음과 같습니다.

좌표계 형태 일괄 변경 예제의 실행 결과

■ 표시 영역 자르기

예제 파일   http://book.coforward.com/sample/html5_canvas/19_clip.html

clip 기능은 캔버스의 표시 영역을 지정하는 역할을 합니다.

```
//canvas 표시 영역을 지정
clip()
```

캔버스의 표시 영역을 지정하는 기능

위 기능을 이용하여 구성한 표시 영역 지정 예제는 다음과 같습니다.

```
//캔버스 초기화
var canvas;
var ctx;
function iniCanvas(){
    canvas=document.getElementById("test");
    canvas.width=400;
    ctx=canvas.getContext("2d");
    ctx.clearRect(0,0,canvas.width,canvas.height);
}
//캔버스 초기화의 체크
function chkCtx(){
    if(!ctx){
        alert("canvas가 초기화되지 않았거나 지원하지 않는 웹 브라우저입니다.");
        return false;
    }
}
//캔버스 표시 영역 지정
function clip(){
    var chkCtxReturn=chkCtx();
    if(chkCtxReturn==false){return false;}

    ctx.arc(120,120,100,0,((Math.PI/180)*360),true);
    ctx.clip();
    var img=new Image();
    img.onload=function(){
        //이미지 삽입
        ctx.drawImage(img,0,0,240,223);
    }
    img.src="img/coforwardQr.gif";
}
```

캔버스의 표시 영역 지정 예제

예제의 clip 함수는 원을 그리고 그 원을 표시 영역으로 지정하고 이미지를 삽입합니다. 그러므로 이미지는 지정된 원의 영역만큼만 표시됩니다. 표시 영역 지정 예제의 실행 결과는 다음과 같습니다.

표시 영역 지정 예제 실행 결과

■ 픽셀 단위 편집

예제 파일   http://book.coforward.com/sample/html5_canvas/20_imageData.html

캔버스는 그려진 이미지를 비트맵 픽셀 단위로 편집할 수 있는 기능을 제공합니다.

```
//빈 이미지 데이터를 작성
createImageData(
    [ImageData의 가로 크기],
    [ImageData의 세로 크기]
)
//이미지 데이터로부터 동일한 이미지 데이터를 생성
createImageData(
    [ImageData]
)
//canvase에 그려진 형태로부터 ImageData를 생성
getImageData(
    [canvas의 X 좌표],
    [canvas의 Y 좌표],
    [canvas에서 가져올 가로 크기],
    [canvas에서 가져올 세로 크기]
)
//ImageData의 지정된 영역을 canvas에 표시
```

```
putImageData(
    [ImageData],
    [ImageData를 표시할 canvas의 X좌표],
    [ImageData를 표시할 canvas의 Y좌표],
    [canvas에 표시할 ImageData 영역의 X좌표 원점],
    [canvas에 표시할 ImageData 영역의 Y좌표 원점],
    [canvas에 표시할 ImageData의 가로 크기],
    [canvas에 표시할 ImageData의 세로 크기]
)
```

캔버스에서 이미지를 픽셀 단위로 편집하기 위한 기능과 매개 변수

createImageData나 getImageData로부터 생성되는 이미지 데이터는 픽셀의 RGBA값의 배열로, 이미지에서 하나의 픽셀당 총 4개의 값을 갖게 됩니다. 위의 기능을 이용하여 구성한 픽셀 단위 편집 예제는 다음과 같습니다.

```
//캔버스 초기화
var canvas;
var ctx;
var orgImgData;
function iniCanvas(){
    canvas=document.getElementById("test");
    canvas.width=400;
    ctx=canvas.getContext("2d");
    ctx.clearRect(0,0,canvas.width,canvas.height);
}
//캔버스 초기화의 체크
function chkCtx(){
    if(!ctx){
        alert("canvas가 초기화되지 않았거나 지원하지 않는 웹 브라우저입니다.");
        return false;
    }
}
//원본 이미지 표시
function orgImg(){
    var chkCtxReturn=chkCtx();
    if(chkCtxReturn==false){return false;}
    ctx.fillStyle='#ccc';
```

```
        ctx.fillRect(0,0,150,150);
        ctx.strokeStyle='#000';
        ctx.strokeRect(0,0,150,150);
        orgImgData=true;
}
//이미지 데이터 편집
function imageData(){
    var chkCtxReturn=chkCtx();
    if(chkCtxReturn==false){return false;}

    if(!orgImgData){
        alert("원본이 될 canvas 요소를 생성하세요.");
    }
    //변환 범위 및 대상 정보 입력
    var rgba=0;
    var sX=document.getElementById('sX').value;
    var sY=document.getElementById('sY').value;
    var width=document.getElementById('width').value;
    var height=document.getElementById('height').value;
    var items=document.getElementsByName('item')
        for(var i=0;i<items.length;i++){
            if(items[i].checked){
                rgba=Number(items[i].value);
            }
        }

    //지정된 영역을 imageData 영역으로 생성
    var iData=ctx.getImageData(sX,sY,width,height);

    //imageData 영역의 Pixel Data별로 변경될 색상값(RGBA)을 반으로 줄임
    for(var j=0;j<iData.data.length;j++){
        if(j%4==rgba){
            iData.data[j]=Math.floor(iData.data[j]/2);
        }
    }
    //변경된 imageData를 &lt;canvas&gt;에 표시
    ctx.clearRect(160,0,200,200);
    ctx.putImageData(iData,160,0);
}
```

캔버스의 픽셀 단위 편집 예제

예제의 imageData 함수는 이미 그려진 캔버스 영역에서 getImageData를 이용하여 이미지 데이터를 생성한 후, 반복문을 통해 픽셀의 RGBA 중 입력받은 값을 반으로 줄이는 기능입니다. 만약 캔버스에서 getImageData로 이미지 데이터를 받아오는 부분에 외부에서 삽입된 이미지가 존재한다면, 그 이미지는 *동일 도메인 규칙에 위배되지 않아야 합니다. 픽셀 단위 편집 예제의 실행 결과는 다음과 같습니다.

> **여기서 잠깐**
>
> *** 동일 도메인 규칙**
>
> 캔버스에서 이미지를 픽셀 단위로 편집하거나 이미지를 이용하여 다시 다른 이미지 파일로 만들기 위해서는 원본 이미지가 현재 도메인과 동일한 출처를 가져야 한다는 규칙을 말합니다. 만약 원본 도메인이 다를 경우는 이미지 데이터가 생성되지 않습니다.

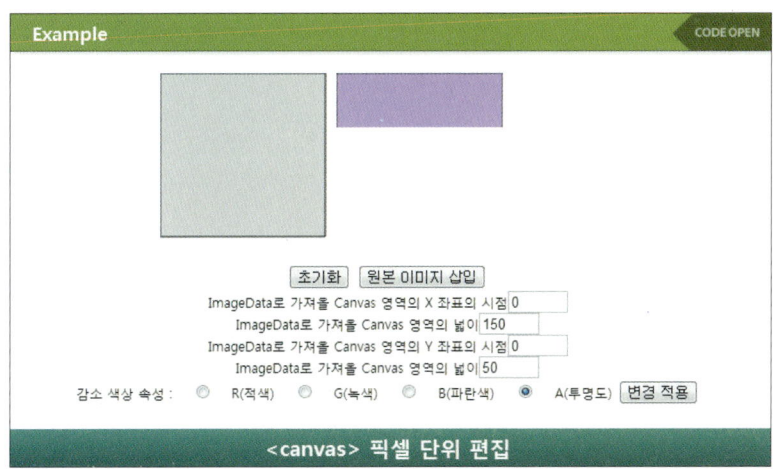

픽셀 단위 편집 예제의 실행 결과

■ 이미지 병합

예제 파일 http://book.coforward.com/sample/html5_canvas/21_composite.html

globalCompositeOperation은 캔버스에 먼저 그려진 요소와 나중에 그려진 요소가 병합하는 형태를 지정하는 기능으로, 각 병합 형태를 지정하는 키워드는 다음과 같습니다.

- source-over : 나중에 그려진 요소가 먼저 그려진 요소를 위에 표시됨(일반적인 형식).
- source-in : 나중에 그려진 요소가 먼저 그려진 요소와 겹쳐지는 부분만큼 표시됨.
- source-out : 나중에 그려진 요소가 먼저 그려진 요소와 겹치지 않은 부분만큼 표시됨.
- source-atop : 나중에 그려진 요소가 먼저 그려진 요소 위에 겹쳐진 부분만큼 표시됨.
- destination-over : 나중에 그려진 요소가 먼저 그려진 요소 아래 표시됨.
- destination-in : 먼저 그려진 요소가 나중에 그려진 요소와 겹쳐지는 부분만큼 표시됨.
- destination-out : 먼저 그려진 요소가 나중에 그려진 요소와 겹쳐지지 않는 부분만큼 표시됨.
- destination-atop : 먼저 그려진 요소가 나중에 그려진 요소 위에 겹쳐진 부분만큼 표시됨.
- lighter : 겹쳐진 부분이 밝게 표시됨.
- darker : 겹쳐진 부분이 어둡게 표시됨.
- copy : 나중에 그려진 요소만큼 표시됨.
- xor : 겹쳐진 부분은 표시되지 않음.

캔버스에서 병합 형태를 지정하기 위한 키워드

globalCompositeOperation를 이용하여 구성한 이미지 병합의 예제는 다음과 같습니다.

```javascript
//캔버스 초기화
var canvas;
var ctx;
var orgImgData;
function iniCanvas(){
    canvas=document.getElementById("test");
    canvas.width=300;
    ctx=canvas.getContext("2d");
    ctx.clearRect(0,0,canvas.width,canvas.height);
}
//캔버스 초기화의 체크
function chkCtx(){
    if(!ctx){
        alert("canvas가 초기화되지 않았거나 지원하지 않는 웹 브라우저입니다.");
        return false;
    }
}
//병합 설정
function composite(){
    var chkCtxReturn=chkCtx();
    if(chkCtxReturn==false){return false;}
```

```javascript
//기존 이미지 삭제 및 현 상태 저장
ctx.save();
ctx.clearRect(0,0,canvas.width,canvas.height);

//첫 번째 요소 사각형 생성
ctx.fillStyle="#09F";
ctx.fillRect(100,50,100,100);

//병합 타입 설정
var type=document.getElementById('type').value;
ctx.globalCompositeOperation=type;

//두 번째 요소 원 그림
ctx.fillStyle="#F30";
ctx.beginPath();
ctx.arc(180, 120, 50, 0, Math.PI*2, true);
ctx.fill();
//설정 초기화
ctx.restore();
}
```

캔버스의 이미지 병합 예제

예제의 composite 함수는 첫 번째 요소로 사각형을 그리고, 두 번째 요소를 그리기 전에 입력받은 병합 형식 예약어를 globalCompositeOperation으로 지정하여 두 번째 요소로 원을 그립니다. 입력받은 병합 형식에 따라 사각형과 원이 표시되는 형태가 달라집니다.

이미지 병합 예제의 실행 결과는 다음과 같습니다.

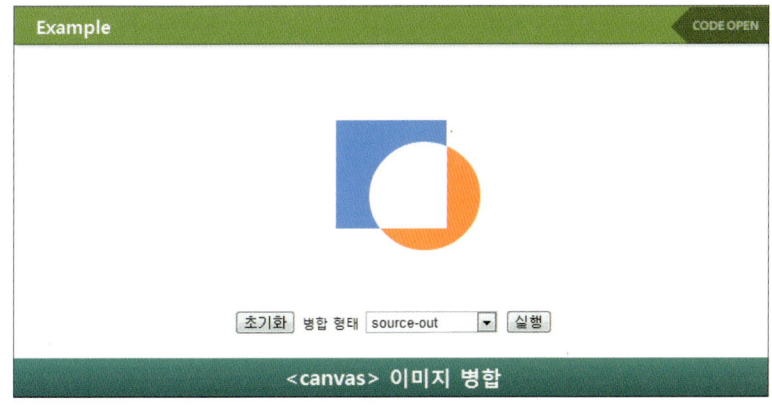

이미지 병합 예제의 실행 결과

■ 이미지 파일 형식 변환

예제 파일   http://book.coforward.com/sample/html5_canvas/22_urlIncoding.html

캔버스에 그려진 요소를 이미지 파일 형식으로 변환하기 위해서는 toDataURL을 사용하여 지정한 형식으로 인코딩합니다.

```
//<canvas>에 그려진 내용을 URL로 인코딩
toDataURL(
    [변환하고자 하는 이미지 타입의 MIME 형식]
)
```

캔버스를 이미지 파일 형식으로 변환하기 위한 기능과 매개 변수

이미지 타입의 MIME 형식은 image/jpg 또는 image/png를 지정함으로써 jpeg 형식이나 png 형식으로 변환할 수 있습니다. 앞에서 알아본 다른 기능과 달리 toDataURL은 2D Context의 기능이 아니라 캔버스 자체의 기능이므로 getContext("2d") 객체가 아닌 캔버스에 직접 적용해야 합니다. 위의 기능을 이용하여 구성한 이미지 파일 변환 예제는 다음과 같습니다.

```javascript
//캔버스 초기화
var canvas;
var ctx;
function iniCanvas(){
    canvas=document.getElementById("test");
    canvas.width=150;
    ctx=canvas.getContext("2d");
    ctx.clearRect(0,0,canvas.width,canvas.height);
}
//캔버스 초기화의 체크
function chkCtx(){
    if(!ctx){
        alert("canvas가 초기화되지 않았거나 지원하지 않는 웹 브라우저입니다.");
        return false;
    }
}
```

```javascript
//원본 요소 작성
function orgCanvas(){
    var chkCtxReturn=chkCtx();
    if(chkCtxReturn==false){return false;}

    ctx.fillStyle="#09F";
    ctx.fillRect(15,15,70,70);
    ctx.globalCompositeOperation="xor";

    ctx.fillStyle="#F30";
    ctx.beginPath();
    ctx.arc(75,75,35,0,Math.PI*2,true);
    ctx.fill();
}

//캔버스 요소를 이미지로 변환
function getURL(){
    //변환할 타입 설정
    var imgType='image/png';
    var types=document.getElementsByName("type");
    for(var i=0;i<types.length;i++){
        if(types[i].checked){
            imgType=types[i].value;
        }
    }

    //이미지로 변환
    var canvas=document.getElementById("test");
    var data=canvas.toDataURL(imgType);

    //변환된 이미지를 html 요소로 삽입함
    var newImg=document.createElement('IMG');
        newImg.src=data;
        newImg.alt="&lt;canvas&gt;에서 생성된 이미지="+imgType;
        newImg.title="&lt;canvas&gt;에서 생성된 이미지="+imgType;
    document.getElementById('urlincodingImg').appendChild(newImg);
}
```

캔버스의 이미지 변환 예제

toDataURL로 변환되는 캔버스 내용 중에 삽입된 이미지가 있다면 이미지 데이터 생성과 같이 동일 도메인 규칙에 위배되지 않아야 합니다. 이미지 변환 예제의 실행 결과는 다음과 같습니다.

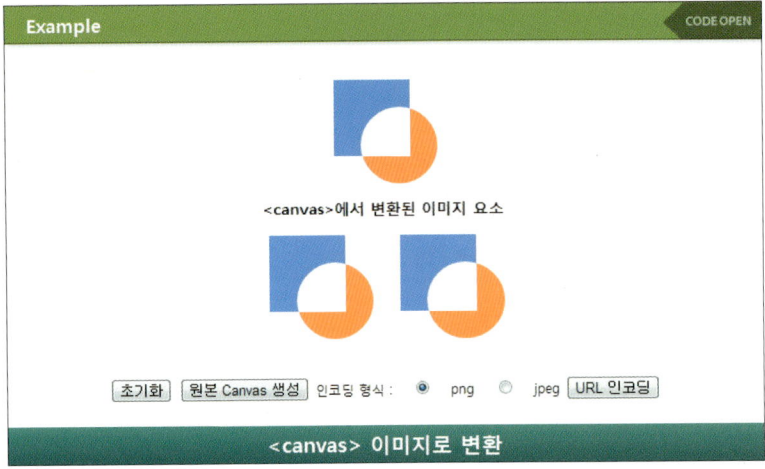

이미지 변환 예제 실행 결과

■ 애니메이션

예제 파일 http://book.coforward.com/sample/html5_canvas/23_animation.html

웹에 공개된 HTML 5 〈canvas〉 예제를 보면 화려한 애니메이션을 구현한 것들이 많습니다. 그러나 캔버스에는 애니메이션을 구현하기 위한 기능이 포함되어 있지 않습니다. 다만 웹 브라우저 자체적으로 빠르게 처리되는 캔버스 API를 자바스크립트를 이용하여 반복적으로 처리함으로써 애니메이션을 구현하는 것입니다. 캔버스를 이용하여 애니메이션을 구현할 때의 일반적인 순서는 다음과 같습니다.

1. `<canvas>` 영역을 지움 : `clearRect()`를 사용하거나 `<canvas>`를 재설정함(`width` 등의 속성을 다시 지정하면 기존의 그려진 내용은 지워짐).
2. `<canvas>` 초기 설정을 저장
3. 애니메이션이 될 프레임을 그림.
4. `<canvas>` 설정을 다시 불러옴.
5. 위의 순서를 `setInterval` 또는 `setTimeout`를 사용하여 반복함.

캔버스를 이용하여 애니메이션을 구현하는 일반적인 방법

다시 말해 canvas의 애니메이션은 반복적으로 매 프레임을 모두 다시 그리는 것을 반복하여 만들어집니다. 위와 같은 방법을 이용하여 구성한 애니메이션 예제는 다음과 같습니다.

```
//캔버스 초기화
var canvas;
var ctx;
var aniCnt=0;
var ani;
function iniCanvas(){
    canvas=document.getElementById("test");
    canvas.width=400;
    ctx=canvas.getContext("2d");
    ctx.clearRect(0,0,canvas.width,canvas.height);
    if(ani){clearInterval(ani);}
}
//캔버스 초기화의 체크
function chkCtx(){
    if(!ctx){
        alert("canvas가 초기화되지 않았거나 지원하지 않는 웹 브라우저입니다.");
        return false;
    }
}
//애니메이션 시작
function iniAnimation(){
    aniCnt=0;
    var chkCtxReturn=chkCtx();
    if(chkCtxReturn==false){return false;}
    ani=setInterval(runAnimation,100);
}
//애니메이션 키 설정
function runAnimation(){
    if(aniCnt<100){
        drawLine(aniCnt);
    }
    if(aniCnt==100){
        drawImg1();
    }
    if(aniCnt==120){
        ctx.clearRect(0,0,canvas.width,canvas.height);
```

```
        }
        if(aniCnt>120&&aniCnt<220){
            drawCir();
        }
        if(aniCnt==220){
            drawImg2();
        }
        if(aniCnt==240){
            ctx.clearRect(0,0,canvas.width,canvas.height);
            aniCnt=0;
        }
        aniCnt++;
}
//임의 정보 생성
function randomInfo(){
    var info=new Array();
    //작성되는 도형 정보의 임의 생성
    info['x']=Math.floor(Math.random()*400)+1;
    info['y']=Math.floor(Math.random()*300)+1;
    info['w']=Math.floor(Math.random()*25)+1;

    //색상 정보의 임의 생성
    info['r']=Math.floor(Math.random()*254)+1;
    info['g']=Math.floor(Math.random()*254)+1;
    info['b']=Math.floor(Math.random()*254)+1;
    info['a']=Math.random();
    return info;
}

//시작 위치를 변경해 가며 선 그리기
function drawLine(aniCnt){
    var info=randomInfo();
    //선 정보 지정
    ctx.strokeStyle='rgba('+info['r']+','+info['g']+',
    '+info['b']+','+info['a']+')';
    ctx.lineWidth=info['w'];
    ctx.beginPath();
    //선 시작점 지정
    switch (aniCnt%4){
```

```
            case 0 :
                ctx.moveTo(0,0);
            break;
            case 1 :
                ctx.moveTo(0,300);
            break;
            case 2 :
                ctx.moveTo(400,300);
            break;
            case 3 :
                ctx.moveTo(400,0);
            break;
        }
        ctx.lineTo(info['x'],info['y']);
        ctx.stroke();
        return false;
}
//로고 이미지 삽입
function drawImg1(){
    var img=new Image();
    img.onload=function(){
        ctx.drawImage(img,100,60,200,185);
    }
    img.src="img/coforwardQr2.png";
}


//텍스트 로고 이미지 삽입
function drawImg2(){
    var img=new Image();
    img.onload=function(){
        ctx.drawImage(img,113,134,174,27);
    }
    img.src="img/coforwardText.png";
}
//원을 그림
function drawCir(){
    var info=randomInfo();
    ctx.fillStyle='rgba('+info['r']+','+info['g']+','+info['b']+',
    '+info['a']+')';
```

```
        ctx.beginPath();
        ctx.arc(info['x'],info['y'],info['w']*1.5,0,Math.PI*2,true);
        ctx.fill();
    }
```

캔버스의 애니메이션 예제

위의 예제에서 캔버스 기능이 사용된 곳은 선을 그리는 drawLine 함수와 로고를 삽입하는 drawImg1 함수, 원을 그리는 drawCir 함수, 그리고 텍스트 로고를 삽입하는 drawImg2 함수입니다. 하지만 이 함수들은 애니메이션을 위한 기능을 가지고 있지 않습니다. 실제로 애니메이션을 실행하는 부분은 반복 실행되는 iniAnimation 함수와 애니메이션의 순서와 시간 간격을 컨트롤하는 runAnimation 함수, 그리고 애니메이션 형태를 위해 임의 정보를 만들어 내는 randomInfo 기능입니다. 애니메이션 예제의 실행 결과는 다음과 같습니다.

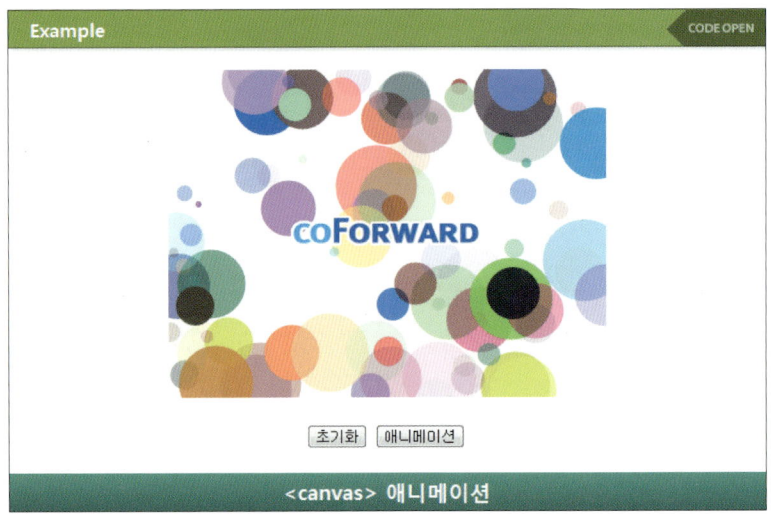

애니메이션 예제의 실행 결과

2 | Cache Manifest

> 예제 파일 http://book.coforward.com/sample/html5_apis/01_00_manifest.html
> http://book.coforward.com/sample/html5_apis/01_01_sample.manifest

Cache Manifest는 웹을 구성하는 자원(HTML, CSS, 자바스크립트, 이미지 파일 등)을 사용자 측에 저장하기 위한 기능입니다. 지금도 웹 브라우저는 빠른 웹 서핑을 위해 자원을 캐시로 지정하지만, 이는 임시로 저장하는 것이며, 일정 기간 또는 임시 공간의 용량이 초과되면 삭제되었습니다. 기존 웹 브라우저의 캐시 기능이 온라인에서의 빠른 웹 서핑을 위한 것이라면 Cache Manifests는 웹의 오프라인을 위한 기능입니다. 다음은 Cache Manifests를 위한 간단한 예입니다.

```html
<!DOCTYPE HTML>
<html manifest="01_01_sample.manifest">
<head>
<title>cache manifest:API</title>
<!--중간 생략 -->

<h2>Example</h2>
<div id="exampleSub">
   <h3>웹의 오프라인 지원 기능</h3>
   <div>
     <a id="testFallBack" href="01_02_testOnline.html">FALLBACK</a>
     <a id="testNetwork" href="01_04_onlyOnline.html">NETWORK</a>
   </div>
</div>
<!--이하 생략 -->
```

cache-manifest가 적용된 HTML 소스

웹 사이트를 오프라인에서도 사용하기 위해서는 〈html〉에 manifest 속성을 지정한 후 *manifest 파일의 경로를 지정해 주면 됩니다.

> **여기서 잠깐**
>
> **＊ manifest 파일**
>
> 웹 브라우저가 오프라인 기능을 지원하기 위해서는 manifest 파일 형식을 인식해야 합니다. 웹 브라우저가 내려받는 자원을 특정 형식의 파일로 인식하는 것은 일반적으로 서버에서 지정된 MIME type을 인식하여 작동하게 됩니다. manifest는 최근에 생긴 파일 형식이므로, 웹 서버에 이 파일의 형식이 지정되어 있지 않을 수도 있으며, 이 경우에는 웹 브라우저가 기능을 지원하더라도 정상적으로 작동되지 않을 수 있습니다. 그러므로 웹 브라우저가 manifest 파일의 형식을 "text/cache-manifest"로 인식할 수 있도록 웹 서버를 설정해 주어야 합니다.

예제에서는 "01_01_sample.manifest"를 지정하였으며, 파일의 내용은 다음과 같습니다.

```
CACHE MANIFEST
#ver 0.1a
#오프라인으로 저장할 자원들#
CACHE:
01_00_manifest.html
./css/template.css
./img/btn_close.png
./img/btn_open.png
./js/viewCode.js
01_03_testOffline.html

#요청 자원이 없을 때 표시할 대체 자원의 지정#
FALLBACK:
01_02_testOnline.html 01_03_testOffline.html

#반드시 네트워크로 접속해야 하는 자원의 지정#
NETWORK:
01_04_onlyOnline.html
```

01_sample.manifest 파일의 내용

오프라인 지원을 위한 manifest 파일은 일반적인 텍스트 파일 형식으로 작성됩니다. 이때 첫 번째 열은 "CACHE MANIFEST"라는 문자열로 시작해야 하며, 행을 "#"로 시작하면 그 행은 주석 열이 됩니다. manifest 파일은 크게 CACHE 영역, FALLBACK 영역, NETWORK 영역으로 구성되어 있으며, 각 영역의 역할은 다음과 같습니다.

■ **CACHE 영역**

CACHE 영역은 사용자 측에 저장될 웹 사이트 구성 자원을 지정하는 영역으로, 자원의 경로는 manifest를 기준으로 작성합니다. 만일 CSS에 이미지가 사용되었다면 해당 이미지도 모두 경로에 맞추어 지정해 주어야 합니다. 그러므로 실무에서 사용하고자 한다면 서버 측 프로그램을 이용하여 구성하는 것이 실용적입니다. 예제 파일에서는 기본 파일과 CSS 파일, 그리고 "01_02_testOnline.html"을 오프라인 상태에서 대신할 "01_03_testOffline.html"이 "01_01_sample.manifest"의 위치를 기준으로 상대 경로로 지정되었습니다.

■ **FALLBACK 영역**

FALLBACK 영역은 요청 자료가 없을 경우 대신 표시할 자원을 지정합니다. 위의 예제에서는 "01_02_testOnline.html"이 없을 경우에 "01_03_testOffline.html"을 표시하도록 하였습니다.

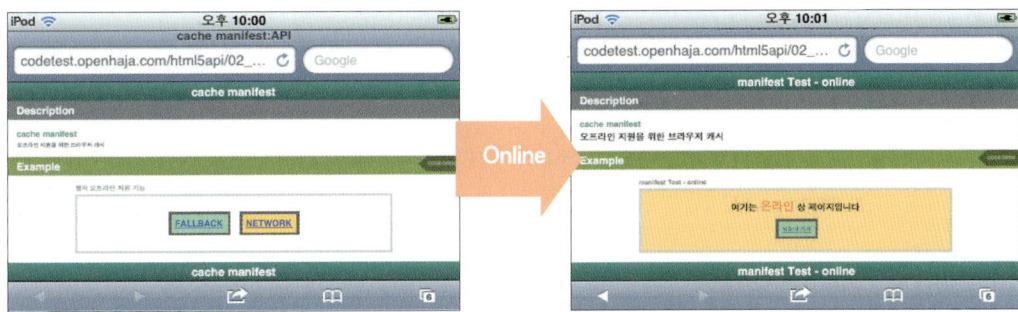

온라인 상태에서 링크에 지정된 원래 자원의 표시

"01_02_testOnline.html"은 CACHE 영역에 지정되어 있지 않으므로, 오프라인 상태에서는 접근할 수 없게 됩니다. 이런 경우 FALLBACK에 지정된 "01_03_testOffline.html"이 대신 표시됩니다.

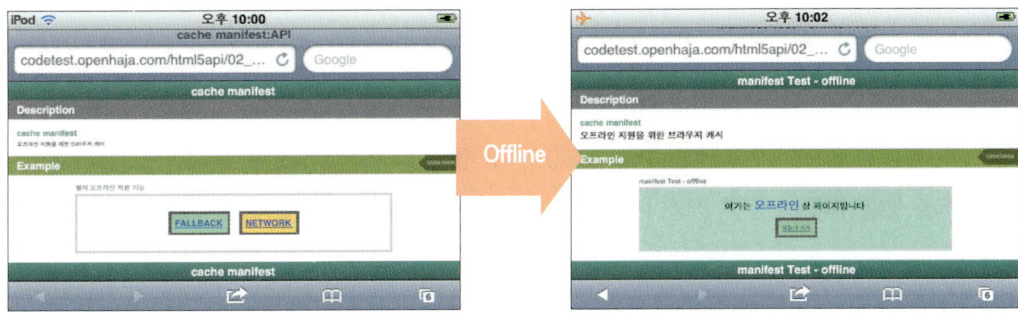

오프라인상에서 FALLBACK 영역에 지정된 자원으로 접근 시

예제에서는 파일을 지정하였지만 특정 디렉터리를 지정하면 오프라인상에서 지정된 디렉터리 하위로 접근할 경우 모두 FALLBACK에서 지정된 자원을 표시하게 됩니다.

■ NETWORK 영역

NETWORK 영역은 반드시 온라인상으로만 접근해야 하는 자원들을 지정합니다.

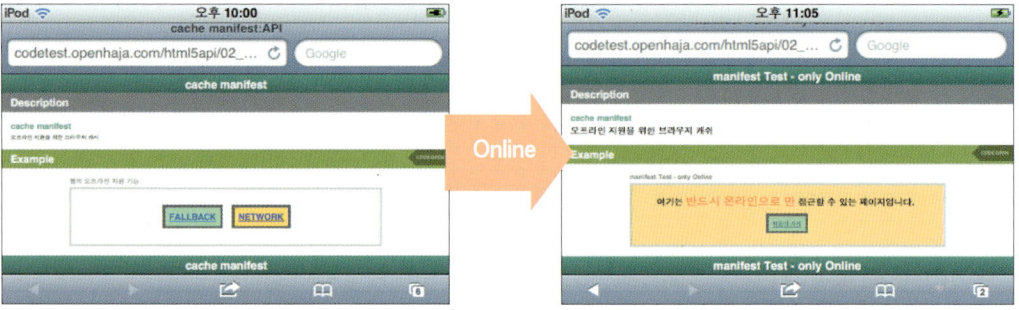

온라인에서 NETWORK 영역에 지정된 자원으로 접근 시

그러므로 FALLBACK 영역과는 중복될 수 없으며, CACHE 영역에도 지정할 필요가 없는 자원입니다. 예제에서는 "01_04_onlyOnline.html"을 NETWORK 영역에 지정하였으며, 모바일 기기에서 오프라인 상태로 "01_04_onlyOnline.html"을 요청하게 되면 기기는 온라인 접속을 시도하게 됩니다.

오프라인에서 NETWORK 영역에 지정된 자원으로 접근 시

만일 위와 같은 영역의 구분 없이 웹 사이트의 자원만을 나열하면 기본적으로 CACHE 영역으로 인식되며, 지정된 자원들은 사용자 측에 저장됩니다. Cache manifest가 적용된 웹 사이트를 파이어폭스로 접근하면 manifest 파일에 지정된 자원들을 저장할 것인지를 묻는 경고창이 나타납니다.

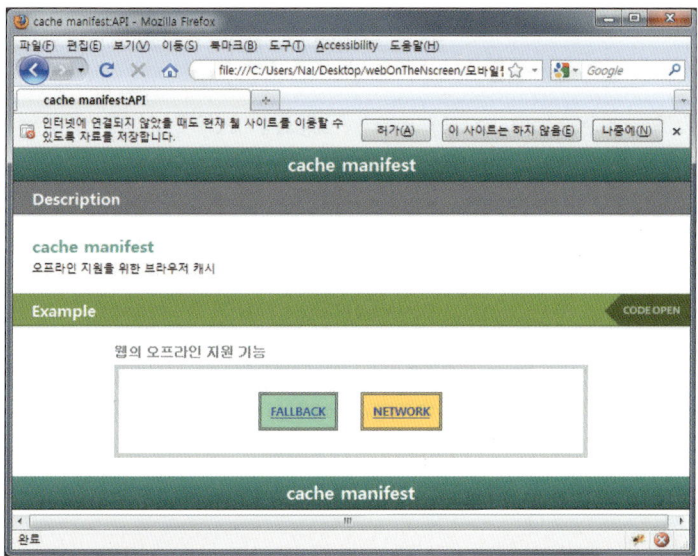

manifest 사용의 허가를 묻는 경고창(파이어폭스)

또한 크롬이나 사파리 웹 브라우저의 개발자 도구를 이용하면 manifest를 통해 사용자 측에 저장된 웹 사이트의 자원들을 확인할 수 있습니다.

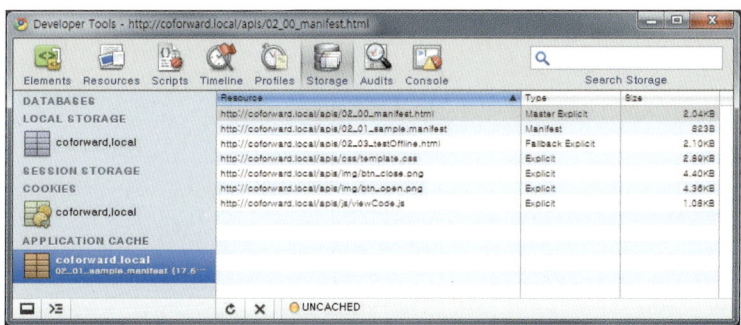

사용자 측에 저장된 자원 정보를 확인할 수 있는 크롬의 개발자 도구

3 | Web Storage

예제 파일 http://book.coforward.com/sample/html5_apis/02_localStorage.html

웹은 Cache Manifest로 인해 네트워크로부터 독립할 수 있게 되었습니다. "오프라인에서 보여질 수 있다."라는 것만으로는 네트워크에 연결된 웹을 대신할 수는 없습니다. 그 이유는

기존의 웹 기술이 정보를 출력하기 위한 도구이며, 저장에 관련한 사항은 대부분 서버에 의존했기 때문입니다. 따라서 웹이 네트워크에서 분리되어도 모든 기능을 수행하기 위해서는 저장할 수 있는 방법이 필요했습니다. 이러한 필요성 때문에 웹 브라우저 측에 저장하기 위한 API들이 만들어졌습니다. 그 대표적인 예로는 *Web Storage, Web SQL Database, Indexed DB를 들 수 있습니다. 이 중 Web Storage는 인터넷 익스플로러 8부터 대부분의 최신 웹 브라우저가 지원하고 있는 기능입니다.

> **여기서 잠깐**
>
> * **Web Storage, Web SQL Database, Indexed DB**
> 이 세 가지는 모두 서버가 아닌 웹 브라우저 측에 정보를 저장하는 기술입니다. 같은 목적을 가진 기술이 여러 가지로 개발되었지만 〈video〉의 codec과 같이 지원에 대한 의견이 엇갈리는 경향이 있는 듯합니다. 기존의 SQL 문법을 그대로 사용하려 했던 Web SQL은 크롬이나 사파리가 지원하고 있지만 파이어 폭스의 모질라 측에서는 Indexed DB를 지원합니다(Web SQL은 표준 제정이 중단된 상태입니다.). 기능적인 측면에서는 Web SQL이나 Indexed DB가 Web Storage보다 뛰어나다고 할 수 있겠지만 웹 브라우저의 지원 상황으로 볼 때 간단한 기능은 Web Storage를 사용하는 것이 현실적입니다.

Web Storage는 웹 사이트의 도메인별로 저장되는 localStorage와 웹 브라우저 창별로 별도 저장 공간을 생성하는 sessionStorage가 있습니다. 여기서는 Web Storage 중에서 localStorage에 대해 간략히 알아보겠습니다.

```
<!--javascript 부분-->
<script type="text/javascript">
//웹 브라우저가 localStorage를 사용할 수 있는지를 테스트
function LS_test(){
    if(localStorage){
        return true;
    }else{
        return false;
    }
}
//웹 브라우저가 localStorage에 정보를 저장
function LS_save(){
    if(!LS_test){
        alert("localStorage를 사용할 수 없습니다.");
        return false;
```

```
        }
        var LS_key=document.getElementById("LS_key").value;
        var LS_value=document.getElementById("LS_value").value;
        localStorage.setItem(eval("LS_key"),LS_value);
        alert("localStorage를 저장하였습니다.");

    }
    //웹 브라우저가 localStorage에 저장된 정보를 표시
    function LS_view(){
        if(localStorage.length==0){
            alert("localStorage에 저장된 내용이 없습니다.");
            return false;
        }

        //localStorage의 값을 표시할 ul의 선택
        var testList=document.getElementById('testList');
        //localStorage의 값을 추출
        for(var i=0;i<localStorage.length;i++){
            var key=localStorage.key(i);
            var value=localStorage[key];
            //새로운 li 요소의 생성
            var textNode=document.createTextNode("[key] : "+key+" / "+"[value] : "+value);
            var newListItem=document.createElement("LI");
                newListItem.appendChild(textNode);
            testList.appendChild(newListItem);
        }
    }
    //웹 브라우저가 localStorage에 저장된 정보를 모두 삭제
    function LS_clear(){
        alert("localStorage에 저장된 내용을 모두 삭제합니다.");
        localStorage.clear();
        LS_view();
    }
</script>

<!--HTML 부분-->
<div id="exampleSub">
```

```html
      <h3>localStorage 저장하기</h3>
      <div class="LS_div">
        <label for="LS_key">KEY : </label>
        <input type="text" id="LS_key" name="LS_key" />
        <label for="LS_value">Value : </label>
        <input type="text" id="LS_value" name="LS_vlaue" />
        <br />
        <button type="button" onclick="LS_save()"> localStorage에 저장합니다.
        </button>
      </div>
      <h3>localStorage에서 데이터 확인하기</h3>
      <div class="LS_div">
        <ul id="testList">
          <!--localStorage에 저장된 값을 표시하기 위한 ul-->
        </ul>
        <button type="button" onclick="LS_view()"> localStorage에 저장된 정보를 표시합
          니다.</button>
      </div>
      <h3>localStorage 비우기</h3>
      <div class="LS_div">
        <button type="button" onclick="LS_clear()"> localStorage에 저장된 데이터를 모
          두 삭제합니다.</button>
      </div>
    </div>
```

localStorage의 예

위의 예제 코드에는 localStorage의 데이터를 저장, 표시, 삭제하기 위한 세 개의 버튼이 있으며, 각 버튼은 HTML 〈head〉 부분에 직접 작성된 자바스크립트 함수 LS_save, LS_view, LS_clear와 연결되어 있습니다. 그리고 웹 브라우저가 localStorage를 지원하는지의 여부를 체크하는 LS_test가 있습니다. 각 함수의 주요 부분에 대한 설명은 다음과 같습니다.

- **LS_save : localStorage.setItem("LS_key",LS_value)**

localStorage에 정보를 저장하기 위한 구문입니다. 저장되는 형태는 key와 value이며, 저장된 key를 통해 해당 정보를 가져올 수 있습니다.

- **LS_view : localStorage.length**

  localStorage에 저장된 정보의 수를 가져옵니다. LS_view( )에서는 이 정보로 localStorage에 저장된 모든 정보를 표시합니다.

- **LS_view : localStorage.key(i)**

  localStorage에 저장된 정보의 [i]번 째 key값을 가져옵니다. LS_view( )에서는 이 정보로 key값에 대응하는 value값을 가져옵니다.

- **LS_view : localStorage.(key)**

  localStorage에 저장된 정보 중 key값에 대응하는 value값을 가져옵니다.

- **LS_clear : localStorage.clear( )**

  localStorage에 저장된 정보를 모두 삭제합니다.

  localStorage 예제의 실행 결과는 다음과 같습니다.

localStorage의 예제 실행 결과

위와 같이 웹킷 기반의 크롬이나 사파리 웹 브라우저의 개발자 도구를 사용하면 localStorage
의 작동을 쉽게 확인할 수 있습니다.

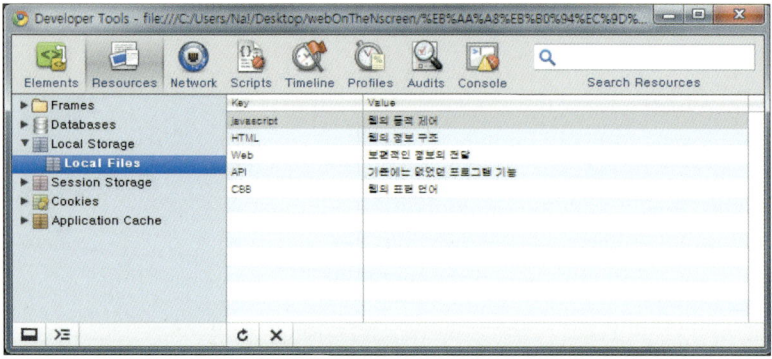

사용자 측 저장 정보를 확인할 수 있는 크롬 웹 브라우저의 개발자 도구

localStorage는 도메인별로 웹 브라우저에 저장되는 정보로, 명시적으로 삭제하지 않는
한 웹 사이트의 접속을 해제하거나 날짜가 지나도 정보가 자동으로 지워지지 않습니다. 또한
서버가 아닌 웹 브라우저에 정보가 저장되므로 오프라인 환경에서도 정보를 저장하거나 확인
할 수 있습니다. 이와 같은 특징으로 인해 localStorage와 Cache Manifest가 함께 사용되면
오프라인 환경에서도 프로그램처럼 작동하는 웹 페이지나 웹 기술로 모바일 앱과 같은 기능
을 작성할 수 있는 길이 열리게 되었습니다.

4 | geolocation

예제 파일　http://book.coforward.com/sample/html5_apis/03_geolocation.html

요즘 웹 서비스들을 보면 위치 정보를 이용한 서비스들을 쉽게 볼 수 있습니다. 특히 컴퓨
터보다 이동성이 자유로운 모바일 기기에서는 이러한 위치 기반 서비스가 더 유리할 수 있습
니다. geolocation API를 이용하면 웹에서도 사용자의 위치를 파악할 수 있는 위치 기반 서
비스를 어렵지 않게 만들 수 있습니다. 다음은 간단한 geolocation의 예제입니다.

```
<!--javascript 부분-->
<script type="text/javascript">
function geoData(){
    if(!navigator.geolocation){
        alert('geolocation을 지원하지 않습니다.')
        return false;
    }
    navigator.geolocation.getCurrentPosition(function(position){
        posData=position;
        document.getElementById('latDate').innerHTML=
            posData.coords.latitude;
        document.getElementById('lonDate').innerHTML=
            posData.coords.longitude;
    })
}
</script>

<!--HTML 부분-->
<h2>Example</h2>
<div id="exampleSub">
  <h3>위치 정보의 획득</h3>
  <div>
    <p>위도 : <span id="latDate">--</span></p>
    <p>경도 : <span id="lonDate">--</span></p>
    <button type="button" title="testGeoData" onClick="geoData()">
        위치 정보 얻기
    </button>
  </div>
</div>
```

geolocation 예제

위의 예제는 "TEST" 버튼을 누르면 getData 함수를 실행하고, getData 함수는 웹 브라우저가 geolocation을 지원하지 않을 경우에는 경고창을 출력하고, 지원할 경우에는 위도와 경도를 〈span id="latDat"〉와 〈span id="lonDat"〉에 표시하도록 구성되어 있습니다. geolocation 예제의 실행 결과는 다음과 같습니다.

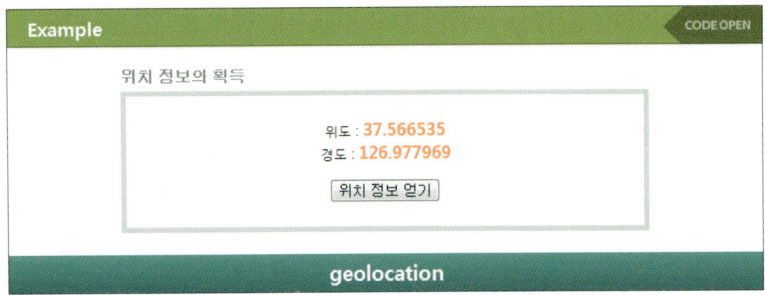

geolocation 예제 실행 결과

이러한 위치 정보는 개인 정보를 전송하는 것이므로, 웹 브라우저에서는 사용자에게 위치 정보 사용 여부를 확인합니다.

모바일에서의 geolocation 사용 여부 확인

웹 브라우저의 geolocation 사용 여부 확인

geolocation 사용을 승인하면 웹 브라우저는 *기기가 사용할 수 있는 다양한 방법을 통해 위치 정보를 가져옵니다.

> **여기서 잠깐**
>
> *** 기기가 사용할 수 있는 다양한 방법을 통해**
>
> geolocation API는 현재 웹 브라우저가 작동하는 기기의 GPS, 네트워크 IP, 무선 통신망 등 현재 정보를 가져올 수 있는 모든 방법을 동원하여 위치 정보를 확인합니다. 하지만 그것이 어떤 것을 통한 것인지는 상관하지 않습니다. 또한 위의 예제 코드에서는 단순히 경·위도 정보만을 확인하지만 geolocation API 스펙상에서는 다양한 위치 정보를 확인합니다.
>
> | 위치 정보 종류 | 속성값 |
> |---|---|
> | 위도 | position.coords.latDate |
> | 경도 | position.coords.lonDate |
> | 표고 | position.coords.altitude |
> | 경위도 오차 범위 | position.coords.accuracy |
> | 표고 오차 범위 | position.coords.altitudeAccuracy |
> | 진행 방향 | position.coords.heading |
> | 진행 속도 | position.coords.speed |
> | 자료 시간 | position.timestamp |
>
> geolocation API를 통해 얻을 수 있는 위치 정보들
>
> 위와 같은 내용들이 모두 원활하게 지원된다면 포털에서 제공하는 지도 API와 결합하여 웹상에 실시간으로 위치를 표시하는 네비게이션을 구현할 수도 있을 것입니다.

지금까지 일반적으로 HTML 5 API로 불리고 있는 새로운 기술 중 몇 가지에 대해 알아보았습니다. 여기서 소개된 API 외에도 자바스크립트를 웹 페이지와 독립적으로 구동시켜 자바스크립트의 속도를 획기적으로 개선할 수 있는 Web Workers, 서버와의 비동기 통신을 더욱 빠르게 하기 위한 Web Sockets, 파일 정보에 접근하기 위한 File API 등 웹의 애플리케이션화를 위한 다양한 기술들이 만들어지고 있습니다. 물론 이러한 기술들이 단기간 안에 보편적으로 사용되기는 어렵다고 봅니다. 하지만 특정한 목적이나 상황에서는 유용할 수도 있을 것입니다. 그리고 이러한 API들을 이용하여 무엇을 할 수 있을 것인지를 생각해 본다면 웹의 발전 방향 또한 예측해 볼 수 있을 것입니다.

3 : CSS 3 – 정보 구조를 돋보이게 하는 표현 요소

정보 구조를 작성하는 HTML이 더욱 명확한 정보 구조의 작성을 위해 HTML 5로 진화해 나간다면 웹의 표현을 위한 CSS 역시 이에 맞추어 기능이 추가되고, 표현할 수 있는 범위가 넓어지며 더욱 정교해질 것입니다. HTML 5에는 기존 이미지를 그대로 사용하거나, 필요하지 않은 HTML 요소를 여러 개 사용하여 표현할 수밖에 없었던 표현 방법을 CSS만으로 표현할 수 있도록 많은 속성들이 추가되었습니다. 또한 CSS로 동적 표현을 할 수 있는 속성들도 *아직 실험적이기는 하지만 몇몇 웹 브라우저들이 지원하고 있습니다. CSS가 더욱 화려하고 다양한 표현을 할 수 있도록 발전하고 있지만, 이러한 발전은 HTML의 정보 구조를 더욱 돋보이고 잘 전달하기 위해서임을 기억해야 할 것입니다.

> **여기서 잠깐**
>
> *** 아직 실험적이기는 하지만**
>
> CSS 3는 2011년 1월 현재 작업 초안(Working Draft) 상태이지만 많은 웹 브라우저들이 경쟁적으로 지원하고 있습니다. 하지만 웹 브라우저가 지원하는 몇몇 속성은 CSS 3의 작업 초안에 포함되지 않은 것도 있으며, 같은 속성이라도 지원하는 방식이 다른 것도 있습니다. 그러므로 CSS 3의 속성을 실제 작업에 사용하기 위해서는 지원하지 않는 환경을 반드시 고려해야 합니다. 즉, CSS에서도 '점진적 향상'이라는 원칙은 유효합니다.

1 | 〈style〉의 자체 속성과 확장 접두사

CSS 3에서는 HTML 요소에 적용될 수 있는 새로운 속성뿐만 아니라 〈style〉 요소 자체의 속성도 추가되었습니다. 또한 CSS 3에는 각 웹 브라우저에 독자적인 속성을 추가하는 것을 허용하고 있으며, 이를 위해 웹 브라우저 제조사별 확장 접두사를 지원합니다.

■ 〈style scoped="scoped"〉

예제 파일 http://book.coforward.com/sample/css3/01_CSS3_scoped.html

CSS로 작성된 속성은 Inline Type으로 작성된 것을 제외하면 CSS가 적용된 페이지 내에서 선택자와 일치하는 모든 속성에 적용됩니다. 특정 영역에 기본적으로 적용된 CSS를 사용하기 위해서는 Inline Type을 사용하거나, 먼저 지정된 속성을 해제하거나, 덮어 써야 했습니다. 그러나 scoped 속성을 사용하면 지정된 영역에만 다른 CSS 속성들을 적용할 수 있습니다. scoped 속성이 사용되면 그 안에 지정된 속성들은 〈style〉 요소의 부모 요소와 그 부모 요소의 자식 요소들에게만 적용됩니다.

```html
<!--CSS 부분-->
<style type="text/css">
#exampleSub p{
    font-size:20px;
    font-weight:bold;
    color:#06F;
}
</style>

<!--HTML 부분-->
<h2>Example</h2>
<div id="exampleSub">
  <p>scoped 속성에 영향을 받지 않는 &lt;p&gt; 요소</p>
  <div id="scopedStyleSample">
    <style scoped="scoped">
        p{
            color:#900;
            text-decoration:underline
        }
    </style>
    <p>scoped 속성에 영향을 받는 &lt;p&gt; 요소</p>
    <p>scoped 속성에 영향을 받는 &lt;p&gt; 요소</p>
  </div>
  <p>scoped 속성에 영향을 받지 않는 &lt;p&gt; 요소</p>
</div>
```

〈style scoped="scoped"〉의 예

그러나 2011년 1월 현재 〈style〉의 scoped 속성을 지원하는 웹 브라우저는 아직 없습니다. scoped 속성이 지원된다면 위의 HTML은 다음과 같이 표시될 것입니다.

> **Example**　　　　　　　　　　　　　　　　　　　　CODE OPEN
>
> scoped 속성에 영향을 받지 않는 <p> 요소
> scoped 속성에 영향을 받는 <p> 요소
> scoped 속성에 영향을 받는 <p> 요소
> scoped 속성에 영향을 받지 않는 <p> 요소
>
> **CSS3 : scoped**

scoped 속성이 지정된 〈style〉의 적용 예상 모습

■ Media Query

| 예제 파일 | http://book.coforward.com/sample/css3/02_CSS3_mediaQurey.html |

　　Media Query는 웹을 접속하는 기기의 화면 해상도에 따라 각각 다른 CSS를 적용해 주는 기능을 합니다. CSS 2에서도 media 속성에 screen, print 등의 값을 지정함으로써 웹이 표시되는 대상별로 디자인을 달리 지정해 줄 수 있었습니다. Media Query는 여기서 더 나아가 같은 screen이라도 기기의 해상도에 따라 CSS를 다르게 지정해 줄 수 있게 되었습니다. 이 기능을 이용하면 특별한 프로그래밍 없이도 각기 다른 사용자 환경에 최적화된 디자인을 개별적으로 구현할 수 있습니다. 다음은 하나의 HTML에 데스크톱 환경, 태블릿 환경, 모바일 환경에 각각 적용하기 위한 CSS를 작성하고 기기의 해상도에 따라 서로 다른 디자인을 제공하는 예입니다.

```html
<!--CSS 부분-->
<!--데스크톱 환경 : 가로 해상도가 1,000px 이상에서 적용됨.-->
<style type="text/css" media="screen and (min-width : 1000px)">
#exampleSub {
    margin:15px auto;
    padding-bottom:100px;
    width:70%;
    border:#F00 solid 10px;
    color:#F00;
    font-size:100px;
    text-align:center;
    background:url(img/coforwardQr2.png) no-repeat center 70%;
```

```
        }
    </style>

    <!--태블릿 환경 : 가로 해상도가 1,000px 미만 640px 이상에서 적용됨.-->
    <style type="text/css" media="screen and (min-width:640px) and (max-width:999px)">
        #exampleSub {
            margin:15px auto;
            width:70%;
            padding-bottom:100px;
            border:#0F0 solid 10px;
            color:#0F0;
            font-size:80px;
            text-align:center;
            background:url(img/coforwardText.png) no-repeat center 70%;
        }
    </style>

    <!--모바일 환경 : CSS 가로 해상도가 640px 미만에서 적용됨.-->
    <style type="text/css" media="screen and (max-width:639px)">
        #exampleSub {
            margin:15px auto;
            width:70%;
            padding-bottom:100px;
            border:#00F solid 10px;
            color:#00F;
            font-size:50px;
            text-align:center;
            background:url(img/coforward.png) no-repeat center 70%;
            ;
        }
    </style>

    <!--HTML 부분-->
    <h2>Example</h2>
    <div id="exampleSub">
      <p>Media Query</p>
    </div>
```

Media Query 예제

위의 Media Query 예제는 id 속성값이 exampleSub인 〈div〉 요소 안에 "Media Query"라는 문자열을 포함하고 있습니다. 그리고 HTML 파일의 〈head〉는 Media Query를 적용한 3개의 〈style〉 요소가 있습니다. 이 〈style〉 요소들은 웹 브라우저가 지정된 해상도 범위의 크기일 때 각각 배타적으로 적용됩니다. 다음 표는 각 〈style〉 요소별로 적용되는 해상도 범위와 Media Query를 표시한 것입니다.

적용 환경	Media Query	적용 범위(화면의 크기)
데스크톱	media="screen and (min-width:1000px)"	최소 1,000px 이상일 경우
태블릿	media="screen and (min-width:640px) and (max-width:999px)"	최소 640px 이상 최대 999px 이하
모바일	media="screen and (max-width:639px)"	최대 639px 이하일 경우

각 CSS의 Media Query와 적용 화면 크기

웹 브라우저의 해상도가 1,000px 이상에서 적용되는 데스크톱용 〈style〉은 글자 크기는 100px, 글자 색상 및 테두리 색상은 빨간색(#F00)으로 지정하였으며, 배경 이미지를 박스 중앙에 coforwardQr2.png로 설정하였습니다.

```
<!--데스크톱 환경 : 가로 해상도가 1,000px 이상에서 적용됨.-->
<style type="text/css" media="screen and (min-width:1000px)">
    #exampleSub {
        margin:15px auto;
        padding-bottom:100px;
        width:70%;
        border:#F00 solid 10px;
        color:#F00;
        font-size:100px;
        text-align:center;
        background:url(img/coforwardQr2.png) no-repeat center 70%;
    }
</style>
```

가로 해상도가 1,000px 이상에서 적용되는 〈style〉

웹 브라우저의 가로 해상도가 1,000px 이상일 때 Media Query 예제 실행 결과는 다음과 같습니다.

가로 해상도 1,000px 이상에서 예제 실행 결과

웹 브라우저의 해상도가 최소 640px 이상 최대 1,000px 미만에서 적용되는 태블릿용 〈style〉의 설정은 글자 크기는 80px, 글자 색상 및 테두리 색상은 녹색(#0F0)으로 지정하였으며, 배경 이미지를 박스 중앙에 coforwardText.png로 지정하였습니다.

```
<!--태블릿 환경 : 가로 해상도가 1,000px 미만 640px 이상에서 적용됨.-->
<style type="text/css" media="screen and (min-width:640px) and (max-width:999px)">
    #exampleSub {
        margin:15px auto;
        width:70%;
        padding-bottom:100px;
        border:#0F0 solid 10px;
        color:#0F0;
        font-size:80px;
        text-align:center;
        background:url(img/coforwardText.png) no-repeat center 70%;
    }
</style>
```

가로 해상도가 640px 이상 1,000px 미만에서 적용되는 〈style〉

웹 브라우저의 가로 해상도가 최소 640px 이상, 최대 1000px 미만일 때 Media Query 예제 실행 결과는 다음과 같습니다.

가로 해상도가 최소 640px 이상 최대 1,000px 미만에서 예제의 실행 결과

웹 브라우저의 해상도가 최대 600px 미만에서 적용되는 모바일용 〈style〉의 설정은 글자 크기는 50px, 글자 색상 및 테두리 색상은 파란색(#00F)으로 지정하였으며, 배경 이미지를 박스 중앙에 coforward.png로 지정하였습니다.

```
<!--모바일 환경 : 가로 해상도가 640px  미만에서 적용됨.-->
<style type="text/css" media="screen and (max-width:639px)">
    #exampleSub {
        margin:15px auto;
        width:70%;
        padding-bottom:100px;
        border:#00F solid 10px;
        color:#00F;
        font-size:50px;
        text-align:center;
        background:url(img/coforward.png) no-repeat center 70%;
    }
</style>
```

가로 해상도가 640px 미만에서 적용되는 〈style〉

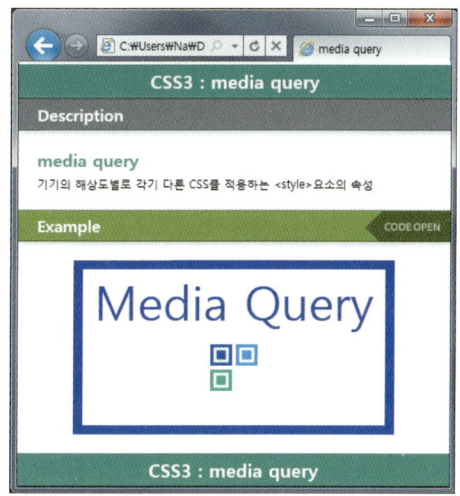

가로 해상도가 640px 미만 예제 실행 결과

　다른 설정은 공통적으로 넓이는 화면 폭의 70%로, padding은 아래쪽으로 100px로 지정하였으며, 중앙 정렬하였습니다. 이러한 공통 요소는 별도 파일로 분리하여 공유할 수도 있지만 css 구성 설계가 복잡해질 수 있으므로, 공통적으로 사용하기보다는 각각의 Media Query로 분리된 css를 통해 개별적으로 설정해 주는 것이 지원 환경별 독립적인 유지 관리 차원에서 더 좋을 것입니다.

　실제 서비스나 다양한 환경을 지원하고자 하는 웹 사이트는 실제 기기로 테스트해야겠지만 개발 도중 실제 기기로 테스트한다는 것은 비효율적이며, 사실상 불가능합니다. 하지만 Media Query는 기기의 하드웨어 사양에 따르는 것이 아니라 웹 브라우저가 표시할 수 있는 가로 해상도에 따라 지정되는 것이므로, *데스크톱용 웹 브라우저에서도 똑같이 작동합니다. 그러므로 웹 브라우저의 창 크기를 조절하여 Media Query가 정상 작동하는지를 확인할 수 있습니다.

> **여기서 잠깐**
>
> *** 데스크톱용 웹 브라우저에서도 똑같이 작동합니다**
> 2011년 1월 현재 컴퓨터에서 사용되는 웹 브라우저 중 Media Query를 지원하는 웹 브라우저는 파이어폭스, 오페라, 크롬, 사파리이며, 실제로 인터넷 익스플로러 8 이하를 제외한 거의 모든 웹 브라우저가 지원하고 있습니다. 인터넷 익스플로러 역시 9 Beta부터 지원하고 있습니다.

　저작 도구에서도 Media Query를 지원하여 각각의 CSS가 적용된 상태를 확인할 수 있습니다. Adobe의 웹 저작 도구인 Dreamweaver CS5는 '멀티스크린'이라는 기능을 통해

Media Query가 적용된 각각의 상태를 동시에 확인할 수 있습니다. '멀티스크린' 버튼은 텍스트 편집 창 상단에 위치하고 있습니다.

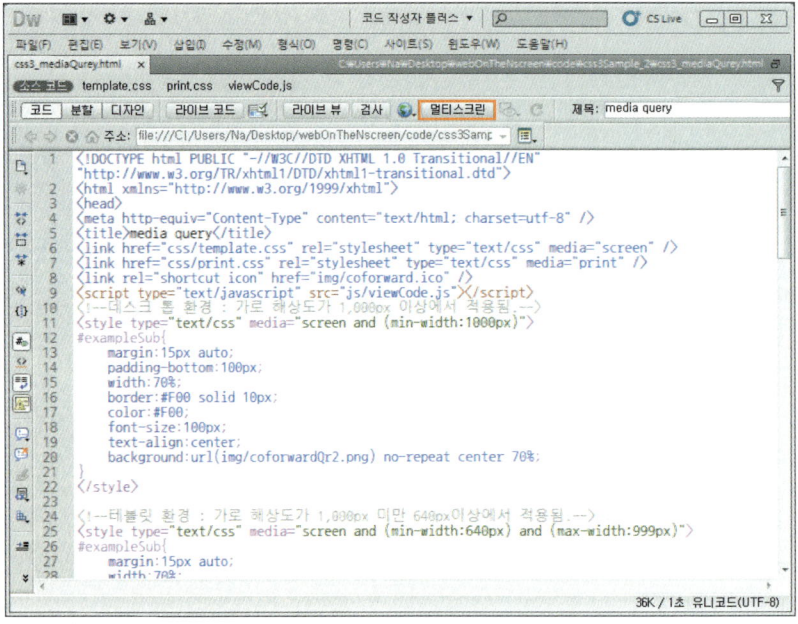

Dramweaver CS5의 '멀티스크린' 기능

예제 파일을 Dreamweaver CS5에서 열고 '멀티스크린' 버튼을 누르면 다음과 같이 각각의 CSS가 적용된 상태의 페이지를 동시에 비교해 볼 수 있는 화면이 나타납니다.

Dreamweaver CS5 멀티스크린 기능으로 확인한 Media Query 예제의 결과

이와 같이 Media Query는 하나의 HTML 파일을 사용자 환경에 맞추어 다양한 형태로 제공할 수 있는 방법을 제공하고 있습니다. 하지만 잊지 말아야 할 것은 HTML이 다양한 형태로 제공될 수 있도록 잘 구성해야 한다는 것입니다. HTML 자체가 어느 특정 환경에 편중되어 작성되어 있다면 Media Query와 같은 좋은 기능이 있어도 원활하게 사용할 수 없기 때문입니다.

■ 확장 접두사(bender Extension)

기존에 특정한 웹 브라우저만 인식하는 CSS 속성을 사용하기 위해서는 각종 hack이나 인터넷 익스플로러 계열이 지원하는 조건부 주석문을 사용해야만 했습니다. 그러나 hack은 정상적인 방법이 아니라 대부분 웹 브라우저의 에러를 이용하는 방법이므로, 그다지 좋은 방법이 아니었습니다. CSS 3에서는 특정 웹 브라우저만을 위한 속성을 적용하기위해 웹 브라우저 제조사별 확장 접두사를 지원합니다. 다음은 주요 웹 브라우저의 제조사별 확장 접두사를 나타낸 것입니다.

웹 브라우저	확장 접두사
인터넷 익스플로러	-ms-
파이어폭스(모질라의 Gecko 엔진을 사용하는 웹 브라우저)	-moz-
크롬, 사파리(웹킷 엔진을 사용하는 웹 브라우저)	-webkit-
오페라	-o-

주요 웹 브라우저의 확장 접두사

제조사별 확장 접두사가 붙은 속성은 해당 웹 브라우저가 아닐 경우, 무시하고 넘어갑니다. 제조사별 확장 접두사는 웹 브라우저에서 테스트 중인 CSS 3 속성을 위해 많이 사용되고 있습니다. 다시 말해 *확장 접두사를 붙여서 사용하는 CSS 3 속성은 그 웹 브라우저가 아직 정식 지원하고 있지 않은 것입니다.

■ CSS 3 Selector

CSS 3에서는 20여 개의 새로운 선택자가 추가되었습니다. CSS 2까지 있었던 선택자가 20여 개 있었던 것을 감안하면 2배 정도 증가된 것입니다. **CSS 3에 추가된 선택자들의 특징은 HTML의 문서 구조를 파악하여 요소를 선택하는 구조적 선택자들이 다수라는 점입니다.

* 확장 접두사를 붙여서 사용하는 CSS 속성

확장 접두사를 사용하는 속성은 웹 브라우저가 아직 테스트하고 있는 표준 속성이거나 그 웹 브라우저만을 위한 특별한 속성일 수 있습니다. 테스트되고 있는 표준 속성은 정식적으로 지원되면 확장 접두사를 빼고 지원하게 됩니다. 일단 확장 접두사를 이용하여 구현한 후 차후에 확장 접두사를 빼는 방법도 있겠지만 현실적으로 그렇게 하지 못할 경우가 더 많은 것이 사실입니다. 그러므로 확장 접두사가 붙은 기능을 쓸 때는 표준 방법의 속성도 작성해 줌으로써 차후에 다른 웹 브라우저의 지원들도 고려하는 것이 바람직할 것입니다.

```
예 transition를 사용하는 경우
   #coforward{
       transition:all, 1s;  /*차후 표준 방식의 지원을 위한 방법*/
       -webkit-transition:all, 1s;  /*webkiet 웹 브라우저를 위한 방법*/
       -moz-transition:all, 1s;  /*모질라 웹 브라우저를 위한 방법*/
   }
```

이후의 예제에서도 표준 방식과 지원하는 경우 확장 접두사를 붙여 사용하는 방법 모두 표기하였습니다.

** CSS 3에 추가된 선택자

css3.info에서는 웹 브라우저가 지원하는 CSS 선택자들을 확인할 수 있는 테스트 페이지를 제공하고 있습니다. CSS 3에서 추가된 선택자는 물론 CSS Level 1, 2의 모든 선택자를 테스트하므로 웹 브라우저별로 사용할 수 있는 CSS 선택자를 확인할 수 있습니다.

CSS 3에 추가된 선택자는 앞서 CSS 2의 선택자들과 함께 소개하였습니다. 자세한 내용은 CSS 선택자 부분을 참고하기 바랍니다.

웹 브라우저의 CSS 선택자 지원 정도를 알아볼 수 있는 CSS3.info
(http://www.css3.info/selectors-test)

2 | 색상 관련 속성

■ alpha

예제 파일 http://book.coforward.com/sample/css3/03_CSS3_rgba.html

지금까지 CSS에서 사용할 수 있는 색상의 표현 방식은 여러 가지였지만 기본적으로는 빛의 3원색인 RGB값을 많이 사용했습니다. 또한 각 색상값을 조합하여 다양한 색상은 표현할 수 있었지만 색상값만으로 투명도를 표시할 수는 없었습니다. CSS 3에서는 RGB값과 함께 투명도를 지정할 수 있는 알파값을 사용할 수 있습니다. 또한 색상값, 채도값, 명도값으로 색상을 지정하는 HSL 색상값에도 투명도값을 지정할 수 있게 되었습니다. 색상에 투명도를 지정하는 예는 다음과 같습니다.

```
<!--CSS 부분-->
<style type="text/css">
    #rgbaBox .coForwardText {
        position:absolute;
        top:30px;
        left:30px;
        background:rgba(108,173,223,0.5);
        font-size:50px;
    }
    #rgbaBox.html5Css3Text {
        width:250px;
        position:absolute;
        top:90px;
        left:70px;
        background:url(img/checkBox4.png) repeat;
        color:hsla(0,100%,60%,0.5);
        font-size:40px;
    }
</style>

<!--HTML 부분-->
<h2>Example</h2>
<div id="exampleSub">
```

```
<div id="rgbaBox">
  <p class="coForwardText"> <em class="coforward">co<span>Forward</span>
  </em></p>
  <p class="html5Css3Text">HTML 5 &amp; CSS 3</p>
</div>
</div>
```

투명도를 포함한 색상을 지정하는 예제

위 예제의 HTML 구조에는 id가 rgbaBox인 〈div〉 요소 안에 두 개의 〈p〉 요소가 있습니다. class가 coforwardText인 요소는 배경색(background)을 RGBA 형식으로 지정하였으며, class가 html5Css3Text인 요소는 전경색(color)을 HSLA 형식으로 지정하였습니다. 투명도를 포함한 색상을 지정하는 예제의 실행 결과는 다음과 같습니다.

투명도를 포함한 색상을 지정하는 예제 실행 결과

CSS 3에서 추가된 색상의 투명도값은 색상을 지정하는 모든 속성에서 사용될 수 있습니다.

■ opacity

예제 파일   http://book.coforward.com/sample/css3/04_CSS3_opacity.html

opacity는 요소 Box 전체의 투명도를 지정하는 속성입니다. 색상값으로 지정하는 RGBA나 HSLA와는 달리 0부터 1사이의 투명도값만을 지정합니다. opacity가 적용되는 요소는 전경과 배경 모두 투명도의 영향을 받습니다. opacity 속성의 예제는 다음과 같습니다.

```
<!--CSS 부분-->
<style type="text/css">
    #opacityBox .coForwardText {
        position:absolute;
        top:50px;
        left:30px;
        opacity:0.5;
    }
    #opacityBox .html5Css3Text {
        width:160px;
        position:absolute;
        top:10px;
        left:150px;
        background:url(img/checkBox4.png) repeat;
        color:#F00;
        opacity:0.3;
    }
</style>
</head>
<!--HTML 부분-->
<h2>Example</h2>
<div id="exampleSub">
  <div id="opacityBox">
    <p class="coForwardText"> <em class="coforward">co<span>Forward</span>
    </em></p>
    <p class="html5Css3Text">HTML 5&amp; CSS 3</p>
  </div>
</div>
```

opacity 예제

위 예제의 HTML 구조는 앞에서 언급한 색상으로 투명도를 지정하는 예와 거의 똑같습니다. 그러나 투명도를 색상값으로 지정한 것이 아니라 opacity 속성을 이용하였으므로, 전경과 배경 모두 투명도값의 영향을 받습니다. opacity 예제의 실행 결과는 다음과 같습니다.

opacity 예제 실행 결과

▪ gradient

예제 파일   http://book.coforward.com/sample/css3/05_CSS3_gradient.html

gradient를 지정할 수 있는 색상은 단색뿐만 아니라 하나의 색상에서 다른 색상으로 점진적으로 변화하는 색상을 지정할 수 있습니다. 그레이디언트는 2011년 1월 현재 웹킷 기반의 크롬과 사파리, 모질라의 파이어폭스가 시험적으로 지원하고 있습니다. 그러나 두 가지 방식이 서로 다르기 때문에 그레이디언트를 사용하기 위해서는 *각각 다른 방법으로 지정해야 합니다. 파이어 폭스와 웹킷 계열 웹 브라우저에서 그레이디언트를 생성하는 방법은 다음과 같습니다.

```
background:-webkit-gradient(
    linear,
    [그레이디언트의 시작점], [그레이디언트 종료점],
    from([시작 색상]),
    color-stop([변환점 위치], [변환점 색상])
    to([종료 색상])
    );
```

웹킷 계열의 선형 그레이디언트 지정 방법

```
background:-moz-linear-gradient(
        [그레이디언트 시작점]
        [그레이디언트의 경사],
        [시작 색상],
        [변환점 색상]
        [종료 색상]
        );
```

파이어폭스의 선형 그레이디언트 지정 방법

```
background:-webkit-gradient(
        radial,
        [하이라이트 원의 원점 X 좌표],
        [하이라이트 원의 원점 Y 좌표],
        [하이라이트 원의 반지름],
        [페이드 아웃 원의 반지름],
        [페이드 아웃 원의 원점 X 좌표],
        [페이드 아웃 원의 원점 Y 좌표],
        [페이드 아웃 원의 반지름],
        from([시작 색상]),
        color-stop([변환점 위치],[변환점 색상])
        to([종료 색상])
        );
```

웹킷 계열의 원형 그레이디언트 지정 방법

```
background:-moz-radial-gradient(
        [원형 그레이디언트의 시점],
        [원형 그레이디언트 형태(원형:circle/타원형:ellipse)],
        [시작 색상],
        [변환점 색상]
        [종료 색상]
        );
```

파이어폭스의 원형 그레이디언트 지정 방법

그레이디언트의 예제는 다음과 같습니다.

```css
<!--CSS 부분-->
<style type="text/css">
    #gradientBox01 .ex01 {
        background:-webkit-gradient(
                linear,
                left top, left bottom,
                from(#f00), to(#fff)
            );
        background:-moz-linear-gradient(
                top,
                F00, #fff
            );
    }
    #gradientBox01 .ex02 {
        background:#676300;
        background:-webkit-gradient(
                linear,
                left bottom, right top,
                from(#00f), to(#fff)
            );
        background:-moz-linear-gradient(
                bottom
                45deg,
                00F,

                #fff);
    }
    #gradientBox02 .ex01 {
        background:-webkit-gradient(
                radial,
                center center, 9,
                center center, 70,
                from(#0f0), to(#6caddf)
            );
        background:-moz-radial-gradient(
                circle,
                #0f0,
```

```css
                    #6caddf
                );
    }
    #gradientBox02 .ex02 {
        background:#6caddf;
        background:-webkit-gradient(
                radial,
                20% 20%, 9,
                40% 30%, 70,
                from(#ffea53),
                color-stop(50%, #00a88f),
                to(#6caddf)
            );
        background:-moz-radial-gradient(
                20% 20%,
                circle,
                #ffea53, #00a88f, #6caddf
            );
    }
</style>
```

```html
<!--HTML 부분-->
<h2>Example</h2>
<div id="exampleSub">
  <div id="gradientBox01">
    <h3>gradient linear</h3>
    <p class="ex01">Ex01</p>
    <p class="ex02">Ex02</p>
  </div>
  <div id="gradientBox02">
    <h3>gradient radial</h3>
    <p class="ex01">Ex01</p>
    <p class="ex02">Ex02</p>
  </div>
</div>
```

gradient 예제

위 예제는 HTML 영역에 있는 4개의 〈p〉 요소에 선형 그레이디언트와 원형 그레이디언트를 지정하는 예입니다. gradient 예제의 실행 결과는 다음과 같습니다(크롬 10 웹 브라우저에서 확인).

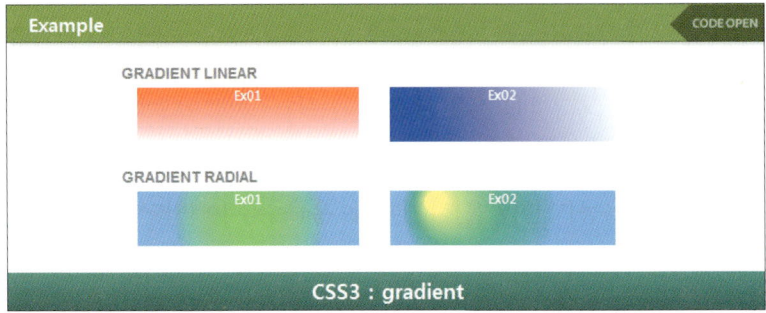

그레이디언트 예제 실행 결과

그레이디언트는 background-color 속성에 지정되며, 지정된 그레이디언트를 해석하지 못하는 경우에는 표시하지 않습니다. 따라서 그레이디언트를 지원하지 못하는 경우에 대비하여 기본적인 색상을 지정하여 주는 것이 바람직합니다. 위 예제에서 class가 ex01인 요소들은 background에 그레이디언트만을 지정하였지만, class가 ex02인 요소들은 기본적인 색상값을 지정하였습니다. 아직 그레이디언트를 지원하지 않는 웹 브라우저에서는 그레이디언트 예제가 다음과 같이 나타납니다.

그레이디언트를 지원하지 않는 웹 브라우저에서의 그레이디언트 예제 실행 결과

> **여기서 잠깐**
>
> ***각각 다른 방법으로 지정해야 합니다**
>
> 그레이디언트를 시험적으로 지원하고 있는 웹킷과 모질라의 지원 방식은 다릅니다. 또 그레이디언트를 지정하는 코드도 다른 CSS의 요소에 비해 어려운 면도 있습니다. 그래서인지 웹상에는 두 웹 브라우저의 그레이디언트 지정을 위한 CSS 코드를 생성해 주는 웹 사이트들이 있습니다.
>
>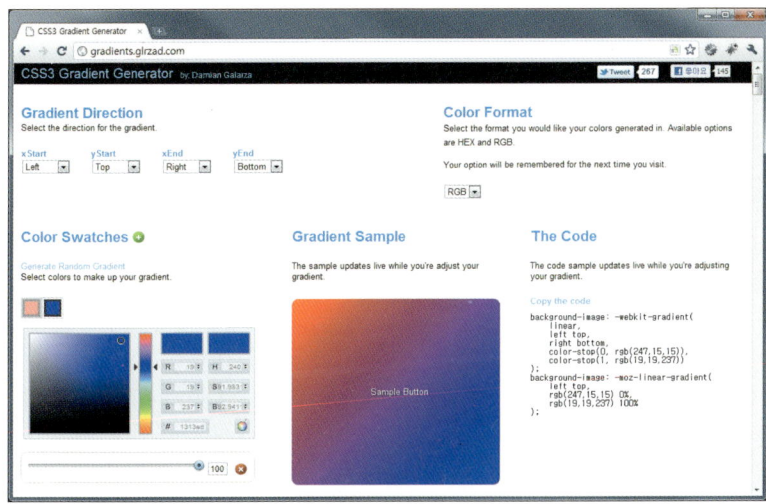
>
> 그레이디언트 CSS코드를 작성해 주는 웹 사이트(http://gradients.glrzad.com)
>
> 2011년 1월에 웹킷의 그레이디언트 문법이 변경될 것이라는 발표가 있었습니다(http://webkit.org/blog/1424/CSS3-gradients). 변경되는 형식은 파이어폭스가 지원하는 형식과 동일하며, 현재 개발 중인 W3C의 CSS 3 규약(http://dev.w3.org/csswg/css3-images/#gradients)과도 동일합니다. 당분간은 웹킷 계열의 그레이디언트 문법이 그대로 적용될 것이지만, 그동안 서로 달랐던 CSS 문법이 통일되는 것은 환영할 만한 일입니다.

3 | border 관련 속성

■ border-radius

예제 파일   http://book.coforward.com/sample/css3/06_CSS3_border-radius.htm

border-radius는 요소 Box의 모서리를 둥글게 표현해 주는 속성입니다. 둥근 모서리의 사용은 유행처럼 번져 나갔지만 기존의 CSS 2의 방법으로 유연한 둥근 모서리를 만드는 일은 쉽지 않았습니다. 하지만 CSS 3에서는 border-radius라는 속성을 이용하여 손쉽게 둥근 모서리를 작성할 수 있습니다. border-radius의 예제는 다음과 같습니다.

```html
<!--CSS 부분-->
<style type="text/css">
    #borderBox01 {
        height:30px;
        background:#CCC;
        border-radius:50px;
        -webkit-border-radius:50px;
        -moz-border-radius:50px;
    }
    #borderBox02 .topLeft {
        background:#d9da55;
        border-top-left-radius:20px;
        -webkit-border-top-left-radius:20px;
        -moz-border-radius-topleft:20px;
    }
    #borderBox02 .topRight {
        background:url(img/photo3.gif);
        border-top-right-radius:20px;
        -webkit-border-top-right-radius:20px;
        -moz-border-radius-topright:20px;
    }
    #borderBox02 .bottomLeft {
        background:url(img/photo3.gif);
        border-bottom-left-radius:20px;
        -webkit-border-bottom-left-radius:20px;
        -moz-border-radius-bottomleft:20px;
    }
    #borderBox02 .bottomRight {
        background:#676300;
        border-bottom-right-radius:20px;
        -webkit-border-bottom-right-radius:20px;
        -moz-border-radius-bottomright:20px;
    }
</style>

<!--HTML 부분-->
<h2>Example</h2>
<div id="exampleSub">
  <div id="borderBox01">CSS 3 border-radius</div>
  <div id="borderBox02">
```

```html
    <ul>
      <li class="topLeft">top-left</li>
      <li class="topRight">top-right</li>
      <li class="bottomLeft">bottom-left</li>
      <li class="bottomRight">bottom-right</li>
    </ul>
  </div>
</div>
```

border-radius 예제

border-radius는 곡선으로 표시할 부분의 크기를 지정함으로써 요소 박스의 테두리를 둥글게 표현합니다. 곡선으로 표시된 부분은 background-image를 설정한 영역도 영향을 받습니다. 곡률은 각 모서리별로 지정할 수도 있지만 border-radius 속성도 각 모서리별로 지정할 경우에는 웹킷 계열 웹 브라우저와 파이어 폭스의 지정 방법이 서로 다릅니다. border-radius 예제의 실행 결과는 다음과 같습니다.

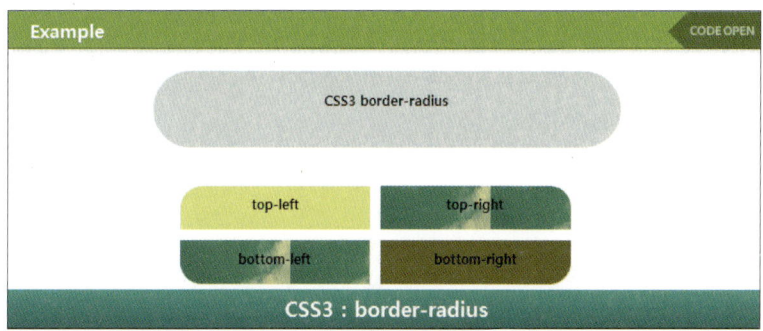

border-radius 예제의 실행 결과

■ border-image

예제 파일 http://book.coforward.com/sample/css3/07_CSS3_border-image.html

border-image는 요소 Box의 외곽선에 이미지를 사용하여 표현할 수 있도록 하는 속성입니다. border-image를 적용하기 위해 다음과 같은 속성값을 지정합니다.

```
border-image:
        url([외곽선으로 사용될 이미지의 URL])
        [이미지의 사용될 부분의 방향별 크기 지정]
        [가로 방향 이미지 표시 방식]
        [세로 방향 이미지 표시 방식];
```

border-image의 속성값 지정

외곽선 이미지 표시 방법을 지정하는 키워드는 이미지를 반복하여 표시하는 round와 늘려 표시하는 stretch가 있습니다. border-image의 예제는 다음과 같습니다.

```
<!--CSS 부분-->
<style type="text/css">
#borderBox01 {
    border-image:url(img/borderImg.png) 40 40 40 40 round round;
    -webkit-border-image:url(img/borderImg.png) 40 40 40 40 round round;
    -moz-border-image:url(img/borderImg.png) 40 40 40 40 round round;
    -o-border-image:url(img/borderImg.png) 40 40 40 40 round round;
}
#borderBox02 {
    border-image:url(img/borderImg.png) 40 40 stretch stretch;
    -webkit-border-image:url(img/borderImg.png) 40 40 40 40 stretch stretch;
    -moz-border-image:url(img/borderImg.png) 40 40 40 40 stretch stretch;
    -o-border-image:url(img/borderImg.png) 40 40 40 40 stretch stretch;
}
</style>

<!--HTML 부분-->
<h2>Example</h2>
<div id="exampleSub">
   <div>
      <h3>사용된 이미지</h3>
      <img src="img/borderImg.png" alt="사용된 이미지" />
   </div>
   <div id="borderBox01"></div>
   <div id="borderBox02"></div>
</div>
```

border-image 예제

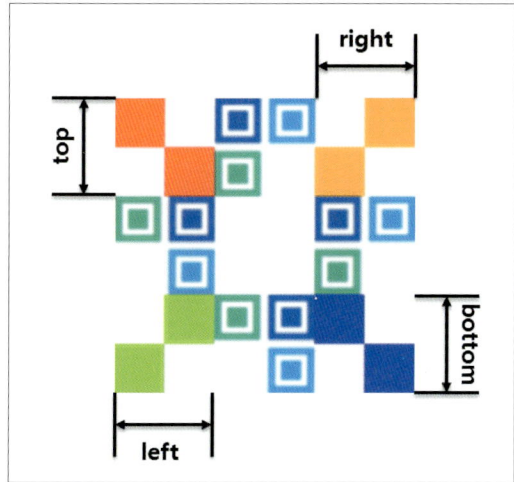

예제에 사용된 이미지

위는 두 개의 〈div〉 요소에 이미지를 사용하여 외곽선을 표시한 예입니다. border-image 는 단순하게 이미지를 외곽선으로 표시할 수도 있지만 이미지의 특정한 부분을 외곽선의 각 방향별로 지정해 줄 수도 있습니다. 예제는 외곽선의 각 방향을 따로 지정해 주기 위해 다음 과 같은 이미지로 사용하였습니다. 외곽선에 사용된 이미지는 120px×120px 크기의 이미지 입니다. 예제는 외곽선의 각 방향을 40px씩 지정해 주었으며, 외곽선의 방향별로 이미지가 적용되는 부분은 그림과 같습니다. 첫 번째 〈div〉 요소는 반복 설정을 round로 지정하였으므 로, 이미지가 적당한 크기로 반복되어 표시되었으며, 두 번째 〈div〉 요소는 stretch로 적용되 었으므로 요소의 크기만큼 이미지를 늘려 표시되었습니다. border-image 예제의 실행 결과 는 다음과 같습니다.

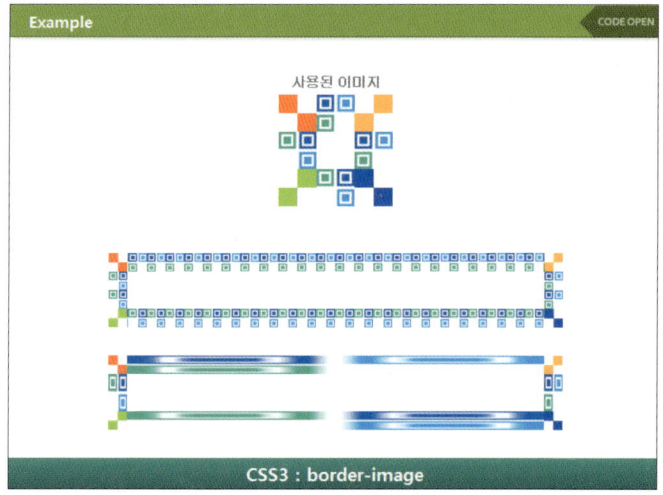

border-image 예제의 실행 결과

box-shadow

예제 파일 http://book.coforward.com/sample/css3/08_CSS3_box-shadow.html

box-shadow는 요소 Box에 그림자 효과를 표현해 주는 속성입니다. 그림자 효과는 특정 영역을 입체적으로 강조하기 위해 많이 사용되는 기법이지만 지금까지는 이미지를 사용해야만 구현할 수 있었습니다. box-shadow를 적용하기 위해서는 다음과 같은 속성값을 작성해야 합니다.

```
box-shadow:
    [그림자가 떨어질 가로 방향 길이]
    [그림자가 떨어질 세로 방향 길이]
    [그림자의 흐려짐 정도]
    [그림자의 번짐 정도]
    [그림자 색상]
    [그림자 형태(outset/inset)];
```

box-shadow의 속성값 지정

그림자의 형태는 outset 또는 inset으로 지정합니다. outset은 일반적인 그림자 형태로 지정된 요소 바깥쪽으로 그림자가 떨어지며 inset은 지정된 요소의 안쪽으로 그림자가 떨어지게 됩니다.

box-shadow의 예제는 다음과 같습니다.

```
<!--CSS 부분-->
<style type="text/css">
#Box01{
    box-shadow:10px 10px 5px 5px outset;
    -webkit-box-shadow:10px 10px 5px 5px outset;
    -moz-box-shadow:10px 10px 5px 5px outset;
}
#Box02{
    box-shadow:10px 10px 5px 5px gray inset;
    -webkit-box-shadow:10px 10px 5px 5px gray inset;
    -moz-box-shadow:10px 10px 5px 5px gray inset;
}
```

```
</style>

<!--HTML 부분-->
<h2>Example</h2>
<div id="exampleSub">
  <div id="Box01">
    <h3 class="exampleDesc">outset</h3>
  </div>
  <div id="Box02">
    <h3 class="exampleDesc">inset</h3>
  </div>
</div>
```

box-shadow 예제

위 예제는 두 개의 〈div〉 요소에 첫 번째는 기본 형태(outset)로 그림자를 지정하였고, 두 번째 〈div〉 요소에는 안쪽으로 떨어지는 그림자 형태(inset)를 지정하였습니다. box-shadow 예제의 실행 결과는 다음과 같습니다.

box-shadow 예제의 실행 결과

4 | background 관련 속성

background는 CSS를 이용하여 웹 사이트를 디자인할 때 가장 많이 사용되는 속성이라고 할 수 있습니다. CSS 3에서는 background 속성을 이용하는 방법이 추가되었습니다. 이 중에서도 특히 이미지에 관련된 속성 추가는 CSS를 이용한 디자인의 자유도를 큰 폭으로 증가시켰다고 볼 수 있습니다.

■ background

예제 파일 http://book.coforward.com/sample/css3/09_CSS3_background.html

background는 요소의 배경에 관련된 속성을 지정하는 단축 속성입니다. CSS 2까지는 배경으로 이미지를 지정할 경우 HTML 요소당 하나의 이미지만을 사용할 수 있었지만, CSS 3의 background 속성은 하나의 요소에 여러 개의 이미지를 사용할 수 있습니다. 여러 개의 이미지를 사용한 background 예제는 다음과 같습니다.

```
<!--CSS 부분-->
<style type="text/css">
    #exampleSub{
        height:200px;
        border:1px solid #ccc;
        text-align:center;
        background:url(img/coforwardQr2.png);
        background:
            url(img/checkBox1.png) left top no-repeat,
            url(img/checkbox2.png) right top no-repeat,
            url(img/checkbox3.png) left bottom no-repeat,
            url(img/checkbox4.png) right bottom no-repeat,
            url(img/checkbox5.png) center center no-repeat,
            url(img/coforwardText.png);
    }
</style>

<!--HTML 부분-->
<h2>Example</h2>
<div id="exampleSub">
    <span class="exampleDesc">background-image example</span>
</div>
```

background 예제

위 예제는 하나의 〈div〉 요소 안에 6개의 배경 이미지를 지정한 예입니다. 이렇게 여러 개의 이미지가 사용될 경우, 이미지의 겹치는 순서는 가장 마지막에 지정한 이미지(coforwardText.png)가 Z축의 가장 아래쪽에 위치하며, 가장 먼저 지정한 이미지(checkBox1.png)가 Z축의 맨 위에 놓이게 됩니다. 다음은 background 예제의 실행 결과입니다.

backgound 예제의 실행 결과

만약 웹 브라우저가 여러 개의 이미지를 지정한 background 속성을 해석하지 못하는 경우, 배경 이미지는 하나도 표시되지 않습니다. 따라서 기본이 되는 배경 이미지는 별도로 지정해 주는 것이 바람직합니다. 위의 예제에서도 background 속성을 두 가지로 지정하고 있으며, 여러 개의 배경을 해석하지 못하는 경우에는 배경 이미지를 하나만 지정한 속성이 적용됩니다. 다음은 여러 개의 이미지를 지정한 background 속성을 해석하지 못하는 환경에서 background 예제를 실행한 결과입니다.

CSS 3 background를 지원하지 않는 환경에서의 예제 실행 결과

예제의 실행 결과를 보면 하나의 이미지(coforwardQr2.png)를 지정한 background 속성이 표시되는 것을 알 수 있습니다. 여러 개의 이미지를 지정하기 위해서는 background 속성을 사용해야 하며, background-image는 기존과 같이 하나의 이미지만 사용할 수 있습니다.

■ background-clip

예제 파일   http://book.coforward.com/sample/css3/10_CSS3_background-clip.html

기존의 CSS에서 background 속성의 영향을 받는 부분은 콘텐츠 영역과 padding 영역입니다. CSS 3에서는 background-clip 속성으로 background 속성의 영향 범위를 border 영역까지 확장할 수 있게 되었습니다. background-clip 예제는 다음과 같습니다.

```html
<!--CSS 부분-->
<style type="text/css">
    #border-box {
        background:url(img/photo3.gif);
        background-clip:border-box;
        -webkit-background-clip:border-box;
        -moz-background-clip:border-box;
    }
    #padding-box {
        background:url(img/photo3.gif);
        background-clip:padding-box;
        -webkit-background-clip:padding-box;
        -moz-background-clip:padding-box;
    }
</style>

<!--HTML 부분-->
<h2>Example</h2>
<div id="exampleSub">
  <div id="padding-box">
    <span class="exampleDesc">padding-box</span>
  </div>
  <div id="border-box">
    <span class="exampleDesc">border-box</span>
  </div>
</div>
```

background-clip 예제

위 예제는 두 개의 ⟨div⟩ 요소에 background-clip 속성을 각각 padding-box와 border-box로 지정한 예입니다. background-clip 속성이 padding-box로 지정된 ⟨div⟩ 요소는 배경 이미지가 padding 영역까지만 적용되지만 border-box로 지정된 ⟨div⟩ 요소는 border 영역에도 배경 이미지가 표시됩니다. background-clip 예제의 실행 결과는 다음과 같습니다.

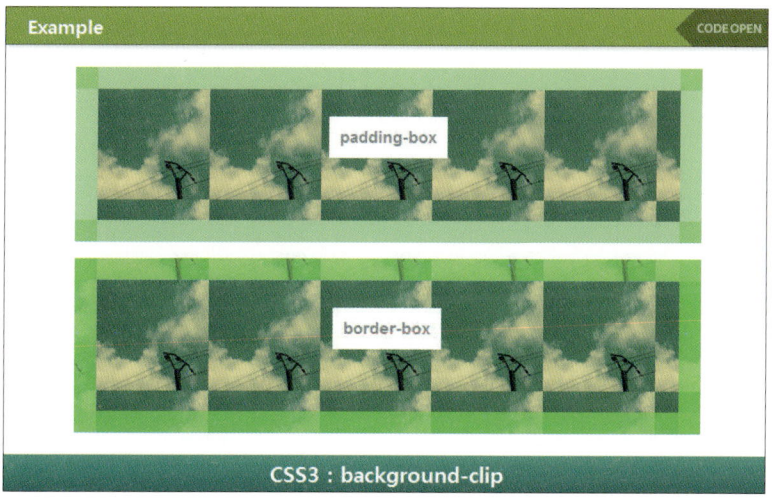

background-clip 예제의 실행 결과

■ background-origin

예제 파일 http://book.coforward.com/sample/css3/11_CSS 3_background-origin.html

background-origin 속성은 배경의 원점을 지정하는 속성입니다. 기존 CSS에서 배경의 원점은 padding 영역의 좌측 상단이었습니다. CSS 3에서는 이 배경 원점을 padding, border, content 영역의 좌측 상단으로 지정해 줄 수 있습니다. background-origin 예제는 다음과 같습니다.

```
<!--CSS 부분-->
<style type="text/css">
    #border-box {
        background:#999 url(img/photo3.gif) no-repeat;
        background-origin:border-box;
        -webkit-background-origin:border-box;
        -moz-background-origin:border-box;
```

```
    }
    #padding-box {
        background:#999 url(img/photo3.gif) no-repeat;
        background-origin:padding-box;
        -webkit-background-origin:padding-box;
        -moz-background-origin:padding-box;
    }
    #content-box {
        background:#999 url(img/photo3.gif) no-repeat;
        background-origin:content-box;
        -webkit-background-origin:content-box;
        -moz-background-origin:content-box;
    }
</style>

<!--HTML 부분-->
<h2>Example</h2>
<div id="exampleSub">
  <div id="padding-box">
    <span class="exampleDesc">padding-box</span>
  </div>
  <div id="border-box">
    <span class="exampleDesc">border-box</span>
  </div>
  <div id="content-box">
    <span class="exampleDesc">content-box</span>
  </div>
</div>
```

background-origin 예제

위 예제는 3개의 〈div〉 요소에 동일한 배경 이미지를 지정하였으며, 배경 이미지의 위치는 별도로 지정하지 않았으므로, 기본값인 배경의 원점부터 표시됩니다. 그리고 각 〈div〉는 background-origin의 속성값을 padding-box, border-box, content-box로 각각 지정하였습니다. background-origin의 속성값이 padding-box로 지정된 요소는 배경 이미지가 지금까지와 동일하게 padding 영역에서부터 표시되며, border-box로 표시된 요소는 border 영역부터, content-box로 지정된 요소는 해당 요소의 콘텐츠 영역부터 이미지가 표시됩니다. background-origin 예제의 실행 결과는 다음과 같습니다.

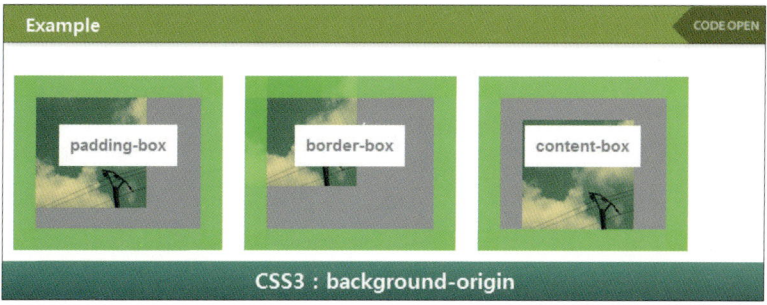

background-origin 예제의 실행 결과

배경 이미지를 반복하도록 설정해도 background-origin에 지정된 값을 기준으로 반복하게 되므로, 이미지의 시작점은 위 예제와 동일합니다.

■ **background-size**

예제 파일 http://book.coforward.com/sample/css3/12_CSS3_background-size.html

CSS 2까지는 배경 이미지를 제어할 수 있는 부분이 지정된 요소 안에서의 정렬 방식 정도로 배경 이미지 자체의 크기를 제어할 수 없었습니다. 하지만 CSS 3에서는 background-size 속성을 이용하여 배경 이미지의 크기를 직접 제어할 수 있게 되었습니다. background-size 예제는 다음과 같습니다.

```
<!--CSS 부분-->
<style type="text/css">
    #box_rel {
        background-size:40% 70%;
        -webkit-background-size:40% 70%;
        -moz-background-size:40% 70%;
    }
    #box_abs {
        background-size:50px 50px;
        -webkit-background-size:50px 50px;
        -moz-background-size:50px 50px;
    }
    #box_cover {
        background-size:cover;
        -webkit-background-size:cover;
```

```
            -moz-background-size:cover;
        }
        #box_contain {
            background-size:contain;
            -webkit-background-size:contain;
            -moz-background-size:contain;
        }
    </style>

    <!--HTML 부분-->
    <h2>Example</h2>
    <div id="exampleSub">
      <div id="box_org">
        <span class="exampleDesc">원본크기</span>
      </div>
      <div id="box_rel">
        <span class="exampleDesc">40% 70%</span>
      </div>
      <div id="box_abs">
        <span class="exampleDesc">50px 50px</span>
      </div>
      <div id="box_cover">
        <span class="exampleDesc">cover</span>
      </div>
      <div id="box_contain">
        <span class="exampleDesc">contain</span>
      </div>
    </div>
```

background-size 예제

위 예제는 동일한 배경 이미지를 적용한 5개의 ⟨div⟩ 요소를 작성하였습니다. 이들 중 id가 box_org인 ⟨div⟩ 요소를 제외한 나머지 4개의 ⟨div⟩ 요소는 background-size 속성을 지정하여 배경 이미지의 크기를 변경한 것입니다. 각 요소의 background-size 속성값은 % 단위를 이용한 상대 크기, px 단위를 이용한 절대 크기, 그리고 background-size 속성이 지원하는 키워드로 지정되었습니다.

상대 크기로 지정된 배경 이미지는 배경 이미지가 표시되는 요소의 크기에 상대적인 크기로 지정되어 적용된 요소의 크기가 변경되면, 요소의 크기에 비례하여 배경 이미지의 크기도 변하게 되며, 절대 크기로 지정된 배경 이미지는 적용된 요소의 크기와 무관하게 지정한 크기로 표시됩니다. background-size에 지정할수 있는 키워드는 cover와 contain으로 cover는 지정된 요소의 배경 전체를 빈 곳이 없도록 배경 이미지를 확대하여 표시하며 contain은 지정된 요소의 크기 안에서 이미지 전체가 표시될 수 있는 최대 크기로 배경 이미지가 적용됩니다. background-size 예제의 실행 결과는 다음과 같습니다.

background-size 예제의 실행 결과

5 | font 와 text 관련 속성

■ @font-face

예제 파일 http://book.coforward.com/sample/css3/13_CSS3_@font-face.html

웹 페이지에서 표시되는 폰트는 기본적으로 사용자가 사용하는 기기에 설치되어 있어야 했습니다. @font-face는 웹 페이지에 사용되는 폰트를 서버로부터 내려받아 사용자의 기기에 설치되어 있지 않은 폰트를 웹상에 표시할 수 있도록 해 줍니다. @font-face를 사용하기 위한 속성과 속성값은 다음과 같습니다.

```
@font-face {
    font-family:[폰트명으로 사용할 이름];
```

```
        src:local([사용자 컴퓨터에서 찾아볼 폰트 이름]),
            url([서버 측의 폰트 경로]) format([폰트의 형식]);
    }
```

@font-face의 속성과 속성값 지정

@font-face의 font-family 속성으로 지정된 이름은 이후 일반적인 폰트 이름처럼 사용될 수 있습니다. src는 폰트의 경로를 지정하는 속성으로, url 키워드값으로 서버 측의 폰트 경로를 지정합니다. 사용자 컴퓨터를 우선적으로 확인하고자 할 경우 local 키워드값으로 폰트 이름을 지정하면, 서버에 폰트 파일을 요청하기 전에 우선 사용자 컴퓨터의 폰트를 검색한 후 일치하는 폰트가 있으면 사용자 측 폰트를 사용하고, 서버로 요청을 하지 않게 되므로 만일 사용자가 @font-face에 사용한 폰트를 보유하고 있다면 페이지의 표시 시간을 줄일 수 있습니다. @font-face 예제는 다음과 같습니다.

```
<!--CSS 부분-->
<style type="text/css">
    @font-face {
        font-family:nanumFont;
        src:url('img/nanum.eot');
        src:local('nanumgothicExtraBold'),
            url('img/nanum.ttf') format('truetype');
    }
    #textBox .ex03 {
        font-family:nanumFont, gulim;
        border:1px solid #ccc;
        padding:10px;
    }
</style>
<!--HTML 부분-->
<h2>Example</h2>
<div id="exampleSub">
    <div id="textBox">
        <p class="ex01">돋움, dotum</p>
        <p class="ex02">굴림, gulim</p>
        <p class="ex03">나눔고딕, nanum gothic</p>
    </div>
</div>
```

@font-face 예제

위의 예제는 3개의 <p> 요소 중 마지막 <p> 요소에 @font-face를 이용하여 서버 측의 폰트를 사용한 예입니다. <p> 요소에 폰트명을 지정할 때는 @font-face를 이용하여 생성한 폰트명 외에 기본적인 폰트명을 지정하여 @font-face를 이용한 폰트가 사용할 수 없는 상태에서는 다음 폰트를 사용할 수 있도록 하였습니다. @font-face 예제의 실행 결과는 다음과 같습니다.

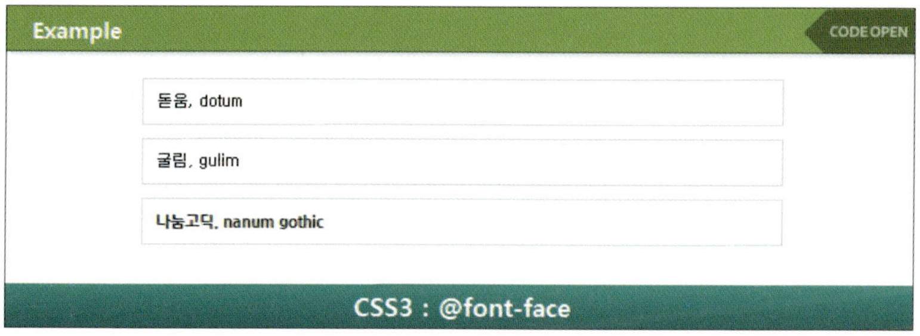

그림 215 @font-face 예제의 실행 결과

■ **text-overflow**

예제 파일 http://book.coforward.com/sample/css3/14_CSS3_text-overflow.html

text-overflow는 문장이 요소 Box의 폭보다 더 길 경우, 어떻게 표현할 것인지를 지정하는 속성입니다.

text-overflow 예제는 다음과 같습니다.

```
<!--CSS 부분-->
<style type="text/css">
    #textBox .clipText {
        text-overflow:clip;
        -o-text-overflow:clip;
    }
    #textBox .ellipsisText {
        text-overflow:ellipsis;
        -o-text-overflow:ellipsis;
    }
</style>

<!--HTML 부분-->
```

```html
<h2>Example</h2>
<div id="exampleSub">
  <div id="textBox">
    <h3>clip</h3>
    <p class="clipText">영역을 벗어나는 텍스트를 오버플로된 텍스트라 하는데 이렇게 오버플로된 텍스트를 생략 부호(…)로 처리하는 속성입니다.</p>
    <h3>ellipsis</h3>
    <p class="ellipsisText">영역을 벗어나는 텍스트를 오버플로된 텍스트라고 하는데 이렇게 오버플로된 텍스트를 생략 부호(…)로 처리하는 속성입니다.</p>
  </div>
</div>
```

text-overflow 예제

위 예제는 줄 바꿈을 허용하지 않는 긴 문장이 이를 포함한 〈p〉 요소의 폭보다 길어지는 경우입니다. 앞의 〈p〉 요소는 text-overflow의 속성값을 clip으로 지정하였으며, 두 번째 〈p〉 요소는 ellipsis로 지정하였습니다.

text-overflow 예제의 실행 결과는 다음과 같습니다.

text-overflow 예제의 실행 결과

text-overflow는 줄 바꿈이 허용되는 경우에는 적용되지 않으며, overflow:hidden 속성과 함께 사용됩니다.

■ text-shadow

예제 파일 http://book.coforward.com/sample/css3/15_CSS3_text-shadow.html

text-shadow는 문자열에 그림자 효과를 표현해 주는 속성입니다. 이 역시 웹 디자인에서 많이 사용되는 기법이었지만 기존의 방법으로는 이미지를 사용하거나 불필요한 중복 텍스트를 이용하여 눈속임을 하는 방법으로 사용해야만 했습니다. text-shadow를 사용하기 위한 속성값은 다음과 같이 지정합니다.

```
text-shadow:
    [ 본체와 그림자의 가로 방향 거리 ]
    [ 본체와 그림자의 세로 방향 거리 ]
    [ 그림자의 흐려짐 정도 ]
    [ 그림자의 색상 ];
```

text-shadow의 속성값 지정

text-shadow는 속성값을 " , "로 구분하여 중복 지정하므로, 텍스트의 그림자 효과를 여러 단계로 표현할 수 있습니다. text-shadow의 예제는 다음과 같습니다.

```
<!--CSS 부분-->
<style type="text/css">
    #html5Css3Text {
        background:#afbc22;
        text-shadow:3px 3px 5px #000;
    }
    #coforwardText {
        background:#aaa;
        text-shadow:
            0 0 4px #ccc,
            0 -3px 4px #ff3,
            1px -6px 6px #fd3,
            -1px -9px 11px #f80,
            1px -12px 18px #f20;
    }
</style>

<!--HTML 부분-->
<h2>Example</h2>
<div id="exampleSub">
  <div id="html5Css3Text">
    <p>HTML 5 &amp; CSS 3</p>
```

```
    </div>
    <div id="coforwardText">
      <p><em class="coforward">co<span>Forward</span></em></p>
    </div>
  </div>
```

text-shadow 예제

위 예제는 두 개의 〈div〉 요소에 text-shadow 속성을 적용한 예입니다. 앞의 〈div〉 요소는 일반적인 그림자를 생성하였으며, 두 번째 〈div〉는 text-shadow의 속성값을 여러 단계로 중복 지정하여 특별한 효과를 생성하였습니다. text-shadow 예제의 실행 결과는 다음과 같습니다.

text-shadow 예제의 실행 결과

■ word-wrap

예제 파일 http://book.coforward.com/sample/css3/16_CSS3_word-wrap.html

word-wrap은 줄 바꿈에 대한 속성입니다. 영문자나 숫자가 빈칸 없이 계속 이어질 경우 요소 Box의 크기를 벗어나 계속 한 줄로 표시되는 경우가 있습니다. 이때 유용한 속성이 word-wrap입니다. word-wrap은 인터넷 익스플로러가 최초로 구현하였고, 거의 모든 웹 브라우저가 지원하고 있는 속성이지만, CSS 3의 표준안에 포함되었습니다. word-wrap 예제는 다음과 같습니다.

```
<!--CSS 부분-->
<style type="text/css">
#textBox .normal {
    word-wrap:normal;
}
#textBox .break-word {
    word-wrap:break-word;
}

</head>
<!--HTML 부분-->
<h2>Example</h2>
<div id="exampleSub">
  <div id="textBox">
    <h3>nomal</h3>
    <p class="normal">The_word-wrap_property_was invented_by_Microsoft_and_added_to_CSS3.it_allows_long_words_to_be_able_to_be_broken_and_wrap_onto_the_next_line.</p>
    <h3>break-word</h3>
    <p class="break-word">The_word-wrap_property_was invented_by_Microsoft_and_added_to_CSS3.it_allows_long_words_to_be_able_to_be_broken_and_wrap_onto_the_next_line.</p>
  </div>
</div>
```

word-wrap 예제

위 예제는 공란이 없는 긴 문장을 포함한 두 개의 〈p〉 요소에 word-wrap 속성을 각각 normal과 break-word로 지정한 예입니다. word-wrap 속성을 normal로 지정한 요소는 단어 단위로 줄 바꿈하므로 공란이 없는 구간에서 줄 바꿈이 일어나지 않습니다. 따라서 요소의 폭 이상으로 문자열이 표시되지만 break-word로 지정된 요소는 폭에 따른 줄 바꿈이 단어에 관계없이 일어나게 됩니다. word-wrap 예제의 실행 결과는 다음과 같습니다.

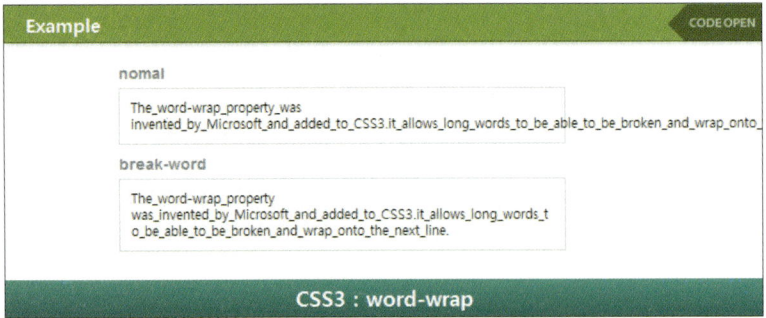

word-wrap 예제의 실행 결과

■ column-

예제 파일 http://book.coforward.com/sample/css3/17_CSS3_column.html

문서의 다단 편집은 인쇄 매체 등에서는 매우 일반적인 표현 방식이었지만 문장의 길이가 일정하지 않은 여러 웹 문서에 기존의 방법으로 이를 구현하기는 매우 어려웠습니다.

CSS 3에서 추가된 column- 속성은 다단 문서를 표현해 주는 속성입니다. 다단을 표시하기 위한 속성과 속성값들은 다음과 같습니다.

```
column-count : [단의 개수];
column-width : [한 단의 폭];
column-gap : [단과 단 사이의 거리];
column-rule : [단과 단 사이의 구분선을 지정];
columns : [한 단의 폭] [단의 개수];
```

다단을 표시하기 위한 속성과 속성값

column-rule은 단과 단 사이의 구분선을 지정하는 속성으로, border 속성과 동일한 방식으로 단 구분선의 형태를 지정합니다. 다단 지정의 예제는 다음과 같습니다.

```
<!--CSS 부분-->
<style type="text/css">
    #textBox02 {
        columns:200px 2;
        column-rule:1px solid #ccc;
        column-gap:40px;
```

```css
        -webkit-columns:200px 2;
        -webkit-column-rule:1px solid #ccc;
        -webkit-column-gap:40px;
        -moz-column-width:200px;
        -moz-column-count:2;
        -moz-column-rule:1px solid #ccc;
        -moz-column-gap:40px;
    }
    #textBox03 {
        column-width:33%;
        column-count:3;
        column-rule:1px solid #ccc;
        column-gap:20px;
        -webkit-column-width:33%;
        -webkit-column-count:3;
        -webkit-column-rule:1px solid #ccc;
        -webkit-column-gap:20px;
        -moz-column-width:33%;
        -moz-column-count:3;
        -moz-column-rule:1px solid #ccc;
        -moz-column-gap:20px;
    }
</style>
```

```html
<!--HTML 부분-->
<h2>Example</h2>
<div id="exampleSub">
  <h3>2 column</h3>
  <div id="textBox02">
    <p>In short, the CSS 3 Multi-Column Module is a functionality to flow
    the content of an element into multiple columns.</p>
    <p>The Multi-Column Module is part of the CSS 3 specifications proposed
    by the W3C.</p>
    <p>This extension to the CSS Box Model opens a new range of
    possibilities in terms of web design. Multi-column layouts that are so
    pervasive in the print media (think newspapers, magazines) can now
    become a reality on the web.</p>
  </div>
  <h3>3 column</h3>
  <div id="textBox03">
```

```
    <p>In short, the CSS 3 Multi-Column Module is a functionality to flow
    the content of an element into multiple columns.</p>
    <p>The Multi-Column Module is part of the CSS 3 specifications proposed
    by the W3C.</p>
    <p>This extension to the CSS Box Model opens a new range of
    possibilities in terms of web design. Multi-column layouts that are so
    pervasive in the print media (think newspapers, magazines) can now
    become a reality on the web.</p>
  </div>
</div>
```

다단 지정 예제

위의 예제는 동일한 문장을 가진 2개의 〈div〉 요소를 각각 2단, 3단으로 지정한 예입니다.

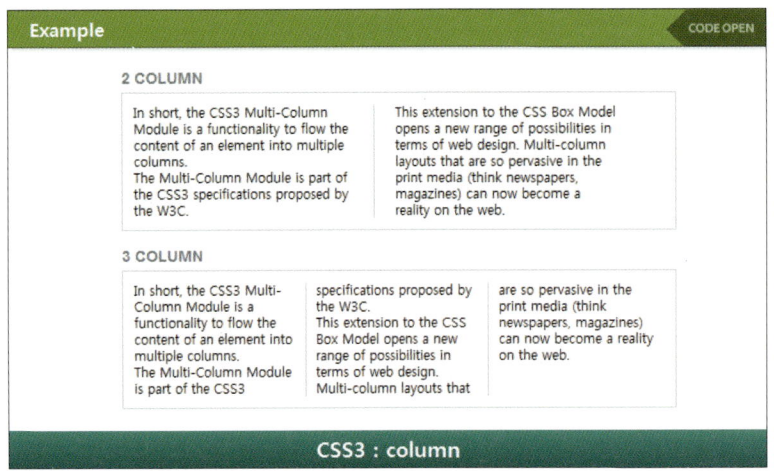

다단 지정 예제의 실행 결과

2단으로 표시되는 요소의 단의 크기는 절대 크기로 지정하였으며, 3단으로 표시되는 요소의 크기는 상대 크기로 지정하였습니다. 요소의 폭이 다단을 설정한 폭들의 합계보다 작아지면 2단으로 표시된 요소는 다단 표시를 제거합니다. 3단으로 표시한 단은 상대 크기로 지정하였으므로 요소의 폭에 따라 단의 폭이 변경됩니다.

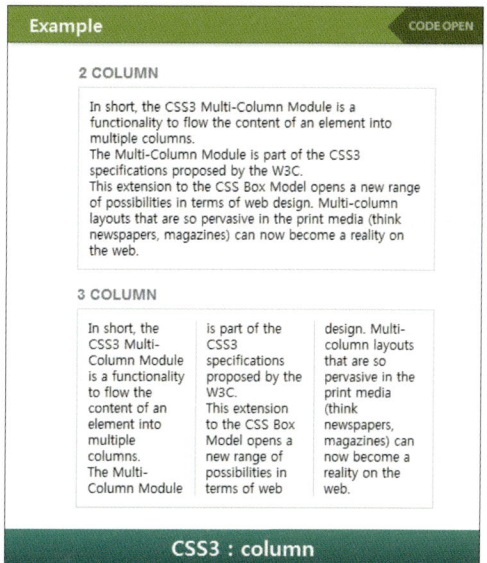

폭이 좁아진 환경에서 다단 예제의 실행 결과

최근 들어 모바일 환경에 대한 관심이 높아짐에 따라 비교적 작은 디스플레이에 대한 고려가 이루어지고 있지만 그에 못지않게 컴퓨터 모니터가 넓어졌다는 것을 생각해 보면 column- 속성이 유용하리라는 것을 쉽게 짐작할 수 있을 것입니다.

6 | 사용자 환경에 관련된 속성

▶ box-sizing

예제 파일 http://book.coforward.com/sample/css3/18_CSS3_box-size.html

CSS 2 W3C 표준안의 width나 height 속성값은 border 영역과 padding 영역을 제외한 콘텐츠 영역만을 지정하는 값이었습니다. 그리고 인터넷 익스플로러의 고유 박스 모델에서 width나 height 속성값은 border 영역과 padding 영역 모두 포함되어 있었습니다. 인터넷 익스플로러는 표준 렌더링 모드 외에는 자기 고유의 박스 모델을 적용하였으므로 CSS로 레이아웃을 지정할 때 문제가 되기도 하였으며, 두 가지 방법 모두 찬반론이 있었습니다. CSS 3에서는 box-sizing 속성을 이용하여 요소의 크기를 계산할 때 콘텐츠 영역만을 포함하는 방법과 padding 영역과 border 영역을 포함하는 방법 모두를 사용할 수 있습니다.

box-sizing의 예제는 다음과 같습니다.

```html
<!--CSS 부분-->
<style type="text/css">
    #contentBox {
        width:60%;
        padding:20px;
        border:#096 solid 20px;
        box-sizing:content-box;
        -webkit-box-sizing:content-box;
        -moz-box-sizing:content-box;
    }
    #borderBox {
        width:60%;
        padding:20px;
        border:#096 solid 20px;
        box-sizing:border-box;
        -webkit-box-sizing:border-box;
        -moz-box-sizing:border-box;
    }
    #float Box {
        width:60%; padding:0 20px;
        height:55px;
        border:#096 solid 20px;
    }
    .bBoxFloat {
        width:50%;
        padding:10px;
        border:#999 solid 10px;
        box-sizing:border-box;
        -webkit-box-sizing:border-box;
        -moz-box-sizing:border-box;
        float:left;
    }
</style>

<!--HTML 부분-->
<h2>Example</h2>
<div id="exampleSub">
```

```html
<h3>content-box</h3>
<div id="contentBox"></div>

<h3>border-box</h3>
<div id="borderBox"></div>

<h3>float에서의 사용</h3>
<div id="floatBox">
  <div class="bBoxFloat">border-box</div>
  <div class="bBoxFloat">border-box</div>
</div>
</div>
```

box-sizing 예제

위의 예제는 3개의 ⟨div⟩ 요소에 width 속성값을 동일하게 지정하였습니다. 첫 번째 ⟨div⟩ 요소는 box-sizing 속성값을 content-box로 지정하였으며, 두 번째 ⟨div⟩ 요소는 border-box로 지정하였습니다. 두 ⟨div⟩에 같은 크기를 지정하였지만 표시되는 크기는 padding 영역과 border 영역의 폭 만큼의 차이를 갖게 됩니다. 기존에 인터넷 익스플로러의 독자적인 방식이었던 border-box가 추가된 것은 padding 영역과 border 영역을 포함한 계산 방법이 유용할 때가 있기 때문입니다. 세 번째 ⟨div⟩ 요소는 class가 bBoxFloat로 지정된 두 개의 ⟨div⟩ 요소를 포함하고 있습니다. 이 2개의 ⟨div⟩ 요소는 상위 요소의 50% 폭을 가지며, padding과 border 속성도 지정되어 있습니다.

위와 같이 가변 폭으로 표시되어야 하는 상황에서 box-sizing이 content-box로 계산되는 박스 모델에 float을 적용하는 것은 쉽지 않을 것입니다. 하지만 box-sizing을 border-box로 계산하게 되면 width 속성값이 padding 영역과 border 영역을 모두 포함하게 되므로, 위와 같은 경우도 쉽게 적용할 수 있습니다. box-sizing 예제의 실행 결과는 다음과 같습니다.

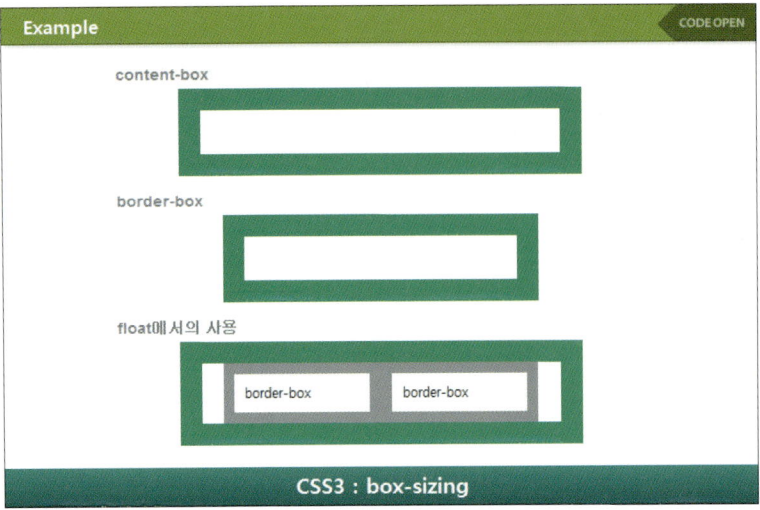

box-sizing 예제의 실행 결과

outline

예제 파일　http://book.coforward.com/sample/css3/19_CSS3_outline.html

　outline은 지정된 요소의 외곽선을 그리는 속성입니다. outline을 사용하기 위한 속성과 속성값의 지정은 다음과 같습니다.

```
outline-style : [아웃라인의 형식];
outline-color : [아웃라인의 색상];
outline-width : [아웃라인의 두께];
outline : [위 속성의 단축 속성];
outline-offset : [아웃라인의 옵셋 거리, 음수 지정도 가능];
```

아웃라인의 속성과 속성값

　outline은 border 속성과 사용하는 방식은 유사하지만, 별개의 속성입니다. border 속성은 요소의 일부로 자리를 차지하고 요소가 배치되는 레이아웃에도 영향을 미치지만 outline은 표시만 될 뿐 영역을 차지하지는 않습니다. outline 예제는 다음과 같습니다.

```
<!--CSS 부분-->
<style type="text/css">
    #box_coForward {
        background:#d9da55;
        border:#999 solid 5px;
        outline-style:dashed;
        outline-width:5px;
        outline-color:#676300;
        outline-offset:-20px;
    }
    #box_html5Css3 {
        background:#afbc22;
        border:#999 solid 5px;
        outline:#676300 double 5px;
        outline-offset:20px;
    }
</style>
</head>
<!--HTML 부분-->
<h2>Example</h2>
<div id="exampleSub">
  <h3>outline-offset</h3>
  <div id="box_coForward">
    <p><em class="coforward">co<span>Forward</span></em></p>
  </div>
  <div id="box_html5Css3">
    <p>HTML 5 &amp; CSS 3</p>
  </div>
</div>
```

outline 예제

위는 두 개의 〈div〉 요소에 outline 속성을 지정하는 예입니다. outline 속성을 지정하는 방법은 외곽선을 지정하는 border 속성과 동일하게 별도의 속성으로 지정할 수 있으며, outline 단축 속성을 이용하여 한꺼번에 지정하는 것도 가능합니다. outline-offset은 border에는 없는 속성으로, 아웃라인이 그려질 거리를 지정합니다. 기본적으로 아웃라인은 외곽선 다음에 연이어 그려지지만 outline-offset 속성을 사용하면 아웃라인의 위치를 지정할 수 있습니다. 예제에서는 〈div〉 요소에 각각 -20px과 20px을 지정하였습니다. 이렇게 그려진 아웃라인은 지정된 요소의 크기나 다른 요소의 배치에 영향을 미치지 않습니다. outline 예제의 실행 결과는 다음과 같습니다.

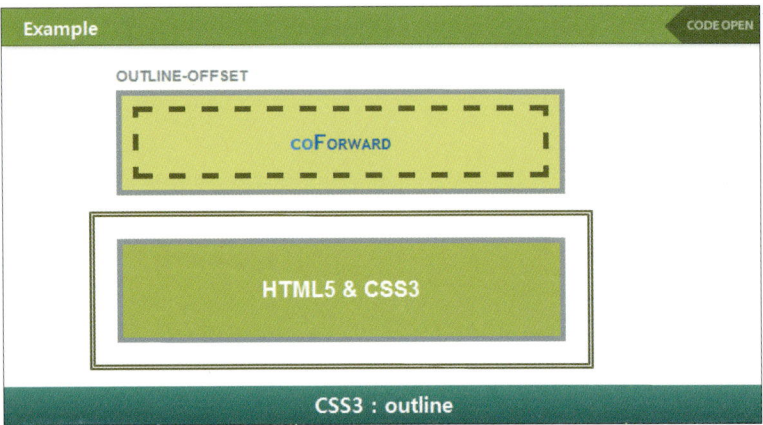

outline 예제 실행 결과

■ **resize**

예제 파일   http://book.coforward.com/sample/css3/20_CSS3_resize.html

resize 속성은 지정된 요소의 크기를 사용자가 변경할 수 있도록 하는 속성입니다. resize 의 속성값은 horizontal, vertical, both로 변경할 수 있는 각 방향을 가로, 세로, 양방향으로 지정할 수 있습니다.

resize 예제는 다음과 같습니다.

```
<!--CSS 부분-->
<style type="text/css">
    #exampleSub div{
        margin:0 auto;
        margin-bottom:15px;
        border:#999 solid 2px;
        width:70%;
        padding:20px;
    }
    #resize_Box {
```

```
            resize:both;
            overflow:auto;
        }
    </style>

    <!--HTML 부분-->
    <h2>Example</h2>
    <div id="exampleSub">
      <div id="noResize_Box" >
        <p>No Resize Box</p>
      </div>
      <div id="resize_Box">
        <p>Resize Box</p>
      </div>
    </div>
```

resize 예제

위 예제는 두 번째 ⟨div⟩ 요소에 resize 속성값을 both로 지정함으로써 요소의 크기를 양 방향으로 사용자가 지정할 수 있도록 한 예입니다. resize 예제 실행 결과는 다음과 같습니다.

resize 예제 실행 결과

7 | 콘텐츠 배치에 관한 속성

CSS 3에는 콘텐츠 레이아웃을 위한 새로운 'Flexible Box Model'이라는 개념이 추가되었습니다. Flexible Box Model을 사용하면 기존 CSS 2에서는 float 또는 position 속성을 이용하여 어렵게 구현했던 레이아웃을 손쉽게 구현할 수 있습니다. Flexible Box Model을 사용하기 위해서는 새로운 display 속성값을 사용해야 합니다.

```
display : box;
```

Flexible Box Model을 사용하기 위한 display 속성

특정 요소에 display:box 속성을 적용하면 그 해당 요소와 지정된 요소 안에 포함되는 자식 요소가 Flexible Box의 특성을 갖게 되며, 다음의 속성들을 사용할 수 있게 됩니다.

■ **box-orient**

예제 파일 http://book.coforward.com/sample/css3/21_CSS3_box-orient.html

box-orient는 Flexible Box의 흐름 방향을 지정하는 속성입니다. 속성값으로는 vertical 또는 horizontal을 지정하여 Flexible Box의 자식 요소가 세로 또는 가로 방향의 흐름을 결정하게 됩니다.

box-orient 예제는 다음과 같습니다.

```
<!--CSS 부분-->
<style type="text/css">
    #verticalBox {
        display:box;
        display:-webkit-box;
        display:-moz-box;
        box-orient:vertical;
        -webkit-box-orient:vertical;
        -moz-box-orient:vertical;
    }
    #horizontalBox {
        display:box;
        display:-webkit-box;
        display:-moz-box;
        box-orient:horizontal;
```

```css
            -webkit-box-orient:horizontal;
            -moz-box-orient:horizontal;
        }
        #horizontalBox div {
            width:25%;
        }
        .inBox01, .inBox02, .inBox03 {
            text-align:center;
            font-size:20px;
            font-weight:bold;
        }
        .inBox01 {
            background:#F96;
        }
        .inBox02 {
            background:#0C3;
        }
        .inBox03 {
            background:#39F;
        }
</style>

<!--HTML 부분-->
<h2>Example</h2>
<div id="exampleSub">
    <h3>box-orient:vertical</h3>
    <div id="verticalBox">
        <div class="inBox01">1</div>
        <div class="inBox02">2</div>
        <div class="inBox03">3</div>
    </div>
    <h3>box-orient:horizontal</h3>
    <div id="horizontalBox">
        <div class="inBox01">1</div>
        <div class="inBox02">2</div>
        <div class="inBox03">3</div>
    </div>
</div>
```

box-orient 예제

위의 예제에서 id가 지정된 〈div〉 요소는 display속성을 box로 지정하고 box-orient 속성 값을 각각 vertical과 horizontal로 지정하였습니다. 두 〈div〉에는 class가 지정된 3개의 〈div〉가 포함되어 있습니다. 이 〈div〉들은 자신을 포함한 〈div〉의 box-orient 속성에 따라 vertical로 지정된 요소 안의 〈div〉 요소는 세로 방향으로, horizontal로 지정된 요소 안의 〈div〉는 가로 방향으로 배치됩니다.

box-orient 예제의 실행 결과는 다음과 같습니다.

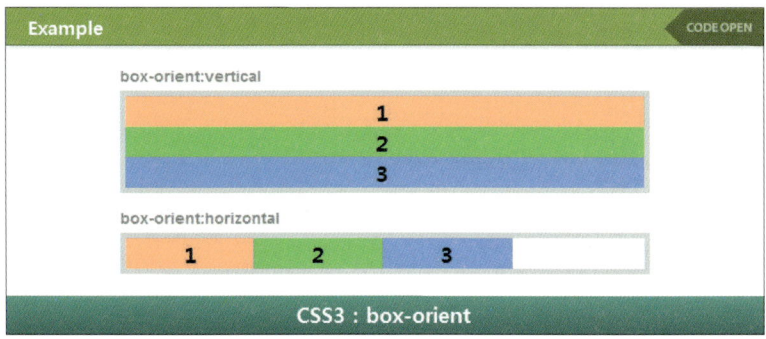

box-orient 예제의 실행 결과

■ box-direction

| 예제 파일 | http://book.coforward.com/sample/css3/22_CSS3_box-direction.html |

box-direction은 Flexible Box의 흐름 순서를 지정하는 속성입니다. box-direction의 속성값은 normal 또는 reverse로 지정될 수 있으며, 각각 순방향 흐름 순서와 역방향 흐름 순서를 지정하게 됩니다.

box-direction 예제는 다음과 같습니다.

```
<!--CSS 부분-->
<style type="text/css">
    #verticalBox {
        display:box;
        display:-webkit-box;
        display:-moz-box;
        box-orient:vertical;
        -webkit-box-orient:vertical;
```

```
            -moz-box-orient:vertical;
            box-direction:reverse;
            -webkit-box-direction:reverse;
            -moz-box-direction:reverse;
        }
        #horizontalBox {
            display:box;
            display:-webkit-box;
            display:-moz-box;
            box-orient:horizontal;
            -webkit-box-orient:horizontal;
            -moz-box-orient:horizontal;
            box-direction:reverse;
            -webkit-box-direction:reverse;
            -moz-box-direction:reverse;
        }
</style>

<!--HTML 부분-->
<h2>Example</h2>
<div id="exampleSub">
  <h3>box-orient:vertical</h3>
  <div id="verticalBox">
    <div class="inBox01">1</div>
    <div class="inBox02">2</div>
    <div class="inBox03">3</div>
  </div>
  <h3>box-orient:horizontal</h3>
  <div id="horizontalBox">
    <div class="inBox01">1</div>
    <div class="inBox02">2</div>
    <div class="inBox03">3</div>
  </div>
</div>
```

box-direction 예제

위 예제는 앞의 box-orient 예제와 완전히 동일하지만 각 Flexible Box에 box-direction 속성값을 reverse로 지정하였습니다. 그 결과 box-orient 예제와는 반대되는 순서로 Flexible Box 내부의 요소들이 배치됩니다.

box-direction 예제의 실행 결과는 다음과 같습니다.

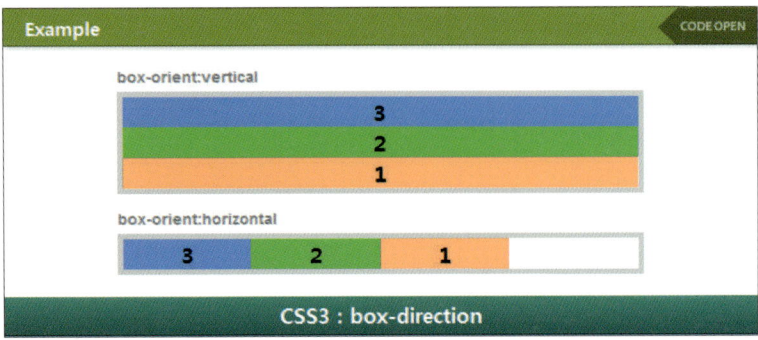

box-direction 예제

■ box-ordinal-group

예제 파일   http://book.coforward.com/sample/css3/23_CSS3_box-ordinal-group.html

box-ordinal-group은 Flexible Box의 흐름 순서를 임의로 지정하는 속성입니다. box-ordinal-group의 속성값을 숫자로 지정함으로써 Flexible Box 안의 배치 순서를 임의로 지정할 수 있습니다. box-ordinal-group 예제는 다음과 같습니다.

```css
<!--CSS 부분-->
<style type="text/css">
    .inBox01 {
        background:#F96;
        box-ordinal-group:3;
        -webkit-box-ordinal-group:3;
        -moz-box-ordinal-group:3;
    }
    .inBox02 {
        background:#0C3;
        box-ordinal-group:1;
        -webkit-box-ordinal-group:1;
        -moz-box-ordinal-group:1;
    }
    .inBox03 {
        background:#39F;
```

```
        box-ordinal-group:2;
        -webkit-box-ordinal-group:2;
        -moz-box-ordinal-group:2;
    }
</style>

<!--HTML 부분-->
<h2>Example</h2>
<div id="exampleSub">
  <h3>box-orient:vertical</h3>
  <div id="verticalBox">
    <div class="inBox01">1</div>
    <div class="inBox02">2</div>
    <div class="inBox03">3</div>
  </div>
  <h3>box-orient:horizontal</h3>
  <div id="horizontalBox">
    <div class="inBox01">1</div>
    <div class="inBox02">2</div>
    <div class="inBox03">3</div>
  </div>
</div>
```

box-ordinal-group 예제

위 예제는 앞의 box-orient 예제와 완전히 동일하지만 각 Flexible Box에 포함된 class 속성이 지정된 〈div〉 요소에 box-ordinal-group 속성을 지정함으로써 HTML의 작성 순서와는 달리 Flexible Box 내 요소들의 순서가 변경됩니다. box-ordinal-group 예제의 실행 결과는 다음과 같습니다.

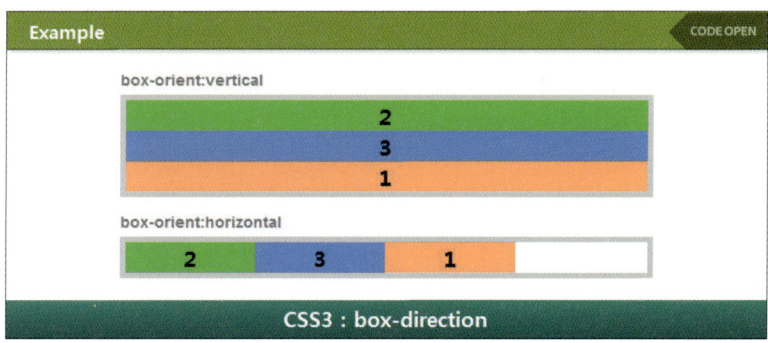

box-ordinal-group 예제의 실행 결과

■ box-flex

> 예제 파일　http://book.coforward.com/sample/css3/24_CSS3_box-flex.html

　box-flex 속성은 지정된 요소의 Flexible Box 내에서 확장 여부를 결정합니다. box-flex 의 속성값은 0 또는 1로, 0일 경우는 박스 영역을 확장하지 않지만 1일 경우는 박스를 확장합 니다. box-flex 예제는 다음과 같습니다.

```html
<!--CSS 부분-->
<style type="text/css">
    #horizontalBox div {
        width:25%;
    }
    .inBox01 {
        height:auto;
        background:#F96;
    }
    .inBox02 {
        height:auto;
        background:#0C3;
    }
    .inBox03 {
        height:auto;
        background:#39F;
        box-flex:1;
        -webkit-box-flex:1;
        -moz-box-flex:1;
    }
</style>

<!--HTML 부분-->
<h2>Example</h2>
<div id="exampleSub">
  <h3>box-orient:vertical</h3>
  <div id="verticalBox">
    <div class="inBox01">height:auto;</div>
    <div class="inBox02">height:auto;</div>
    <div class="inBox03">height:auto; box-flex:1;</div>
  </div>
```

```
<h3>box-orient:horizontal</h3>
<div id="horizontalBox">
  <div class="inBox01">width:25%;</div>
  <div class="inBox02">width:25%;</div>
  <div class="inBox03">width:25%;<br />
    box-flex:1;</div>
</div>
</div>
```

box-flex 예제

위 예제 역시 앞의 box-orient 예제와 HTML 구조는 완전히 같고, CSS 설정은 거의 동일합니다. 다른 점은 id가 지정된 〈div〉의 자식 요소 중 class가 inBox03인 〈div〉 요소에 box-flex 속성을 1로 지정하였습니다. 자식 요소들을 배치한 폭 또는 길이가 부모 요소의 전체 폭 또는 길이보다 작을 경우, 자식 요소 중 box-flex 속성이 1로 지정된 요소가 확장되어 남은 공간을 차지하게 됩니다. 예제에서는 class가 지정된 〈div〉들은 기본적으로 동일한 폭과 길이를 지정하였지만 상위 요소의 공간이 남게 되므로 box-flex를 1로 지정한 class가 inBox03인 〈div〉 요소로 확장되어 다른 요소보다 크게 표시됩니다. box-flex 예제의 실행 결과는 다음과 같습니다.

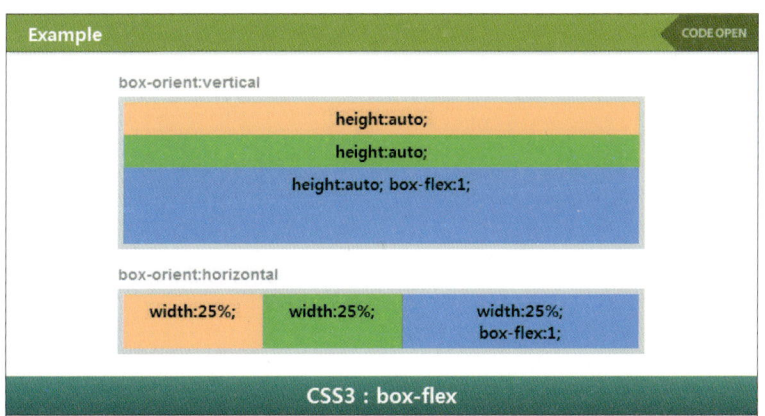

box-flex 예제의 실행 결과

■ box-align/box-pack

예제 파일 | http://book.coforward.com/sample/css3/25_CSS3_box-align.html

　　box-align과 box-pack은 Flexible Box 내 요소들의 정렬 방식을 지정합니다. 정렬 방식은 Flexible Box의 흐름 방향과 관련이 있습니다. box-align은 Flexible Box의 흐름 축에 직각 방향의 정렬을 지정하며, box-pack은 Flexible Box의 흐름 축 방향의 정렬을 지정합니다. box-align / box-pack 예제는 다음과 같습니다.

```
<!--CSS 부분-->
<style type="text/css">
    #verticalBox{
        display:box;
        display:-webkit-box;
        display:-moz-box;
        box-orient:vertical;
        -webkit-box-orient:vertical;
        -moz-box-orient:vertical;
        box-pack:center;
        -webkit-box-pack:center;
        -moz-box-pack:center;
    }
    #horizontalBox{
        display:box;
        display:-webkit-box;
        display:-moz-box;
        box-orient:horizontal;
        -webkit-box-orient:horizontal;
        -moz-box-orient:horizontal;
        box-align:center;
        -webkit-box-align:center;
        -moz-box-align:center;
    }
</style>

<!--HTML 부분-->
<h2>Example</h2>
<div id="exampleSub">
    <h3>box-orient:vertical</h3>
```

```
    <div id="verticalBox">
       <div class="box-pack">box-pack</div>
    </div>
    <h3>box-orient:horizontal</h3>
    <div id="horizontalBox">
       <div class="box-align">box-align</div>
    </div>
 </div>
```

box-align / box-pack 예제

위의 예제는 Flexible Box로 지정된 두 ⟨div⟩ 요소가 있으며 각 ⟨div⟩의 box-orient 속성은 각각 vertical과 horizontal로 지정되어 흐름축의 방향이 다릅니다. 흐름축이 세로 방향인 요소에는 box-pack 속성값을, 가로 방향인 요소는 box-align의 속성값을 center로 지정하여 흐름축이 다른 두 요소 안에 포함된 하위 요소가 동일하게 Flexible Box 요소의 세로 방향 가운데로 정렬되었습니다.

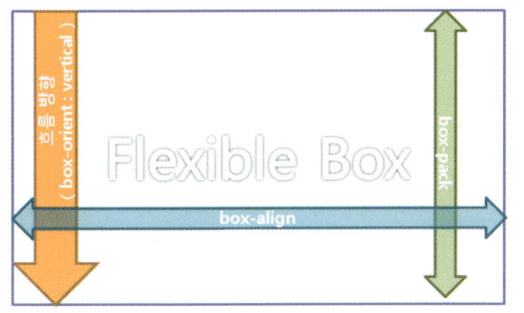 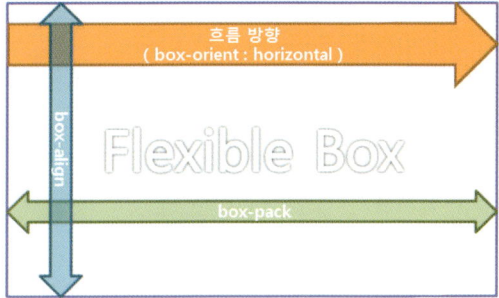

Flexible Box 흐름 방향과 요소 정렬의 관계

box-pack 속성은 Flexible Box 흐름 축 방향으로 요소를 정렬하므로, box-orient 속성이 vertical로 지정되어 흐름 방향이 수직인 Flexible Box 내부 자식 요소는 세로 방향 가운데를 기준으로 정렬됩니다.

box-align 속성은 Flexible Box 흐름 축에 직각 방향으로 요소를 정렬하므로 box-orient 속성이 horizontal 지정되어 흐름 방향이 수평인 Flexible 내부의 자식 요소 역시 세로 방향 가운데를 기준으로 정렬됩니다. box-align/box-pack 예제 실행 결과는 다음과 같습니다.

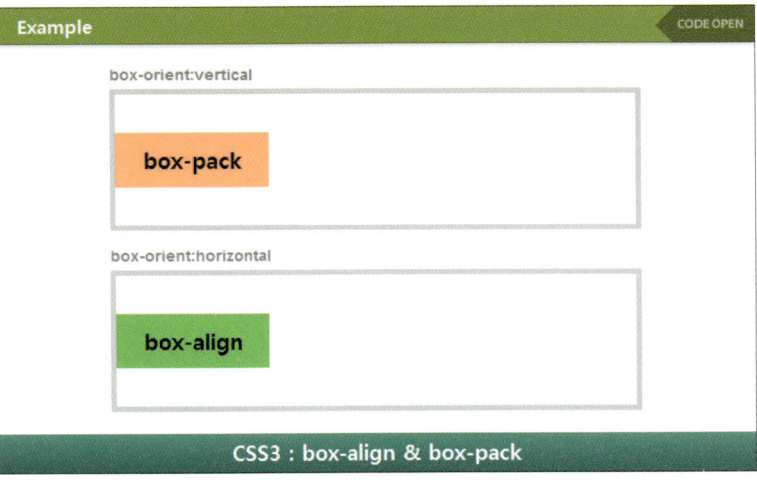

box-align/box-pack 예제의 실행 결과

8 | 요소의 형태 변화와 애니메이션 관련 속성

■ box-reflect

예제 파일   http://book.coforward.com/sample/css3/26_CSS3_box-reflect.html

box-reflect는 지정된 요소의 반사체를 생성하는 속성입니다. box-reflect를 사용하기 위한 속성값의 지정은 다음과 같습니다.

```
box-reflect :
    [ 반사되는 방향 above/below/left/right ]
    [ 반사체가 원본과 떨어지는 거리 ]
    [ 반사체 표시 부분의 마스크 ]
;
```

box-reflect의 속성값

box-reflect 예제는 다음과 같습니다.

```
<!--CSS 부분-->
<style type="text/css">
#ref_above {
    -webkit-box-reflect:above 1px;
}
#ref_below {
    -webkit-box-reflect:below 1px;
}
#ref_left {
    -webkit-box-reflect:left 1px;
}
#ref_right {
    -webkit-box-reflect:right 1px;
}
#sample img {
    margin-bottom:50px;
    -webkit-box-reflect:below 1px  -webkit-gradient(linear, left top, left
    bottom,  from(transparent), color-stop(0.7, transparent), to(white));
}
</style>

<!--HTML 부분-->
<h2>Example</h2>
<div id="exampleSub">
  <div id="testDiv">
    <img id="ref_above" src="img/checkBox1.png" alt="반사 원본" title="위쪽으로 반사" />
    <img id="ref_below" src="img/checkBox2.png" alt="반사 원본" title=" 아래쪽으로 반사" />
    <img id="ref_left" src="img/checkBox3.png" alt="반사 원본" title=" 왼쪽으로 반사" />
    <img id="ref_right" src="img/checkBox4.png" alt="반사 원본" title=" 오른쪽으로 반사" />
  </div>
  <div id="sample">
    <p>box-reflect의 사용 예</p>
    <img src="img/photo2.gif" width="300" height="200" alt="image" /></div>
</div>
```

box-reflect 예제

위 예제는 4개의 이미지에 box-reflect 속성을 각각 다른 반사 방향으로 지정하여 반사체를 생성한 예제이며, 마지막 이미지는 box-reflect 속성에 반사체가 표시될 영역을 그레이디언트로 마스킹함으로써 이미지가 반사된 효과를 만들었습니다. box-reflect 속성으로 생성된 반사체는 다른 요소의 레이아웃에 영향을 미치지 않습니다. box-reflect는 2011년 1월 현재 웹킷 계열의 크롬과 사파리 웹 브라우저에서만 시험적으로 지원되고 있습니다.

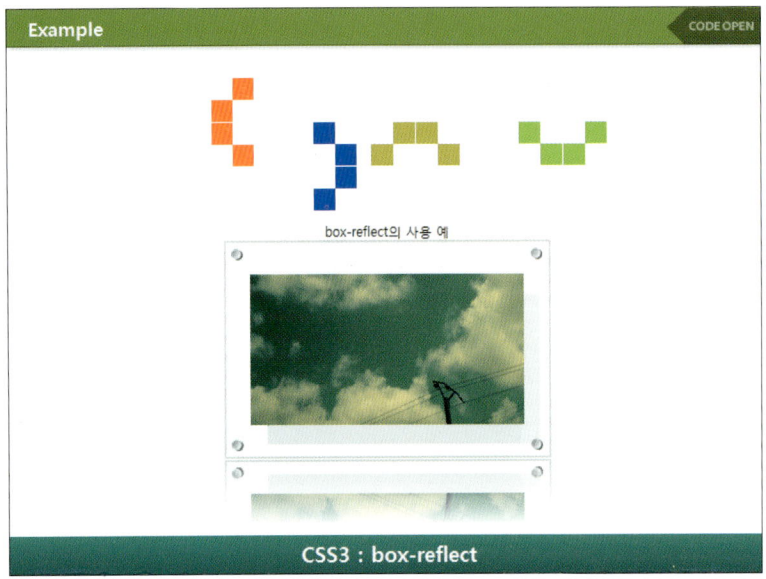

box-reflect 예제 실행 결과

■ transform

예제 파일　http://book.coforward.com/sample/css3/27_CSS3_transform.html

transform은 요소 Box의 형태 변화를 표현해 주는 속성입니다. 지금까지의 웹 요소는 기본적으로 직사각형 안에 수평으로 배열된 문자열과 이미지였습니다. transform 속성을 사용하면 요소 박스의 크기(scale)나 기울기(skew), 회전 각도(rotate) 등을 변경할 수 있습니다. transform을 사용하기 위한 속성값의 지정은 다음과 같습니다.

```
transform:
    translate([수평 이동할 X거리],[수평 이동할 Y거리])
    scale([확대 축소 배율])
    rotate([회전시킬 각도])
    skew([X축에 대한 기울임 각도], [Y축에 대한 기울임 각도])
;
```

transform의 속성값 지정

transform은 요소 박스의 좌표계에 적용되는 속성이므로 지정된 요소의 자식 요소도 영향을 받으며, transform으로 인해 변경된 형태는 다른 요소의 레이아웃에 영향을 미치지 않습니다. transform 예제는 다음과 같습니다.

```html
<!--CSS 부분-->
<style type="text/css">
#transform_translate img {
    transform:translate(50px, 30px);
    -webkit-transform:translate(50px, 30px);
    -moz-transform:translate(50px, 30px);
    -o-transform:translate(50px, 30px);
}
#transform_scale img {
    transform:scale(2);
    -webkit-transform:scale(2);
    -moz-transform:scale(2);
    -o-transform:scale(2);
}
#transform_rotate img {
    transform:rotate(45deg);
    -webkit-transform:rotate(45deg);
    -moz-transform:rotate(45deg);
    -o-transform:rotate(45deg);
}
#transform_skew img {
    transform:skew(30deg, 30deg);
    -webkit-transform:skew(30deg, 30deg);
    -moz-transform:skew(30deg, 30deg);
    -o-transform:skew(30deg, 30deg);
}
</style>

<!--HTML 부분-->
<h2>Example</h2>
<div id="exampleSub">
  <div class="sampleBox">
    <h3>translate</h3>
    <div id="transform_translate">
    <img src="img/coforwardQr2.png" width="100" alt="coforward" />
```

```html
      </div>
    </div>
    <div class="sampleBox">
      <h3>scale</h3>
      <div id="transform_scale">
       <img src="img/coforwardQr2.png" width="100" alt="coforward" />
      </div>
    </div>
    <div class="sampleBox">
      <h3>rotate</h3>
      <div id="transform_rotate">
       <img src="img/coforwardQr2.png" width="100" alt="coforward" />
      </div>
    </div>
    <div class="sampleBox">
      <h3>skew</h3>
      <div id="transform_skew">
       <img src="img/coforwardQr2.png" width="100" alt="coforward" />
      </div>
    </div>
  </div>
```

transform 예제

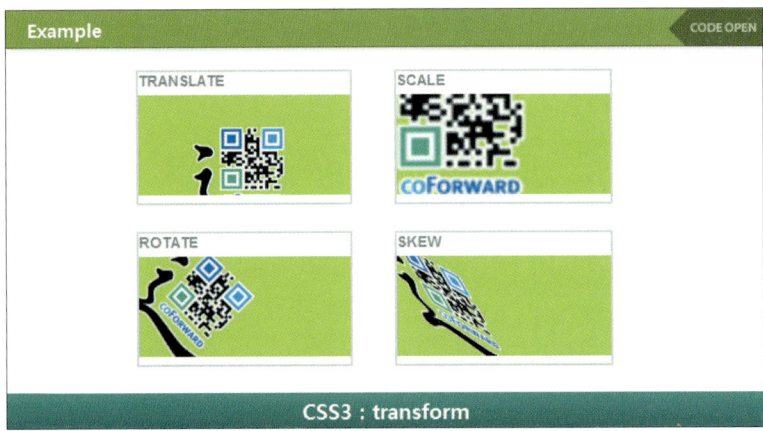

transform 예제 실행 결과

■ transition

예제 파일　http://book.coforward.com/sample/css3/28_CSS3_transition.html

transition은 지정된 요소의 CSS 속성값이 변화할 때, 그 변화를 점진적으로 표현해 주는 속성입니다.

transition 속성을 사용하기 위한 속성값의 지정은 다음과 같습니다.

```
transition :
    [transition이 적용될 속성]
    [변환 시간]
;
```

transition의 속성값

transition의 속성값은 지정된 요소의 CSS 속성 중 transition이 적용될 속성명과 transition이 진행될 시간입니다. 만약 요소의 모든 CSS 속성에 적용하고자 한다면 속성명 대신 all을 지정합니다. transition의 예제는 다음과 같습니다.

```html
<!--CSS 부분-->
<style type="text/css">
    #transitionBox img {
        transform:rotate(0deg);
        -webkit-transform:rotate(0deg);
        -moz-transform:rotate(0deg);
        -o-transform:rotate(0deg);
        border:#ccc solid 5px;
        opacity:0.2;
        transition:all 3s;
        -webkit-transition:all 3s;
        -moz-transition:all 3s;
        -o-transition:all 3s;
    }
    #transitionBox img:hover {
        transform:rotate(45deg);
        -webkit-transform:rotate(45deg);
        -moz-transform:rotate(45deg);
```

```
            -o-transform:rotate(45deg);
            border:#396 solid 5px;
            opacity:1;
        }
    </style>

    <!--HTML 부분-->
    <h2>Example</h2>
    <div id="exampleSub">
        <div id="transitionBox">
            <img src="img/photo.gif" width="200" height="300" alt="image" />
            <p>MOUSE OVER</p>
        </div>
    </div>
```

transition의 예제

위 예제는 〈img〉 요소의 기본 상태와 마우스가 올라갔을 때의 가상 선택자 :hover 상태의 CSS 속성을 각각 다르게 지정하고 상태가 변환될 때 모든 속성을 3초에 걸쳐 점진적으로 변화시키기 위해 transition 속성을 사용하였습니다. transition 예제의 실행 결과는 다음과 같습니다.

transition 예제의 실행 결과

■ animation

> 예제 파일 http://book.coforward.com/sample/css3/29_CSS3_animation.html

animation은 속성 이름 그대로 CSS의 속성을 이용하여 애니메이션을 표현할 수 있는 속성입니다. transition이 변화에 대한 정보만을 가지고 그 정보가 적용되기 위해서는 사용자 인터렉션이나 자바스크립트를 이용하여 class의 변경이 필요했던 것에 비해 animation 속성은 이러한 외부적 요인 없이 CSS만으로 애니메이션을 구현할 수 있다는 차이점이 있습니다. animation 속성을 사용하기 위해서는 우선 애니메이션의 *키 프레임을 생성해야 합니다.

> **여기서 잠깐**
>
> **＊ 키 프레임**
> 키 프레임이란, 애니메이션의 특정한 위치에 특정한 설정값을 지정한 프레임(장면)을 말하며, 컴퓨터를 이용하여 애니메이션을 생성하는 일반적인 방법입니다. 키 프레임 방식으로 중요 키 프레임들을 설정하면 나머지의 키 프레임과 키 프레임 사이의 중간 단계는 컴퓨터가 자동으로 계산하여 생성합니다.

애니메이션의 키프레임은 @keyframes라는 속성을 사용하여 지정합니다. @keyframes 속성을 사용하기 위한 속성값의 지정은 다음과 같습니다.

```
@keyframes [애니메이션 이름]{
    from{
        [초기 상태 속성값]
    }
    [키 프레임 위치]%{
        [키 프레임 위치에서의 속성값]
    }
    to{
        [종료 상태 속성값]
    }
}
```

@keyframes의 속성값 지정

애니메이션 키 프레임을 여러 단계로 지정할 경우에는 애니메이션 전체 길이를 % 단위로 지정하여 해당 키 프레임을 설정합니다. @keyframes에서 설정한 애니메이션 이름은 @font-face로 생성한 폰트 이름처럼 여러 요소에 지정할 수 있습니다. 설정된 애니메이션을 특정 요소에 지정하기 위해서는 다음과 같은 animation 속성을 이용합니다.

```
animation-name : [@keyframe으로 생성된 애니메이션의 이름];
animation-delay : [애니메이션 실행 전 지연 시간];
animation-duration : [애니메이션 1회의 실행 시간];
animation-iteration-count : [애니메이션 반복 회수];
animation-timing-function : [애니메이션 속도 형태];
animation-direction : [애니메이션 반복 형태];
```

animation 관련 속성값의 지정

animation-iteration-count는 지정된 애니메이션의 반복 회수를 지정하는 속성으로, "infinite"로 지정하면 애니메이션이 무한 반복됩니다. animation-timing-function은 애니메이션의 재생 속도에 관련된 속성으로, 지원하는 키워드는 다음과 같습니다.

키워드	애니메이션의 속도 형태
linear	전 구간을 동일한 속도로 재생
ease	중간은 빠르고 시작과 끝 부분을 느리게 재생
ease-in	시작 부분을 느리게 재생
ease-out	끝 부분을 느리게 재생
ease-in-out	시작과 끝부분을 느리게 재생

애니메이션 속도 형태를 지정하는 키워드

animation-direction은 애니메이션의 반복 형태를 지정하는 속성입니다. 기본값은 normal로 설정된 애니메이션 1회 재생이 완료되면 처음부터 다시 재생하며, alternate로 지정할 경우는 1회 재생이 완료되면 역방향으로 재생하게 됩니다. 위의 애니메이션 관련 속성은 animation 단축 속성으로도 지정할 수 있습니다.

```
animation :
    [@keyframe으로 생성된 애니메이션의 이름]
    [애니메이션 1회의 실행 시간]
    [애니메이션 반복 회수]
    [애니메이션 속도 형태]
    [애니메이션 실행 전 지연 시간]
    [애니메이션 반복 회수]
    [애니메이션 반복 형태]
;
```

animation 단축 속성

animation 예제는 다음과 같습니다.

```html
<!--CSS 부분-->
<style type="text/css">
    @keyframes animationSample {
        from {
         opacity:1.0;
         -webkit-transform:rotate(0deg);
        }
         30% {
         background-color:#3C6;
        }
         50% {
         opacity:0.1;
        }
         70% {
         background-color:#F96;
        }
         to {
            opacity:1.0;
            -webkit-transform:rotate(360deg);
        }
    }
    @-webkit-keyframes animationSample {
        from {
         opacity:1.0;
         -webkit-transform:rotate(0deg);
        }
         30% {
         background-color:#3C6;
        }
         50% {
         opacity:0.1;
        }
         70% {
         background-color:#F96;
        }
         to {
            opacity:1.0;
            -webkit-transform:rotate(360deg);
```

```
            }
        }
        #exampleSub img {
            animation-name:animationSample;
            animation-delay:2s;
            animation-duration:4s;
            animation-iteration-count:infinite;
            animation-timing-function:ease-in-out;
            animation-direction:alternate;
            -webkit-animation-name:animationSample;
            -webkit-animation-delay:2s;
            -webkit-animation-duration:4s;
            -webkit-animation-iteration-count:infinite;
            -webkit-animation-timing-function:ease-in-out;
            -webkit-animation-direction:alternate;
        }
</style>

<!--HTML 부분-->
<h2>Example</h2>
<div id="exampleSub">
  <div>
    <img src="img/coforwardQr2.png" width="200" alt="coForward.com" />
  </div>
  <div>
    <img src="img/coforwardText.png" width="200" alt="coForward.com" />
  </div>
</div>
```

animation 예제

위 예제는 @keyframes 속성을 이용하여 animationSample이라는 이름의 애니메이션 키 프레임을 정의하여 두 개의 <img> 요소에 적용한 예입니다. animationSample은 총 4개의 keyframe이 설정되었고, animation-direction 속성은 alternate로 각 keyframe에 지정된 애니메이션을 순방향 재생, 역방향 재생으로 반복합니다. 다음은 animation 예제의 실행 결과입니다.

animation 예제의 실행 결과

　지금까지 웹의 목적에서부터 현 표준인 XHTML 1.0과 CSS 2.1 그리고 자바스크립트의 기본과 앞으로 웹이 발전해 나갈 HTML 5, CSS 3, 일반적으로 HTML 5 API로 불리는 기술에 대하여 알아보았습니다. 다음 장에서는 이러한 기술들을 이용하여 다양한 환경에 대응할 수 있는 웹 사이트를 구성해 보겠습니다.

Chapter

03

4 | HTML 5와 CSS 3을 이용한 웹 사이트 제작
Project Sample

5 | 모바일 웹 사이트 제작
Mobile Web

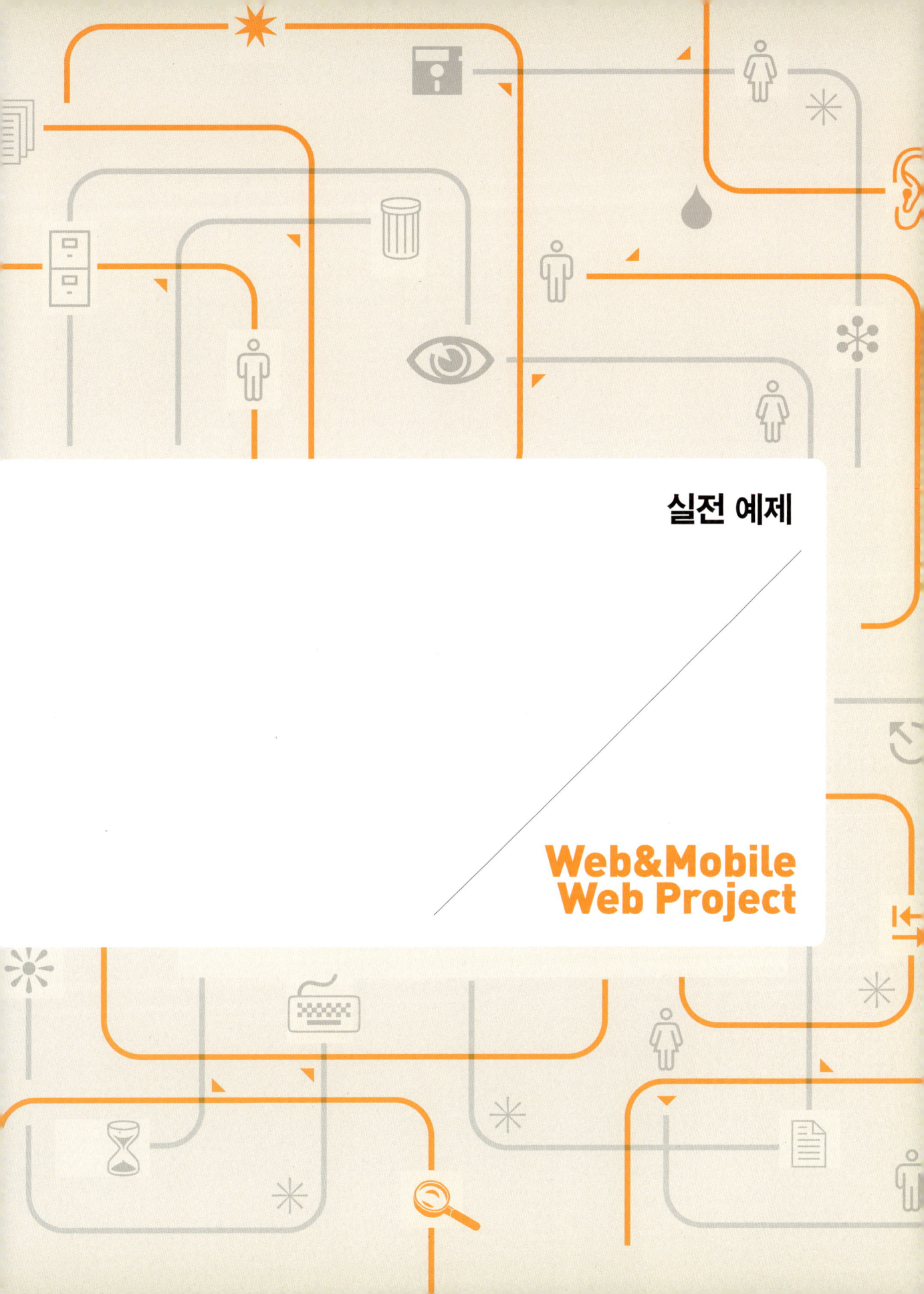

실전 예제

Web&Mobile
Web Project

Project Sample

HTML 5와 CSS 3을 이용한 웹 사이트 제작

  HTML 5와 CSS 3은 아직 개발 중인 표준안입니다. 그러나 HTML 5는 W3C의 표준 작성 절차를 따르던 기존의 표준들과 달리 여러 웹 브라우저 제조사들이 주도적으로 표준안 작성에 참여하고 있으며, 새롭게 표준에 포함되었거나 포함하기를 원하는 기능을 경쟁적으로 자사의 웹 브라우저에 추가하고 있습니다. 또한 HTML 5 표준 제정 원칙 중 하나는 '하위 호환성의 보장'입니다. 즉, 구형 웹브라우저가 새로 추가된 태그나 기능들을 이해하지 못하더라도 별다른 문제가 발생하지 않도록 하기 위한 표준이 개발되고 있습니다. 바로 이러한 이유 때문에 아직 권고가 되지 않는 표준안이라고 하더라도 일반적인 웹 사이트를 구성하는 데는 큰 무리 없이 사용할 수 있는 것입니다. 이번에는 HTML 5와 CSS 3을 이용한 웹 사이트를 제작하는 *예제를 진행해 보겠습니다.

> **여기서 잠깐**
>
> *** 예제를 진행해 보겠습니다**
> coForward 팀 웹 사이트(http://coforward.com)는 예제를 위해 구성된 페이지가 아니라 실제 운영되고 있는 웹 사이트에서 주요한 몇 페이지를 예제를 위해 재구성한 것입니다. 이후 예제 설명의 내용 역시 coForward 웹 사이트를 기획, 구축했었던 실제 사례와 경험 위주로 구성하고자 하였으며, HTML 5와 CSS 3가 적용된 부분을 중심으로 설명하였습니다.

1 : 웹 사이트 구축 준비

HTML 5라는 이름으로 여러 가지 기능이 새로 추가되었지만 테스트 용도가 아닌 실제 운영되는 웹 사이트에 HTML 5의 모든 기능을 원활하게 사용하기에는 아직 어려운 점이 있는 것이 사실입니다. 특히 우리나라와 같이 인터넷 익스플로러의 점유율이 높은 사용자 환경에 있어서 HTML 5는 아직 먼 나라의 이야기처럼 들릴 수도 있습니다. 그러나 화려한 동적 기능을 위한 API적 관점이 아니라 정보 구조를 명확히 한다는 관점에서 본다면, HTML 5는 지금 바로 사용할 수 있습니다. 또한 CSS 3 역시 웹 브라우저의 지원 여부에 따라 단계적으로 지원한다면 HTML 5나 CSS 3에서 새롭게 도입된 태그나 속성을 지원하지 않는 웹 브라우저에서도 웹 사이트가 전달하고자 하는 중요 내용을 모두 전달할 수 있는 형태로 구성할 수 있습니다.

1 | 팀 웹 사이트를 위한 초기 기획회의

웹 저작팀의 소개와 홍보를 목적으로 신규 웹 사이트를 구축하기로 하고, 팀 구성원들과의 회의를 통해 신규 웹 사이트의 성격을 결정하였습니다.

■ 웹 사이트의 내용

팀 소개와 홍보를 목적으로 신규 웹 사이트를 구축하기로 하였으므로, 웹 사이트의 내용은 구축 목적을 구체화하는 단계이며, 방향성은 이미 결정되어 있던 상황이었습니다. 다만, 팀 이름과 기본적인 콘셉트가 정해지지 않은 상태였기 때문에 내용을 구체화하기 전에 다음 두 가지 사항을 결정해야 했습니다.

■ 기술적 사항

신규 웹 사이트는 웹 저작팀의 홍보 웹 사이트로 제작되는 것이므로, 새로운 웹 기술인 HTML 5와 CSS 3 등을 적극 도입하고자 하였으며, 특히 HTML 5의 구조적 태그를 적절하게 사용하는 것을 목표로 삼았습니다. 웹 사이트가 어느 정도는 팀의 기술을 테스트하는 성격도 있었지만, 실제 오픈하고 운영할 웹 사이트이므로 가급적 많은 웹 브라우저를 지원할 수 있도록 구성하기로 하였으며, 또한 최근 유행하는 SNS와 데이터를 공유할 수 있는 기능도 포함하기로 하였습니다.

■ **디자인 고려 사항**

아직 웹 사이트의 콘셉트가 잡히지 않은 상황에서 디자인에 관한 사항을 이야기하기는 어려웠지만 기본적으로 몇 가지 사항을 결정했습니다. 가능하면 텍스트를 이미지화하는 것은 지양할 것과 플래시 등의 외부 플러그인을 사용하지 않고도 동적 효과를 구현하며, 웹 브라우저의 지원 정도에 따라 세부적인 표현은 달라질 수 있음을 전제로 하였습니다. 또 하나의 고려 사항으로는 일반적으로 많이 사용하는 마우스 오버로 나타나는 2단계 메뉴였습니다.

연구단소개	연구사업	사면관리시스템	연구실적
연구개발개요 제1세부과제	제2세부과제 제3세부과제	연차별 연구 로드맵	연구개발 추진전략/방법

마우스 오버로 나타나는 2단계 메뉴

많은 웹 사이트에서 이와 같은 형태의 디자인을 사용하고 있지만 과연 이것이 사용하기 편한 디자인인지에 대한 의문은 이전부터 있어 왔기 때문에 팀 웹 사이트에서는 마우스 오버로 나타나는 2단계 메뉴를 구성하지 않기로 했습니다. 이와 같은 기본적인 전제를 가지고 웹 사이트의 전체 디자인을 하기로 하였습니다. 위와 같은 신규 웹 사이트의 성격은 비교적 단시간에 결정되었지만 웹 사이트의 콘셉트와 팀 이름 등은 긴 시간 회의를 통하여 팀원 모두가 서로 도와가며 같이 발전하자는 의미의 슬로건인 "함께 나아갑니다."와 팀 이름인 coForward, 그리고 차후 로고가 될 모티브인 한자 通(통할 통)과 進(나갈 진)을 결정하였고, 이 시점부터 콘텐츠 구성과 디자인 작업이 분리되었습니다.

2 | 공통 부분의 작성

> 예제 파일 http://book.coforward.com/sample/sampleProject/template.html
> 아웃라인은 기획 단계에서 이미 완성됩니다. : p.150
> 부제목을 쓸 수 있는 〈hgroup〉 : p.163

일반적인 구성의 웹 페이지는 웹 사이트들의 공통 요소들이 있습니다. 공통 요소들은 웹 사이트의 페이지마다 반복적으로 사용되는 요소이므로, 구조를 명확히 잡은 후에 작업을 진행하는 것이 유리합니다.

■ 콘텐츠 구성과 디자인

콘텐츠의 세부 내용을 작성하기 전에 웹 사이트 기획회의를 통해 페이지 구성 요소를 작성하였습니다. 페이지 구성 요소를 정리하는 것은 웹 사이트 구조의 전체적인 구성과 디자인 시안 작업 시 참고하기 위해서입니다.

페이지 요소	공통 요소 구분	HTML	필수 여부	시안
페이지 타이틀	웹 사이트	⟨title⟩	필수	
팀 이름 로고	웹 사이트	⟨h1⟩	필수	①
메인 메뉴	웹 사이트	⟨nav⟩	필수	②
서브 메뉴	카테고리	⟨nav⟩		③
Twitter 링크	웹 사이트	⟨article⟩	필수	④
콘텐츠	페이지	⟨section⟩	필수	⑤
사이트 풋터	웹 사이트	⟨footer⟩	필수	⑥

페이지 구성 요소 표

페이지 구성 요소 표는 페이지 내에 포함되는 요소들을 나열한 표로, 각 요소의 공통 범위를 구분하고 있으며, 페이지 내에서 반드시 포함되는지의 여부, 그리고 *가능하다면 HTML의 어떤 요소로 마크업될 것인지도 포함합니다. 위 표에서 '시안' 부분은 실제 페이지 구성 요소 표에는 포함되지 않은 부분으로, 아래 시안을 설명하기 위한 번호입니다. 다음은 위의 **페이지 구성 요소 표를 참고하여 작성된 서브 페이지의 실제 시안입니다.

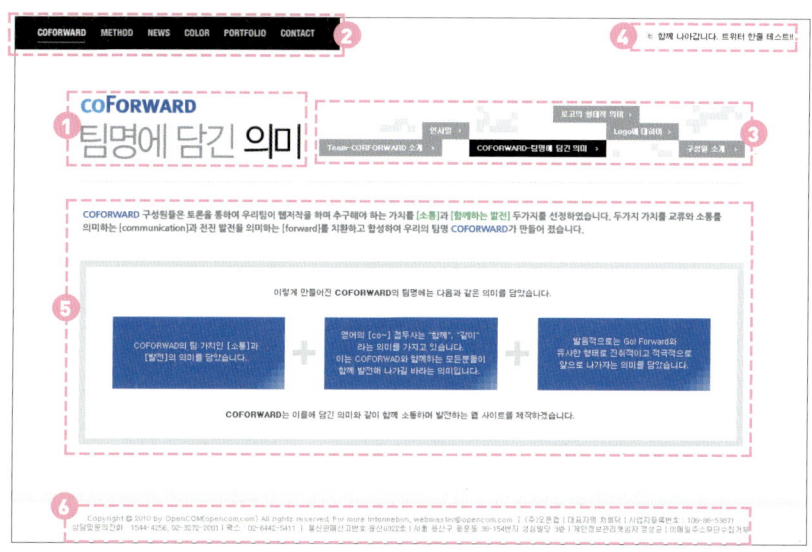

초기 시안

> **여기서 잠깐**
>
> * **가능하다면 HTML의 어떤 요소로 마크업될 것인지도 포함합니다**
> 페이지 구성 요소 표와 같은 작업은 대부분 기획 단계의 몫이며, 콘텐츠의 구성과 내용이 나오는 것 역시 기획 단계입니다. 그리고 HTML 구조는 웹 사이트가 가지고 있는 정보의 구조입니다. 물론 세부적이고 기술적인 HTML과 CSS는 전문 인력이 작성하는 것이 능률적이지만 전체적인 구성은 콘텐츠를 설계하는 쪽에서 잡아 주는 것이 더 바람직하다고 생각합니다.
>
> ** **페이지 구성 요소 표**
> coForward 웹 사이트의 각 페이지 디자인 작업은 별도의 스토리보드(와이어 프레임) 없이 진행되었습니다. 사용자 UI가 복잡하지 않고 페이지가 문서적 성격이라면 구성 요소의 배치를 담고 있는 스토리보드는 콘텐츠의 구조도라기보다는 디자인 스케치에 더 가깝다고 판단하였기 때문입니다. 따라서 화면 배치는 디자인 단계에서 논의하기로 하고, 기획 단계에서는 콘텐츠 구조 구성에 중점을 두고자 페이지 구성 요소 표를 사용하였습니다.

작업된 시안은 페이지 구성 요소 표에 있는 요소를 모두 담고 있습니다. 또한 최초 디자인 고려 사항이었던 마우스 오버로 나타나는 2단계 메뉴를 사용하지 않고 서브 메뉴를 구성하는 방안을 시안 단계에서 디자인적으로 구현하였습니다. 시안 구성을 보면 ★ 표로 표시된 부분은 페이지 구성 요소 표에는 없던 부분이지만 디자인적인 요구로 디자이너가 추가한 부분입니다. 시안을 리뷰하면서 디자이너가 추가한 부분 역시 콘텐츠로 포함되어야 한다는 생각에서 부제목을 추가하기로 하였으며, 디자인이 전체적으로 단조롭다는 의견이 있어 부제목을 발전시킨 카테고리별 슬로건 콘텐츠를 추가하기로 하였습니다. 시안 작업을 통해 추가되고 변경된 페이지 구성 요소 표는 다음과 같습니다.

페이지 요소	공통 요소 구분	HTML	필수 여부	시안
페이지 타이틀	웹 사이트	⟨title⟩	필수	
팀 이름 로고	웹 사이트	⟨h1⟩	필수	①
카테고리별 부제목	웹 사이트	⟨h2⟩	필수	★
메인 메뉴	웹 사이트	⟨nav⟩	필수	②
서브 메뉴	카테고리	⟨nav⟩		③
Twitter링크	웹 사이트	⟨article⟩	필수	④
콘텐츠 영역	웹 사이트	⟨section⟩	필수	⑤
카테고리 슬로건	카테고리	⟨header⟩	필수	추가 요소
콘텐츠 내용	웹 페이지	⟨article⟩	필수	⑥
사이트 풋터	웹 사이트	⟨footer⟩	필수	⑦

수정된 페이지 구성 요소

위와 같이 콘텐츠 구성과 시안 리뷰를 통하여 결정된 페이지 구성 요소 표를 바탕으로 공통 부분의 기본적인 HTML 템플릿을 작성하였습니다. 공통 부분의 HTML 템플릿은 다음과 같습니다.

```html
<!DOCTYPE HTML>
<html>
<head>
<meta http-equiv="Content-Type" content="text/html; charset=utf-8">
<title>페이지별 타이틀 : COFORWARD</title>
<meta name="description" content="페이지별 description" />
<meta name="keywords" content="페이지별 keyword"  />
<!--Shortcut Icon-->
<link rel="shortcut icon" href="img/common/coforward.ico" />
</head>

<body>
<a class="accessibility" id="skipTop" href="#Content">콘텐츠 바로가기</a>
<div id="Page">
  <header>
    <hgroup>
      <h1><img src="img/common/logo_textType.gif" alt="COFORWARD" /></h1>
      <h2 id="titleCoforward">카테고리별 부제목</h2>
    </hgroup>

    <nav id="navMain">
      <h1 class="hiddenTitle">메인 메뉴</h1>
    </nav>

    <nav id="subNav">
      <h1 class="hiddenTitle">서브 메뉴</h1>
    </nav>

    <article class="twitterContent">
      <h1 class="hiddenTitle">twitter 링크</h1>
    </article>
  </header>
  <!--End of header-->

  <section id="Content">
```

```html
        <header class="sloganHeader">
          <h1>카테고리 슬로건</h1>
          <p class="slogan">카테고리 슬로건 상세</p>
        </header>

        <article class="depth_01">
          <h1>콘텐츠 제목</h1>
        </article>
      </section>
      <!--End of #Content-->

      <footer>
        <img alt="coforward" src="../img/common/logo_footer.gif">
      </footer>
      <!--End of footer-->
      <a class="accessibility" id="skipBottom" href="#skipTop">처음으로 가기</a>
    </div>
    <!--End of #Page-->
  </body>
</html>
```

coForward 웹 사이트의 기본 HTML 템플릿

    기본 HTML 템플릿은 HTML 5로 작성되었으며, 구성되는 태그도 HTML 5에서 추가된 섹션 요소들을 주로 사용하였습니다. 기본 템플릿의 구성은 크게 전체를 감싸는 〈div〉에 〈header〉, 〈section〉, 〈footer〉로 구성되어 있습니다. 〈header〉 부분은 〈hgroup〉으로 묶인 "사이트명"과 "부제목", "메인 메뉴"와 "서브 메뉴" 그리고 "트위터 링크"가 포함되어 있습니다. 〈section〉 부분은 페이지의 주 콘텐츠가 위치할 영역으로 "카테고리 슬로건"을 위한 〈header〉와 주 콘텐츠를 위한 〈article〉을 포함합니다. 〈footer〉는 일반적인 하단 정보를 위한 영역입니다. 페이지의 본문의 상·하단에는 반복 영역을 건너뛰기 위한 바로가기 링크를 배치하였습니다. 기본 HTML 템플릿 웹 브라우저 실행 결과와 아웃라인은 다음과 같습니다.

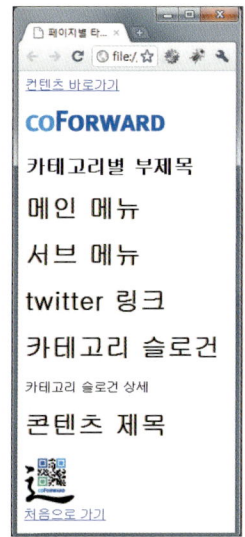 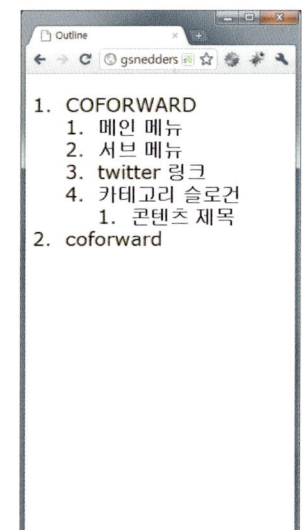

기본 HTML 템플릿의 실행 결과와 아웃라인

실행 결과와 아웃라인을 비교해 보면 "건너뛰기 링크"는 아웃라인을 구성하는 요소가 아니라, "카테고리별 부제목"〈hgroup〉도 "사이트명"과 묶여 있으므로 아웃라인에는 반영되지 않습니다. 템플릿의 아웃라인을 확인해 보면 콘텐츠 구성 요소 표와 거의 일치함을 알 수 있습니다. 기본적인 정보 구조의 구성은 콘텐츠 기획 단계에서 하는 것이 바람직하다는 이유는 바로 이 때문입니다.

웹 사이트의 기본 템플릿을 작성하는 목적은 공통되는 부분의 정보 구조를 명확히 작성하여 앞으로 작성되는 웹 사이트의 전체 구조를 견고히 하고, 페이지별 작성의 효율성을 높이기 위해서입니다. 그러므로 기본 템플릿 작성 시에는 웹 사이트 작성에 참여하는 모든 작업자들이 함께 검토해 보는 것이 바람직합니다. 실제로 페이지 전체를 감싸는 〈div id="Page"〉는 웹 사이트의 중앙 정렬 및 가변 폭에 대응하기 위한 요소로, 정보 구조와는 관련이 없지만 모든 페이지에 적용되었으면 좋겠다는 디자이너의 의견을 받아들여 템플릿에 포함하였습니다. 이처럼 웹 사이트의 공통 요소 구조가 결정되면 이 구조를 깨지 않는 한 서버사이드 프로그램과 디자인 작업이 각각 병렬적으로 진행될 수 있습니다.

■ HTML 5 사용하기

앞에서 HTML 5를 정보 구조 구성의 관점에서 본다면 지금 당장 사용할 수 있다고 하였습니다. 이 말은 틀린 말은 아닙니다만 아직 HTML 5를 지원하지 않는 웹 브라우저들을 위해서

몇 가지 설정해야 하는 것들이 있습니다. 다음은 HTML 5로 구성한 웹 사이트를 파이어폭스 3.6과 인터넷 익스플로러 8에서 열어 본 그림입니다.

파이어폭스 3.6에서 정상적으로 보이지 않는 HTML 5로 구성한 페이지의 모습

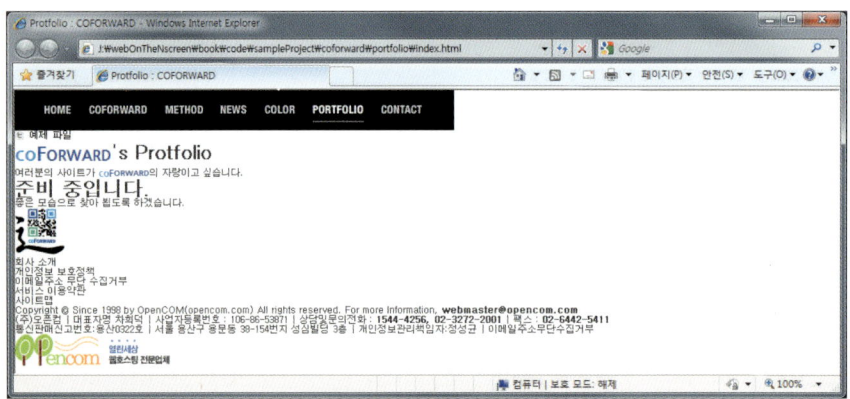

인터넷 익스플로러 8 이하에서 정상적으로 보이지 않는 HTML 5로 구성한 페이지의 모습

위와 같이 웹 사이트가 정상적으로 표시되지 않는 이유는 웹 브라우저가 HTML 5에서 추가된 새로운 태그를 인식하지 못하기 때문입니다. 일반적으로 웹 브라우저가 인식하지 못하는 태그들은 Inline Level Element로 처리하기 때문에 정상적인 화면 구성이 출력되지 않습니다. 파이어폭스의 경우 이와 같은 문제를 해결하기 위해서는 *HTML 5에서 새로 추가된 태그들의 기본 CSS의 display 속성을 지정해 주는 CSS 파일을 지정해야 합니다.

> **여기서 잠깐**
>
> ✽ **HTML 5에서 새로 추가된 태그들의 기본 CSS의 display 속성을 지정해 주는 CSS 파일을 지정해야 합니다**
>
> 웹 브라우저가 HTML 5에서 추가된 태그를 인식하지 못해 Inline Level Element처럼 처리하는 것을 바로잡아 주는 CSS를 일반적으로 "HTML 5 Reset Stylesheet"라고 하며, 이는 웹상에서 여러 사람들이 만들어 놓은 것을 찾아볼 수 있습니다. coforward 웹 사이트는 WHATWG에서 제공한 "HTML 5 Reset Stylesheet"를 준용하여 사용하고 있습니다(http://www.whatwg.org/specs/web-apps/current-work/multipage/rendering.html)

다음은 coForward 웹 사이트에 적용된 HTML 5 Reset Stylesheet입니다.

```css
/*
*HTML 5용 태그의 기본 렌더링 지정 :
*구형 웹 브라우저 또는 기본 렌더링 형식이 지정되지 않는 웹 브라우저를 위한 기본 설정용 파일
*http://www.whatwg.org/specs/web-apps/current-work/multipage/rendering.html
*/
hidden, area, base, basefont, command, datalist, head,
input[type=hidden], link, menu[type=context], meta, noembed, noframes,
param, script, source, style, track, title { /* case-insensitive */
    display: none;
}

address, article, aside, blockquote, body, center, dd, dir, div, dl,
dt, figure, figcaption, footer, form, h1, h2, h3, h4, h5, h6, header,
hgroup, hr, html, legend, listing, menu, nav, ol, p, plaintext, pre,
section, summary, ul, xmp { display: block; }

table { display: table; }
caption { display: table-caption; }
colgroup { display: table-column-group; }
col { display: table-column; }
thead { display: table-header-group; }
tbody { display: table-row-group; }
tfoot { display: table-footer-group; }
tr { display: table-row; }
td, th { display: table-cell; }

li { display: list-item; }

ruby { display: ruby; }
rt { display: ruby-text;}
```

HTML 5 Reset Stylesheet

하지만 인터넷 익스플로러 8 이하의 경우에는 추가된 태그 요소를 전혀 인식하지 못하므로 HTML Reset stylesheet 이전에 추가된 태그 요소를 인식할 수 있도록 해야 합니다. 인터넷 익스플로러 8 이하 버전에서 새로 추가된 요소를 인식시키려면 자바스크립트의 요소를 createElement("[태그 이름]")을 이용하여 DOM상에 추가시켜 주면 됩니다. 이러한 자바스크립트 역시 웹상에서 찾아볼 수 있습니다. coForward 웹 사이트는 http://remysharp.com/2009/01/07/html5-enabling-script를 사용하였습니다. 그러므로 HTML 5에서 추가된 태그를 기존 웹 브라우저들에 사용하기 위해서는 다음과 같이 설정해야 합니다.

```
<!DOCTYPE HTML>
<html>
<head>
<meta http-equiv="Content-Type" content="text/html; charset=utf-8">
<title>페이지별 타이틀 : COFORWARD</title>
<meta name="description" content="페이지별 description" />
<meta name="keywords" content="페이지별 keyword"  />
<!--Shorcut Icon-->
<link rel="shortcut icon" href="img/common/coforward.ico" />

<!--HTML 5 및 CSS 3 미지원 웹 브라우저를 위한 설정-->
<!--[if lte IE 8]>
  <script src="http://html5shiv.googlecode.com/svn/trunk/html5.js">
</script>
<![endif]-->
<link href="../css/html5Reset.css" type="text/css" rel="stylesheet" />
<!--HTML 5 및 CSS 3 미지원 웹 브라우저를 위한 설정 끝-->

</head>
<!--이하 생략-->
```

HTML 5 태그 미지원 웹 브라우저를 위한 설정

HTML 5 태그를 정상적으로 표시하기 위해서는 인터넷 익스플로러 8 이하를 위해 인터넷 익스플로러 조건부 주석을 이용하여 태그 인식을 위한 자바스크립트를 실행하고 HTML 5 Reset Stylesheet를 적용하여 새로운 태그들이 정상적으로 표시되도록 해야 합니다. 이와 같이 설정하면 파이어폭스나 인터넷 익스플로러 8 이하에서도 정상적인 화면 구성을 볼 수 있습니다.

HTML 5 Reset Stylesheet를 적용한 결과(파이어폭스)

HTML 5.js와 HTML 5 Reset Stylesheet를 적용한 결과(인터넷 익스플로러 8)

이와 같은 준비 과정과 공통 부분 설정으로 각 페이지 구성을 위한 준비를 마쳤습니다.

2 : 페이지별 구성

1 | 메인 페이지

예제 파일 http://book.coforward.com/sample/sampleProject/index.html
CSS 3 transform : p.378
CSS 3 transition : p.381
CSS 3 animation : p.383

메인 페이지

❶ 메인 메뉴

메인 메뉴는 HTML 기본 템플릿상에 〈nav id="navMain"〉으로 지정되었으므로, 〈nav〉 요소 하위에 다음과 같이 구성하였습니다.

```
<nav id="navMain">
  <h1 class="hiddenTitle">메인 메뉴</h1>
  <ul id="mainNavi">
    <li id="mainNavi_01">
```

```
            <a href="index.html" class="actMenu" title="현재 메뉴" >HOME</a>
        </li>
        <li id="mainNavi_02"><a href="coforward/index.html" >COFORWARD</a></li>
        <li id="mainNavi_03"><a href="method/index.html">METHOD</a></li>
        <li id="mainNavi_04"><a href="news/index.html" >NEWS</a></li>
        <li id="mainNavi_05"><a href="color/index.html" >COLOR</a></li>
        <li id="mainNavi_06"><a href="portfolio/index.html" >PORTFOLIO</a></li>
        <li id="mainNavi_07"><a href="contact/index.html" >CONTACT</a></li>
    </ul>
</nav>
```

메인 메뉴의 HTML 구성

각 메인 메뉴는 이미지 대체를 위해 각각의 id로 구분하였으며, 각 메뉴는 하나의 이미지에 "기본 상태", "마우스 오버 또는 활성화", "키보드 포커스 상태"를 각각 50px 단위로 구성하였습니다.

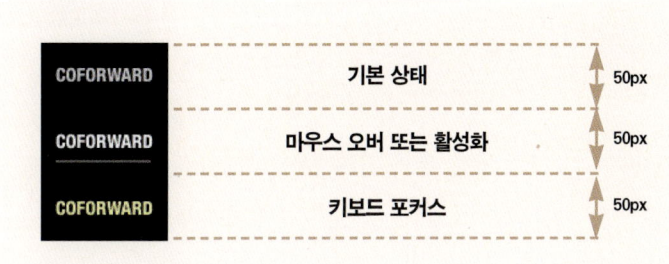

메인 메뉴 이미지 구성

위와 같이 구성된 이미지를 각 단계별로 적용하기 위한 CSS 구성은 다음과 같습니다.

```
#mainNavi li#mainNavi_02 a{  /*기본 상태*/
    background:url(img/mainNavi2.gif) no-repeat;width:95px;
}
#mainNavi li#mainNavi_02 a:hover{  /*마우스 오버*/
    background:url(img/mainNavi2.gif) 0 -50px no-repeat;
}
#mainNavi li#mainNavi_02 a:focus{  /*키보드 포커스*/
    background:url(img/mainNavi2.gif) 0 -100px no-repeat;
```

```
    }
    #mainNavi li#mainNavi_02 a.actMenu{  /*활성 메뉴*/
        background:url(img/mainNavi2.gif) 0 -50px no-repeat;
    }
```

단계별 부분적 이미지 적용을 위한 CSS 설정

메뉴의 상태가 변경될 때 이미지 표시되는 부분이 변경되는 것을 동적으로 표시하기 위해 CSS 3의 transition 속성을 지정하였습니다.

```
    #mainNavi li a{
        padding-top:50px;
        height:0;
        overflow:hidden;
        display:block;
        transition:all 0.3s;
        -moz-transition:all 0.3;
        -webkit-transition:all 0.3s;
    }
```

동적 전환을 위한 transition 속성의 적용

메인 메뉴 링크의 모든 상태 전환 시 동적 효과를 주기 위해 #mainNavi li a에 지정하였으며, 0.3초 동안 transition 효과를 적용하게 하였습니다. transition 효과가 적용될 속성을 all 로 지정하였지만 각 단계별로 적용된 속성은 background의 위치값일뿐이므로 결과적으로 배경 이미지가 표시되는 위치만 영향을 받게 됩니다.

메인 메뉴에는 링크의 상태 전환 시 동적 효과 외에도 페이지가 로딩될 때 메인 메뉴 전체가 좌에서 우로 확장되는 효과를 지정하였습니다. 이 효과는 앞의 메뉴 링크와 달리 사용자의 특별한 행동이 없어도 표현되어야 하고, transition을 사용할 수도 없기 때문에 자체적인 애니메이션 구현을 위한 animation 기능을 사용하였습니다. 메인 메뉴 확장 효과에 사용된 CSS 지정은 다음과 같습니다.

```
    @-webkit-keyframes mainNavAnimation{
        from{
            width:1px;
        }
```

```
        to{
            width:525px;
        }
    }

    #mainNavi{
        -webkit-animation-name:mainNavAnimation;
        -webkit-animation-duration:2s;
        overflow:hidden;

        background:#000;
        width:525px;
        padding-left:25px;
        height:50px;
        position:absolute;
        top:0;
        left:0;
        display:inline-block;
    }
```

메인 메뉴 확장 효과를 위한 CSS 지정

    메인 메뉴의 폭은 525px이므로 1px부터 525px까지 폭이 확장되는 애니메이션을 keyframe 속성을 이용하여 mainNavAnimation이라는 이름으로 지정하고, 이를 메인 메뉴 영역에 2초간 실행하는 것으로 지정하여 메인 메뉴를 확장하는 애니메이션을 구현하였습니다. 이때 overflow 속성을 hidden으로 지정하여 애니메이션되는 영역이 좁을 때 오버플로되는 요소들을 감추었습니다. 이 두 가지 동적 효과를 지원하지 않는 웹 브라우저에서는 동적 효과를 나타내지 않지만 기본적인 표시는 동적 효과가 완료된 후의 상태와 동일한 화면을 보여 줍니다.

❷ 콘텐츠 영역

메인 페이지의 콘텐츠 영역의 구성은 다음과 같습니다.

```
<section id="mainPageContent">
  <hgroup>
```

```html
        <h1><img src="img/main/logo_main.png" alt="COFORWARD" /></h1>
        <h2>함께 나아갑니다.</h2>
    </hgroup>
    <nav id="memberLink">
        <h1 class="hiddenTitle">구성원 소개</h1>
        <ul>
            <li><a href="/coforward/page_03.php#jina" title="구성원 소개">
            <img src="img/main/member1.jpg" alt="jina" /></a></li>
            <li><a href="/coforward/page_03.php#Na!" title="구성원 소개">
            <img src="img/main/member2.jpg" alt="Na!" /></a></li>
            <li><a href="/coforward/page_03.php#ey" title="구성원 소개">
            <img src="img/main/member3.jpg" alt="ey" /></a></li>
            <li><a href="/coforward/page_03.php#jupiter" title="구성원 소개">
            <img src="img/main/member4.jpg" alt="jupiter" /></a></li>
        </ul>
    </nav>
</section>
```

메인 페이지의 콘텐츠 영역

팀 로고와 구성원의 사진은 그 자체를 콘텐츠라고 생각하고 ⟨img⟩ 태그를 사용하여 HTML 안에 포함하였습니다. 팀 슬로건인 "함께 나아갑니다."를 ⟨h2⟩로 구성하여 팀 로고 ⟨h1⟩과 함께 ⟨hgroup⟩으로 묶었으므로, 페이지의 아웃라인에는 반영되지 않습니다. 각 구성원의 사진은 구성원 소개 페이지로 링크하는 ⟨nav⟩로 구성하였습니다. 메인 페이지는 웹 사이트의 인트로 페이지로 계획하였기 때문에 많은 콘텐츠를 넣지 않고 디자인적인 요소와 동적 효과를 강조하고자 하였습니다. 메인 페이지의 콘텐츠 부분에는 두 개의 애니메이션 효과가 사용되었으며, CSS 지정은 다음과 같습니다.

```css
@-webkit-keyframes mainAnimation{ /*메인 콘텐츠 전체에 걸리는 애니메이션*/
    from{
        transform:skew(20deg,20deg) scale(0.3,0.3);
        -webkit-transform:skew(20deg,20deg) scale(0.3,0.3);
        -moz-transform:skew(20deg,20deg) scale(0.3,0.3);
        opacity:0.1;
    }
    to{
```

```css
            transform:skew(0deg,0deg) scale(1,1);
            -webkit-transform:skew(0deg,0deg) scale(1,1);
            -moz-transform:skew(0deg,0deg) scale(1,1);
            opacity:1;
        }
    }
    #mainPageContent{
        -webkit-animation-name:mainAnimation;
        -webkit-animation-duration:2s;

        width:650px;
        height:370px;
        margin:215px auto 50px auto;
        position:relative;
        background:url(img/main_bg.png) 340px 151px no-repeat;
    }

    @-webkit-keyframes mainTitleAnimation{
        from{
            width:1px;
        }
        to{
            width:307px;
        }
    }
    #mainPageContent h2{
        -webkit-animation-name:mainTitleAnimation;
        -webkit-animation-duration:2s;

        position:absolute;
        top:87px;
        left:340px;
        background:#000 url(img/main_title.png) 10px 4px no-repeat;
        width:307px;
        padding-top:53px;
        height:0;
        overflow:hidden;
    }
}
```

메인 콘텐츠 영역의 애니메이션 효과를 위한 CSS 지정

메인 콘텐츠 부분은 전체적으로 transform 속성의 skew와 scale을 지정하여 20도 기울어지고, 30%로 작아진 상태에서 원래의 상태로 변화하는 애니메이션 mainAnimation과 웹 사이트의 슬로건인 "함께 나아갑니다"에만 적용되는 width를 확장하는 애니메이션 mainTitleAnimation 2개를 동시에 사용함으로써 메인 페이지 콘텐츠 전체를 다이내믹하게 표현하고자 하였습니다.

2 | 인사말 페이지

예제 파일 http://book.coforward.com/sample/sampleProject/coforward/index.html
CSS 2 font-variant : p.90
부제목을 쓸 수 있는 〈hgroup〉 : p.163
CSS 3 @font-face : p.349
CSS 3 column : p.356
CSS 3 animation : p.383

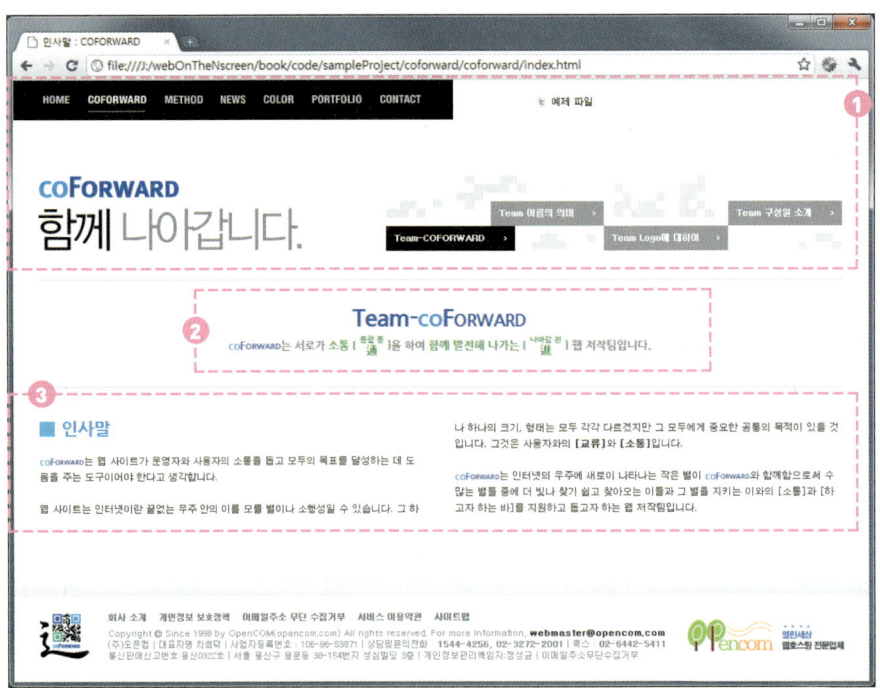

인사말 페이지

❶ 서브 페이지 〈header〉 영역

서브 페이지에서 웹 사이트 로고와 카테고리별 부제목 〈header〉 안에 메인 메뉴 등과 함께 위치합니다.

```html
<header>
  <hgroup>
    <h1><img src="../img/common/logo_textType.gif" alt="COFORWARD" /></h1>
    <h2 id="titleCoforward">함께 나아갑니다.</h2>
  </hgroup>
  <nav id="navMain">
    <h1 class="hiddenTitle">메인 메뉴</h1>
    <ul id="mainNavi">
      <!--생략-->
    </ul>
  </nav>
  <nav id="subNav">
    <h1 class="hiddenTitle">서브 메뉴</h1>
    <ul id="subNavCoforward">
      <!--생략-->
    </ul>
  </nav>

  <article class="twitterContent">
    <h1 class="hiddenTitle">twitter 링크</h1>
    <div id="twitterDiv">
      <!--생략-->
    </div>
  </article>
</header>
```

서브 페이지 〈header〉 영역의 구성

서브 페이지 역시 팀 로고는 콘텐츠 요소이므로, 〈img〉로 HTML 안에 포함하였습니다. 〈h1〉으로 구성된 팀 로고와 〈h2〉로 구성된 카테고리별 부제목은 〈hgroup〉으로 묶여 있으므로 〈h1〉 부분만 아웃라인에 반영됩니다. 〈article class="twitterContent"〉 부분은 트위터에 올려진 글을 표시하는 부분으로 하나의 트윗은 그 자체로 완결된 내용이라 판단하여 〈article〉 태그를 사용하였습니다.

❷ 카테고리 슬로건 부분

카테고리 슬로건 부분은 본문 콘텐츠를 구성하는 〈section〉의 〈header〉로 구성되어 있습니다.

```
<header class="sloganHeader">
  <h1>Team-<em class="coforward">co<span>Forward</span></em></h1>
  <p class="slogan">
    <em class="coforward">co<span>Forward</span></em>는 서로가
    <strong>소통 [<ruby>通 <rp>(</rp> <rt>통할 통</rt> <rp>)</rp></ruby>]
    </strong>을 하여
    <strong>함께 발전해 나가는 [<ruby>進 <rp>(</rp> <rt>나아갈 진</rt> <rp>)</rp> </ruby>]
    </strong>웹 저작팀입니다.
  </p>
</header>
```

카테고리 슬로건 부분의 구성

웹 사이트 로고 부분 외의 팀 이름은 모두 텍스트로 사용했지만, 콘텐츠 내에서 팀 이름을 강조하기 위해 최대한 로고의 형태와 유사하게 표시되도록 하였습니다. 팀 이름의 CSS 설정은 다음과 같습니다.

```
/*coForward 이름 단어 설정*/
    .coforward{
        color:#0099D8;
        font-style:normal;
        font-weight:bold;
        font-family:nanumFont,"Trebuchet MS", Arial,
            Helvetica, sans-serif;
    }
    .coforward span{
        color:#0850A0;
        font-variant:small-caps;
        font-family:nanumFont,"Trebuchet MS", Arial,
            Helvetica, sans-serif;
    }
```

콘텐츠 내의 팀 이름을 위한 CSS 설정

팀 이름은 사용되는 부분에 따라 크기가 달라질 수 있으므로, 디자인 설정은 색상과 폰트만을 지정하였습니다. 한자 부분은 〈ruby〉 요소의 〈rt〉 태그를 이용하여 한자의 독음을 표시하였으며, 〈ruby〉를 지원하지 않는 웹 브라우저를 위해 〈rp〉 태그를 이용하여 루비 괄호를 지정하였습니다. 카테고리 슬로건 역시 투명도와 스케일을 이용한 동적 효과가 적용되어 있습니다.

```css
/*카테고리 슬로건*/
    @-webkit-keyframes sloganAnimation{
        from{
            opacity:0.1;
            transform:scale(1.2,1);
            -webkit-transform:scale(1.2,1);
            -moz-transform:scale(1.2,1);
        }
        to{
            opacity:1.0;
            transform:scale(1,1);
            -webkit-transform:scale(1,1);
            -moz-transform:scale(1,1);
        }
    }
    #Content .sloganHeader h1{
        -webkit-animation-name:sloganAnimation;
        -webkit-animation-duration:2s;

        color:#0850a0;
        font-size:30px;
        padding:0 0 13px 0;
        background:transparent;
        font-family:nanumFont,Arial Black;
}
.sloganHeader p.slogan{
        -webkit-animation-name:sloganAnimation;
        -webkit-animation-duration:2s;

        color:#808285;
        font-size:14px;
```

```
            font-family:nanumFont,"Trebuchet MS", Arial,
                Helvetica, sans-serif;
        }
```
카테고리 슬로건 애니메이션을 위한 CSS 설정

카테고리 슬로건 부분은 sloganAnimation라는 이름의 애니메이션을 지정하여 슬로건 영역의 〈h1〉 요소와 〈p〉 요소에 동일하게 적용하였습니다. 팀 이름과 카테고리 슬로건 부분은 nanumFont로 지정된 서버 측 폰트를 사용하였습니다. 서버 측 폰트를 사용하기 위한 CSS 설정은 다음과 같습니다.

```
        @font-face{
            font-family:nanumFont;
            src:url('font/nanum.eot');
            src:local('nanumgothicExtraBold'), url('font/nanum.ttf')
                format('truetype');
        }
```
서버 측 폰트를 사용하기 위한 CSS 설정

서버 측 폰트는 인터넷 익스플로러 계열을 위한 eot 타입과 이 밖에 웹 브라우저를 위한 ttf 두 종류로 설정하였습니다.

❸ 페이지 콘텐츠 부분

페이지 콘텐츠 부분의 HTML 구성은 다음과 같습니다.

```
<article class="depth_01" id="teamIntro">
    <h1>인사말</h1>
    <p><em class="coforward">co<span>Forward</span></em>는 웹 사이트가 운영자와 사용자의 소통을 돕고 모두의 목표를 달성하는 데 도움을 주는 도구이어야 한다고 생각합니다.</p>
    <p>웹 사이트는 인터넷이라는 끝없는 우주 안의 이름 모를 별이나 소행성일 수 있습니다. 그 하나 하나의 크기, 형태는 모두 각각 다르겠지만, 그 모두에게 중요한 공통의 목적이 있을 것입니다. 그것은 사용자와의 <strong>[교류]</strong>와 <strong>[소통]</strong>입니다.</p>
    <p><em class="coforward">co<span>Forward</span></em>는 인터넷의 우주에 새로이 나타
```

```
  나는 작은 별이 <em class="coforward">co<span>Forward</span></em>와 함께 함으로써 수많
  은 별들 중에 더 빛나 찾기 쉽고, 찾아오는 이들과 그 별을 지키는 이와의 [ 소통 ]과 [ 하고자 하는 바 ]를 지원하고 돕
  고자하는 웹 저작팀입니다.</p>
    <footer class="greedingFooter">
        <em class="coforward">co<span>Forward</span></em>
    </footer>
</article>
```

인사말 콘텐츠 부분의 구성

인사말 페이지의 콘텐츠 부분은 그 내용 자체가 하나의 완결된 콘텐츠이므로 〈article〉 요소를 사용하였습니다. 〈article〉 요소는 단독으로 배포될 수 있으므로 〈article〉 요소 내부에 〈footer〉 요소를 사용하여 작성자를 표시하였습니다. 인사말 부분의 콘텐츠는 텍스트로 이루어진 문장입니다. coForward 웹 사이트의 디자인상 콘텐츠 부분에 문장을 쓰게 될 경우, 최대 가로 폭이 약 1000px 가까이 되므로, 한 줄의 길이가 너무 길어져 가독성이 떨어질 수 있습니다. 이 때문에 인사말 페이지의 콘텐츠 부분은 CSS 3에서 새로 지원하는 다단 구성을 적용하였습니다.

```
/***** team-COFORWARD - 인사말 *****/
    #teamIntro{
        -moz-column-count:2;
        -moz-column-gap:40px;
        -moz-column-rule:1px solid #eee;

        -webkit-column-count:2;
        -webkit-column-gap:40px;
        -webkit-column-rule:1px solid #eee;
    }
```

다단 구성을 위한 CSS 설정

인사말 부분은 column-count 속성을 "2"로 지정하여 2단 형식으로 나타내고, 각각의 단 사이의 거리는 column-gap 속성을 이용하여 40px 간격을 주었습니다. 그리고 단의 구분선은 column-rule 속성으로 회색 실선 라인을 1px 두께로 지정하였습니다.

3 | 구성원 소개 페이지

예제 파일　http://book.coforward.com/sample/sampleProject/coforward/page_03.html
　　　　　〈header〉〈footer〉- 섹션 영역별 정보 : p.161
　　　　　CSS 3 border-radius : p.335
　　　　　CSS 3 box-shadow : p.340
　　　　　CSS 3 transition : p.381

구성원 소개 페이지

❶ 서브 메뉴

서브 메뉴 역시 HTML 5에서 추가된 〈nav〉 요소를 이용하여 구성하였습니다.

```
<nav id="subNav">
  <h1 class="hiddenTitle">서브 메뉴</h1>
  <ul id="subNavCoforward">
    <li id="subNav_01" ><a href="index.html">Team-COFORWARD</a></li>
    <li id="subNav_02" ><a href="page_01.html">Team 이름의 의미</a></li>
    <li id="subNav_03" ><a href="page_02.html">Team Logo에 대하여</a></li>
    <li id="subNav_04" class="actMenu" title="현재 메뉴">
        <a href="page_03.html">Team 구성원 소개</a></li>
  </ul>
</nav>
```

서브 메뉴의 구성

서브 메뉴 부분은 이미지를 대체하지 않고 텍스트를 그대로 사용하였습니다. 각 링크는 메뉴명의 길이 차이와 디자인적 요구 사항으로, 페이지별로 각각 절대 위치에 고정하였으며, 메인 메뉴와 같이 메뉴의 상태별로 배경색과 배경 이미지를 지정하고 transition 속성으로 동적 효과를 지정하였습니다.

```
#subNav ul li a{
    color:#fff;
    font-weight:bold;
    font-size:90%;
    letter-spacing:-1px;
    text-decoration:none;
    display:inline-block;
    padding-left:10px;
    background:#9ea0a3;
    line-height:31px;
    position:absolute;
    transition:all 0.3s;
    -moz-transition:all 0.3s;
    -webkit-transition:all 0.3s;
}
#subNav ul li a:hover{
```

```
            background:#000 url(img/icn_arrow.gif) right 3px no-repeat;
    }
    #subNav ul li a:focus{
            background:#5378a1 url(img/icn_arrow.gif) right 3px no-repeat;
    }
    #subNav ul li.actMenu a{
            background:#000;
    }
```

서브 메뉴를 위한 CSS 설정

❷ 페이지 콘텐츠 부분

구성원 소개의 페이지 콘텐츠 부분은 각 구성원별로 〈article〉을 이용하여 구성하였습니다.

```
<article class="depth_01" id="ey">
  <figure> <img src="../img/main/member3.jpg" alt="" /> </figure>
  <h1 class="memberName">김은영</h1>
  <ul class="memberRecord">
    <li><span class="memberRespons">
        <em class="coforward">co<span>Forward</span></em>내 역할:</span>
        시각설계/시각 디자인/HTML CSS 구성</li>
    <li><span class="memnerEmail">E-mail :</span>
        <a href="mailto:dms7139@naver.com">dms7139@naver.com</a></li>
  </ul>


  <article class="memberTomember">
    <h1 class="hiddenTitle">은영씨는- Na!</h1>
    화면 구성(CSS)는 물론 콘텐츠 구조(HTML)까지 생각하는 웹 디자이너. 그럼에도 불구하고 작업 속도까지 빠르십
    니다.<br />
    가끔씩은 부담 작렬 애교도 담당하고 계시지요.
    <footer>인환</footer>
  </article>


  <article class="memberTomember">
    <h1 class="hiddenTitle">은영씨는-jiNa</h1>
    디자인 면에서도 기술적인 면에서도 배우고 따라가야 할 면이 많은 선배님~<br />
    애교도 배워야 하나..;;
```

```
        <footer>진아</footer>
    </article>
</article>
```
구성원 소개의 구성

구성원에 대한 상호 코멘트 부분도 독립적인 콘텐츠가 될 수 있다고 판단하여 〈article〉 요소를 사용하였습니다. 구성원의 사진 이미지에는 alt 속성을 빈 값으로 지정하였는데, 이는 이미지 뒤에 바로 구성원의 이름이 작성되어 있으므로, alt 속성을 지정할 경우 콘텐츠의 중복이 발생할 수 있었기 때문에 alt 속성을 빈 값으로 처리하였습니다. 코멘트 부분을 구성한 〈article〉 요소에는 독립적으로 배포되었을 때도 콘텐츠의 내용을 명확하게 하기 위하여 〈h1〉 요소로 제목열을, 〈footer〉 요소로 작성자를 표시하였습니다. 구성원 소개에서 상호 코멘트 부분은 둥근 모서리와 그림자 효과를 사용하여 입체감을 주었습니다.

```
#memberInfo .depth_01 .memberTomember{
    float:right;
    width:200px;
    padding:10px;
    margin-left:10px;
    background:#eee;
    font-size:90%;
    letter-spacing:-1px;
    line-height:13px;

    border-radius:10px;
    -moz-border-radius:10px;
    -webkit-border-radius:10px;

    box-shadow:1px 1px 1px #ccc;
    -moz-box-shadow:1px 1px 1px #ccc;
    -webkit-box-shadow:1px 1px 1px #ccc;
}
```
둥근 모서리와 그림자 효과를 위한 CSS 설정

4 | 제작 방식 페이지

예제 파일　http://book.coforward.com/sample/sampleProject/method/index.html
　　　　　CSS 2 position : p.80
　　　　　CSS 3 background : p.341
　　　　　CSS 3 transition : p.381
　　　　　CSS 3 animation : p.383

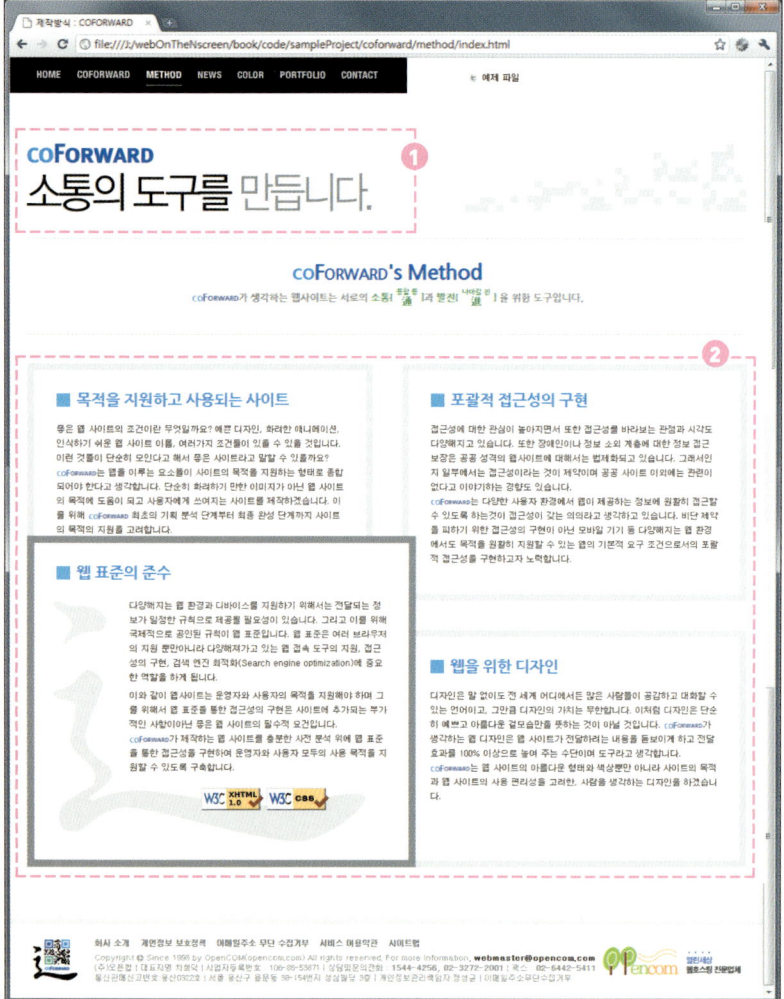

제작 방식 페이지

❶ 웹 사이트 로고 및 카테고리별 부제목

웹 사이트 로고와 카테고리별 부제목은 앞서 페이지 〈header〉 구성에서 설명한 대로 〈hgroup〉로 구성되어 있습니다.

```
<hgroup>
    <h1><img src="../img/common/logo_textType.gif" alt="COFORWARD" /></h1>
    <h2 id="titleMethod">소통의 도구를 만듭니다.</h2>
</hgroup>
```

웹 사이트 로고와 카테고리별 부제목의 구성

이 부분 역시 animation 속성을 이용하여 동적 효과를 구현하고 있습니다. 특이한 것은 두 개의 요소에 똑같은 애니메이션을 지정하였지만 웹 사이트 로고는 오른쪽에서 왼쪽 방향으로 이동하고 카테고리별 부제목은 반대 방향으로 이동하였습니다.

```
@-webkit-keyframes subTitleAnimation{
    from{
        opacity:0.1;
        padding-left:50px;
    }
    to{
        opacity:1.0;
        padding-left:0;
    }
}

header hgroup h1{
    -webkit-animation-name:subTitleAnimation;
    -webkit-animation-duration:2s;

    width:1000px;
    margin:0 auto;
    padding-top:120px;
    height:40px;
}
header hgroup h2{
    -webkit-animation-name:subTitleAnimation;
    -webkit-animation-duration:2s;

    width:1000px;
    margin:0 auto;
    padding-top:90px;
    height:0;
```

```
        overflow:hidden;
        border-bottom:#ccc solid 1px;
    }
```
웹 사이트 로고 부분의 동적 효과를 위한 CSS 설정

적용된 효과는 투명도를 0.1에서 1로 높이고 왼쪽 padding을 50px에서 0px로 줄이는 애니메이션입니다. 웹 사이트 로고는 ⟨h1⟩ 안에 ⟨img⟩로 작성되어 있으므로, padding 영역이 줄어들면 ⟨img⟩ 요소가 왼쪽으로 이동하게 됩니다. ⟨h2⟩로 작성된 카테고리별 부제목은 이미지가 대체된 배경 이미지가 표시되는 것이므로, padding 영역이 줄어들면 배경 이미지가 표시되는 영역도 줄어들게 됩니다. ⟨h2⟩ 요소는 margin:0 auto;로 가운데 정렬하게 되어 있으므로, padding 영역이 감소하면 요소의 폭이 중앙을 기준으로 감소하게 되고, 배경 이미지가 오른쪽으로 이동하는 효과가 나타납니다. 이처럼 CSS의 기본 속성과 애니메이션 속성을 적절히 이용하면 다양한 효과를 만들어 낼 수 있습니다.

❷ 페이지 콘텐츠 영역
제작 방식 페이지의 콘텐츠 영역은 4개의 ⟨article⟩ 요소로 구성되어 있습니다.

```html
<div id="coforwardMethod">

  <article class="depth_01" id="siteGoal">
    <h1>목적를 지원하고 사용되는 웹 사이트</h1>
    <p>좋은 웹 사이트의 조건이란 무엇일까요? 예쁜 디자인, 화려한 애니메이션, 인식하기 쉬운 웹 사이트 이름. 여러 가지 조건들이 있을 수 있을 것입니다. 이런 것들이 단순히 모인다고 해서 좋은 사이트라고 말할 수 있을까요?</p>
    <p><em class="coforward">co<span>Forward</span></em>는 웹을 이루는 요소들이 사이트의 목적을 지원하는 형태로 종합되어야 한다고 생각합니다. 단순히 화려하기 만한 이미지가 아닌 웹 사이트의 목적에 도움이 되고 사용자에게 쓰이는 웹 사이트를 제작하겠습니다. 이를 위해 <em class="coforward">co<span>Forward</span></em> 최초의 기획 분석 단계부터 최종 완성 단계까지 사이트의 목적의 지원을 고려합니다.</p>
    <footer><em class="coforward">co<span>Forward</span></em></footer>
  </article>
  <!--End of #siteGoal-->

  <article class="depth_01" id="siteAccessibililty">
    <h1>포괄적 접근성의 구현</h1>
```

```html
<p>접근성에 대한 관심이 높아지면서 또한 접근성을 바라보는 관점과 시각도 다양해지고 있습니다. 또한 장애인이나 정보 소외 계층에 대한 정보 접근 보장은 공공 성격의 웹 사이트에 대해서는 법제화되고 있습니다. 그래서인지 일부에서는 접근성이라는 것이 제약이며, 공공 사이트 이외에는 관련이 없다고 이야기하는 경향도 있습니다.</p>
<p><em class="coforward">co<span>Forward</span></em>는 다양한 사용자 환경에서 웹이 제공하는 정보에 원활하게 접근할 수 있도록 하는 것이 접근성이 갖는 의의라고 생각하고 있습니다. 비단 제약을 피하기 위한 접근성의 구현이 아닌 모바일 기기 등 다양해지는 웹 환경에서도 목적을 원활히 지원할 수 있는 웹의 기본적 요구 조건으로서의 포괄적 접근성을 구현하고자 노력합니다.</p>
<footer><em class="coforward">co<span>Forward</span></em></footer>
</article>
<!--End of #siteAccessibililty-->

<article class="depth_01" id="siteWebstandard">
<h1>웹 표준의 준수</h1>
<p>다양해지는 웹 환경과 디바이스를 지원하기 위해서는 전달되는 정보가 일정한 규칙으로 제공될 필요성이 있습니다. 그리고 이를 위해 국제적으로 공인된 규칙이 웹 표준입니다. 웹 표준은 여러 웹 브라우저의 지원뿐만 아니라 다양해져가고 있는 웹 접속 도구의 지원, 접근성의 구현, 검색 엔진 최적화(Search engine optimization)에 중요한 역할을 하게 됩니다.</p>
<p>이와 같이 웹 사이트는 운영자와 사용자의 목적을 지원해야 하며 이를 위해서 웹 표준을 통한 접근성의 구현은 사이트에 추가되는 부가적인 사항이 아닌 좋은 웹 사이트의 필수적 요건입니다. <em class="coforward">co<span>Forward</span></em>가 제작하는 웹 사이트를 충분한 사전 분석 위에 웹 표준을 통한 접근성을 구현하여 운영자와 사용자 모두의 사용 목적을 지원할 수 있도록 구축합니다.</p>
<footer><em class="coforward">co<span>Forward</span></em></footer>
</article>
<!--End of #siteWebstandard-->

<article class="depth_01" id="siteWebdesign">
<h1>웹을 위한 디자인</h1>
<p>디자인은 말이 없이도 전 세계 어디에서든 많은 사람들이 공감하고 대화할 수 있는 언어이고, 그만큼 디자인의 가치는 무한합니다. 이처럼 디자인은 단순히 예쁘고 아름다운 겉모습만을 뜻하는 것이 아닐 것입니다. <em class="coforward">co<span>Forward</span></em>가 생각하는 웹 디자인은 웹 사이트가 전달하려는 내용을 돋보이게 하고 전달 효과를 100% 이상으로 높여 주는 수단이며 도구라고 생각합니다.</p>
<p><em class="coforward">co<span>Forward</span></em>는 웹 사이트의 아름다운 형태와 색상뿐만 아니라 웹 사이트의 목적과 웹 사이트의 사용 편리성을 고려한, 사람을 생각하는 디자인을 하겠습니다.</p>
<footer><em class="coforward">co<span>Forward</span></em></footer>
</article>
<!--End of #siteWebdesign-->

</div>
```

제작 방식 페이지의 콘텐츠 구성

제작 방식 페이지의 각 항목의 콘텐츠는 긴 문장으로 이루어져 있으므로, 문장의 폭 등과 같은 가독성을 고려해야만 했습니다. 항목별 콘텐츠는 우선 순위가 없으며, 모두 같은 중요도를 갖고 있는 독립적인 내용이므로, 〈article〉을 이용하여 구성하고 이를 병렬 배치하는 형태로 구성하였습니다. 따라서 각 〈article〉의 병렬 배치를 위한 기준 요소가 필요하였습니다. 기준 요소는 디자인만을 위한 요소이며, HTML의 아웃라인에 영향을 미치지 않아야 하므로 〈div id="coforwardMethod"〉를 추가하였습니다.

제작 방식 페이지 콘텐츠 부분의 CSS 설정은 다음과 같습니다.

```css
#coforwardMethod{
    position:relative;
    min-height:700px;_height:700px;
    background:url(img/bg_method.gif) center center no-repeat;
}
#coforwardMethod .depth_01{
    background:#fff;
    border:#e6e7e8 solid 10px;
    padding:30px;
    width:400px;
    min-height:250px;_height:250px;
    position:absolute;
    transition:all 0.2s;
    -moz-transition:all 0.2s;
    -webkit-transition:all 0.2s;
}
#coforwardMethod .depth_01:hover{
    border:#939598 solid 10px;
    width:460px;
    min-height:380px;
    z-index:100;
    background:#fff url(img/bg_method_01.gif) left bottom no-repeat;
}
#coforwardMethod #siteAccessibililty:hover{
    background:url(img/bg_method_01.gif) left bottom no-repeat;
    background:url(img/bg_method_01_1.gif) 180px 320px no-repeat,
               url(img/bg_method_01.gif) left bottom no-repeat;
    background-color:#fff;
}
```

```css
#coforwardMethod #siteWebstandard:hover{
    background:url(img/bg_method_01.gif) left bottom no-repeat;
    background:url(img/bg_method_01_2.gif) 230px 340px no-repeat,
              url(img/bg_method_01.gif) left bottom no-repeat;
    background-color:#fff;
}
#coforwardMethod .depth_01:hover p{
    padding:5px 0 0 100px;
}
#siteGoal{
    left:0;
    top:0;
}
#siteAccessibililty{
    right:0;
    top:0;
}
#siteWebstandard{
    left:0;
    bottom:0;
}
#siteWebdesign{
    right:0;
    bottom:0;
}
```

제작 방식 페이지 콘텐츠 부분을 위한 CSS 설정

제작 방식 페이지에서 각각의 내용을 담고 있는 4개의 〈article〉은 〈div id="coforwardMethod"〉 기준 요소로 하여 절대 위치로 배치하였습니다. 각 〈article〉 요소는 기준 요소에 대하여 각각 좌측 상단, 우측 상단, 좌측 하단, 우측 하단에 배치하였습니다. 이와 같은 배치는 각 〈article〉 요소에 마우스 포인터가 들어왔을 경우 해당 〈article〉 영역이 배치된 꼭지점을 기준으로 페이지 중심 방향을 향해 확장하기 위해서입니다. 확장 시에는 transition 속성을 이용하여 동적 효과를 지정하였습니다.

〈article〉 영역이 확장될 때 기본적으로 "bg_method01.gif"가 배경 이미지로 표시됩니다. 그리고 〈article id="siteAccessibililty"〉와 〈article id="siteWebstandard"〉은 추가적인 배

경 이미지가 지정되었습니다. 하나의 요소 안에 여러 개의 배경 이미지를 사용할 경우, 이를 인식하지 못하는 웹 브라우저에서는 아무 이미지도 표시되지 않으므로, 이를 위한 기본 배경 이미지만을 사용하는 background 속성을 중복으로 설정하여 주었습니다.

5 | 뉴스 리스트 페이지

예제 파일 http://book.coforward.com/sample/sampleProject/news/index.html
〈header〉〈foorer〉 섹션 영역별 정보 : p.161
〈time〉 날짜와 시간을 위한 신규 요소 : p.170
CSS 3 gradient : p.330
CSS 3 border-imgae : p.337

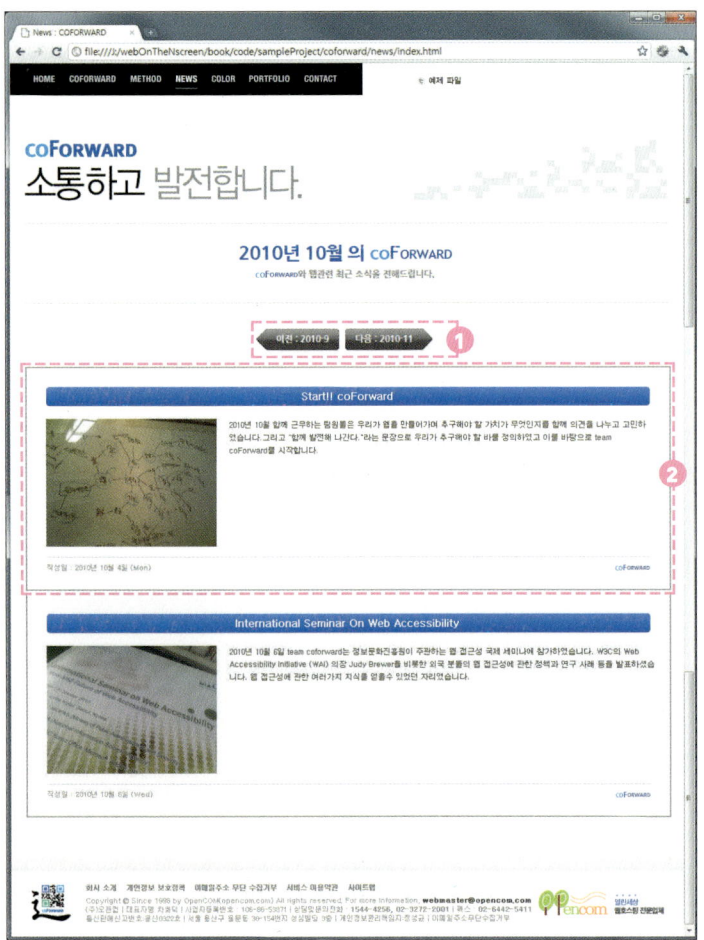

뉴스 리스트 페이지

❶ 월별 링크 버튼

뉴스 리스트 상단의 월별 링크 버튼은 〈a〉 요소로 구성되어 있으며, 문자열의 길이에 따라 버튼 폭이 확장될 수 있도록 구성하였습니다.

```html
<div id="newLinkDiv">
    <a href="index.html" class="newsPreLink">이전 : 2010-9</a>
    <a href="index.html" class="newsNextLink">다음 : 2010-11</a>
</div>
```

월별 링크의 구성

기존의 방식으로 폭의 길이 변화에 대응하는 버튼 디자인을 하기 위해서는 두 개 이상의 요소와 두 개의 이미지가 필요했습니다. 월별 링크는 border-image 속성을 이용하여 가변 폭 버튼을 구성하였습니다.

```css
#newLinkDiv a{
    display:inline-block;
    text-decoration:none;
    margin:0 2px;
    color:#fff;
}
.newsPreLink{
    height:28px;
    line-height:28px;
    padding:0 15px 6px 12px;
    border-width:1px 3px 1px 19px;

    border-image:url(img/btn_prevLink.png) 1 3 1 19;
    -webkit-border-image:url(img/btn_prevLink.png) 1 3 1 19;
    -moz-border-image:url(img/btn_prevLink.png) 1 3 1 19;

    background:url(img/btn_prevLink.png) no-repeat left center;
}
.newsNextLink{
    height:28px;
    line-height:28px;
    padding:0 15px 6px 12px;
```

```
        border-width:1px 19px 1px 3px;

        border-image:url(img/btn_nextLink.png) 1 19 1 3;
        -webkit-border-image:url(img/btn_nextLink.png) 1 19 1 3;
        -moz-border-image:url(img/btn_nextLink.png) 1 19 1 3;

        background:url(img/btn_nextLink.png) no-repeat right center;
    }
```

월별 링크를 위한 CSS 설정

하나의 이미지의 상하좌우 일부분을 〈a〉 요소의 외곽선으로 지정함으로써 〈a〉 요소가 확장되어도 버튼의 형태가 확장됩니다. 그러나 border-image 속성을 지원하지 않는 웹 브라우저에서는 버튼 형태가 표시되지 않으므로, background 속성을 이용하여 배경 이미지를 지정하였습니다.

❷ 페이지 콘텐츠 영역

뉴스 리스트의 페이지 콘텐츠 영역은 각 뉴스 기사의 미리보기 영역으로 〈article〉 요소를 사용하였습니다. 각 기사의 〈footer〉 부분에는 〈time〉 요소를 사용하여 작성 일자를 표시하였으며, 〈time〉 요소의 콘텐츠는 사람이 알기 쉽도록 표기하였기 때문에 datatime 속성을 이용하여 기계가 알 수 있는 시간 형식으로 표시하였으며, 해당 기사의 작성일임을 나타내는 pubdate 속성을 지정하여 기사 작성일을 기계도 판단할 수 있도록 하였습니다. 뉴스리스트 페이지의 콘텐츠 영역 구성은 다음과 같습니다.

```
<article class="newsListItem evenItem">
  <h2><a href="view.html">Start!! coForward</a></h2>
  <figure class="newsListFig">
      <img  src="img/DSC_0038.jpg" alt="coForward 의 첫걸음" />
  </figure>
  <div class="newsListTxtDiv">2010년 10월 함께 근무하는 팀원들은 우리가 웹을 만들어가며 추구해야 할 가치가 무엇인지에 대해 의견을 나누었습니다. 그리고 "함께 발전해 나간다."라는 문장으로 우리가 추구해야 할 바를 정의하였고, 이를 바탕으로 team coForward를 시작합니다.</div>
  <footer class="newsListFooter">
    <p>작성일 :
```

```
            <time datetime="2010-10-04 18:59:22" pubdate="pubdate"> 2010년 10월 4일
            (Mon) </time>
        </p>
        <div><em class="coforward">co<span>Forward</span></em></div>
    </footer>
</article>
```

뉴스 리스트 콘텐츠 부분의 구성

기사 제목 부분의 상세 보기 링크는 그레이디언트와 border-radius 속성을 사용하였습니다.

```
.newsListItem h2 a{
    display:block;
    color:#fff;
    text-align:center;
    padding:5px 0;
    margin-bottom:20px;
    background:#4380c4;
    background: -webkit-gradient(linear, left top, left bottom,
    from(#4380c4), to(#0850a0));
    background:-moz-linear-gradient(top,#4380c4,#0850a0);

    border-radius:5px;
    -moz-border-radius:5px;
    -webkit-border-radius:5px;
}
```

기사 제목 부분을 위한 CSS 설정

그레이디언트만을 지정할 경우 그레이디언트를 지원하지 않는 웹 브라우저는 배경을 지정하지 않으므로, 기본이 되는 색상은 background 속성으로 우선 지정하였습니다.

6 | Color 페이지

예제 파일 http://book.coforward.com/sample/sampleProject/color/index.html

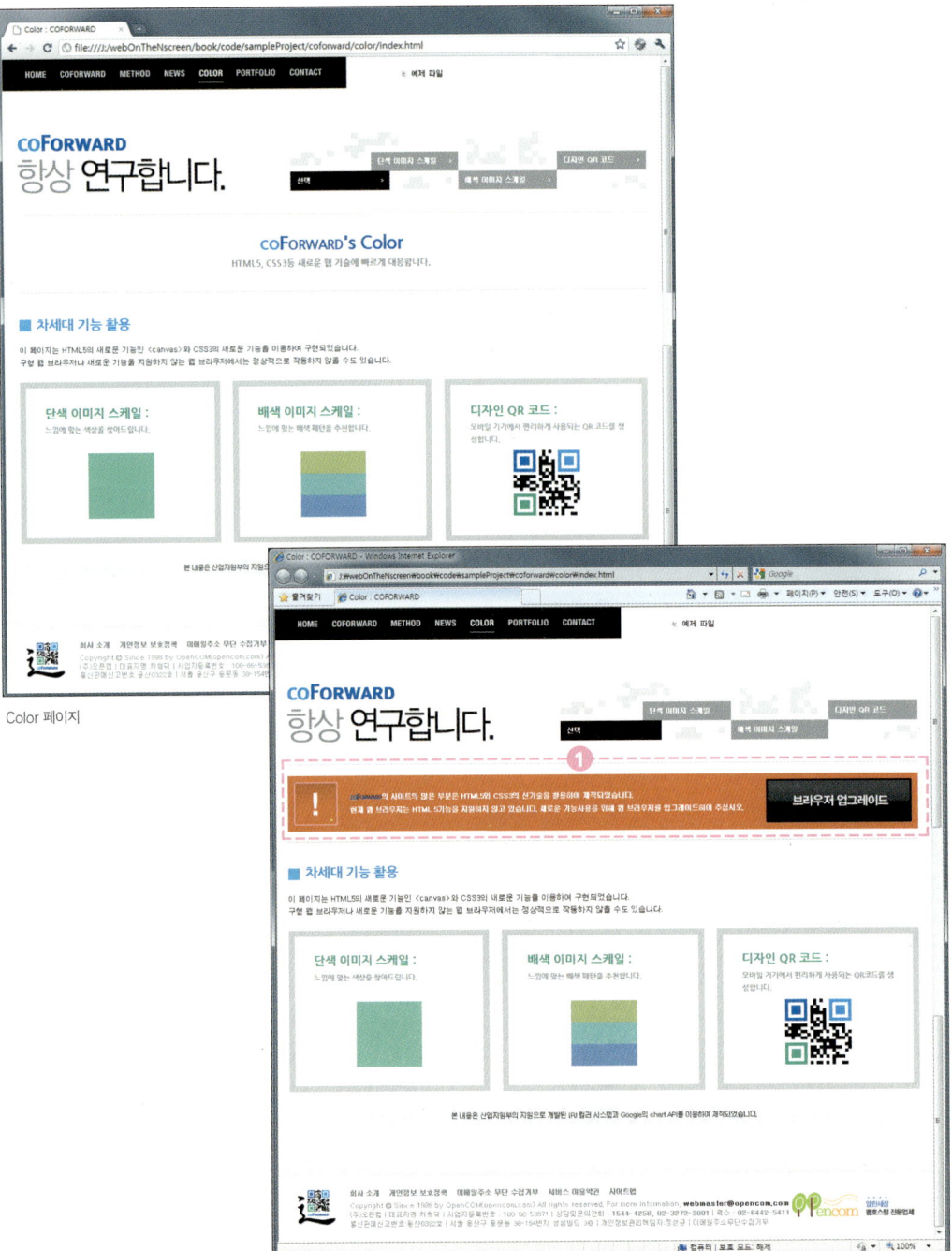

Color 페이지

인터넷 익스플로러 8 이하에서 표시되는 웹 브라우저 업그레이드 권장 부분

❶ 웹 브라우저 업그레이드 권장 부분

Color 페이지 부분의 기능을 모두 사용하기 위해서는 웹 브라우저가 〈canvas〉를 지원해야 합니다. 〈canvas〉는 인터넷 익스플로러 9 Beta를 포함한 최신 웹 브라우저는 모두 지원하고 있습니다. 따라서 인터넷 익스플로러 8 이하에서만 웹 브라우저 업그레이드를 권장하는 내용을 표시하면 되므로, 인터넷 익스플로러의 조건부 주석을 사용하여 "웹 브라우저 업그레이드 권장 부분"을 작성하였습니다.

```html
<article class="depth_01" id="colorGuide">
  <h1>차세대 기능 활용</h1>
  <p>이 페이지는 HTML 5의 새로운 기능인 &lt;canvas&gt; 와 CSS 3의 새로운 기능을 이용하여 구현되었습니다.<br />
    구형 웹 브라우저나 새로운 기능을 지원하지 않는 웹 브라우저에서는 정상적으로 작동하지 않을 수도 있습니다.</p>

<!--[if lte IE 8]>
<article id="upgrageCation">
  <p class="caution"><em class="coforward">co<span>Forward</span></em>의 웹 사이트의 많은 부분은 HTML 5와 CSS 3의 신기술을 활용하여 제작되었습니다. <br />
  현재 웹 브라우저는 HTML 5기능을 지원하지 않고 있습니다. 새로운 기능 사용을 위해 웹 브라우저를 업그레이드 하여 주십시오. <a class="upgradeBrowser" href="http://resistan.com/savethedeveloper/"> 웹 브라우저 업그레이드</a>
  </p>
</article>
<![endif]-->

<ul>
  <li id="color_01"><a href="page_01.html"> <span class="linkName">단색 이미지 스케일 : </span> 느낌에 맞는 색상을 찾아드립니다.</a></li>
  <li id="color_02"><a href="page_02.html"> <span class="linkName">배색 이미지 스케일 : </span> 느낌에 맞는 배색 패턴을 추천합니다.</a></li>
  <li id="color_03"><a href="page_03.html"> <span class="linkName">디자인 QR 코드 : </span> 모바일 기기에서 편리하게 사용되는 QR 코드를 생성합니다.</a></li>
</ul>
<p class="info">본 내용은 산업자원부의 지원으로 개발된 <a href="http://www.iricolor.com/" target="_blank">I.R.I</a> 컬러 시스템과<a href="http://code.google.com/intl/ko-KR/apis/chart/" target="_blank">Google의 chart API</a>를 이용하여 제작되었습니다.</p>
</article>
```

Color 페이지의 콘텐츠 영역의 구성

"웹 브라우저 업그레이드 권장 부분"은 페이지 콘텐츠 영역에 포함되어 있지만 기본적으로 표시되지 않는 부분이며, 표시되었을 때도 페이지의 기본적인 흐름을 변경하지 않도록 디자인하고자 하였습니다. 그러한 이유로 비교적 장식적인 기능이 강한 카테고리별 슬로건 영역에 절대 위치로 표시하도록 하였습니다. 웹 브라우저 업그레이드 권장을 위한 CSS 설정은 다음과 같습니다.

```css
.caution{
    color:#fff;
    font-weight:bold;
    font-size:90%;
    letter-spacing:-1px;
    background:#cc0000 url(img/icn_caution.jpg) 10px 10px no-repeat;
    height:65px;
    padding:25px 0 0 100px;
    width:900px;
    position:absolute;
    top:17px;
}
.caution .upgradeBrowser{
    background:url(img/btn_upgradeBrowser.gif) no-repeat;
    width:230px;
    padding-top:70px;
    height:0;
    overflow:hidden;
    display:block;
    position:absolute;
    top:10px;
    right:10px;
}
```

웹 브라우저 업그레이드 권장 부분의 CSS 설정

"웹 브라우저 업그레이드 권장" 부분은 HTML 구조상 "카테고리 슬로건"보다 나중에 작성되어 있으므로 겹침 순서를 조절할 필요는 없습니다.

7 | Contact 페이지

예제 파일   http://book.coforward.com/sample/sampleProject/contact/index.html
〈input〉 - 세분화된 입력 정보 구분 : p.176
placeholder - 입력 내용의 안내 : p.187
required - 필수 입력 사항 : p.190

contact 페이지

❶ 서식 부분

contact 페이지는 간단한 서식입니다. 서식의 구성은 일반적인 형태를 따랐으며, HTML 5에서 추가된 새로운 속성들을 사용하였습니다. contact 페이지의 콘텐츠 영역 구성은 다음과 같습니다.

```html
<section id="Content">
  <header class="sloganHeader">
    <h1>Contect to <em class="coforward">co<span>Forward</span></em></h1>
    <p class="slogan">문의 사항을 남겨 주시면 답변드리겠습니다.</p>
  </header>
  <p class="formDesc"> <span class="label_Rq">[필수]</span>는 반드시 입력해 주세요.</p>
  <form name="contectForm" id="contectForm" action="#" method="post">
    <table class="formTable">
      <tr>
        <th><label for="ctTitle">제목<span class="label_Rq">[필수]</span></label></th>
        <td><input type="text" id="ctTitle" name="ctTitle"
            required="required" placeholder="문의 제목을 입력하세요." /></td>
      </tr>
      <tr>
        <th><label for="ctContent"> 내용<span class="label_Rq">[필수]</span></label></th>
        <td><textarea id="ctContent" name="ctContent" id="ctContent"
              cols="50" rows="5" required="required"
              placeholder="문의 내용을 입력하세요"></textarea></td>
      </tr>
      <tr>
        <th><label for="ctEmail">이메일<span class="label_Rq">[필수]</span></label></th>
        <td><input type="email" id="ctEmail" name="ctEmail"
              required="required"
              placeholder="답변을 보내드릴 E-mail을 입력하세요" /> </td>
      </tr>
      <tr>
        <th><label for="ctTel">연락처</label></th>
        <td><input type="tel" id="ctTel" name="ctTel" placeholder="010-
          1234-1234" /></td>
      </tr>
      <tr>
        <th><label for="ctName">이름</label></th>
        <td><input type="text" id="ctName" name="ctName" placeholder="이름을
          입력하세요" /></td>
      </tr>
    </table>
    <div class="btnDiv">
```

```
            <button type="submit" class="btn_connectSubmit">문의하기</button>
      </div>
   </form>
</section>
```

Contact 페이지의 콘텐츠 영역 구성

 서식 요소는 placeholder 속성을 이용하여 입력 힌트를 제공하였으며, 필수로 작성해야 하는 서식 요소에는 required 속성을 지정하였습니다. 또한 type 속성에 새롭게 추가된 email, tel 등의 속성을 이용하여 서식 요소의 목적을 분명히 하였습니다. contact 페이지의 입력 양식은 비교적 단순하므로 자바스크립트를 이용한 폼 검증을 사용하지 않고 서버에서 검증하는 방식을 사용하였습니다. 하지만 필수 입력 요소에는 required 속성을 지정하였으므로, 차후 웹 브라우저가 required 속성의 자체 검증을 지원한다면 별도의 추가 작업 없이 사용자 측 검증이 적용될 것입니다.

Mobile Web

모바일 웹 사이트 제작

웹은 사용자의 다양한 물리적·문화적 환경 요인에 관계없이 정보를 전달하기 위한 목적을 가지고 있으며, 웹 표준은 이를 기술적으로 구현하기 위한 방법이라고 할 수 있습니다. 따라서 웹 표준을 준수하여 웹 사이트를 작성했다면 별다른 추가 작업 없이도 기본적으로 웹을 지원하는 기기는 이 웹 사이트를 표시할 수 있으며, 만약 웹의 정보를 원하는 사용자가 검색 엔진이나 정보 자체를 가공하기 위한 프로그램 등이라면 HTML 구조를 잘 작성한 웹 사이트는 그 자체로 다양한 환경에 대응하고 있다고 볼 수도 있을 것입니다. 그러나 일반적인 경우 웹 사이트에서 제공하는 서비스를 사용하는 사용자의 입장은 물론 서비스를 제공하는 쪽에서도 기기에 단순히 표시만 된다고 해서 만족하기는 어려울 것입니다. 이러한 이유 때문에 동일한 서비스를 모바일 기기에서도 사용하기 쉽도록 화면을 다시 구성하여 별도의 웹 사이트를 작성하기도 합니다. 또한 모바일 기기에서의 인터넷 접속이 늘어나면서 어떤 경우는 모바일만을 위한 신규 웹 사이트를 작성하기도 합니다. 이 장에서는 모바일 웹 사이트를 구축할 때 고려해야 할 사항을 소개하고, 앞장에서 작성한 coForward 웹 사이트를 모바일 기기에 적용한 사례를 소개합니다.

1 : 모바일 웹 사이트 작성 시 고려할 점

1 | W3C Mobile Web Best Practice

W3C Mobile Web Initiative에서는 2008년도에 Mobile Web Best Practice 1.0

(http://www.w3.org/TR/mobile-bp)을 권고하였습니다. 이 권고안은 모바일 웹을 작성하기 위한 기술적인 내용을 담고 있습니다. 그러나 자바스크립트와 같은 클라이언트 측 스크립트를 허용하지 않는다거나 최대 용량을 20Kbyte로 한다는 내용 등은 현 시점에서 우리가 생각하는 모바일 웹과는 차이가 있을 수 있습니다. 그러나 이 책의 첫 부분에서 이야기한 대로 웹 표준 기술이 보편적인 정보 전달을 위한 방법으로 작성되고, 권고되는 표준 역시 앞서가는 최신 환경이 아니라 보편적으로 사용될 수 있는 환경을 고려한다는 점을 생각해 본다면 표준안의 방향성을 이해할 수 있을 것입니다. 기술적 세부 사항만을 본다면, 우리가 생각하는 모바일 웹과는 다를 수 있지만 전반적인 내용은 모바일 웹 사이트를 작성할 때 고려해야 할 사항들이 잘 정리되어 있습니다. 다음은 Mobile Web Best Practice 요약본의 내용들입니다.

Mobile Web Best Practices

- :: **하나의 웹을 위한 설계** : 다양한 장비를 고려하여 설계한 콘텐츠는 비용을 절감시키고, 유연성을 증대하며, 더 많은 사람들의 필요를 충족시킬 수 있다.
- :: **웹 표준 준수** : 세계 곳곳의 제각기 다른 장비와 웹 브라우저의 호환을 위해서는 표준을 준수해야 한다.
- :: **유해 요소 제거** : 모바일 장비의 제한된 화면 크기, 키보드, 기타 기능 등에 의해 발생하는 사용자의 문제를 고려하여 설계해야 한다.
- :: **장비 제한 주의** : 특정 웹 기술을 사용하고자 할 때는 모바일 장비 성능이 제각기 다르다는 것을 염두에 두어야 한다.
- :: **웹 네비게이션 최적화** : 작은 화면과 키보드, 제한된 bandwidth에서는 단순한 네비게이션과 입력이 매우 중요하다.
- :: **그래픽과 색상 확인** : 이미지, 색상, 스타일은 콘텐츠를 빛나게 하지만 지원되는 포맷과 저사양의 화면 등에 유의해야 한다.
- :: **가볍고 간결한 웹 사이트** : 가벼운 웹 사이트는 시간과 비용을 절약하여 사용자를 즐겁게 한다.
- :: **네트워크 자원 절약** : 웹 프로토콜 기능을 활용하면 네트워크 부하와 대기 시간을 줄여 사용자 이용도를 향상시킬 수 있다.
- :: **사용자 입력 가이드** : 모바일 장비에서 키보드 및 각종 입력 방법은 비효율적일 수 있으며, 효과적인 설계

는 이러한 입력을 최소화할 수 있다.

:: **모바일 유저 배려** : 시간이 부족하고 번잡한 상황에 있는 모바일 사용자들은 간결한 정보를 얻고자 한다.

W3C Mobile Web Initiative에서는 웹 사이트가 모바일에 적합하도록 제작되었는지를 *Mobile Web Best Practice의 기준으로 평가하는 자동평가 툴인 W3C mobileOK Checker(http:// validator.w3.org/mobile/check)를 제공하고 있습니다.

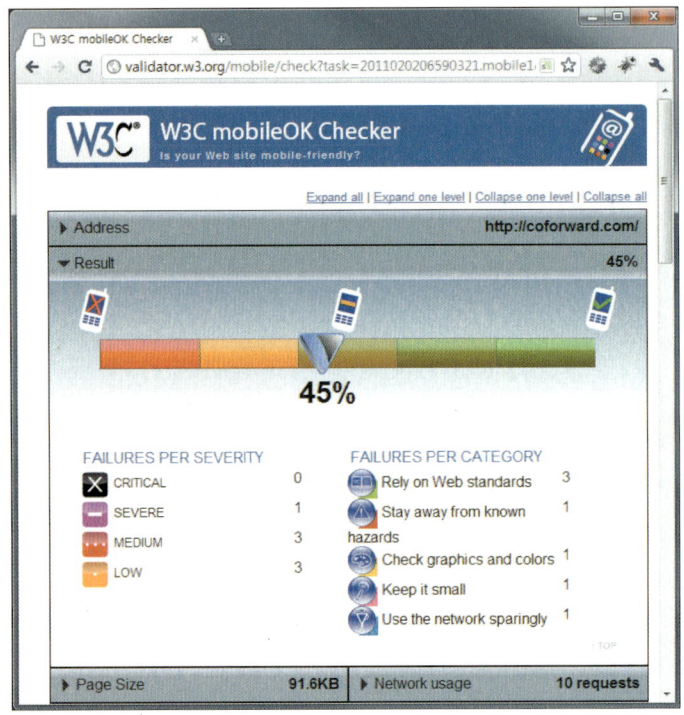

W3C mobileOK Checker(http://validator.w3.org/mobile/check)

* Mobile Web Best Practice

Mobile Web Best Practice 권고안은 요약 카드 형태로도 제공되며, 한글 버전 (http://www.w3c.or.kr/Translation/mwbp_flip_cards)도 제공되고 있습니다. 또한 W3C Mobile Web Initiaive에서는 2010년에는 모바일 웹을 애플리케이션적 관점으로 접근했을 때 고려해야 할 사항에 대해 Mobile Web Application Best Practices을 권고하였습니다. 이 권고안 역시 카드 형태의 요약본이 제공되며, 한글(http://www.w3c.or.kr/Translation/MWABP)로도 제공되고 있습니다.

Mobile Web Application Best Practices

2 | Mobile Web 2.0 Forum의 mobile ok

국내에서도 Mobile Web 2.0 Forum(http://www.mobileok.kr)에서 mobile ok라는 국가 지원 시범 사업을 통해 W3C Mobile Web Best Practice와 유사한 기준을 제시하고 있습니다. mobile ok 웹 사이트에서 소개하는 모바일 OK 시범 사업에 대한 설명은 다음과 같습니다.

■ 모바일 OK 시범 사업이란?

문화체육관광부의 지원하에 모바일 콘텐츠 진흥 및 시장 활성화를 위하여 모바일 웹 표준 기반에서 효율적으로 개발하고 공정하게 비즈니스할 수 있는 제반 환경(ECO-SYSTEM)을 구축하고, 이의 보급 및 확산을 통해 4,000만 모바일 사용자들이 손쉽게 콘텐츠를 이용할 수 있도록 정부 주도하에 시범적으로 추진하는 사업입니다. mobile ok의 모바일 웹 권고안은 W3C의 권고안과 유사하지만 국내 환경을 고려하여 약간의 차이점이 있습니다. W3C의 권고안과 mobile ok의 권고안을 비교하면 다음 표와 같습니다.

구분	W3C	mobile ok
화면 해상도	120px 이상	240px~480px
마크업	XHTML-Basic - application/xhtml+xml	HTML 4.01 XHTML-Basic - application/xhtml+xml
문자 인코딩	UTF-8	UTF-8, EUC-KR
이미지 형식	JPEG, GIF 89a	JPEG, GIF 89a, PNG
페이지 용량	20Kbyte	50Kbyte
색상	256컬러	256컬러 이상
CSS 지원	CSS Level 1, CSS Level2	CSS Level 1, CSS Level2 CSS Level 3 일부 지원
HTTP 규약	HTTP1.0 / HTTP1.1	HTTP1.0 / HTTP1.1 HTTPS/SSL 지원
스크립트	사용자 측 스크립트 허용 안 함.	ECMAScript 지원 XMLHttpRequest(Ajax) 지원

W3C와 국내 mobile ok의 권고안 비교

3 | 모바일 웹의 현실적인 고려

지금까지 모바일 웹을 작성할 때 고려해야 할 점으로 W3C의 Mobile Web Best Practice와 국내의 Mobile Web 2.0 Forum의 mobile ok 규격에 대해 알아보았습니다. 이 두 표준은 성능이 조금 떨어지더라도 가능한 많은 모바일 기기가 웹에 접근할 수 있는 것을 목적으로 하고 있으므로, 상업적인 모바일 웹이 바라보는 수준과 약간의 차이가 있을 수도 있습니다. 이번에는 상업적으로 조금은 현실적인 모바일 웹에 대한 고려 사항에 대해 알아보겠습니다. 웹은 기본적으로 장치 독립적인 정보 구조이기 때문에 이전에도 모바일 기기를 통해 웹에 접근할 수 있었습니다. 그러나 모바일 기기의 성능은 컴퓨터와 비교해 볼 때 격차가 컸으며, 서비스되는 웹 사이트들도 모바일 기기에 대한 고려가 거의 없었던 것이 사실입니다. 그러나 몇 년 사이 아이폰을 시작으로 컴퓨터 환경에 뒤지지 않는 사용자 환경을 제공해 주는 스마트 폰들이 보급되었으며, 모바일 웹에 접근하는 실제 기기들 또한 이와 같은 스마트 폰들이 주를 이루고 있습니다.

■ **모바일 웹 브라우저의 점유율**

국내에서 모바일 웹이 관심을 받게 된 것은 아이폰과 같은 스마트 폰의 영향이 적지 않습니다. 그리고 모바일 웹 서비스를 제공하는 많은 서비스들은 주로 일정 수준 이상의 성능을 가진 웹 브라우저가 설치된 스마트 폰을 대상으로 서비스가 이루어지고 있습니다.

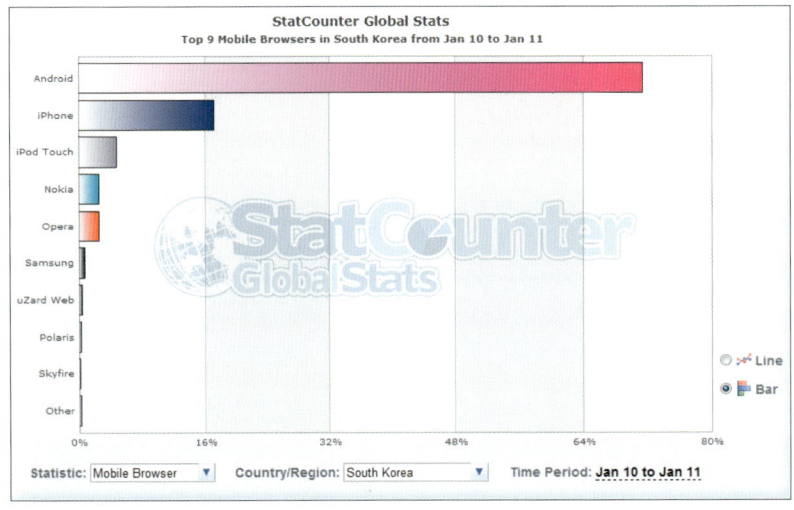

국내 모바일 웹 브라우저의 점유율(http://gs.statcounter.com)

위 그래프는 2010년 한해 국내 모바일 웹 브라우저의 점유율 그래프입니다. 구글의 모바일 운영 체제인 안드로이드에 설치된 웹 브라우저가 가장 높은 점유율을 보이고 있으며, 그 다음으로 아이폰과 아이팟 터치 등의 아이폰 운영 체제에 탑재된 모바일 사파리가 그 뒤를 잇고 있습니다. 이 두 가지 종류의 웹 브라우저 점유율을 합하면 거의 95%에 가깝습니다. 그리고 이 두 가지 웹 브라우저는 모두 웹킷을 기반으로 하고 있으므로, 이 두 웹 브라우저의 기본적인 특성은 동일합니다.

■ **모바일 웹 브라우저의 성능**

최근 스마트 폰의 성능은 컴퓨터에 못지않을 정도로 발전했습니다. 설치된 웹 브라우저 역시 컴퓨터용 웹 브라우저에 뒤지지 않을 정도의 성능을 보여 주고 있습니다. 특히 HTML 5 와 관련된 기능의 지원 정도는 매우 주목할 만한 사항입니다.

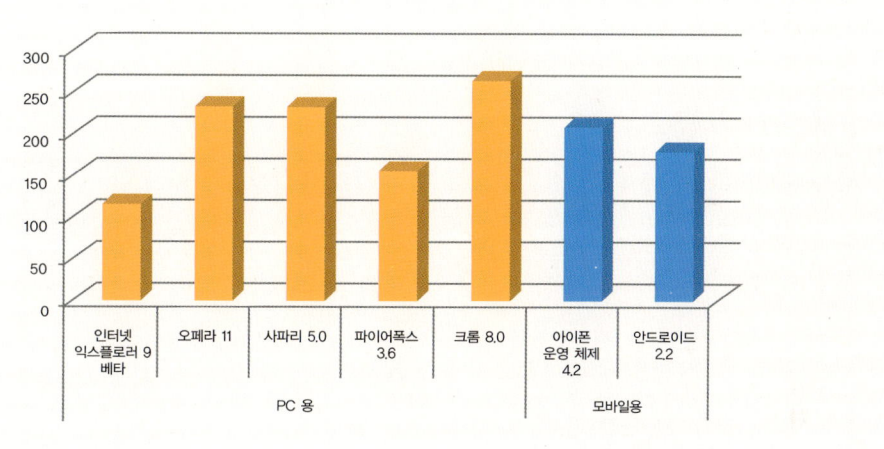

웹 브라우저별 HTML 5 지원 정도(http://beta.html5test.com)

위 그래프는 각 컴퓨터와 모바일용 웹 브라우저의 HTML 5 지원 정도에 대한 *html5 test.com의 점수를 표시한 것입니다. 개별적인 모바일용 웹 브라우저의 HTML 5 지원 정도가 컴퓨터용 웹 브라우저에 약간 못 미치기는 하지만 컴퓨터와 모바일의 전체적인 평균 점수를 본다면 오히려 모바일 쪽이 더 높을 수도 있습니다.

> **여기서 잠깐**
>
> * **html5test.com**
>
> html5test.com은 접속한 웹 브라우저가 HTML을 지원하는 정도를 분야별로 체크한 점수를 400점 만점으로 보여 주는 웹 사이트입니다.
>
>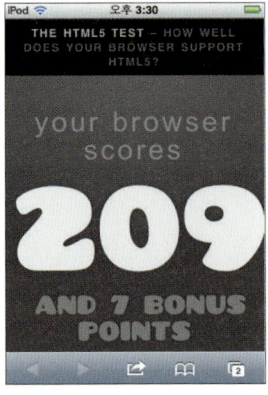
>
> 웹 브라우저의 HTML 5 지원 정도를 표시해 주는 html5test.com

국내 모바일 웹 브라우저 시장의 점유율과 웹 브라우저의 성능을 살펴보면 거의 하나의 특성을 가진 웹 브라우저들이 높은 점유율을 가지고 있으며, HTML 5에 대한 지원 정도도 높기 때문에 컴퓨터용 웹 사이트보다 HTML 5의 지원 정도나 웹 브라우저 간 크로스 브라우징에 대한 고민 없이 모바일용 웹 사이트를 만들 수 있다는 의견이 어느 정도 타당할 수는 있습니다. 하지만 잊지 말아야 할 것은, 웹은 기본적으로 장치 운영 체제에 독립적이라는 것입니다.

2 : 모바일 대응 방안의 선정

모바일 웹 사이트를 작성하는 경우는 크게 완전히 새로운 서비스의 웹 사이트를 작성하는 것과 기존 서비스를 모바일에 대응시키는 것으로 나누어 볼 수 있습니다. 완전히 새로운 웹 사이트를 구축하는 경우는 기존의 웹 사이트나 데이터 등의 호환을 고려할 필요가 없으므로 특별히 대응 방안을 고민할 필요가 없을 수도 있습니다. 그러나 기존의 웹 사이트가 있는 상태라면 모바일 웹 사이트를 작성하기에 앞서 대응 방안을 고려해 보아야 할 것입니다.

1 | 대응하지 않기

웹 표준을 지켜 작성된 웹 사이트라면 정보 구조적으로 모바일이나 새로운 기기에 반드시 대응할 필요는 없습니다. 웹 기술 자체로 다양한 환경에 대응하고 있기 때문입니다. 실제로 스마트 폰의 웹 브라우저로 컴퓨터 해상도에 맞추어진 웹 사이트에 접속하더라도 웹 표준을 준수하고 있다면 그 웹 사이트의 배치나 디자인 그대로를 보여 주며, 기능도 정상적으로 작동합니다.

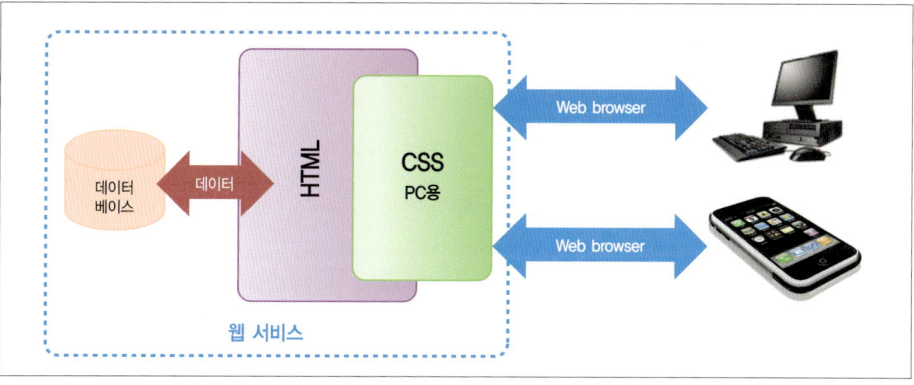

기존 웹 사이트를 그대로 이용하는 방안

그러나 컴퓨터를 기준으로 만들어진 웹 사이트는 모바일 기기의 작은 화면에서 원활하게 보기가 어렵습니다. 특히 국내 웹 사이트는 이미지 사용이 많고 콘텐츠가 복잡하기 때문에 이러한 문제가 더욱 크게 부각됩니다. 따라서 최근에는 모바일 환경에서도 사용하기 편한 웹 사이트를 제공하기 위해 별도의 레이아웃과 디자인을 가진 모바일용 웹 사이트를 구축하는 경우가 많아지고 있습니다.

2 | 데이터 레벨에서의 분리

종종 모바일 웹 사이트를 작성할 때 기존 웹 사이트와 모바일 웹 사이트를 데이터 레벨에서 분리하여 작성하는 사례를 볼 수 있습니다. 이 경우에는 데이터 베이스부터 모바일 웹 사이트용과 컴퓨터용을 구분하여 HTML 구조나 CSS를 별도로 구성합니다. 이는 신규 웹 사이트를 작성하는 것과 별 차이가 없고, 기존 데이터와 호환 문제가 발생하며, 2중으로 관리해야 한다는 측면에서 볼 때 효율적인 방법이라 보기는 어렵습니다.

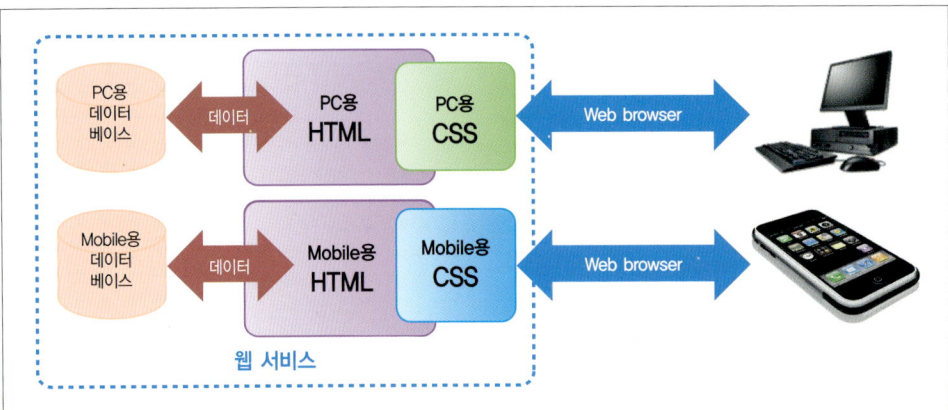

데이터 레벨에서 분리하여 대응하는 방법

3 | 구조 레벨에서의 분리

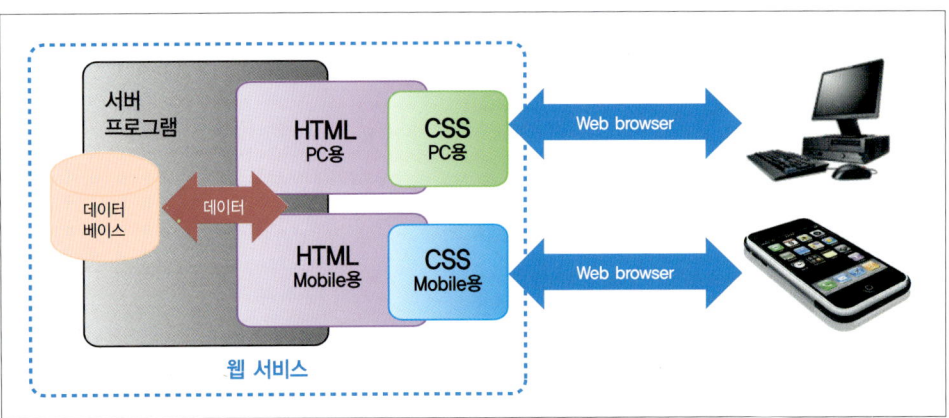

구조 레벨에서 분리하여 대응하는 방법

두 번째로는 구조 레벨에서 분리하여 대응하는 방법이 있습니다. 즉, 데이터는 공유하되, 서버 측 프로그램을 이용하여 컴퓨터용 HTML과 모바일용 HTML을 작성하여 각각 제공하는 것입니다. 이 방법은 첫 번째 방법에 비해 데이터의 호환 문제는 발생하지 않지만 2중 관리 문제는 여전히 발생합니다. 하지만 기존에 작성된 컴퓨터를 대상으로 한 웹 사이트가 복잡하고 클 경우에는 가장 현실적인 방안이기도 합니다.

4 | 표현 레벨에서의 분리

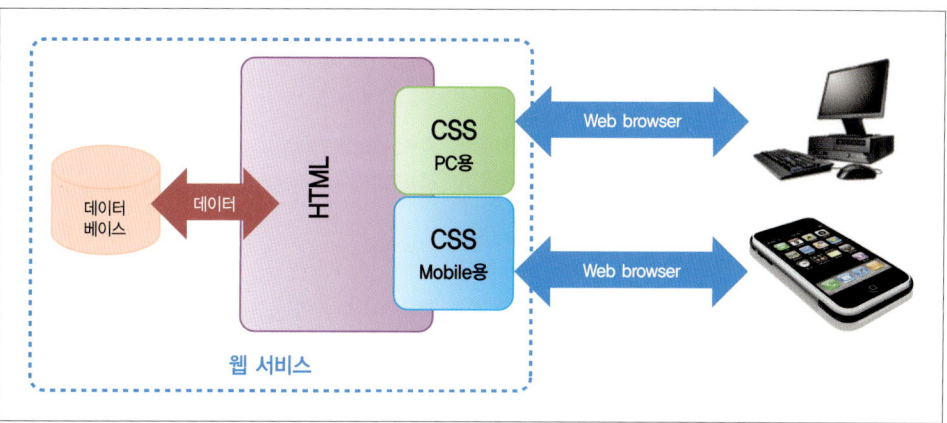

표현 레벨에서 분리하여 대응하는 방법

하나의 HTML에 각각의 CSS를 적용하는 방법 중에서 가장 이상적인 방법입니다. 이 방안이 가능하기 위해서는 HTML이 구조화되고, 가볍게 작성되어 있어야 합니다. HTML의 구조 형태나 분량은 콘텐츠 설계로부터 결정되므로, 이와 같은 대응 방법이 가능하기 위해서는 초기 설계 단계부터 콘텐츠 설계와 HTML 구성이 잘 이루어져야 합니다.

이와 같은 이유로 기존의 웹 사이트가 복잡하고 무거운 경우에 웹 사이트 재작성 수준의 전면적인 개편을 하지 않고서는 사실상 선택이 불가능한 경우가 많습니다. 이런 경우 먼저 소개한 구조 레벨의 분리가 가장 현실적인 방안이지만 만약 신규 웹 사이트가 다양한 기기에 대응하고자 하는 계획을 가지고 진행한다면 이 방안을 선택하는 것이 가장 유리합니다.

3 : coForward 웹 사이트 모바일 대응 기획

coForward 웹 사이트의 모바일 대응은 기본 웹 사이트가 완성된 후 1달 정도의 간격을 두고 진행되었으며, 모바일 대응 작업 전 다음과 같은 사항을 체크하고, 결정하였습니다.

1 | 대응 방안의 선정

coForward 웹 사이트는 그렇게 복잡하거나 큰 웹 사이트는 아니지만 일부 페이지는 데이터베이스와 연동되고 프로그램 성격을 가진 페이지도 존재합니다. 최초 대응 방안 선정 시 '구조 레벨에서 분리 방안'도 고려하였지만 기본 웹 사이트가 텍스트 위주로 구성되어 있고, 팀의 현실적인 시간 배분 문제도 있기 때문에 가장 빠르게 적용될 수 있다고 판단하여 '표현 레벨에서 분리'하는 방안으로 결정하였습니다.

2 | 콘텐츠의 점검

기존 웹 사이트에서 제공하는 서비스를 대상으로 모바일 대응을 진행할 때 종종 볼 수 있는 사례가 기존 웹 사이트에 모든 콘텐츠를 모바일 웹 사이트에도 적용하고자 하는 것입니다.

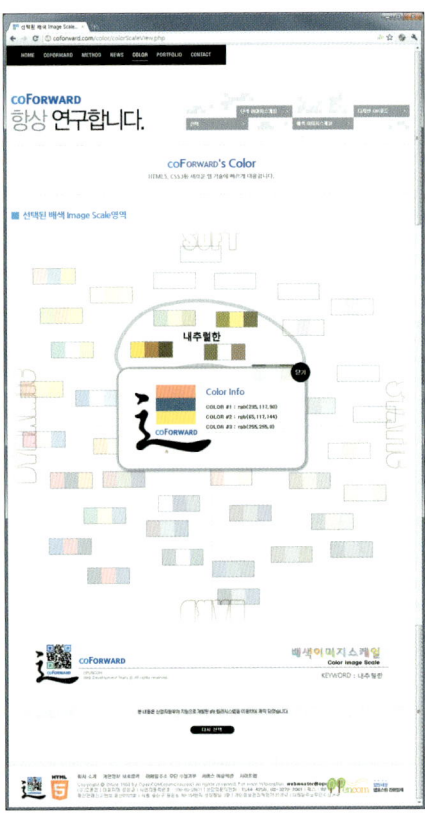

모바일 환경에서 제외하기로 한 페이지의 콘텐츠 형태

물론 동등한 정보를 제공한다는 측면에서는 모든 콘텐츠를 제공하는 것이 바람직하지만 기능에 따라서는 컴퓨터를 상정하고 작성한 기능도 분명히 있습니다. coForward 웹 사이트의 경우 기본적으로 텍스트로 이루어져 있고, 문서적 성격이 강한 내용으로 구성되어 있지만 "COLOR" 페이지의 콘텐츠는 가로 폭 1000px 이상 '마우스 사용', '그림 저장' 등 컴퓨터로의 접근을 전제로 구성한 콘텐츠들도 포함하고 있습니다. 기능상은 〈canvas〉를 이용한 것으로 모바일 환경에서의 작동은 보장되지만 화면 크기와 UI 구성, 그리고 사용 목적이 모바일 환경과는 어울리지 않는다고 판단하여 모바일에서는 'COLOR' 페이지 전체를 제외하는 것으로 결정하였습니다.

3 | 디자인 방안

이미 웹 사이트가 완성되어 있는 상태였기 때문에 디자인은 기존 웹 사이트의 디자인 콘셉트를 그대로 유지하면서 모바일 환경에 대응하는 방향으로 진행하였습니다.

4 : 모바일 대응 웹 사이트 구성

1 | 환경의 구성

coForward 웹 사이트의 모바일 대응 방안은 '표현 레벨에서 분리' 하는 방안을 선택하였으므로 HTML 구성은 그대로 둔 채 CSS를 변경하기로 하였습니다. CSS를 변경하는 방식에도 방안이 있을 수 있으며, 각각 장단점을 가지고 있습니다.

■ 서버 측 프로그램을 이용하는 방법

서버 측 프로그램을 이용하여 HTTP 헤더와 함께 넘어오는 접속 웹 브라우저 정보를 체크한 후, 모바일 웹 브라우저로 판단되면 모바일용 CSS를, 그렇지 않으면 컴퓨터용 CSS를 제공하는 방식입니다. 기본적으로는 '구조 레벨에서 분리'하는 방안과 동일한 방법입니다. 적용될

CSS가 서버와 구분되어 있기 때문에 모바일 페이지 상태에서는 불필요한 배경 이미지 등을 다운로드하지 않는다는 장점이 있지만 만일 새로운 모바일 웹 브라우저가 추가된다면 *접속 웹 브라우저를 판별하는 HTTP 헤더 정보를 계속적으로 갱신해야 한다는 단점이 있습니다.

> **여기서 잠깐**
>
> *** 접속 웹 브라우저 정보**
>
> 웹 브라우저는 서버에 정보를 요청할 때 웹 브라우저의 이름이나 버전 등을 User-Agent라는 값으로 함께 전송합니다. 이때 각 웹 브라우저마다 User-Agent값이 다르기 때문에 서버에서는 이 값을 체크하여 다른 페이지로 연결하거나 다른 정보를 전송할 수 있습니다. 그러나 User-Agent값은 절대적인 것이 아니며, 웹 브라우저의 개발자 도구 등에서 이 값을 변경할 수 있는 기능을 제공하기도 합니다.
>
>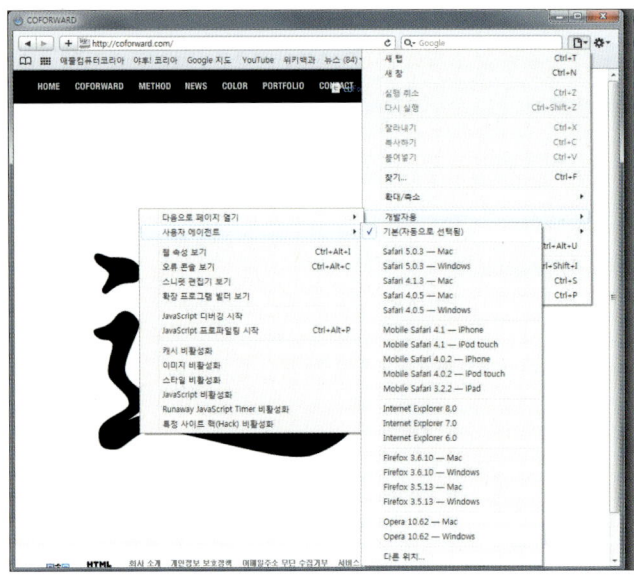
>
> 사파리 웹 브라우저 개발자용 메뉴에서 지원하는 User-Agent값 변경 기능

■ 자바스크립트를 이용하는 방법

자바스크립트는 사용자 측에서 작동하는 언어이므로, 사용자 환경을 알아볼 수 있습니다. 이러한 자바스크립트의 특징을 이용하여 사용자의 스크린 사이즈를 체크한 후, 특정 폭 이하이면 모바일용 CSS로 변경 적용하는 방법입니다. 이 방법은 자바스크립트가 페이지 디자인을 적용하게 되므로, 디자인이 적용될 때 약간의 딜레이가 발생할 수 있으며 적용하는 방법에 따라 불필요한 구성 요소를 다운로드하기도 합니다.

■ 가변 폭에 대응할 수 있는 CSS 레이아웃을 이용하는 방법

CSS 레이아웃을 상대 크기로 지정하여 웹 브라우저 화면 폭에 따라 레이아웃이 변경되도록 하는 방법입니다. 위의 두 방법과는 달리 CSS만을 이용하므로 별도의 추가 프로그램 작업이 필요 없다는 장점이 있습니다. 가변 폭 레이아웃을 사용하기 위해서는 디자인을 시작할 때부터 이를 염두에 두어야 합니다. 이 방법은 CSS의 구현이 쉽지 않기 때문에 복잡한 디자인을 가진 웹 사이트나 이미 기존 웹 사이트가 있는 경우에는 적용하기 어렵습니다.

■ CSS 3의 Media Query를 이용하는 방법

CSS 3의 Media Query를 이용하는 방법은 기본적으로 자바스크립트를 이용한 방식과 동일하게 웹 브라우저의 폭을 체크하여 해당 폭의 스타일을 지정하는 것이지만 별도의 프로그램 작업 없이 구현할 수 있는 CSS 3의 새 기능입니다. 또한 현재 적용되는 스타일 이외의 다른 스타일들은 모두 무시되므로 불필요한 구성 요소를 다운로드하지도 않습니다. 그러나 Media Query는 웹 브라우저가 지원하는 기능이므로, 이 기능을 지원하지 않는 웹 브라우저를 위한 대비가 필요합니다.

위와 같은 방안 중 coForward 웹 사이트는 CSS의 Media Query를 사용하기로 하였으며, Media Query를 위하여 기본 HTML 템플릿 〈head〉 부분을 다음과 같이 수정하였습니다.

> 예제 파일 http://book.coforward.com/sample/sampleProject/template.html
> CSS 3 Media Query : p.318

```
<!DOCTYPE HTML>
<html>
<head>
<meta http-equiv="Content-Type" content="text/html; charset=utf-8">
<title>페이지별 타이틀 : COFORWARD</title>
<meta name="description" content="페이지별 description" />
<meta name="keywords" content="페이지별 keyword"  />
<!--Shortcut Icon-->
<link rel="shortcut icon" href="img/common/coforward.ico" />
<link href="../css/layout.css" type="text/css" rel="stylesheet"
      media="all" />

<!--HTML 5 및 CSS 3 미지원 웹 브라우저를 위한 설정-->
```

```
    <!--[if lte IE 8]>
    <script src="http://html5shiv.googlecode.com/svn/trunk/HTML 5.js">
      </script>
    <![endif]-->
    <link href="../css/html5Reset.css" type="text/css" rel="stylesheet" />
<!--HTML 5 및 CSS 3 미지원 웹 브라우저를 위한 설정 끝-->
</head>
```

기존의 HTML 템플릿의 〈head〉 부분

```
<!DOCTYPE HTML>
<html>
<head>
<meta http-equiv="Content-Type" content="text/html; charset=utf-8">
<title>페이지별 타이틀 : COFORWARD</title>
<meta name="description" content="페이지별 description" />
<meta name="keywords" content="페이지별 keyword"  />
<!--Shortcut Icon-->
<link rel="shortcut icon" href="img/common/coforward.ico" />
<link href="../css/layout.css" type="text/css" rel="stylesheet"
        media="screen and (min-width:769px)" /><!--컴퓨터용 CSS-->
<link href="../css/layout_mobile.css" type="text/css" rel="stylesheet"
        media="screen and (max-width:768px)" /><!--mobile용 CSS-->

<!--HTML 5 및 CSS 3 미지원 웹 브라우저를 위한 설정-->
    <!--[if lte IE 8]>
    <script src="http://html5shiv.googlecode.com/svn/trunk/HTML 5.js">
      </script>
    <![endif]-->
    <link href="../css/html5Reset.css" type="text/css" rel="stylesheet" />
<!--HTML 5 및 CSS 3 미지원 웹 브라우저를 위한 설정 끝-->
</head>
```

Media Query를 위해 수정된 HTML 템플릿의 〈header〉 부분

　〈header〉 부분을 위와 같이 수정하면 가로 폭 780px 이상일 때는 "layout.css"가 적용되고, 그 미만일 때는 "layout_mobile.css"가 적용됩니다. 〈head〉 부분을 수정한 후 웹 브라우저 창의 가로 폭을 줄이면 다음과 같은 모습이 나타납니다.

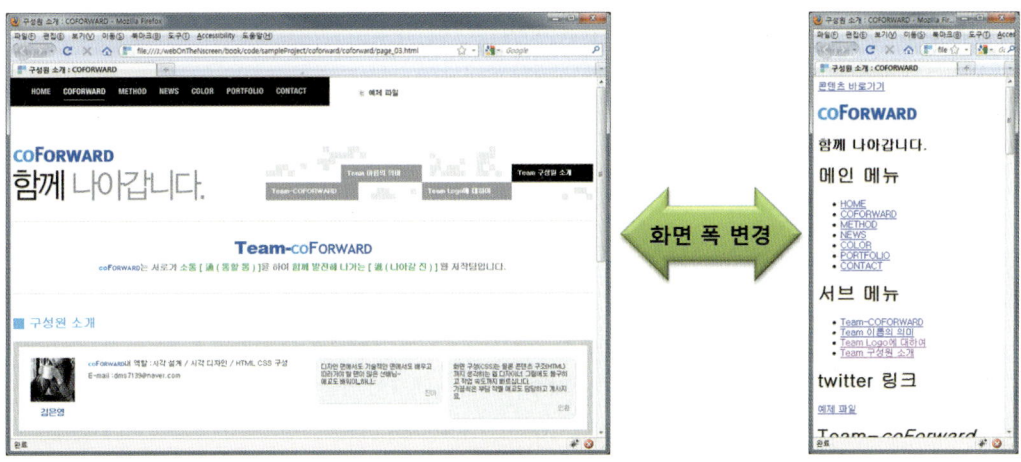
Media Query 적용

위의 그림은 아직 "layout_mobile.css"가 적용되지 않은 상태이기 때문에 화면 폭이 좁을 경우에는 *디자인이 없는 상태로 나타나게 됩니다.

> **여기서 잠깐**
>
> **＊ 디자인이 없는 상태**
> 구조적으로 잘 구성된 HTML은 모바일 환경에서도 CSS를 적용하지 않고, 디자인이 없는 상태에서도 충분히 사용할 수 있습니다. 실례로 예전에 오페라 모바일 웹 브라우저의 모바일 모드는 웹 페이지에서 CSS를 차단하는 것이었습니다.

2 | 모바일 환경의 특징과 구성

앞에서 여러 번 언급한 대로 모바일 웹 사이트를 작성한다고 해서 기존의 웹 기술 이외에 별도의 새로운 기술이 필요한 것은 아닙니다. 오히려 기술적으로는 복잡한 디자인을 가진 컴퓨터용 웹 사이트를 작성하는 것이 더 시간이 걸립니다. 모바일용 웹 사이트의 구축은 기존 HTML과 CSS 기술을 기존과 다르게 사용한다는 측면보다는 모바일 환경에 대한 이해와 그에 대응하는 기획 및 디자인 대응이 더 중요할 수도 있습니다. 그러므로 여기서는 모바일용 CSS를 분석하기보다는 모바일 환경의 특징과 그에 따른 대응 방안에 대해 소개하겠습니다.

■ 모바일 페이지에서는 콘텐츠가 선형화됩니다

> 예제 파일 http://book.coforward.com/sample/sampleProject/coforward/index.html
> 아웃라인은 기획 단계에서 이미 완성됩니다. : p.15

일반적으로 모바일 환경은 컴퓨터 환경보다 사용할 수 있는 폭이 좁습니다. 따라서 콘텐츠를 가로로 배치할 수 있는 여지가 별로 없으며, 세로로 나열해야 합니다. 이러한 특징 때문에 모바일 웹 사이트에서는 콘텐츠 선형화가 중요합니다. 일반적으로 콘텐츠 선형화는 보조 기기들에의 접근성 관점에서 많이 다루어졌지만 모바일 웹 사이트에서도 중요합니다. 또한 HTML 5에서는 잘 구성된 아웃라인 역시 모바일 웹 사이트를 구축하는 데 중요한 역할을 차지할 수 있습니다. 다음은 coForward 모바일 웹 사이트의 기본적인 구조를 최초 웹 사이트 구성을 시작할 때 작성했던 HTML 템플릿의 아웃라인과 비교해 본 것입니다.

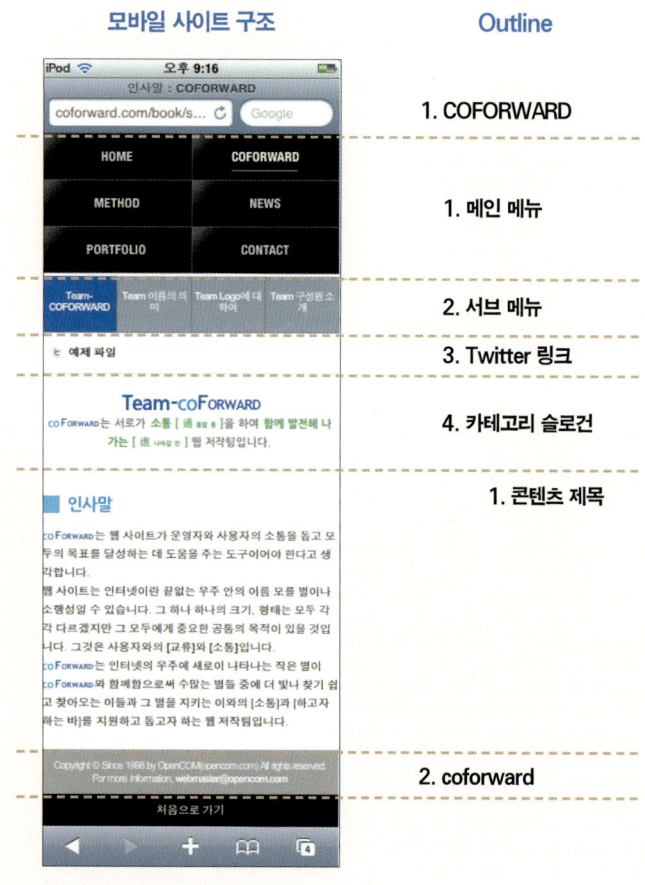

모바일 웹 사이트 구조와 아웃라인의 구조

콘텐츠 요소들이 아웃라인의 순서와 무관하게 2차원적으로 배치되었던 기본 웹 사이트와는 달리 모바일 페이지는 아웃라인 순서를 그대로 따르고 있습니다. 여기서 중요한 것은 아웃라인 구조를 작성할 때 모바일 페이지의 디자인은 전혀 고려 사항이 아니라는 점입니다. 즉, '웹 사이트가 무엇을 전달하고자 하는가'와 '어떤 구조로 전달하고자 하는가'만을 고려한 아웃라인 구성이 콘텐츠가 선형화되는 모바일 페이지에서 중요하게 적용된 것입니다. 이때에는 콘텐츠의 순서나 위치를 변경할 필요가 없고, 모바일 웹 사이트를 위한 남은 작업은 레이아웃을 크게 고려할 필요 없이 각 요소의 디자인을 적용하는 것뿐이므로 *CSS 작업은 기본 웹 사이트보다 단순해집니다.

> **여기서 잠깐**
>
> * **CSS 작업은 기본 웹 사이트보다 단순해집니다**
> 실제 coForward 웹 사이트에 사용된 CSS의 라인 수만 보더라도 기존 CSS는 관리자 부분을 제외하고 1,487라인이었던 반면 모바일용 CSS는 864라인으로 훨씬 감소한 것을 볼 수 있습니다.

■ 모바일 웹 사이트는 세로 스크롤이 길어집니다

예제 파일   http://book.coforward.com/sample/sampleProject/coforward/page_02.html

모바일 웹 사이트는 콘텐츠가 선형으로 배치되기 때문에 일반적으로 세로 스크롤이 길어집니다. 한 페이지 내에서 세로 스크롤이 길어진다고 해서 크게 문제될 것은 없지만 그 페이지에서 다른 페이지로 이동하고자 할 때 메뉴 부분으로 이동해야 하므로 메인 메뉴의 위치에 따라 스크롤을 다시 올려야 하는 경우가 발생합니다.

다음 그림은 똑같은 콘텐츠를 담은 페이지의 세로 길이를 비교한 것입니다. 모바일 페이지의 스크롤 길이는 기본 페이지와 비교하여 약 25% 정도 길어졌습니다. 수치적으로 보면 그렇게 큰 차이가 아니라고 느껴질 수 있지만 기본 페이지는 일반적인 컴퓨터 모니터에서 '한 스크롤 반' 정도인데 비해 모바일 페이지는 아이폰을 기준으로 약 '다섯 스크롤' 정도이므로 사용자가 체감하는 길이는 더 길어집니다.

이렇게 스크롤이 길어지는 것은 콘텐츠의 내용과 배치상 어쩔 수 없는 것이지만 페이지를 탐색하는 데 있어 사용자의 편의를 제공할 수 있는 방안이 필요합니다. 그 중 하나는 **모바일 웹 사이트 서브 페이지의 메인 메뉴를 페이지 하단에 배치하거나 상·하단에 모두 배치하

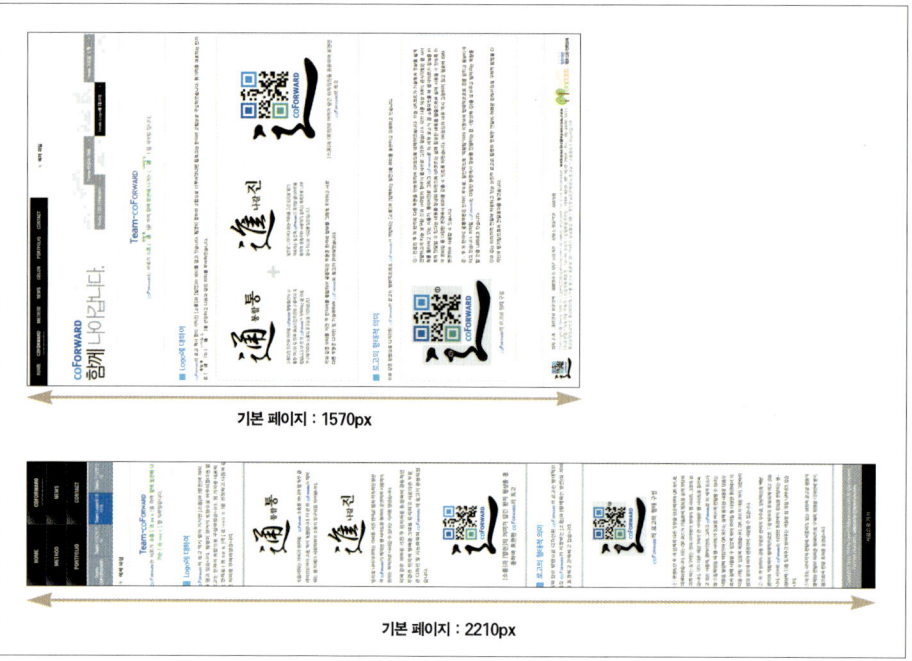

기본 페이지에 비해 세로 스크롤 길이가 늘어나는 모바일 페이지

는 것입니다. 이렇게 함으로써 사용자는 페이지를 모두 읽은 후 다시 위로 스크롤하지 않아도 페이지를 이동할 수 있습니다.

하지만 이와 같은 방법을 사용하기 위해서는 사전의 웹 사이트 구조에 반영되어야 합니다. coForward 웹 사이트는 메인 메뉴가 페이지 상단에 한 번만 위치하므로, 위와 같은 방법을 사용하려면 자바스크립트를 이용하거나 CSS를 복잡하게 구성해야 합니다. 그러나 다행히 coForward 웹 사이트에는 *** 두 개의 건너뛰기 링크(Skip Navigation)가 있습니다.

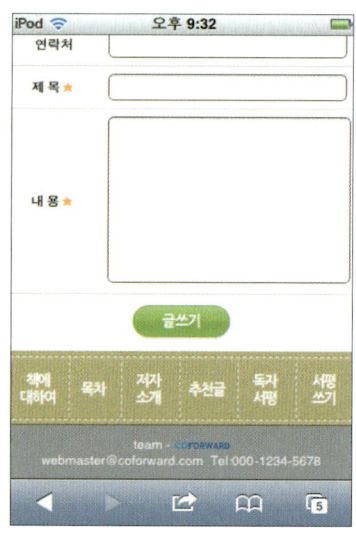

서브 페이지의 메인 메뉴를 하단에 배치한 예

건너뛰기 링크는 기본 웹 사이트에는 화면에 반영되지 않고 숨겨져 있으므로 기본적으로 장애인 접근성을 위한 것으로 볼 수 있습니다. 그러나 모바일 웹 사이트에서는 하단의 건너뛰기 링크를 화면에 반영하여 페이지 상단으로 바로 갈 수 있도록 하여 모바일 페이지 네비게이션의 사용성을 높였습니다.

∗∗ 모바일 웹 사이트 서브 페이지의 메인 메뉴

컴퓨터 환경에서 스크롤이 길어질 때 화면상에 메뉴 영역 등을 고정시키는 방법으로 CSS position 속성값을 'fixed'로 지정하면 화면 스크롤과 관계없이 지정한 위치에 표시할 수 있습니다. 모바일 환경에서도 이와 같은 방법을 사용하면 간단히 해결할 수 있겠지만 아쉽게도 2011년 1월 현재 주요 모바일 웹 브라우저가 postion:fixed를 정상적으로 제공하지 못하고 있습니다.

∗∗∗ 두 개의 건너뛰기 링크(Skip Navigation)

건너뛰기 링크는 페이지에 반복되는 메뉴 부분들을 뛰어넘어 콘텐츠 부분으로 바로 갈 수 있는 내부 링크를 말하며, 장애인 접근성 관점에서 중요하게 생각하는 요소입니다. 건너뛰기 링크는 보통 페이지 구조의 최상단에 위치합니다. coForward팀은 사용자가 한 페이지에서 페이지 콘텐츠를 벗어났을 경우 웹 브라우저의 메뉴 등의 구성 요소 또한 반복적 요소라 판단하여 페이지를 벗어나기 직전에 상단의 건너뛰기 링크로 이동할 수 있는 하단 건너뛰기 링크를 작성하였습니다.

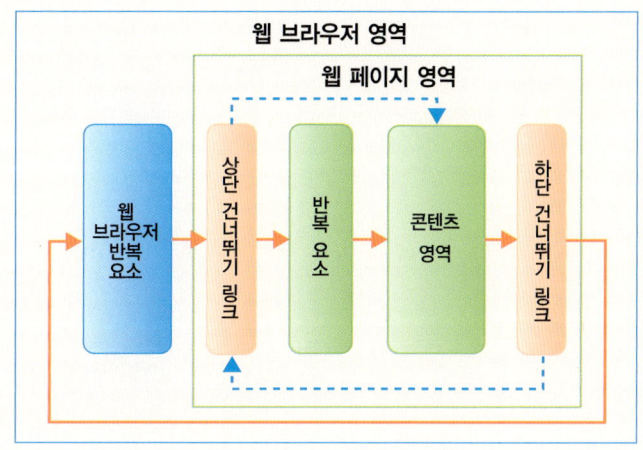

coForward팀의 건너뛰기 링크 순환 구조

당초 모바일 환경을 염두에 두지는 않았지만 모바일 환경으로 넘어오면서 접근성을 높이는 것은 사용성 향상에도 도움이 된다는 것을 직접 경험한 사례였습니다.

```
/*건너뛰기 링크*/
    #skipTop{
        position:absolute;
        width:0;height:0;font-size:0;
        overflow:hidden;visibility:hidden;
    }
    #skipBottom{
        position:absolute;
```

```
        width:0;height:0;font-size:0;
        overflow:hidden;visibility:hidden;
    }
```

기본 페이지의 건너뛰기 링크 CSS 설정

```
/*건너뛰기 링크*/
    #skipTop{
        position:absolute;
        width:0;height:0;font-size:0;
        overflow:hidden;visibility:hidden;
    }
    #skipBottom{
        background:#000;
        text-align:center;
        padding:10px 0;
        display:block;
        width:100%;
        color:#fff;
    }
```

모바일 페이지의 건너뛰기 링크 CSS 설정

위와 같은 설정에 의해 모바일 페이지에 적용된 하단 건너뛰기 링크는 다음과 같습니다.

모바일 페이지에서 가시화된 하단 건너뛰기 링크

■ 모바일 기기의 화면은 작습니다

예제 파일 http://book.coforward.com/sample/sampleProject/coforward/index.html
〈title〉- 페이지별 제목의 표시 : p.34
CSS stuctual Pseudo Selector - 구조적 가상 요소 선택자 : p.61

너무나 당연한 이야기이지만 모바일 기기의 화면은 컴퓨터보다 작습니다. 화면이 작다는 것은 한 번에 표시할 수 있는 정보의 양이 적고, 정보를 전달하는 데 있어서도 공간을 절약해야 한다는 것을 의미합니다. 앞서 모바일 웹 사이트 기획 단계에서 기존 웹 사이트의 모든 콘텐츠를 모바일 웹 사이트로 옮길 것인지에 대한 이야기를 하였습니다. 이와 비슷한 관점으로 페이지의 모든 구성 요소를 모바일 페이지에 그대로 담을 것인지에 대한 판단도 필요합니다. 다음은 기본 웹 사이트와 모바일 웹 페이지의 구성 요소를 비교한 그림입니다.

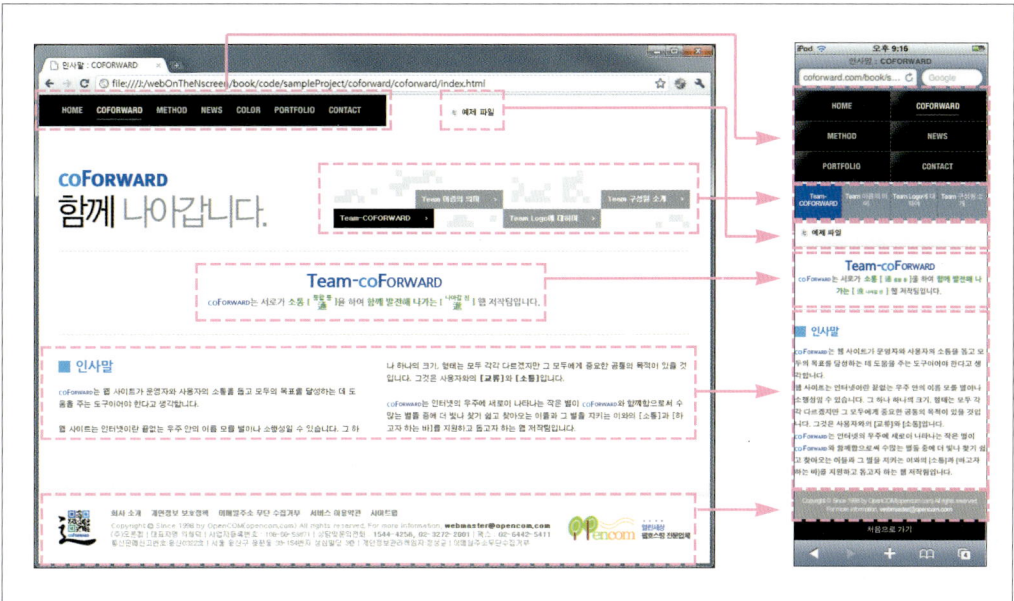

기본 페이지와 모바일 페이지의 콘텐츠 구성 비교

coForward 웹 사이트의 모바일 웹 페이지는 기본 페이지의 구성 요소를 거의 그대로 표시하지만 2개 요소에는 차이가 있습니다. 그 중 하나는 서브 페이지의 타이틀과 부제목 부분입니다.

```css
/*서브 페이지 타이틀*/
@-webkit-keyframes subTitleAnimation{
    from{
        opacity:0.1;
        padding-left:50px;
    }
    to{
        opacity:1.0;
        padding-left:0;
    }
}
header hgroup h1{
    -webkit-animation-name:subTitleAnimation;
    -webkit-animation-duration:2s;

    width:1000px;
    margin:0 auto;
    padding-top:120px;
    height:40px;
}
header hgroup h2{
    -webkit-animation-name:subTitleAnimation;
    -webkit-animation-duration:2s;

    width:1000px;
    margin:0 auto;
    padding-top:90px;
    height:0;
    overflow:hidden;
    border-bottom:#ccc solid 1px;
}
```

기본 웹 사이트에서 서브 페이지 타이틀 부분의 설정

    기본 페이지에서의 서브 페이지 타이틀은 웹 사이트 이름을 나타내는 부분으로서 애니메이션 속성을 이용하고, 부제목도 각 페이지마다 별도의 이미지를 사용하여 디자인하는 등 중요하게 다루어졌다고 볼 수 있습니다.

```css
/*서브 페이지 타이틀*/
header hgroup{
    position:absolute;
    width:0;
    height:0;
    font-size:0;
    overflow:hidden;
    visibility:hidden;
}
```

모바일 페이지에서 서브 페이지 웹 사이트 제목 부분의 설정

그러나 모바일 페이지에서는 화면에 표시하지 않았습니다. 그 이유 중 하나는 〈title〉 태그로 작성된 페이지 제목이 웹 사이트명을 표시하고 있으며, 모바일 환경에서는 페이지 제목이 비교적 부각되어 보이기 때문입니다.

컴퓨터 환경보다 부각되는 모바일 환경에서의 〈title〉

또한 "카테고리 슬로건" 부분과 내용적으로도 중복된다고 판단하였고, 서브 페이지에서 웹 사이트 제목과 부제목 부분의 CSS에는 비교적 큰 이미지를 사용하여 디자인을 적용하였으며, "카테고리 슬로건"은 텍스트로 이루어져 있다는 점에 착안하여 "카테고리 슬로건" 부분을 표시하기로 하였습니다.

여기서 이야기하고자 하는 바는 '웹 사이트를 통해 무엇을 전달하고자 하는가?'에 집중해야 한다는 것입니다. 만약 서브 페이지 타이틀을 기본 페이지와 같이 모바일 페이지에 넣었다면 중복되는 콘텐츠로 인해 많은 영역을 차지하게 되었을 것입니다.

두 번째는 사이트 풋터 부분입니다. 기본 페이지의 사이트 풋터 부분은 상당히 많은 양의 정보를 제공하고 있습니다. 이 부분을 모바일 페이지에 모두 표시한다면 길이가 매우 길어질 것이므로 이 부분을 간략하게 처리하기로 하였습니다.

기본 페이지와 모바일 페이지의 하단 영역

HTML의 특정 정보만 화면에 표시하고 다른 부분을 화면상에 나타나지 않게 하는 것은 CSS의 display 속성을 이용하여 간단히 처리할 수 있습니다. 하지만 coForward 사이트 하단 영역 부분은 다른 웹 사이트와 공통으로 사용되는 것이기 때문에 HTML의 구조를 변경한다거나 모바일 페이지만을 위해서 특정 Class를 추가하기는 어려운 상황이었습니다. 기존 HTML을 그대로 유지하면서 원하는 부분만을 숨기기 위해 CSS 3에 추가된 구조적 가상 선택자를 사용하기로 하였습니다.

```
/*하단 영역*/
footer p:nth-child(4),footer p:nth-child(5),footer p:nth-child(6){
    display:none;
}
```

모바일 웹 사이트 하단 영역에 적용된 CSS 3 구조적 가상 선택자

모바일 페이지에서의 공간은 컴퓨터용 페이지 공간보다 비용이 높다고 볼 수 있습니다. 그러므로 모바일 페이지의 콘텐츠는 전달하고자 하는 내용을 간략하고 명확하게 전달하는 것이 바람직합니다.

■ 기기별로 특성이 있습니다

최신 모바일 웹 브라우저는 기본적으로 컴퓨터와 동일하지만 모바일 기기마다 약간 다른 점들이 있습니다. 그 대표적인 예로 모바일 사파리의 경우 웹 페이지에서 파일을 전송하기 위한 〈input type="file"〉을 보안 목적상 허용하지 않는다거나 CSS의 position:fixed 등이 지원되지 않는 점 등을 들 수 있습니다. 컴퓨터용 웹 브라우저들에서 디자인을 통일하기 위해 각 웹 브라우저의 특성을 알아야 했던 것과 같이 기기별 모바일 웹 브라우저의 특성을 파악하는 것도 필요합니다. 또한 모바일 기기의 입력 인터페이스도 고려 대상입니다. 요즘 스마트 폰에 사용되는 정전식 터치 방식은 컴퓨터에서의 마우스 오버에 대응할 수 있는 기능이 없습니다. 기기에 따라서는 가상 마우스 커서를 제공하기도 하지만 대부분의 모바일 기기들은 정전식

터치 방식을 사용하고 있으므로 마우스 오버로 작동하는 기능은 사용하지 않는 것이 바람직합니다.

3 | 모바일용 CSS의 적용과 추가적인 작업

앞과 같은 방법으로 작성한 모바일용 CSS를 실제로 적용하기 위해서는 몇 가지 확인해야 할 사항이 있습니다.

■ 실제 모바일 기기의 특성

> 예제 파일 http://book.coforward.com/sample/sampleProject/template.html
> XHTML (meta) - 페이지 정보의 제공 : p.35

모바일 기기에 대응하기 위해 CSS 3의 Media Query를 사용하여 웹 브라우저의 가로폭이 770px 이하일 경우, 모바일용 CSS를 적용하였습니다.

```
<!DOCTYPE HTML>
<html>
<head>
<meta http-equiv="Content-Type" content="text/html; charset=utf-8">
<title>페이지별 타이틀 : COFORWARD</title>
<meta name="description" content="페이지별 description" />
<meta name="keywords" content="페이지별 keyword"  />
<!--Shortcut Icon-->
<link rel="shortcut icon" href="img/common/coforward.ico" />
<link href="../css/layout.css" type="text/css" rel="stylesheet"
      media="screen and (min-width:769px)" /><!--컴퓨터용 CSS-->
<link href="../css/layout_mobile.css" type="text/css" rel="stylesheet"
      media="screen and (max-width:768px)" /><!--mobile용 CSS-->

<!--HTML 5 및 CSS 3 미지원 웹 브라우저를 위한 설정-->
    <!--[if lte IE 8]>
    <script src="http://HTML 5shiv.googlecode.com/svn/trunk/HTML 5.js">
      </script>
    <![endif]-->
```

```
            <link href="../css/HTML 5Reset.css" type="text/css" rel="stylesheet"
/>
<!--HTML 5 및 CSS 3 미지원 웹 브라우저를 위한 설정 끝-->
</head>
```

Media Query를 위한 설정 상태

위와 같이 설정한 후, 컴퓨터용 웹 브라우저의 창 크기를 조절하여 테스트해 보면 정상적으로 작동하지만 아이폰 등의 모바일 기기를 통해 접속해 보면 모바일용 CSS가 적용되지 않고 기본 페이지 상태만 나타나는 것을 알 수 있습니다.

이러한 현상이 발생하는 이유는 모바일 기기의 웹 브라우저들이 작은 화면에서 웹 페이지의 많은 영역을 표시하기 위해 기기의 물리적 해상도보다 *더 높은 해상도를 가지고 있는 것처럼 작동하기 때문입니다.

모바일 웹 브라우저의 가상 해상도로 인해 Media Query가 적용되지 않음

> **여기서 잠깐**
>
> * **더 높은 해상도를 가지고 있는 것처럼 작동**
> 아이폰 3G의 경우 실제 가로 해상도는 320px이지만 아이폰의 사파리 웹 브라우저는 기본적으로 980px인 것처럼 작동합니다.

그러므로 모바일 기기에서 Media Query가 예상한 대로 작동하기 위해서는 웹 브라우저의 가상 해상도를 기기의 물리적 해상도와 일치시킬 필요가 있습니다. 모바일 웹 브라우저들은 웹 브라우저의 가상 해상도를 조절할 수 있는 viewport 메타 태그를 지원합니다.

```
        <meta name="viewport"
            content="
                width=[가상 해상도];
                initial-scale=[초기 확대 축소 비율];
                maximum-scale=[최대 확대 비율];
                user-scalable=[사용자에 의한 확대 축소 허용 여부];"
        />
```

모바일 웹 브라우저의 viewport 메타 태그

viewport 메타 태그에서 width를 device-width로 지정하면 기기의 물리적 해상도와 웹 브라우저의 해상도를 일치시킬 수 있습니다. 모바일 기기에서 Media Query가 예상한 대로 작동하기 위하여 viewport 메타 태그를 지정한 〈head〉 영역은 다음과 같습니다.

```html
<!DOCTYPE HTML>
<html>
<head>
<meta http-equiv="Content-Type" content="text/html; charset=utf-8">
<title>페이지별 타이틀 : COFORWARD</title>
<meta name="description" content="페이지별 description" />
<meta name="keywords" content="페이지별 keyword" />
<!--모바일용 화면 크기 비율 고정-->
<meta id="mobileMeta" name="viewport" content="width=device-width" />

<!--Shortcut Icon-->
<link rel="shortcut icon" href="img/common/coforward.ico" />
<link href="../css/layout.css" type="text/css" rel="stylesheet"
      media="screen and (min-width:769px)" /><!--컴퓨터용 CSS-->
<link href="../css/layout_mobile.css" type="text/css" rel="stylesheet"
      media="screen and (max-width:768px)" /><!--mobile용 CSS-->

<!--HTML 5 및 CSS 3 미지원 웹 브라우저를 위한 설정-->
    <!--[if lte IE 8]>
    <script src="http://html5shiv.googlecode.com/svn/trunk/HTML 5.js">
      </script>
    <![endif]-->
    <link href="../css/html5Reset.css" type="text/css" rel="stylesheet" />
<!--HTML 5 및 CSS 3 미지원 웹 브라우저를 위한 설정 끝-->
</head>
```

viewport 메타 태그를 지정한 〈header〉 부분

coforward 웹 사이트의 viewport 메타 태그는 폭만 device-width로 지정하고 *사용자에 의한 확대, 축소를 기본값(허용)으로 하였습니다.

> **여기서 잠깐**
>
> * **사용자에 의한 확대, 축소를 기본값(허용)으로 하였습니다**
>
> 사용자에 의한 확대, 축소를 허용하지 않으면 웹 사이트 제공자가 원하는 웹 사이트의 형태를 고정적으로 제공할 수 있겠지만, 그것만을 위해 확대, 축소를 막는 것은 그다지 좋은 생각이 아닙니다. 확대가 필요한 경우는 웹 사이트의 전체적인 디자인 형태가 아니라 콘텐츠를 보고자 하는 경우일 것이고, 확대를 필요로 하는 사용자들에게는 제약 사항이 될 수도 있기 때문입니다.

viewport 메타 태그를 적용한 후에는 모바일 기기에서도 예상한 대로 Media Query가 작동하는 것을 확인할 수 있습니다.

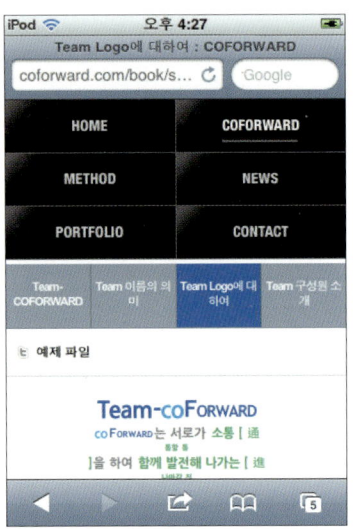

viewport 메타 태그를 지정하여 정상적으로 적용되는 Media Query

■ 구형 웹 브라우저의 확인

coForward 웹 사이트는 모바일 환경에 대응하기 위하여 CSS 3에서 지원하는 Media Query를 사용하였습니다. Media Query를 사용한 기본 웹 사이트와 모바일 웹 사이트는 하나의 웹 사이트이므로, 모바일 환경을 위한 설정 이후 기본 웹 사이트도 체크해 볼 필요가 있습니다. 대부분의 최신 웹 브라우저에서는 CSS 3의 Media Query를 지원하므로 지정된 해상도에 따라 각각의 CSS가 적용되지만 인터넷 익스플로러 8 이하의 CSS 3 Media Query를 지원하지 않는 웹 브라우저들은 CSS가 전혀 적용되지 않습니다.

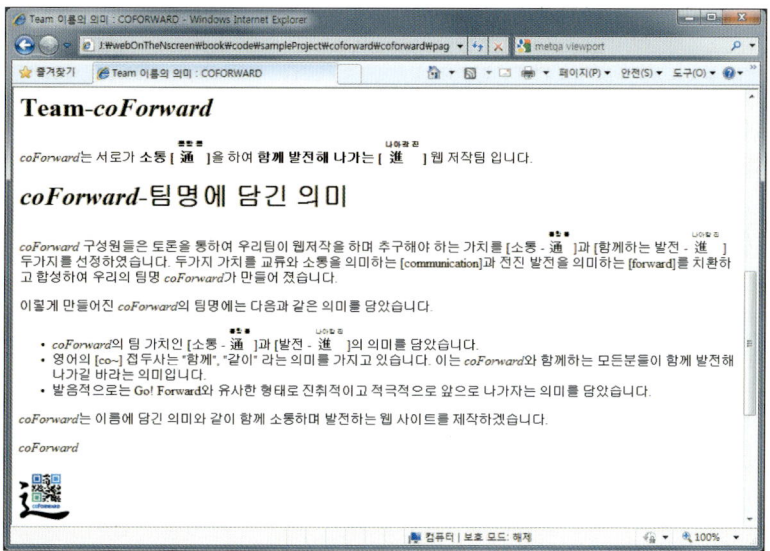

Media Query를 지원하지 않는 웹 브라우저에서는 CSS가 적용되지 않음.

모바일 환경을 지원하기 위하여 아직 많은 점유율을 가진 구형 웹 브라우저에서 위와 같은 모습의 기본 웹 사이트를 제공할 수는 없을 것입니다. 앞서 언급한 대로 현재 많이 사용되고 있는 웹 브라우저 중에 Media Query를 지원하지 않는 웹 브라우저는 인터넷 익스플로러 8 이하이므로 이 역시 조건부 주석을 이용하여 해결할 수 있습니다.

```
<!DOCTYPE HTML>
<html>
<head>
<meta http-equiv="Content-Type" content="text/html; charset=utf-8">
<title>페이지별 타이틀 : COFORWARD</title>
<meta name="description" content="페이지별 description" />
<meta name="keywords" content="페이지별 keyword" />
<!--모바일용 화면 크기 비율 고정-->
<meta id="mobileMeta" name="viewport" content="width=device-width" />

<!--Shortcut Icon-->
<link rel="shortcut icon" href="img/common/coforward.ico" />
<link href="../css/layout.css" type="text/css" rel="stylesheet"
        media="screen and (min-width:769px)" /><!--컴퓨터용 CSS-->
<link href="../css/layout_mobile.css" type="text/css" rel="stylesheet"
        media="screen and (max-width:768px)" /><!--mobile용 CSS-->
```

```
<!--HTML 5 및 CSS 3 미지원 웹 브라우저를 위한 설정-->
    <!--[if lte IE 8]>
      <script src="http://html5shiv.googlecode.com/svn/trunk/html5.js">
      </script>
      <link href="../css/layout.css" type="text/css" rel="stylesheet"
          media="all" />
    <![endif]-->
      <link href="../css/html5Reset.css" type="text/css" rel="stylesheet" />
<!--HTML 5 및 CSS 3 미지원 웹 브라우저를 위한 설정 끝-->
</head>
```

Media Qurey를 지원하지 않는 웹 브라우저를 위한 CSS 설정

인터넷 익스플로러 8 이하 조건부 주석 안에 기본 웹 사이트를 위한 CSS 파일을 다시 한 번 지정함으로써 인터넷 익스플로러 8 이하의 웹 브라우저는 기본 CSS 파일만을 적용하게 됩니다. 이렇게 지정된 웹 브라우저들은 Media Query가 적용되지 않으므로 웹 브라우저의 창 크기가 변경되어도 CSS가 변경되어 적용되지 않습니다.

화면 폭이 변해도 CSS가 변경되지 않는 구형 웹 브라우저

화면 폭에 따라 Media Query가 적용되는 최신 웹 브라우저

■ 모바일 환경만을 위한 기능 추가

예제 파일 http://book.coforward.com/sample/sampleProject/js/mobile.js

구형 웹 브라우저의 확인과 기본 웹 사이트와 모바일 웹 사이트의 대응은 일차적으로 완료하였다고 볼 수 있지만 몇 가지 추가적인 작업으로 모바일 환경의 사용성을 좀 더 높일 수 있습니다.

그 중 하나는 홈 아이콘의 작성입니다. 모바일 기기들의 입력 장치나 환경이 매우 좋아지기는 했지만 모바일 기기에서 웹 사이트의 URL을 입력하는 것은 컴퓨터 환경에 비교하면 아직은 많이 불편한 것이 사실입니다. 또한 컴퓨터 환경과는 다른 접속 환경과 비용 등의 차이로 인해 모바일 기기에서의 웹 서핑은 북마크된 웹 사이트 위주로 이루어지는 경향이 있습니다. 아이폰이나 안드로이드 기반의 스마트 폰은 북마크에서 한 단계 더 발전하여 홈 화면에 웹 사이트의 바로 가기 링크를 작성할 수 있습니다. 기본적으로는 웹 사이트의 일부가 캡처되는 모습이지만 특정한 이미지를 등록하면 홈 화면의 바로가기 링크를 원하는 대로 변경할 수 있습니다. 홈 화면 바로가기 아이콘은 다음과 같은 형식으로 등록합니다.

```
<link rel="apple-touch-icon" href="../img/common/coforward.png" />
```

홈 화면 아이콘의 등록

〈link〉 요소의 rel 속성값을 *apple-touch-icon으로 지정하고 href 속성에 아이콘으로 사용할 이미지 경로를 지정합니다. 이때 사용되는 이미지는 가로, 세로 57px의 PNG 파일입니다.

> **여기서 잠깐**
>
> ***apple-touch-icon**
> 아이폰이나 아이팟 터치에서 사용할 수 있는 홈 화면 바로가기 아이콘으로 등록하는 것은 애플사의 기기들을 위한 것이었지만 안드로이드 기반의 기기들도 이 아이콘을 지원합니다. apple-touch-icon은 〈link〉로 지정하는 것이 기본이지만 〈link〉로 지정하지 않고 웹 사이트의 root 폴더에 "apple-touch-icon.png"라는 이름으로 아이콘을 작성하면 아이폰 운영 체제의 모바일 사파리에서는 이를 자동으로 홈 아이콘으로 사용합니다.
>
>
>
> 아이폰 운영 체제의 홈에 추가 기능

웹 사이트 특성에 맞는 아이콘을 제공함으로써 웹 사이트의 주목도를 높이고 사용자도 등록된 웹 사이트를 쉽게 구분할 수 있을 것입니다.

두 번째는 모바일 환경의 특성에서 이야기했던 모바일 기기의 좁은 화면을 좀 더 효율적으로 사용하기 위한 기능입니다. coForward 모바일 웹 사이트의 메인 메뉴는 페이지 상단에 위치하며, 모바일 환경에서는 꽤 넓은 면적을 차지하고 있습니다. 그러나 웹 사이트 내를 탐색하는 경우와 다른 페이지에서 링크를 선택하여 새로운 페이지로 진입하는 경우, 이는 반복되는 영역이므로 건너뛰게 됩니다. 그러므로 넓은 영역을 차지하는 메인 메뉴가 항상 화면 상

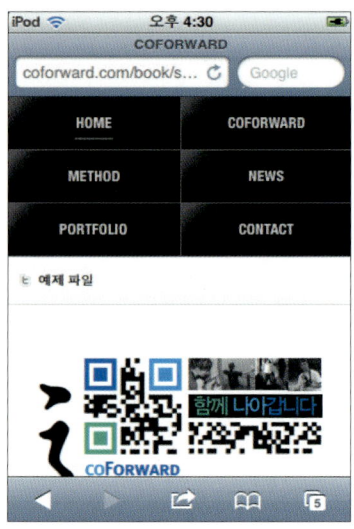

비교적 넓은 면적을 차지하고 있는 메인 메뉴

단에 표시될 필요는 없다고 판단하여 메인 메뉴를 확장하거나 숨기는 기능을 추가하기로 하였습니다.

메인 메뉴 확장·숨김 기능을 위한 CSS 설정은 다음과 같습니다.

```css
/*메뉴 열기 닫기*/
#navMain{
    overflow:hidden;
}

.mobileMenu_off{
    height:0;
    transition:all 0.3s;
    -moz-transition:all 0.3s;
    -webkit-transition:all 0.3s;
}
.mobileMenu_on{
    height:150px;
    transition:all 0.3s;
    -moz-transition:all 0.3s;
    -webkit-transition:all 0.3s;
}
/*메뉴 열기 닫기 버튼*/
```

```css
header button{
    border:0;cursor:pointer;overflow:hidden;
    position:absolute;right:10px;bottom:10px;
    width:27px;height:27px;
}
header button span{
    position:absolute;
    width:0;height:0;font-size:0;
    overflow:hidden;visibility:hidden;
}
.menuBtn_off{
    background:url(mobileImg/btn_open.gif) no-repeat;
}
.menuBtn_on{
    background:url(mobileImg/btn_close.gif) no-repeat;
}
```

모바일 웹 사이트의 메인 메뉴 확장 숨김을 위한 CSS 설정

메인 메뉴 확장·숨김의 작동 방식이란 메뉴 확장 버튼을 누를 경우 메인 메뉴의 class 속성값이 mobileMenu_on과 mobileMenu_off로 변환되도록 자바스크립트로 기능을 구현하는 것을 말합니다. 그러나 이 기능은 모바일 환경에서만 필요하고 기본 페이지에서는 필요하지 않으므로 화면 폭이 작을 때만 실행해야 하며, 기능을 위한 버튼 역시 HTML상에 포함되지 않았으므로 자바스트립트로 기능을 작성할 때 버튼 요소도 생성해야 합니다. 모바일 페이지에서의 메인 메뉴 확장·숨김을 위한 자바스크립트 구성은 다음과 같습니다.

```javascript
// 페이지가 로드되면 iniMobile()을 실행
window.onload=function(){iniMobile()};

function iniMobile(){
    var viewPortWidth=getViewPortWidth();
    if(viewPortWidth<769){
        activeMobileType(viewPortWidth);
    }
}//End of iniMobile()

function activeMobileType(){
    var menuBtn=document.createElement("BUTTON");
```

```javascript
        var menuBtnSpan=document.createElement("SPAN");
        menuBtnSpan.appendChild(document.createTextNode("열기"));
        menuBtn.className='menuBtn_off';
        menuBtn.appendChild(menuBtnSpan);
        var mainNavi=document.getElementById("navMain");
        mainNavi.className="mobileMenu_off";
        menuBtn.onclick=function(){toggleMobileMenu(this,mainNavi)}

        var header=document.getElementsByTagName("HEADER")[0];
        var twitterContent=document.getElementsByTagName("ARTICLE")[0];
        header.insertBefore(menuBtn,twitterContent);
}/*End of activeMobileType()*/

function toggleMobileMenu(menuBtn,mainNavi){
    if(menuBtn.className=='menuBtn_off'){
        menuBtn.className='menuBtn_on';
        mainNavi.className="mobileMenu_on";
        menuBtn.getElementsByTagName('span')[0].firstChild.nodeValue="메뉴닫기";
    }else{
        menuBtn.className='menuBtn_off';
        mainNavi.className="mobileMenu_off";
        menuBtn.getElementsByTagName('span')[0].firstChild.nodeValue="메뉴열기";
    }
}/*End of toggleMobileMenu(menuBtn,mainNavi)*/

function getViewPortWidth(){
    if(window.innerWidth){
        //표준 웹 브라우저의 뷰 포트 크기
        return window.innerWidth;
    }else if(document.documentElement &&
        document.documentElement.clientWidth){
        //DOCTYPE이 존재하는 IE6;
        return document.documentElement.clientWidth;
    }else if(document.body.clientWidth){
        //DOCTYPE이 없는 IE6과 그 이하;
        return document.body.clientWidth;
    }
}/*End of getViewPortWidth()*/
```

모바일 웹 사이트 메인 메뉴 확장 숨김을 위한 자바스크립트 모바일 웹 사이트 메인 메뉴 기능을 위한 자바스크립트는 4개의 함수로 이루어져 있습니다. 작동하는 방식을 살펴보면 우선 첫줄의 window.onload=function( ){iniMobile( )};은 페이지가 로드되었을 때 iniMobile 함수를 자동으로 실행시키는 구문입니다. iniMobile 함수는 getViewPortWidth 함수를 이용하여 현재 웹 브라우저 창의 크기를 구하고, 폭이 지정한 크기 이상이면 아무것도 하지 않고 자바스크립트 기능을 종료합니다.

폭이 지정 크기 이상이면 activeMobileType 함수를 실행합니다. activeMobileType 함수는 메뉴의 확장 숨김을 위한 〈button〉 요소를 생성합니다. activeMobileType 함수로 생성된 〈button〉은 클릭될 때 toggleMobileMenu 함수를 실행하며, 이 toggleMobileMenu 함수가 메인 메뉴를 확장하고 닫는 기능을 합니다. 자바스크립트는 기능만을 컨트롤하도록 작성하고, 페이지에 표시되는 형태 등은 모두 CSS로 작성하면, 화면에 표시되는 형태가 변경된다고 하더라도 자바스크립트를 수정할 필요가 없으며, CSS를 작성하는 디자이너 역시 메인 메뉴의 작동 순서만 알고 있다면 자바스크립트의 구현을 알 필요가 없도록 하였습니다.

이러한 기능을 완성한 후 다시 모바일 환경과 컴퓨터 환경에서 테스트를 해 봅니다. 컴퓨터에서도 화면 폭이 작을 경우는 메인 메뉴 확장·숨김 버튼이 생성됩니다. 이 상태에서 화면을 확장하면 기본 웹 사이트 형태로 변환되지만 자바스크립트가 생성한 버튼은 그대로 남게 됩니다. 기본 CSS에는 이런 경우에 대비하여 모바일 환경을 위한 버튼을 숨기는 설정을 지정하였습니다.

```css
/*모바일 메뉴 열고 닫기 버튼*/
.menuBtn_off,.menuBtn_on{
    display:none;
}
```

기본 CSS의 모바일 메뉴 버튼을 위한 설정

위와 같이 지정함으로써 자바스크립트로 버튼이 생성된 상태에서 화면이 확장되어 기본 상태로 전환되더라도 모바일 환경을 위한 버튼이 표시되지 않도록 하였습니다. 위의 설정을 모두 적용한 〈head〉 부분은 다음과 같습니다.

```html
<!DOCTYPE HTML>
<html>
<head>
<meta http-equiv="Content-Type" content="text/html; charset=utf-8">
<title>페이지별 타이틀 : COFORWARD</title>
<meta name="description" content="페이지별 description" />
<meta name="keywords" content="페이지별 keyword" />
<!--모바일용 화면 크기 비율 고정-->
<meta id="mobileMeta" name="viewport" content="width=device-width" />

<!--Shortcut Icon-->
<link rel="shortcut icon" href="img/common/coforward.ico" />
<link rel="apple-touch-icon" href="../img/common/coforward.png" />
<link href="../css/layout.css" type="text/css" rel="stylesheet"
      media="screen and (min-width:769px)" /><!--컴퓨터용 CSS-->
<link href="../css/layout_mobile.css" type="text/css" rel="stylesheet"
      media="screen and (max-width:768px)" /><!--mobile용 CSS-->

<!--HTML 5 및 CSS 3 미지원 웹 브라우저를 위한 설정-->
    <!--[if lte IE 8]>
      <script src="http://html5shiv.googlecode.com/svn/trunk/html5.js">
      </script>
      <link href="../css/layout.css" type="text/css" rel="stylesheet"
      media="all" />
    <![endif]-->
      <link href="../css/html5Reset.css" type="text/css" rel="stylesheet" />
<!--HTML 5 및 CSS 3 미지원 웹 브라우저를 위한 설정 끝-->
<script src="../js/mobile.js" type="text/javascript"
language="javascript"></script>
<!--모바일 기능을 위한 스크립트-->
</head>
```

HTML 5로 기본형 웹 사이트와 모바일 웹 사이트를 모두 지원하기 위한 〈head〉의 설정 및 자바스크립트 기능이 적용된 모바일 페이지는 다음과 같습니다.

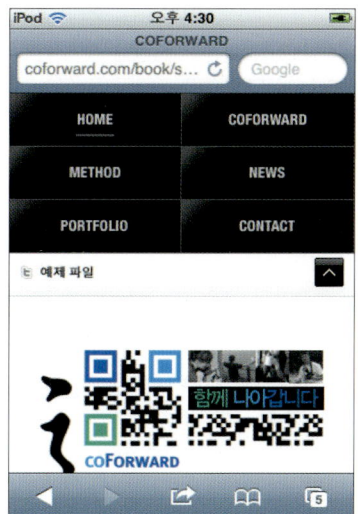

추가된 메인 메뉴 확장 숨김 기능

지금까지 기본 웹 사이트를 작성하고 모바일 환경에 대응하는 사례를 소개하였습니다. 다시 한 번 이야기하고 싶은 것은 웹이 특정 환경에 대응하기 위해 각 환경별로 적응하기 위한 기술적 대응도 중요하겠지만 기본적인 정보 구조가 잘 구성되어 있다면 훨씬 쉽게 다양한 환경에 대응할 수 있다는 것입니다. 그 이유는 웹 기술 자체가 그렇게 작성되었기 때문입니다.

HTML 4/HTML 5 태그 비교표

구분	Element	의미 및 용도(HTML 5 기준)	HTML 4	HTML 5	관련 페이지
루트 요소	⟨html⟩	페이지의 최상위 요소	지원	지원 - 속성 추가	p.26, 303
메타 정보 요소	⟨header⟩	페이지의 헤더 영역을 생성	지원	지원	p.161
	⟨title⟩	페이지 제목을 작성	지원	지원	p.34
	⟨base⟩	페이지의 기준 URL를 지정	지원	지원	
	⟨link⟩	외부 자원의 연결	지원	지원	p.36
	⟨meta⟩	메타 데이터의 지정	지원	지원	p.35
	⟨style⟩	스타일의 지정	지원	지원 - 속성 추가	p.57, 316
스크립팅 요소	⟨script⟩	스크립트의 작성 및 연결	지원	지원	p.112
	⟨noscript⟩	스크립트 불가 시 대체 내용	지원	지원	
섹션 요소	⟨body⟩	페이지의 본문 영역의 생성	지원	지원	p.37
	⟨section⟩	콘텐츠 섹션의 구분	미지원	지원 - 신규 요소	p.131
	⟨nav⟩	네비게이션의 작성	미지원	지원 - 신규 요소	p.131
	⟨article⟩	독립적인 콘텐츠 섹션	미지원	지원 - 신규 요소	p.131
	⟨aside⟩	주 내용과 관련이 적은 콘텐츠 섹션	미지원	지원 - 신규 요소	p.131
	⟨h1⟩~⟨h6⟩	제목 요소	지원	지원	p.37
	⟨hgroup⟩	제목 그룹	미지원	지원 - 신규 요소	p.163
	⟨header⟩	콘텐츠 섹션의 머리말	미지원	지원 - 신규 요소	p.161
	⟨footer⟩	콘텐츠 섹션의 꼬리말	미지원	지원 - 신규 요소	p.161
	⟨address⟩	페이지 작성자의 연락처 정보	지원	지원 - 의미 변경	p.39
그룹화 요소	⟨p⟩	문단 영역이 생성	지원	지원	p.39
	⟨hr⟩	주제 변경의 시각적 표시	지원	지원 - 의미 변경	p.39
	⟨br⟩	줄 바꿈	지원	지원	
	⟨pre⟩	정형화된 텍스트 영역의 생성	지원	지원	p.40
	⟨blockquote⟩	인용 문단 영역의 생성	지원	지원	p.39
	⟨ol⟩	순서가 있는 목록 영역의 생성	지원	지원 - 속성 추가	p.40
	⟨ul⟩	순서가 없는 목록 영역의 생성	지원	지원	p.40
	⟨li⟩	목록의 아이템	지원	지원	p.40
	⟨dl⟩	정의형 목록 영역의 생성	지원	지원	p.40
	⟨dt⟩	정의형 목록의 정의어	지원	지원	p.40
	⟨dd⟩	정의형 목록의 설명부	지원	지원	p.41
	⟨figure⟩	도식 요소 영역의 생성	미지원	지원 - 신규 요소	p.166

구분	Element	의미 및 용도(HTML 5 기준)	HTML 4	HTML 5	관련 페이지
	⟨figcaption⟩	도식 요소의 캡션	미지원	지원 - 신규 요소	
	⟨div⟩	일반적인 그룹핑 요소	지원	지원	p.43
텍스트 시멘틱 (의미론적) 요소	⟨a⟩	하이퍼링크	지원	지원 - 속성 추가	p.42, 167
	⟨em⟩	강조하는 구문	지원	지원 - 의미 변경	p.43, 169
	⟨strong⟩	중요한 구문	지원	지원 - 의미 변경	p.43, 169
	⟨small⟩	주석문 등 일반적으로 작게 표시하는 요소	지원	지원 - 의미 변경	
	⟨cite⟩	인용문의 출처	지원	지원	
	⟨q⟩	인용문	지원	지원	p.40
	⟨dfn⟩	정의어	지원	지원	
	⟨abbr⟩	약어	지원	지원	p.43
	⟨time⟩	날짜 및 시간	미지원	지원 - 신규 요소	p.170
	⟨code⟩	컴퓨터 프로그래밍 코드	지원	지원	
	⟨var⟩	변수	지원	지원	
	⟨samp⟩	출력 샘플	지원	지원	
	⟨kbd⟩	키보드 입력 표시	지원	지원	
	⟨sub⟩	아랫첨자	지원	지원	
	⟨sup⟩	윗첨자	지원	지원	
	⟨i⟩	학명 등 일반적으로 이탤릭체로 쓰이는 단어	지원	지원 - 의미 변경	p.166
	⟨b⟩	일반적으로 굵게 표시하는 단어	지원	지원 - 의미 변경	p.166
	⟨mark⟩	임의적인 마커	미지원	지원 - 신규 요소	p.172
	⟨ruby⟩	루비 텍스트 영역의 생성	미지원	지원 - 신규 요소	p.173
	⟨rt⟩	루비 텍스트	미지원	지원 - 신규 요소	p.173
	⟨rp⟩	루비의 괄호	미지원	지원 - 신규 요소	p.173
	⟨bdo⟩	텍스트 흐름 방향	지원	지원	
	⟨bdi⟩	기본 텍스트 흐름 방향과 다른 구역의 지정	미지원	지원 - 신규 요소	
	⟨span⟩	일반적인 인라인 그룹핑 요소	지원	지원	p.43
편집 표시 요소	⟨ins⟩	추가된 문장 영역	지원	지원	
	⟨del⟩	삭제된 문장 영역	지원	지원	
대체되는 요소	⟨img⟩	이미지의 삽입	지원	지원	p.42
	⟨iframe⟩	외부 문서를 삽입하는 인라인 프레임	지원	지원 - 속성 추가	p.47
	⟨embed⟩	플러그인 요소 등의 삽입	미지원	지원	
	⟨object⟩	외부 자원의 삽입	지원	지원	
	⟨param⟩	플러그인의 파라미터 설정	지원	지원	
	⟨video⟩	동영상 요소	미지원	지원 - 신규 요소	p.196

구분	Element	의미 및 용도(HTML 5 기준)	HTML 4	HTML 5	관련 페이지
대체되는 요소	⟨audio⟩	오디오 요소	미지원	지원 - 신규 요소	p.207
	⟨source⟩	동영상, 오디오 요소의 자원 경로	미지원	지원 - 신규 요소	p.200
	⟨track⟩	외부 텍스트(자막)을 위한 요소	미지원	지원 - 신규 요소	p.202
	⟨canvas⟩	동적 그래픽 생성 영역의 생성	미지원	지원 - 신규 요소	p.207
	⟨map⟩	이미지 맵의 생성	지원	지원	p.48
	⟨area⟩	이미지 맵의 링크 영역 생성	지원	지원	p.48
테이블 요소	⟨table⟩	표 영역의 생성	지원	지원	p.41
	⟨caption⟩	표의 제목	지원	지원	p.41
	⟨colgroup⟩	표의 열 그룹	지원	지원	p.41
	⟨col⟩	표의 열	지원	지원	p.41
	⟨tbody⟩	표의 데이터 행 그룹	지원	지원	p.41
	⟨thead⟩	표의 머리 행 그룹	지원	지원	p.41
	⟨tfoot⟩	표의 꼬리 행 그룹	지원	지원	p.41
	⟨tr⟩	표의 행	지원	지원	p.41
	⟨td⟩	표의 데이터 셀	지원	지원	p.42
	⟨th⟩	표의 제목 셀	지원	지원	p.42
폼 요소	⟨form⟩	서식 영역의 생성	지원	지원 - 속성 추가	p.43
	⟨fieldset⟩	폼 요소의 그룹핑	지원	지원 - 속성 추가	p.47
	⟨legend⟩	폼 요소 그룹의 제목	지원	지원	p.47
	⟨label⟩	폼 요소의 설명	지원	지원 - 속성 추가	p.47
	⟨input⟩	폼의 입력 요소	지원	지원 - 속성 추가	p.44, 176
	⟨button⟩	버튼	지원	지원 - 속성 추가	p.46, 184
	⟨select⟩	선택 상자 요소	지원	지원 - 속성 추가	p.45
	⟨datalist⟩	입력값 후보 제안 요소	미지원	지원 - 신규 요소	p.182
	⟨optgroup⟩	선택 상자 아이템의 그룹핑 요소	지원	지원	p.46
	⟨option⟩	선택 상자 아이템	지원	지원	p.46
	⟨textarea⟩	텍스트 입력 영역	지원	지원 - 속성 추가	p.45
	⟨keygen⟩	보안키의 생성	미지원	지원 - 신규 요소	p.179
	⟨output⟩	출력 영역	미지원	지원 - 신규 요소	p.178
	⟨progress⟩	진행 현황 표시	미지원	지원 - 신규 요소	p.180
	⟨meter⟩	게이지의 표시	미지원	지원 - 신규 요소	p.181
인터랙티브 요소	⟨datalist⟩	상세 정보	미지원	지원 - 신규 요소	p.182
	⟨summary⟩	상세 정보의 요약	미지원	지원 - 신규 요소	
	⟨command⟩	애플리케이션 기능 명령	미지원	지원 - 신규 요소	
	⟨menu⟩	애플리케이션 메뉴 영역	지원	지원 - 의미 변경	

찾아보기

숫자

3 Screen 전략	19

A

a	42, 167
abbr	43
acronym	43
addColorStop	271
address	39
animation	383
animation	419
arc()	253
area	48
ARIA	140
article	152
autocomplete	189
autofocus	188

B

background	88
background	341
bender Extension	325
Block Level Element	33
blockquote	39
border	72, 335
Box Model	71
button	46, 184

C

Cache Manifest	303
CACHE 영역	305

canvas	207, 245
caption	41
childNodes	110
circle	216
className	122
clear	82
clip()	288
col	41
colgroup	41
color	86
column-	356
content	72
Content Model	130
contenteditable	133
contextmenu	134
createElement	124
createImageData()	290
createLinearGradient	271
createPattern()	258
createRadialGradient	273
CSS 3	316
CSS level	56
CSS(Cascading Style Sheet)	55

D

data-*	138
datalist	182
dd	41
Device API	23
display	76, 136
div	43, 49

dl	40	globalAlpha	262
DOCTYPE	33, 132	globalCompositeOperation	293
Document Object Model(DOM)	108	gradient	330
DOM	124, 400		
draggable	135	**H**	
drawImage()	256	h1	37, 49, 157
dt	40	header	161
		Heading Group	131
E		height	83
ellipse	217	hgroup	163, 397
em	43, 169	hidden	136
Embedded Group	132	hr	39
		HSLA	328
F		HTML 5	129
FALLBACK 영역	305		
fieldset	47	**I**	
fillRect()	248	if	122
fillStyle	258	iframe	47
fillText()	278	image	230
filter	238	img	42
Flexible Box Model	365	Inline Box	75
float	81	Inline Element	75
Flow Group	131	Inline Level Element	33, 398
font	92, 349	input	44, 176
footer	161	Interactive Group	132
for	122	itemscope	141
form	43, 185		
function	113	**K**	
		keygen	179
G			
g	240	**L**	
geolocation	312	label	47
getContext("2d")	246	legend	47
getElementById	115	line	218

linearGradient	232	overflow	85
lineCap	266		
line-height	75	**P**	
lineJoin	269	p	39
lineWidth	264	padding	72
link	36, 40	parentNode	110
localStorage	308	path	223
		pattern	191
M		Phrasing Group	131
manifest	303	placeholder	187, 433
map	48	polygon	220
margin	74	polyline	221
mark	172	position	80
Media Query	318, 447	pre	40
meta	35	progress	180
Metadata Group	132	property	58, 69
meter	181		
mobile ok	437	**Q**	
Mobile Web Best Practice	434	q	40
		querySelector	118
N			
n Screen	20	**R**	
nav	152	radialGradient	236
NETWORK 영역	306	rect	211
nodeValue	111	required	190, 433
novalidate	194	resize	364
		restore( )	281
O		RGBA	328
ol	40	rotate()	284
opacity	328	ruby	173, 411
option	46		
optiongroup	46	**S**	
outline	149, 362	save( )	281
output	178	scale()	284

section	152	transform()	287
Sectioning Group	131	transition	381, 404
Sectioning Root	164	translate()	284
select	45	type	193
selector	58, 69, 325		
shadowColor	276	**U**	
sibling	110	ul	40
Skip Navigation	452		
span	43	**V**	
spellcheck	137	value	58, 69
step	193	vertical-align	76
stroke()	250	video	196
strokeStyle	261	viewport	460
strokeText()	278	visibility	79, 136
strong	43, 169		
style	120, 213, 316	**W**	
SVG(Scalable Vector Graphics)	210	width	83
		World Wide Web Consortium(W3C)	24

T

table	41	**X~Z**	
tbody	41	XHTML 2.0	30
td	42	z-index	82
text	225		
textarea	45	**한글**	
textNode	111	광역 접근성(Universal Access)	24
textPath	227	그룹화 요소	145
tfoot	41	대체되는 요소	147
th	42	루트 요소	143
thead	41	메타 정보 요소	144
time	170	분리된 구조	27
title	34, 457	상속(cascading)	57
toDataURL()	296	섹션 요소	144
tr	41	스크립팅 요소	144
transform	231, 378	아웃라인	149

앱(app)	21	주석문	32
웹 표준	49	코덱	198
이벤트 핸들러	113	콘텐츠 모델	130
인터랙티브	149	타이포그래피	92
자바스크립트	107	테이블 요소	147
적절한 낮춤(Graceful degradation)	27	텍스트 시멘틱 요소	146
점진적 향상(Progressive enhancement)	27	편집 표시 요소	147
접근성	29, 49	폼 요소	148
정보구조	49, 54	헤딩 리스트	38

올인원 웹 실무 가이드 HTML 5&CSS 3
— SVG, CANVAS, API, 모바일 웹 사이트 구축까지 한번에